政协安徽省阜阳市委员会
《阜阳文化史》编委会
/编纂

FUYANG WENHUASHI

阜陽文化史

【史前至魏晋南北朝卷】

王秋生/主编
杨玉彬　胡天生/副主编

合肥工業大學出版社

图书在版编目(CIP)数据

阜阳文化史·史前至魏晋南北朝卷/王秋生主编．—合肥：合肥工业大学出版社，2015.11
ISBN 978-7-5650-2529-7

Ⅰ.①阜…　Ⅱ.①王…　Ⅲ.①文化史—阜阳市—石器时代~魏晋南北朝时代　Ⅳ.①K295.43

中国版本图书馆 CIP 数据核字(2015)第 279796 号

阜阳文化史·史前至魏晋南北朝卷

王秋生　主编　　　　责任编辑　张　慧

出　版	合肥工业大学出版社	版　次	2015 年 11 月第 1 版
地　址	合肥市屯溪路 193 号	印　次	2016 年 12 月第 1 次印刷
邮　编	230009	开　本	710 毫米×1010 毫米　1/16
电　话	总　编　室：0551-62903038	印　张	27.5　　彩插　1.5 印张
	市场营销部：0551-62903198	字　数	404 千字
网　址	www.hfutpress.com.cn	印　刷	安徽联众印刷有限公司
E-mail	hfutpress@163.com	发　行	全国新华书店

ISBN 978-7-5650-2529-7　　　　定价：80.00 元

政协安徽省阜阳市委员会
《阜阳文化史》编委会

⊙ 临泉县宫庄遗址

⊙ 临泉县老丘堆遗址

⊙ 颍上县铜台子遗址

⊙ 太和县殿顶子遗址

⊙ 阜南县贺胜台遗址

⊙ 陶甗（西周・1975 年临泉县老丘堆遗址出土）

⊙ 陶鬲（西周・1977 年阜南县田集东岳古堆出土）

（由左至右）

⊙ 石斧（新石器时代・1962 年阜南县漫水河遗址出土）
⊙ 石锛（新石器时代・1962 年临泉县老丘堆遗址出土）
⊙ 石钻（新石器时代・1963 年临泉县老丘堆遗址出土）
⊙ 蚌镰（新石器时代・1965 年临泉县老丘堆遗址出土）
⊙ 骨镞（新石器时代・1966 年太和县倪邱古堆出土）
⊙ 骨针（新石器时代・1983 年临泉县白庙岗上遗址出土）

⊙ 龙虎铜尊（商代·1957 年阜南县朱寨常白庄润河湾出土）

⊙ 兽面纹铜斝（商代·1957 年阜南县朱寨润河湾出土）

⊙ 兽面纹铜鬲（商代·1944 年阜南县朱寨润河湾出土）

⊙ “酉”铭铜爵（商代·1972年颍上县王岗郑小庄出土）

⊙ “月己”铭铜爵（商代·1972年颍上县赵集王拐村出土）

⊙ 兽面纹铜甗（西周·1995年颍上县王岗镇出土）

⊙ 兽面纹分档鼎（西周·1965年蚌埠合作社仓库拣选）

⊙ 窃曲纹铜鼎（春秋·1977 年阜南县方集丁营西沟庄出土）

⊙ 楚“郢大质”铭铜量器（战国·1976 年凤台县废品收购站拣选）

⊙ 蟠螭几何纹铜壶（战国·1985 年临泉县城关镇战国墓出土）

⊙ 宋“右戟”铭铜戈（春秋·1972 年临泉县城关镇收购站仓库拣选）

⊙ 楚“蒙”铭铜戈（战国·1972 年临泉县城关镇收购站仓库拣选）

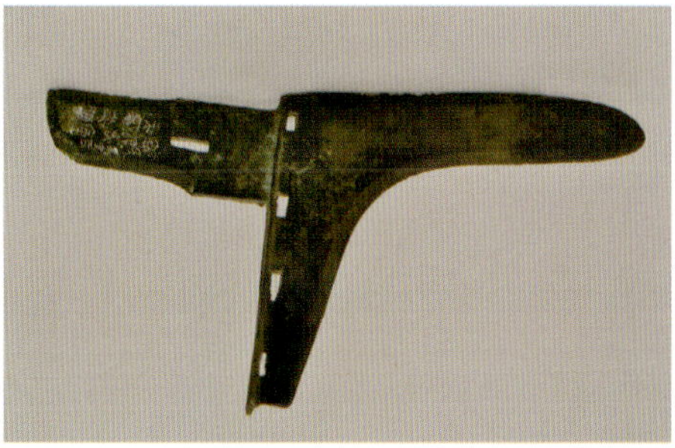

⊙ 魏“大梁七年”铭铜戈（战国·1965 年临泉县杨桥费子街遗址出土）

⊙ 魏“廿四年晋上库”铭铜戈（战国·1984 年临泉县城西坝出土）

⊙ 楚“陈爯（爰）”金币（战国 · 1971 年临泉县艾亭出土）

⊙ 楚“郢爯(爰)”金币（战国 · 1970 年阜南县三塔朱大湾出土）

⊙“大泉五十”铜母范（新莽·1974年界首市光武镇尹城子遗址出土）

⊙“大布黄千”空首布（新莽·1965年阜阳博物馆征集）

⊙“货布”空首布（新莽·1964年阜阳博物馆征集）

⊙“次布九百”空首布（新莽·1984年界首市文物组征集）

⊙ 鎏金铜耳杯座（西汉·1975年涡阳县稽山崖墓出土）

⊙ 鎏金铜香薰（西汉·1975年涡阳县稽山崖墓出土）

⊙ 鎏金铜卮（西汉·1975年涡阳县稽山崖墓出土）

⊙“寿春波置”铭铜镳斗（南北朝·1972年阜南县合作社仓库拣选）

⊙铜生活用具一组（东汉·1967年颍州区刘家坟汉墓出土）

⊙铜辟邪（东汉·1967年颍州区刘家坟汉墓出土）

⊙ “汝阴宫当”铭瓦当（西汉·1990年阜阳老城文昌阁工地出土）

⊙ “新蔡斗”铭秦量诏版（秦·1993年临泉县艾亭小稞庄出土）

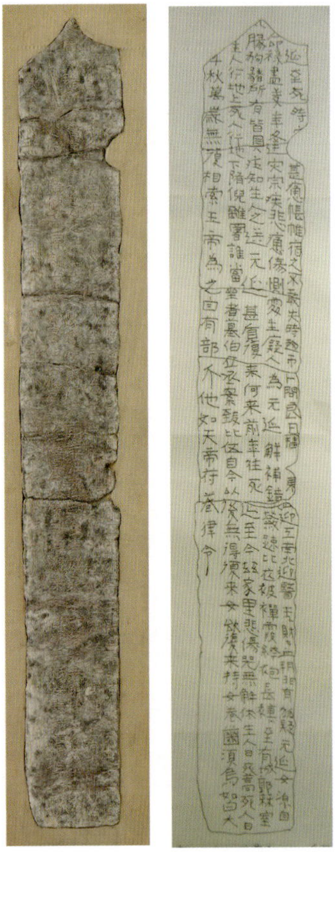

⊙ “延元”铭铅券镇墓文（东汉·1972年颍州区王店前马庄出土）

⊙ 鎏金铜底座玉杯（西汉·1975年涡阳县稽山崖墓出土）

⊙ “游丝工”玉人佩（西汉·1975年涡阳县稽山崖墓出土）

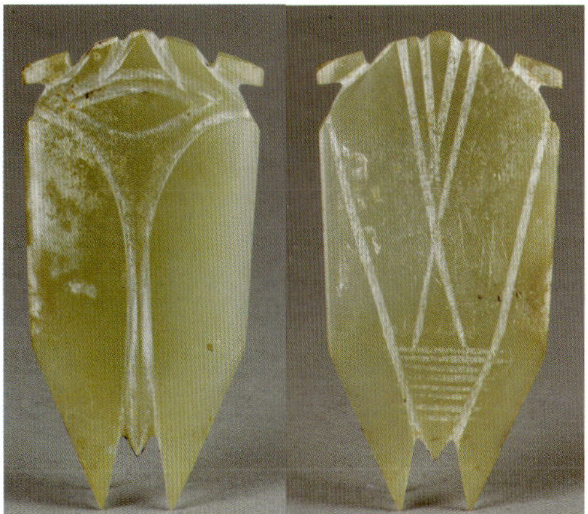

⊙ 玉蝉（东汉·1963年阜阳城南汉墓出土）

⊙玉舞人（西汉·1969年临泉县西郊古城出土）

⊙ 六壬栻盘（西汉·1977 年阜阳西汉汝阴侯墓出土）

⊙ 太一九宫占盘（西汉·1977 年阜阳西汉汝阴侯墓出土）

⊙ 二十八宿圆盘（西汉·1977 年阜阳西汉汝阴侯墓出土）

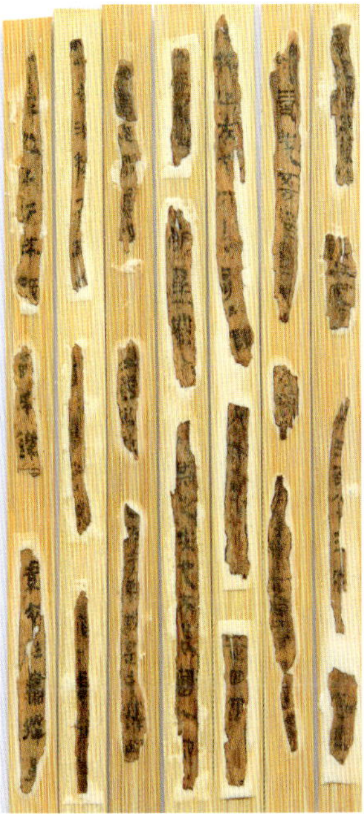

⊙ 阜阳简《诗经》

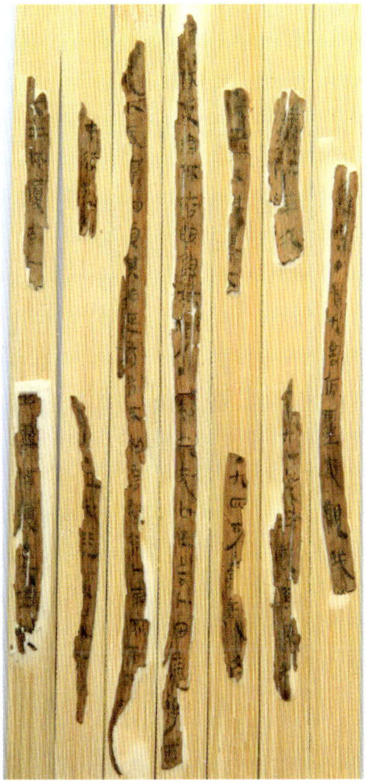

⊙ 阜阳简《周易》

⊙ 阜阳简《仓颉篇》

⊙ 阜阳简《刑德》

⊙ 阜阳简《日书》

⊙ 阜阳简《万物》

（西汉·1977 年阜阳西汉汝阴侯墓出土）

⊙ “大乐贵富”铭蟠螭纹镜（西汉·1984年临泉县城关中行工地汉墓出土）

⊙ 四乳禽兽博局纹镜（东汉·1970年阜阳城南赵王庄出土）

⊙ “井田平贫”铭禽兽博局纹镜（新莽·1978年阜阳市郊刘庄村出土）

⊙ “新兴辟雍”禽兽博局纹镜（新莽·1976年颍州区王店前郭庄出土）

⊙ “蔡氏”铭神人车马画像镜（东汉·1973利辛县茨淮新河工段出土）

⊙ 西王母禽兽博局纹镜（新莽·1972年阜阳城郊郭韩庄出土）

第一行（由左至右）

⊙ “萬里贷鉨”铜印（战国 · 1975 年阜阳插花征集）
⊙ “单父左司马”铜印（战国 · 1966 年蚌埠合作社仓库拣选）
⊙ “新东阳宫大夫鉨”铜印（战国 · 1975 年阜阳合作社仓库拣选）

第二行（由左至右）

⊙ “中州之鉨”铜印（战国 · 1966 年蚌埠合作社仓库拣选）
⊙ “専室之鉨”铜印（战国 · 1965 年阜南县阮城遗址出土）
⊙ “郄厚行宫大夫鉨”铜印（ 战国 · 1966 年临泉县杨营村润河北岸出土）

第三行（由左至右）

⊙ “北地侯丞”铜印（战国 · 1966 年阜阳合作社拣选）
⊙ “中邮吏印”铜印（汉 · 1973 年颍上县江口汤圩孜古城出土）

⊙“延和元年”铭鎏金铜佛像（北魏·1966年阜阳行流大寺庙遗址出土）

⊙ 鎏金铜佛像（北魏·1968年阜南县供销社拣选）

⊙ 铜佛像（南北朝·1966年阜阳供销社拣选）

⊙“北齐天统年”铭铜佛像（北齐·1970年阜南县三塔朱大湾征集）

⊙“北齐天统年”铭铜佛像（北齐·1974年界首市光武尹城子征集）

⊙ 绿釉红陶演奏俑（东汉·1963 年太和县文化馆移交）

⊙ 灰陶表演俑（东汉·1966 年涡阳县西阳集汉墓出土）

⊙ 站立灰陶侍女俑（西汉·1989年阜阳建材总厂汉墓出土）

⊙ 跽坐灰陶俑（西汉·1966年阜阳城郊双古堆汉墓出土）

⊙ 石雕天禄（东汉·1985年临泉县艾亭腰庄出土）

序　　言

亓　龙

地处黄淮平原的阜阳，历史悠久，文化厚重。由于承东接西、呼应南北的特殊地理位置，阜阳文化是我国区域文化的一个重要分支，从方位上说是中原文化，从流域上说是黄淮文化，从本质上说是农耕文化。阜阳文化既有美酒文化的熏陶，也有西湖文化的滋润；既有戎马文化的影响，也有名人文化的效应。可以说，阜阳文化既是一种融合的、多元的地域文化，也是一种风格独特、色彩鲜明的地方文化。

一、两河文化的交汇

在我国古代四大水系中，阜阳与黄河、淮河这两大水系有着密不可分的关系。

阜阳地处黄淮平原，其区域范围除历史上曾短期所辖的凤台、霍邱外，绝大部分在淮河以北，有颍河、涡河、洪河、泉河、谷河、润河、西淝河、茨河、北淝河、包河等近百条大小支流分布其间。这些河流有一个共同的特点是大都发源于黄河南岸平原，而自宋、元以来，由于黄河的河道经常决口、迁徙，从阜阳境内的河流夺道溃泄，裹挟大量泥沙而下，因而阜阳境内形成了以河间平原和黄泛平原为主体的地貌特征。史书记载，仅宋代以后，黄河南泛全流夺淮的时间就长达660多年。从现代的地理位置来看，阜阳北距黄河仅200多公里。

黄河是中华民族的母亲河，是华夏文化的源头和摇篮。黄河流域在中国居中心而扼四方，这里曾上演过一幕又一幕群雄逐鹿、问鼎中原的历史活剧，以至于使政治家和军事家们留下了“得中原者得天下”的论断。这里曾流淌出高深莫测的河图、洛书、周易、八卦、太极，呈现出以忠义为本、厚道古朴为特征的“儒风道骨”，因而黄河文化具有正统、大气、侠义、忠烈、苍凉、悲壮等品格。

淮河是中国地理学上划分气候的南北分界线，橘生淮南则为橘，生于淮北则为枳。淮河也是语言学界定侉与蛮的标志线，淮河以北则为侉，淮河以南则为蛮。淮河以北吃面，淮河以南吃米；淮河以北骑马，淮河以南乘船。淮河自古以来舟楫便利，是东西南北商旅往来的水上要道。淮河之畔，曾哺育了中国古代著名思想家孔子、孟子、老子、庄子、管子。由老子创立、庄子发扬光大的道家文化，孔子创立、孟子继承的儒家文化与佛家文化一起，构成了中国传统文化的三大支柱。受淮水滋润的淮河文化，形成了深邃、爽直、豪迈、高亢、淳朴、自然的风格。

阜阳特殊的地理位置，使得黄河文化和淮河文化在这里交融，孕育出既打上两河烙印而又独具特色的阜阳文化。欧阳修知颍州时称阜阳“民淳讼简而物产美，土厚水甘而风气和”；苏轼在颍州知州任上曾上书皇帝言阜阳“士风备于南北，人物推于古今”。康熙《颍州志》序云：“吾颍居河之南、江之北，盖中原股肱郡也。”“虽居平野无山，而众川环绕，灵秀斯钟，贤豪夙喜宦游，俊杰时多蔚起，其称文献之邦，由来久矣。”

阜阳文化受黄河文化影响最为显著的特点是政治性和斗争性。黄河文化是一种“政治-伦理”型文化，长期在华夏文化中居于正统和主流的地位。受其影响，阜阳文化中也有这种浓厚的政治特色。历史上，阜阳就出过辅佐帝王、政绩卓著、成为一代名相的管仲、鲍叔牙、张良，连十二岁的甘罗也因游说赵王而立下奇功，被秦昭王封为上卿。作为杰出政治家、军事家的曹操，征战一生，叱咤风云，统一北方。“老骥伏枥，志在千里，烈士暮年，壮心不已”。大气磅礴的《龟虽寿》一诗，表达了一代枭雄魏武帝对政治目标始终如一的孜孜追求。中国历史上由陈胜、吴广领导的首次大规模农民起义，其三路人马中的南路军即由阜阳人邓宗率领。宋代刘锜曾率领阜阳军民抗击金兵于顺昌城下，以少胜多，以弱胜强，使金国大将金兀术望风而逃。刘福通领导的红巾军起义，掀起了席卷全国的反元风暴。张乐行领导的捻军暴动，沉重打击了清王朝的统治。从阜阳出土的汉简，就有《年表》《大事记》170多片，记载了上起西周、下讫于汉各国君王在位之年。唐代亳州人李绅的《悯农》诗曾留下“四海无闲田，农夫犹饿死”的名句，体现出忧国忧民的政治倾向。宋代著名词人晏殊知颍州时，在《喜迁莺》一词中表白：“劝君看取名利场，今古梦茫茫”，流露出降职后对官场的无奈。连北宋著名书画家、汝阴人张之权那幅被后世传为珍宝的名画，也名之曰《太宗步辇图》。

由于地域的关系，阜阳文化受淮河文化的影响更深，最为明显的特点是深邃和旷达。老子骑青牛西出函谷关时留下了一篇五千言的《道德经》，足足令古今中外的学者们研究两千多年仍然不得要领，而又不得不承认其博大精深，人们从政治、经济甚至社会生活各个方面都能在书中得到启迪。《道德经》告诉人们如何正确对待无为与有为、自知与知人、生命与名利、拙与巧、攻与守、仕与隐、静与动、始与终。“尝为蒙漆园吏”的蒙城人庄子，曾写过十万余言的文章，为文旷达豪放，纵横驰骋，汪洋恣肆，仪态万方，被称为天下奇文。庄子在《齐物论》中曾大气磅礴地直抒胸臆：“乘云气，骑日月，而游乎四海之外。”冲破现实羁绊，逍遥四海，彻底解脱，这是何等的胸襟。庄子做梦，梦见自己变成蝴蝶，拍着翅膀，十分得意，忘记了自己是庄周。他醒来感到不可思议的是自己又变成了庄周，于是发问是庄周做梦变成了蝴蝶，还是蝴蝶做梦变成了庄周。临死前，弟子们打算厚葬他。庄子说，把我扔到荒野好了，我用天地做棺材，日月做双璧，星辰做珍珠，万物做礼品。这又是何等的达观！受这种文化的影响，阜阳人端的洒脱和豪迈。因此，有了“走千走万，不如淮河两岸”的传唱，有了“收了淮河湾，富甲半边天”的民谣。

正如淮河和黄河的切割、冲击形成了平坦舒展、一望无垠的黄淮平原，两河文化的交汇、冲撞，使得阜阳文化兼有黄河文化的忠烈悲壮和淮河文化的深邃旷达。

二、道家文化的积淀

应当说，从先秦到当代，对阜阳文化影响最深的莫过于在淮北这块土地上土生土长的老子、庄子。正是由于老庄文化的历史积淀，阜阳文化才能在博大精深、历史悠久的中华文化中占有重要的一席之地。生于涡阳县郑店村的老子，是我国古代著名的思想家、哲学家。他创立了道家学派及道家思想，给中华民族甚至给全人类留下了一部充满哲理和智慧的不朽之作——《道德经》，在中国古代文化史和思想史上具有重要地位。而且老子作为一代大师，对中国哲学、伦理学，甚至对中国人的思维方式、道德人格都有着极其重要的影响。连儒学的创始人孔子也曾拜老子为师，《礼记·曾子问》中有四处记载了孔子问礼于老子的故事。孔子曾对他的弟子们说："今天我见到了老子，他大概就是龙吧。"古人对老子相当推崇，评价极高，有人把老子与传说中的黄帝并列，合称为"黄老"，西汉史学家刘向把老子收入神仙传记。历代皇帝对老子更是极力崇奉，顶礼膜拜。东汉桓帝曾亲自祭祀老子，唐代皇帝以老子为其祖先，曾追封老子为"太上玄元皇帝""太圣祖高上大道金阙玄元天皇大帝"。宋真宗时，又改称老子为"真元皇帝"，并加号"太上老君混元上德皇帝"。

庄子是我国古代最伟大的哲学家之一，《史记》称其著书十余万言，无所不窥。分为内篇、外篇、杂篇三部分的《庄子》一书，饱含着许多大智大慧，被称为独步千古、天下奇文。庄子的哲学是一种艺术化的哲学，极富诗情画意。从古至今，人们经常运用的"东施效颦""邯郸学步""朝三暮四""望洋兴叹""越俎代庖""游刃有余""螳臂当车"等成语都出自《庄子》一书。据统计，《李白集》中引用庄子典故的诗歌达七十多首，苏东坡诗集中引用庄子典故、词汇的地方约有三千六百余处。刘熙载在《艺概》中曾评论《庄子》一书："人鲜不读，读鲜不嗜，往往与之俱化。"郭沫若也曾极力赞美庄子的文采："庄子固然是中国有数的哲学家，但也是中国有数的文艺家，他那思想的超脱精微，文辞的清拔恣肆，实在是古今无两。"正因为如此，哲学家认为庄子的哲学是用诗意盎然的散文写出的，文学家认为庄子的思想本身就是一首绝妙的诗，美学家认为庄子是哲人、诗人、艺术家，其作品是情和理、"道"和"艺"的完美融合。

尽管阜阳与亳州历史上分分合合，尽管老子与庄子的籍贯所在地又一次划归亳州，但老庄文化对阜阳的影响却绝非区划的变更所能够割断的。

翻开古颍州志，在文苑之中到处可见老庄文化渗透的痕迹。汉代汝阴的周义山，被道教称为紫阳真人。唐代与张籍齐名的汝阴诗人王建，擅长乐府诗，风格纯朴，以反映下层社会现实和民间疾苦著称，沈德潜曾说他："诗到真处，一字不可移易。"周子雍"为诗清丽有法"，王文炳"诗笔浓郁有声"，申大志"为文洋洋洒洒"。汤有光"作文操管立就"，曾因投诗稿使中丞李植"大惊亟起迎之，礼为上客"，汤有光由此声名大振，但其担任高安县令不到一年，就因受不了拘束而毅然告别官场，回归故里，终日与人饮酒作诗。

以老庄为代表的道家学说，特别是其寻求自我解脱的人生哲学，对阜阳文化的影响是极其深远的。老子主张重身轻物、少私寡欲、守柔处弱、为而不争；庄子则强调安时处顺、哀乐不入，认为"死生、存亡，穷达、贫富，贤与不肖，毁誉、饥渴、寒暑，是事之变，命之行也"，向往尘垢之外、无人之野的逍遥游。从浙江上虞迁居涡阳、"竹林七贤"之一的嵇康，"好老庄之业，恬静无欲"，主张"越名权而任自然"，他隐居20年，终日打铁采药、纵酒谈玄、吟诗弹琴，从老庄之学中寻求精神慰藉，渴望羽化成仙，因而成为我国古代游仙诗的高手。亳州人陈抟，是北宋初期的著名道学家，宋太宗取《道德经》"视之不见名曰夷，听之不闻名曰希"之意，赠其号曰"希夷先生"。传说他曾点化宋太祖赵匡胤，并传其武功。赵匡胤还因几盘棋将西岳华山输给陈抟老祖，因而有了"华山自古不纳粮"之说。宋太祖、宋太宗几次下诏召陈抟入朝，都被婉拒，其辞诏的表辞中云："一片野心都被白云留住，九重仙诏休叫丹凤衔来。"陈抟还创立了"睡功法"，可长睡百日不醒，并自作歌云："吾爱睡，吾爱睡，不卧毡，不盖被，片石枕头，蓑衣铺地。震雷掣电鬼神惊，吾当其时正鼾睡。闲思张良，闷想范蠡，说甚孟德，休言刘备，三四君子只是争些闲气，怎如我，向青山顶上，向白云堆里，展开眉头，解放肚皮，且一觉睡！管什么玉兔东升，红轮西坠。"

老庄文化在崇尚自然、无为而治方面一脉相承。老子说："人法地，地法天，天法道，道法自然。"庄子也把"顺其自然"作为非常重要的哲学思想。秦汉时期在淮河流域形成的学术流派——黄老思想，其代表人物除亳州人张良外，萧何、曹参、陈平也都是淮北人士。在黄老“无为而治”的思想指导下，汉初奉行“与民休息”和“清静无为”的政策，国家空前繁荣和稳定，“七十余年间，国家无事”，民给足，仓廪满，府库余，被后人盛赞为“文景之治”。这种学说，对阜阳后人也产生了潜移默化的影响。

三、名人文化的效应

古往今来，名人都是一种品牌，就区域文化而言，无不打上名人的印记；反过来说，名人的效应，又决定着一个地方文化的品位、知名度和影响力。

北宋年间作为一方小州的阜阳，先后有数位国家级的文学大师担任知州。且不说他们的职衔，有丞相、参政知事、礼部尚书、兵部尚书、工部尚书、礼部侍郎、龙图阁大学士，仅直呼其名，就令人肃然起敬，他们是：晏殊、蔡齐、欧阳修、范仲淹、苏轼、苏颂、周邦彦等。

老子说：“名可名，非常名。”名人是一个地方的灵魂和旗帜。一个地方，一处景点，其名气大小，关键在于和其相关的名人、名作。王勃一篇《滕王阁序》、范仲淹一篇《岳阳楼记》、李白一句“烟花三月下扬州”，都使这些地方名满天下、流芳千古。正是由于欧阳修和苏轼相继执掌颍州，留下众多诗文，使颍州深深打上了欧苏的烙印，这一方小州在北宋才得以牛气冲天、风生水起。北宋曾任龙图阁直学士、翰林学士的沈遘曾在《送裴仲孺摄汝阴尉》诗中感慨：“我读醉翁思颍诗，恨不六翮西南飞。”

这几位著名文曲星相继出任颍州知州，当然是历史的巧合。但在不太长的时期，有这么几位顶尖的大文豪来阜阳执政，确是阜阳之幸。除他们以外，刘筠曾以礼部侍郎知颍州，“诗文与杨亿齐名，官至龙图阁直学士”。杨察以秘书省著作郎知颍州，陆佃以龙图阁待制知颍州，吕公著以侍读学士知颍州，曾肇以宝文阁待制知颍州，后官任翰院学士兼侍读，曾两度出任颍州知州的章衡则是状元出身，著名散文家穆修曾任颍州文学参军，著名诗人陈师道曾任颍州教授。加上应颍州知州们邀请前来游览或与之诗文酬答的王安石、苏辙、黄庭坚、梅尧臣、杨万里、曾巩、秦观、宋祁等著名诗人、词人助阵，名人效应对阜阳文化产生的影响应当说是巨大而深远的。

在北宋知颍州的众多文人学士中，对阜阳文化影响最大的首推欧阳修。皇祐元年（1049）正月，北宋文坛领袖群伦的大文豪、“挥毫万字、一饮千钟”的“文章太守”欧阳修受命担任颍州知州。其身份为“朝散大夫、尚书、礼部郎中、知制诰、知颍州”，朝廷在给欧阳修的任命诏书中称他“识远才长，文高行洁”。而他本人则集朝廷重臣、文坛领袖、史学巨擘于一身，同时又在经学、目录学、金石学等学术领域多有建树。他的《欧阳文忠公集》共153卷，还有《新唐书》《新五代史》《诗本义》等经史著作。欧阳修在颍期间，公务之余常泛舟西湖，吟诗作文，并编著《新五代史》，致仕后定居颍州。他所著《六一诗话》是中国第一部论诗专著，开创了文学批评的新形式。

奇巧的是，四十三年之后，元祐六年（1091）闰八月，欧阳修的学生、旷世奇才苏东坡以龙图阁学士、左朝奉郎的身份知颍州。苏轼是北宋文艺走向全面繁荣时期最具代表性的人物，在诗、词、散文、书法、绘画等领域都有卓越建树。到颍州之后，苏轼自云：“食于颍人，淮颍是依。”苏轼《颍州到任谢表》称赞“伏以汝、颍为州，邦畿称首。士风备于南北，人物推于古今。宾主俱贤，盖宗资、范孟博之旧治；文献相续，有晏殊、欧阳修之遗风”。虽然苏轼仅当了六个月的颍州知州，却赞扬颍州“人淳事简，壤厚泉甘”，而且为颍州留下一句响亮的广告词：“大千起灭一尘里，未觉杭颍谁雌雄”。苏轼像他的老师欧阳修一样，不仅全力为颍州的百姓办事，而且公务之余留下大量吟咏之作。宋周必大《平原续稿·东坡颍州诗》云：“东坡在颍半载，自《放鱼》以后，凡五六十诗。盖陈、赵、两欧阳相与周旋，而刘景文季孙自高邮来，履常之兄传道又至，故赋咏独多。”离开颍州之后，苏轼还在感慨：“远来无物可相赠，一味丰年说淮颍。”

北宋仁宗景祐四年（1037），颍州知州蔡齐奏请仁宗破“非藩镇不得立学”的诏谕，在颍州设立官学。自此以后，阜阳教育兴盛起来。教育的勃兴，加上受这些文坛巨子的影响，阜阳文化自先秦以后，再次辉煌。以至于连欧阳修也在一首诗中感叹："颍虽陋邦文士众，巨笔人人把矛槊。"颍州人尹拙因博通古籍而被征为翰林学士，常秩因经术著称并经欧阳修推荐而被授国子监直讲，后官拜宝文阁待制兼侍读。汝阴县有一家竟出了王铚、王明清和王廉清三名文史学者，被称为"宋代三士"，王铚曾任枢密院编修，著有《七朝国史》等著作。而王铚的父亲王乐道就曾在欧阳修门下读书。

元泰定四年（1327），颍州人李黼获廷试第一名状元，创阜阳科举之最，授翰林院修撰。明代阜阳人卢翰，博览群书，曾在山东兖州任推官，当时齐鲁士子拜其门下受业者达数百人。后来卢翰闭户读书，著有《签易》《易经中说》《春秋解》《四书中说》《月令通考》《中庸图说》《图说纲要》《定性书图衍》《蓄德录》《阴符经集注》《道经注》《坛经撮要》《中庵语录》《文集》《黄离子》《掌中宇宙》等总计129卷，真可谓著作等身，时人称其为"卢圣"。明代阜阳人张鹤鸣、张鹤腾兄弟俩先后在万历二十年（1592）和万历二十三年（1595）考中进士，且二人都有著作传世。此外，宋元时期出了著名画家张之权、音韵学家傅瑾、戏剧家孟汉卿。

阜阳籍的文人学士，从才华横溢的颍州知州们身上可谓是受益匪浅。晏殊的闲雅清婉、凝练自然，欧阳修的平易流畅、委曲婉转，苏轼的气势奔放、挥洒自如，都在阜阳文人们的诗文里见端倪。客居阜阳的大文豪们，用其如椽大笔，为阜阳文化书写了光彩夺目的篇章，阜阳文化也凭借他们的鼎鼎大名而身价百倍，扶摇直上。

四、村野文化的铺垫

阜阳文化的基础和土壤，说到底应当是村野文化或者说农事文化。

地处黄淮平原的阜阳是我国古代农业开发较早的地区之一。这里土地肥沃、草木茂盛，适宜多种动植物生息繁衍。考古学家发现，我国古代原始村落遗址大都傍水或集中在河流两旁。分布广泛的大汶口文化遗址、龙山文化遗址，绝大多数邻近河流、接近水源，都是当年水草和林木茂盛的高地。其村落一般分布在河岸的土地上，土壤肥沃，便于耕种。阜阳境内新石器时代遗址，有临泉的官庄、界首的王庄、太和的倪邱、阜南的万家沟等数十个，这些古村落遗址大都分布在颍河、泉河、茨河、西淝河两岸。据清代道光《阜阳县志》记载：“颍河沙河为颍州膏腴之地，城郭集镇皆当河冲，人民村落夹河而居者极其繁庶。”从这些古村落遗址中出土的石刀、石簇、石铲、石镰、石斧、陶网坠、陶豆、水壶等器具可见，阜阳的先民们已经开始从打鱼、狩猎、采集向原始耕作和驯养家畜、家禽过渡了。

农业经济，尤其是传统农业是一种自给自足的自然经济形态。从神农教民耕种、黄帝创建村落，数千年来变化不大。元代王祯曾在《农桑通诀》中这样阐述：务农之人，穿的是蒲草，吃的是糙米，住的是茅棚，赶着牲畜，“载星而出，戴月而归，父耕而子植，兄作而弟随，公则奉租税，给征役，私则养父母，育妻子，其余则结亲姻，交邻里，有淳朴之风者，莫若农也。”这种日出而作、日落而息、自给自足的农业经济生活方式，必然生发出安贫乐道、与世无争的农事文化。这种得过且过的求安心理，不仅农民中普遍存在，连开明人士大多也深受影响。据《吕氏春秋》记载，楚国名相孙叔敖生前多次请辞不受楚庄王的封赏。临死之前，他对自己的儿子说：“王数封我矣，吾不受也。为我死，王则封汝，必无受利地。楚越之间有寝丘者，此其地不利而名甚恶。荆人畏鬼，而越人信机，可长久者，其唯此也。”这个被称为寝丘的地方就在今临泉县城西南。孙叔敖死后，其子遵父遗命，请封寝丘，与人无争，结果得以长存。

翻阅古代阜阳文化名人的作品，其间有不少篇章涉及村野文化或农事文化。生于颍水之上的阜阳人管仲，是中国古代著名的思想家、经济学家。《管子》一书中多处对农事文化有过阐述。《牧民》篇云：“务五谷，则食足，养桑麻，育六畜，则民富。”《水地》篇云：“地者，万物之本原，诸生之根菀也。美恶、贤不肖，愚俊之所生也。”唐代与张籍并称的乐府诗人、汝阴人王建，其诗也多以田家、蚕妇、织女、农夫为题材。

连客居颍州的文人名士在阜阳留下的诗文也颇多涉及农事，像欧阳修的“黄栗留鸣桑葚美，紫樱桃熟麦风凉”，“焦陂八月新酒熟，秋水鱼肥脍如玉”；刘攽的“樵斧间渔舟，稻畦连麦陇”；苏轼的“久知荞麦青，稍喜榆柳黄”；陈师道的“竹几无留尘，霜畦有余蔬”，“官地下凫雁，荒冢上牛羊”。

至于民间，更是村野文化和农事文化占主导地位。一个村落是一个相对独立和封闭的单位，一般是一村一姓，即便是一村几姓，也以一姓为主，其他姓基本上是外来户。一家一户，男耕女织；乡里乡亲，互助互救。全村同姓同宗而且辈分鲜明，合族合村共同祭祀，祈祷平安和丰收。四乡八里之间，则兴集市和庙会。集市一般隔日一次，逢单或逢双，少数地方也有三日一集或五日一集，约定俗成，长年不变。村民们到集市上买卖或闲逛，俗称“赶集”。庙会则固定在一年之中的几个好日子，如“二月二”“三月三”“三月二十八”等，也有“谷雨会”“小满会”“立夏会”。庙会期间，人们除了进行物资交流和宗教活动外，还举行各种文化娱乐活动，通常是请戏班子唱大戏，也有本地村民表演踩高跷、玩肘哥、扭秧歌、划旱船等民间技艺。一些民间习俗，也打上了农事文化的烙印。例如，农历二月二正值春耕大忙，阜阳有早起用木棍敲门框的风俗，而且边敲边唱：“二月二，敲门框，金子银子往家扛；二月二，敲门头，大囤尖来小囤流；二月二，敲门枕，金银财宝往家滚。”从民间流传的谚语，亦可看出农事文化的主调，例如：“耕地耕深，黄土生金”“人勤地生金，人懒地生草”“好种出好苗，好葫芦开好瓢”“豆宜稀，麦宜稠，玉米地里可卧牛”“天上出现鱼鳞斑，放心晒粮不用看”“三十亩地一头牛，老婆孩子热炕头”。

时至今日，阜阳人民念牛经、唱牛戏，演绎了洋洋大观、声震全国的黄牛文化。由此看来，阜阳文化的基因，没有跳出一个“农”字。

五、戎马文化的影响

志书上称阜阳“襟带长淮，控扼陈蔡，东连三吴，南引荆汝，梁宋吴楚之冲，齐鲁汴洛之道，淮海内屏，东南枢辖”。重要的地理位置，决定了这是一处兵家必争之地。

翻开历史的画卷，我们不难看到古代的阜阳战事频仍、硝烟弥漫。春秋战国时期，整个阜阳大地就是各国争霸、列国争雄的战场，先是楚宋之争，接着是楚晋之战，后来是吴楚相伐，再后来是秦楚交兵，阜阳境内的胡、沈、养、慎等小国均在夹缝中挣扎，或朝秦而暮楚，或既朝晋而又朝楚。秦末陈胜、吴广在大泽乡揭竿而起，迅速转战阜阳，连克数县；元末刘福通举义于颍州，纵横于黄淮长江；清末张乐行在颍亳结捻、雉河集会盟。历史上仅阜阳发生的著名战役就有东汉建武四年（28）刘秀歼灭刘永的垂惠之战，南宋绍兴十年（1140）刘锜抗击金兵的顺昌大捷。尤其是顺昌保卫战，刘锜指挥一万八千士兵击败金兀术十几万大军，创造了中国古代战争史上以少胜多、以弱胜强的著名战例。顺昌一战而定两淮，也使阜阳被誉为“南宋屏藩”，当时在燕京的洪皓向宋高宗密奏称：“顺昌之捷，金人震恐丧魂，燕之重宝珍器，悉徙而北，意欲捐燕以南弃之。”

战争的洗礼，必然使阜阳文化留下戎马文化的烙印。戎马一词最早见于老子的《道德经》一书，《道德经》第四十七章有这样一句话：“天下有道，却走马以粪。天下无道，戎马生于郊。”充满辩证法思想的《道德经》，从战争学的角度来判断还是一部著名的兵书，其中充满着“柔弱胜刚强”的谋略之道。书云：“将欲翕之，必固张之。将欲弱之，必固强之。将欲废之，必固兴之。将欲夺之，必固予之。”这种谋略思想，对中国古代兵学产生了深远的影响。《孙子兵法》据此提出了“诡道十二法”，古代战争中运用老子“以退为进”的权谋，创造了欲擒故纵、围师必阙、穷寇莫追、缓兵待机等具体战术。

阜阳人姜尚是中国古代第一个军师型的军事家，其军事韬略在中国战争史上占有重要地位，对后世用兵产生了深远的影响。姜尚作为著名的军事家，以他的名字署名的军事著作，在《汉书·艺文志》道家类中著录有《太公》237 篇，《谋》81 篇，《言》71 篇，《兵》85 篇。理论界公认，中国古代的兵论、兵法、兵书、战策、战术等一整套的军事理论学说，就其最早发端、形成体系、构成学说来说，都始自齐国，源自太公，所以说姜尚作为兵家宗师、齐国兵圣、中国武祖是当之无愧的。

一部阜阳名人史，几乎就是一卷灿烂的戎马文化史。阜阳历史上的名人与战争有关的居多。颍上人管仲任齐国上卿曾首倡在全国组织军事编制，并提出“尊王攘夷”，联合北方邻国，抵抗山戎族南侵。楚国名将、临泉人养由基有“百步穿杨”的武功。颍上人甘茂精学兵事谋略，身为秦将，屡立战功。其孙甘罗，12 岁时作为秦国特使，曾说服赵王发兵攻燕，使秦不费一兵一卒得城五座。阜南人吕蒙是三国时期著名的将领，果敢有胆，屡立奇功。颍州人刘福通率众起义，迅速攻克颍州城，点燃了元末农民大起义的烽火，横扫元统治的北部广大地区，沉重打击了元军主力。

从阜阳现存的文物中，我们亦可看出戎马文化的端倪。太和原墙曾是楚国国都，战国晚期楚国曾一度迁都于此。古细阳遗址中有石、骨、铜、铁各种古代箭头。太和新鄹故城遗址，曾出土过楚国的剑、戈等兵器。近几十年来阜阳境内仅出土的战国铭文兵器就有“蒙”字戈、“卢氏”戈、“叶”字矛、“芒易”戈、“廿四年晋上库”戈、“十九年邦司寇”戈等。其中较为著名的是临泉杨桥出土的魏国大梁七年戈。

英雄豪杰创造了戎马文化，戎马文化塑造了英雄豪杰。在黄淮平原这块英雄辈出的土地上滋生而又深受戎马文化影响的阜阳文化，具有一种英勇豪爽的阳刚之气和侠义忠烈的悲壮之美。

六、西湖文化的滋润

颍州西湖历史悠久，初兴于先秦，成名于唐代，鼎盛于宋代。古代颍州西湖位于颍州城西北约五里，系颍河、清河、白龙河、小汝河交汇之处，东西宽三里，南北长十余里。明正德《颍州志》称其“天下胜绝”。清道光《阜阳县志》称其：“自唐宋以来亭台之胜，觞咏之繁，与杭之西湖并称。”明嘉靖《颍州志》描述西湖景致：“菱荷飘香，绿柳盈岸；芳菲夹道，林苑烂漫；曲径通幽，斜桥泽畔；画舫朱艇，碧波潋滟；楼台亭榭，错落其间。”颍州西湖最盛时号称有七十二景，仅古籍所载有名目的堂、亭、榭、楼、阁、台、寺、祠、桥等建筑就达三十多处。

自古以来，尤其是宋代，颍州的地方官吏都十分重视西湖的开发。晏殊以工部尚书知颍州时，便在西湖大兴土木，建清颍亭、清涟阁于西湖之畔。欧阳修对西湖进行全面修整，新建维修了双柳亭、聚星堂、会老堂、六一堂等景观，扩建了西湖书院。尤其是苏东坡，为了对西湖进行全面治理，竟上书皇帝奏留了万名黄河民工，开本州沟，建三闸，“通焦陂水，浚西湖”。经过数任官员和几代人的努力，终于使颍州西湖的湖光水色风情万种，成为文人骚客泛舟观光、吟诵唱答、乐而忘返的胜地。

颍州知州们不仅竭尽全力建设西湖，而且还用他们的生花妙笔歌咏西湖、赞美西湖。“湖上西风斜日，荷花落尽红英；金菊满丛珠颗细，海燕辞巢翅羽轻”。晏殊在《破阵子》一词中描写了秋日的西湖微风轻拂、红莲摇落、金菊盛开、燕子辞巢的景象。“绿荫黄鸟春归后，红花青苔人迹稀。萍匝汀洲鱼自跃，日长栏槛燕交飞。”欧阳修的《初夏西湖》一诗，用鱼跃燕飞来衬托荫绿花红，有动有静，显示出雨后新晴的初夏西湖清幽可爱。最令阜阳人感到骄傲的是，欧阳修以《西湖念语》为总目，写了十首《采桑子》，首句都嵌“西湖好”：“轻舟短棹西湖好”“春深雨过西湖好”“画船载酒西湖好”“群芳过后西湖好”“何人解赏西湖好”“清明上巳西湖好”“荷花开后西湖好”“天容水色西湖好”“残霞夕照西湖好”“平生为爱西湖好”。这些文坛巨匠们为西湖、为颍州做的广告，招引了天下文人对颍州刮目相看，曾任杭州知州、龙图阁直学士的沈遘说得最为直白：“我读醉翁思颍诗，恨不六翮西南飞。”

欧阳修知颍、思颍，直至归老颍州，在他任颍州知州视事的第二天，便与同僚偕伴畅游西湖，并拿定了将来定居于此的主意。《庐陵欧阳文忠公年谱》载：“皇祐元年公四十三。正月丙午移知颍州，二月丙子至郡。乐西湖之胜，将卜居焉。”离任之后，欧公多次写诗思念西湖。英宗治平四年（1067），他在赴亳州任上专门向皇帝告假停留颍州两个月，安排扩建房屋，准备辞官回来定居。这次他写了《再至汝阴三绝》，“朱轮昔愧无遗爱，白首重来似故乡”“颍人莫怪归来晚，新向君前乞得身”“十四五年劳梦寐，此时才得少踟蹰”，字里行间流露出对颍州西湖的眷恋与思念。

苏轼对颍州西湖的热爱之情也是溢于言表，跃然纸上。他在《泛颍》一诗中写道：“我性喜临水，得颍意甚奇。到官十日来，九日河之湄。吏民笑相语，使君老而痴。使君实不痴，流水有令姿。”东坡对颍州西湖的爱，在属僚和百姓眼里，竟然到了“痴迷”的程度，难怪他留下“二十四桥亦何有，换得十顷玻璃风”的评价。词人秦观《东坡守颍》一诗也从旁观者眼中描写了东坡对颍州西湖的痴迷：“十里荷花菡萏初，我公所至有西湖。欲将公事湖中了，只说官闲事亦无。”

客居阜阳的文豪们还在西湖留下了美丽的传说、动人的佳话。欧阳修一生热爱颍州西湖，辞官后携带一万卷藏书、一千卷金石遗文、一张琴、一局棋、一只酒壶定居于此，自号“六一居士”，饮酒作诗于西湖之上，直至仙逝。欧阳修对西湖如此情有独钟，固然是由于西湖的美好景色所吸引，有其诗“西湖烟水如我家”“都将二十四桥月，换得西湖十顷秋”为证。传说欧公在知颍州前就来过西湖，当时有一歌伎非常聪颖，凡欧公诗词一出，便牢记于心，歌之于喉，欧公与其筵席上戏约，他年当来颍州做郡守。数年之后，当欧阳修来就任时，此女已不知去向，于是他感叹：“柳絮已将春去远，海棠应恨我来迟”，留下了“每到最佳堪乐处，却思君共把芳卮”的惆怅。更有意思的是，苏东坡多年之后在西湖之上听到歌女犹唱欧词，发出了“佳人犹唱醉翁词，四十三年如电抹”的感慨，吟出了“与予同是识翁人，唯有西湖波底月”的佳句。

湖因人而兴，因人而名。据记载：“汝阴西湖胜名绝天下，盖自欧阳永叔始。”西湖美好的风光与文人吟诵的佳作融为一体，形成了在阜阳文化史上占有重要地位的西湖文化，而西湖文化又滋润和丰富了阜阳文化，使阜阳文化更加绚丽璀璨。

七、美酒文化的熏陶

作为古代较为发达地区之一的阜阳，酿酒业的发展历史悠久，境内出土的龙虎尊、兽面纹觚等商代青铜酒器，便是很好的例证。早在商周时期，便有“鲖水免疫、泉酒醉仙”之说，周文王十子冉季载曾酿美酒敬献文王。

酒伴随着人类的文明而诞生，它本身就是历史酿造的，其中积淀着一种独特的酒文化。《汉书·食货志》云：“酒者，天之美禄，帝王所以颐养天下，享祀祈福，扶衰养疾。百礼之会，非酒不行。王者法酒旗以布政，施天乳以哺人。”的确，酒可以壮猎人胆、添美人色、通人间情、消万古愁。古往今来，中国历史文化正是由于有了酒，才起伏跌宕，魅力无穷。

“殿上尧尊倾北斗，楼前舜乐动南薰”“杯小乾坤大，壶里日月长”“一酌千忧散，三杯万事空”“三杯通大道，一斗合自然”“酒为翰墨胆，力可夺三军”“身外皆虚名，酒中有全德”。古人对酒的描述，真令人感到酒文化的无限风光和博大精深。

阜阳既有着灿烂的文化史，又有着悠久的酿酒史。醉三秋、金种子、文王贡酒、焦陂酒、一匡天下、管子酒、太和殿酒、炎黄酒、欧阳修酒，这些品牌无不展示了阜阳丰富的酒文化底蕴。《管子》曾留下齐桓公、管仲、鲍叔牙、宁戚四人饮酒，鲍叔牙举杯为齐桓公祝寿的记载。晋代临泉人毕卓，任吏部郎中时喜爱饮酒，以致耽误公务。一次他晚上醉酒之后又受酒香的诱惑而到一家酒坊大饮，被人当作盗贼缚在酒缸旁。他曾这样表白自己的心迹：“得酒数满百斛船，四时甘味置两头，右手执酒杯，左手持蟹螯，拍浮酒船中，便终了一生矣。”

阜阳美酒也吸引了一批文人名士云集于此，在品美酒的同时，留下许多咏酒诗篇和遗闻逸事，从而使阜阳的酒文化更加丰富和厚重。曾吟过“一曲新词酒一杯”的晏殊，由宰相而降工部尚书，再谪颍州知州，官场的失意使他情绪低落，到颍州后吟咏之作几乎篇篇涉酒。“有酒且醉瑶觥，更何妨檀板新声”“美酒一杯新熟，高歌数阕堪听”“为别莫辞金盏酒”“不知重会是何年”，都反映了晏殊这一时期有酒且饮、及时行乐的思想情绪。欧阳修任颍州知州前曾在滁州任上写过有名的《醉翁亭记》，因而留下了“醉翁”的雅号；在颍期间，更是饮酒听歌、陶醉于西湖之上。他有时自斟独饮：“独醉还独醒”“孤咏聊自慰”；有时与嘉宾共饮：“酒美宾佳足自负”“西冈一醉十三春”；有时一边饮酒，一边欣赏歌舞：“美人清歌蛾眉扬，一酹浓烈回春阳”“舞踏落晖留醉客，歌迟檀板换新声”。欧公还极赞阜阳的肥鱼佳果美酒：“焦陂八月新酒熟，秋水鱼肥脍如玉”“红芳已尽莺犹啭，青杏初尝酒正醇”“肥鱼美酒偏宜老，明月清风不用钱”。魏晋时期饮酒不节、性情放纵的竹林七贤之一刘伶，与阜阳也有不解之缘。据传，刘伶被罢官之后来到阜阳杜小街（今口孜镇），嗅到酒香扑鼻，执意要喝三碗，酒坊主杜用告诉他此酒一碗能醉三秋，可刘伶自称是酒仙，喝十碗也无妨。结果刘伶喝了三碗之后一醉不醒，此酒后来被称为“醉三秋”，杜小街也被改称为刘伶渡、刘伶口。

美酒使阜阳人以旷达、豪放、大气而著称，美酒文化又使阜阳文化融入了侠义、悲壮、雄劲的艺术风格而极具英雄气。

八、多元文化的融合

文化在人类文明的演进过程中受地理环境的影响巨大，因而历史上曾出现过辉煌一时的中华文化、埃及文化、巴比伦文化、印度哈拉巴文化、美洲玛雅文化等古文化。就中华文化而言，也从地域的角度分为中原文化、齐鲁文化、秦晋文化、燕赵文化、吴越文化、荆楚文化等区域文化。

阜阳所处的淮河流域，是中国历史上开发较早的地区，也是中华古文明的发祥地之一。这里南连荆楚、北接中原、东邻吴越，早在夏、商、周时代就成为重要的政治活动场所。春秋战国时期，楚文化东渐淮域，楚人惨淡经营了数百年。其间阜阳又曾是楚宋、楚晋、吴楚、秦楚交兵的战场。这种政治上的多极性，反映在文化上则是一种多元性。因此，可以说阜阳文化是本地原生文化和荆楚文化、吴越文化、秦晋文化等多元文化的融合。

作为中华文化最初历程的原始文化，在阜阳也存在大量的例证。阜阳境内迄今发掘的新石器文化遗址，就多达几十处，各地出土的新石器时期的文物更是不计其数。比较有代表性的是石锛、石镞、石斧、石镰、石杵等磨光石器，以及鼎、豆、罐、杯、钵、盆等陶器。这说明阜阳的先民们在辛勤劳作的同时，已经在创造古代文化。传说中“尝百草之实，察酸苦之味，教民食五谷”的神农氏，也在阜阳留下过创造农耕文化的痕迹。传说现今阜阳盛产的生姜，便是当年神农氏发现并推广种植的。夏禹治理淮河，把各路山神土地拘来审问，弄清了是淮河、涡水之神巫支祁作乱，于是集合众神把其制服。夏禹还娶淮河的女儿涂山氏为妻，并留下三过家门而不入的佳话。淮河流域的先人被称为淮夷，夏朝时淮夷由九个强大的夷族所组成，他们是：畎夷、于夷、方夷、黄夷、白夷、赤夷、玄夷、风夷、阳夷。淮夷部落擅长优美、粗犷的音乐舞蹈艺术，夏朝自少康平定淮夷之后，“诸夷宾于王门”，“献其乐舞”。可见，阜阳先民们较早地具备了艺术细胞和生活情趣。

由于阜阳历史上长期属楚地，因而荆楚文化成为阜阳的主流文化。对荆楚文化产生重大影响并成为其重要组成部分的老庄文化便滋生在阜阳这块肥沃的土壤之中。老子的多智、冷峻、深刻、自然，庄子的玄妙、诙谐、神奇、浪漫，都成为荆楚文化的典型特征。同时，楚人强烈的独立自尊意识、执着的奋发向上精神、坚韧的独特品格、丰富的情感世界，在阜阳人身上都得到充分体现。“九合诸侯，一匡天下”的管夷吾，“外定武功，内兴文学”的曹孟德，都以其富国强兵、征战四方的盖世奇功，为荆楚文化书写了辉煌灿烂的篇章。至今，阜阳民间在端午节食粽子、糖糕、油角等食物，依然是为了纪念楚大夫屈原。此外，由于地理位置的特殊，秦晋文化、吴越文化也都曾在阜阳文化的孕育中留下过烙印。越国大夫范蠡，助越灭吴后功成身退，携其红颜知己西施放浪江湖，最后与西施合葬于阜阳境内，留下了著名的范蠡孤堆。竹林七贤之一、以弹奏一曲慷慨激昂的《广陵散》而从容就刑的文学家和音乐家嵇康，就是从越国迁居而来，在阜阳一代活动。从阜阳境内发掘的秦国调兵印信新郪虎符以及吴国和越国的青铜兵器，也可看出秦晋文化、吴越文化对阜阳的辐射。

阜阳文化的多元性，从阜阳人的生活习俗中亦可略见一斑。阜阳人既喜爱苍凉悲壮、激昂高亢的梆子、豫剧，也欣赏婉约哀伤、柔丽清新的越剧、黄梅戏。至于阜阳人吸收南北剧种所创造的独具特色的太和清音、道情戏、嗨子剧、四句推子，更是柔美清淳、韵味无穷。在全国颇有名气的阜阳剪纸，也兼有南方的柔和与北方的粗犷。阜阳人既可以把面食做得花样翻新，也能把米饭做得令人称叹。

阜阳文化的多元性，跟历史上的移民也有着密切的关系。据史书记载，阜阳移民大多来自山西、陕西、山东、河南、河北等地。从民族构成来看，阜阳除汉族以外，还有回、满、壮、苗、侗、彝、白、傣、朝鲜、蒙古、哈尼、维吾尔、达斡尔等49个民族，有些民族早在汉唐就已迁入颍州。如曾任元代兵部尚书的临泉人察罕帖木儿，其曾祖就是从北庭（今新疆维吾尔自治区吉木萨尔县）迁来定居的。多方人口的迁徙、杂居，造成了多元文化的碰撞、交融、渗透和影响。

正是由于接受了多元辐射，兼容并蓄，阜阳文化才显得绚丽多彩。它既有热情、奔放、浪漫、飘逸的一面，又有冷峻、深沉、朴实、厚重的一面。也正是由于这种多元文化的融合，才使得阜阳文化博大精深，成为中华文化园林中一朵璀璨的奇葩。

（作者为阜阳市人大常委会主任）

前　　言

安徽省阜阳市地处淮河中游，黄淮海平原南端，淮北平原西部，安徽省西北部。地理坐标在北纬32°24′~33°55′、东经114°52′~116°49′之间，平均海拔高度为32米。阜阳市辖颍州、颍泉、颍东三区和太和、临泉、阜南、颍上四县及界首市，共有八个县市区，全市总面积9775平方公里，总人口1040.6万，居安徽省辖各市之首。

阜阳历史悠久，文化底蕴深厚。早在新石器时代前期，这里就有人群居住、生活、劳动，创造了物质财富和精神文化。阜阳人民迫切希望了解自己的历史和文化。以前，虽然有这方面的文章和著述，但尚显分散和简略。要全面、具体、系统地了解阜阳的历史和文化，仅靠现有著述显然还是不够的。

2011年年初，时任阜阳市政协主席的亓龙同志提出编纂一部系统的《阜阳文化史》的设想，以全面梳理阜阳历史文化发展的脉络、轨迹与成就，这一设想得到了时任阜阳市党政主要领导的支持以及阜阳文史学界的赞成与响应。鉴于撰写地市级多卷本的文化史，在全国尚无现成的经验可以借鉴，且地方文史研究者、爱好者又分属不同的单位和部门，有的在本单位承担繁忙的本职工作，有的已经退休多年且年事已高，阜阳市政协按照内容分类，将研究、写作任务先分解到个人，然后再聘请专家学者集中统一，修改、统稿、总纂。

目前，经过几年来的艰苦努力，《阜阳文化史》第一卷《史前至魏晋南北朝卷》终于完成了。在写作与统稿、总纂的过程中，我们边干边学，在摸索中前进，在探索中总结反思，在写作中深化认识。回顾几年来的艰辛历程，结合遇到的实际问题，我们主要从以下几个方面进行了努力，并逐渐形成编纂的思路与理念。

一、《阜阳文化史》首先是一部史学著作，尽管文化史属于史学的一个分支，是文化学与史学相结合的一门交叉科学，但其涵盖面则极其广泛，涉及的历史十分漫长。自从人类站立起来，在自觉意识下开始活动，作为人的历史就开始了；与此同时，文化形成的历史也就开始了。史学大师傅斯年先生说："史学便是史料学。"（《史料论略》）这句话说出了史料对史学研究的重要，及其在史学研究中第一位的基础的作用。对于文化史也完全一样，文化史的研究也需要广泛占有史料。没有新史料的发现与旧史料的开掘利用，写作就会流于重复前人的成果而失去价值和意义。他还提出研究历史首先要"上穷碧落下黄泉，动手动脚找东西"，也就是要尽可能穷尽史料。

改革开放以来，特别是上世纪八十年代初全国第一轮修志工作的推动，阜阳市的史学研究在史料的开拓、挖掘及研究方面均取得了很大的进展。尽管如此，如果仅仅依靠现成的、已知的史料，要完成一部多卷本的文化史，仍然是远远不够的。为此，我们首先在新史料的发现和旧史料的开拓、研究上下功夫，力争在史料的发现和使用上有新的突破和进展。本卷文化史所使用的史料，就有相当一部分是以前所没有涉及的；或虽有涉及，但比较简略。在《阜阳文化史》中，新史料方面的内容，至少要占全书的三分之一以上。如汉代道教的紫阳真人周义山，在阜阳旧志中虽曾提及，但文字简略。这次对周义山的史料进行了较系统、全面的梳理。对他在道教史上的地位，以及其人史料中所列举的许多道书，也进行了初步探讨。至于旧史料的开掘，更是我们时时注意的。

二、史料的发掘和使用，是建立在对于史料本身理解和认识的基础之上的。国学大师王国维先生在1925年提出了史料的"二重证据法"，他在《古史新证》中说："吾辈生于今日，幸于纸上之材料外，更得地下之材料。由此种材料，我辈固得据以补正纸上之材料，亦得证明古书之某部分全为实录，即百家不雅驯之言亦不无表示一面之事实。此二重证据法，唯在今日始得为之。虽古书之未得证明者，不能加以否定；而其已得证明者，不能不加以肯定，可断言也。”清末以前的传统史学研究，大体建立在纸质文献的基础上。上世纪二三十年代，安阳殷墟考古的重大发现，拓宽了殷商历史研究的视野。甲骨文字的发现、研究和释读，使殷商的历史成为信史，把我国有文字可考的历史大大提前，从而有力推动了上古史的研究。王国维先生的历史史料研究的“二重证据法”，就是在此基础和背景之下提出来的。“二重证据法”被史学界广泛接受之后，一些学者包括饶宗颐先生等又提出“三重证据法”等，认为要把调查材料、口述史料以及文化人类学等多学科的成果，纳入历史学研究的范畴。

我们在这部书的写作中，除纸质文献外，一直十分注意吸收考古成果和其他学科的研究成果，并给予了相当的篇幅。特别是史前和先秦时期，文献资料非常贫乏，而考古资料则相对丰富。一处遗址、一件文物，可以传递纸本文献难以承载的多方面的历史信息。虽然目前的考古资料尚不足以说明上古时期阜阳的详细历史面貌，但已经可以给我们提供基本的认识和特征。借助文物与考古，史前和先秦时期阜阳历史的脉络已经呈现。这些成果在本卷中的体现尤其明显，也特别重要。随着阜阳考古工作的新进展，阜阳上古历史会更加丰富，其中的疑点、难点问题也会得到进一步的解决。

三、作为今天由八个县市区组成的省辖阜阳市，其行政区划设立于2000年。在此之前，亳州、利辛、涡阳、蒙城、凤台、霍邱等都曾属于阜阳的范围。而历史上的阜阳则更是变动频繁，且体制不一。《周礼·天官》云：“惟王建国，辨方正位，体国经野，设官分职。”中国历史上既有过分封制，亦有郡县制，还有二者并存时期；既有行政区划，也有军事建置，以及两者的犬牙交错；先秦时期则有聚落、部落、部族和方国等；另外还有道、路、藩镇等多种管辖形式和派驻机构等。这些在阜阳这块土地上均有体现。历史总是在一定的时空中发生、发展、演绎、推进的，这使地域性的历史文化研究成为可能和必要。撰写阜阳文化史，自然要以目前的阜阳市为空间概念，为地理维度和界限。其写作要以在目前阜阳市范围发生的事件和人物，发现的文献、遗迹、遗址和文物为主。

因此，我们在写作和取材时，对于已经不属于目前阜阳的人和事，以及史料，尽可能不去涉及。因为这些内容尽管曾经与阜阳有关，但毕竟不在目前的阜阳市的行政区划范围了，如果全部写入，将使史料的时间和地理边界不清，材料无序，也会使体例混乱，卷帙庞杂。

但是，历史的演进又常常不受某一地域的限制，更不会受行政区划的限制和约束。对于与阜阳关系特别密切，又是由目前的阜阳为核心延展的史实，如果作削足适履式的表达，也会使脉络中断而含糊不清。在遇到这种情况时，则适当予以延伸，以求叙述的完整与系统，也是必要的。而有的阜阳人，籍贯清楚明白而无争议，但其主要活动并不在阜阳。如东汉初的两代帝师张酺，是今天的太和人，其主要活动在京城；临泉鲖阳的胡综，其建功立业在三国时期的东吴等，按照史学研究通例，均予以收录。

四、中国文化发源早，成熟早，基本是在自己的内部系统里独立完成的，有自己的话语系统和表达方式。佛教传入中国之后，也被中华本土文化消化、吸收和改造。自从西方现代文化传入中国之后，许多学者一直想将中国文化纳入西方话语系统进行研究和考量，而事实上这是不可能完全做到的。另一方面，中国文化在它不同的历史时期，即使仅仅就表述而言，同一词语的意义也是很不一样的。如中国文化中很早就有“文学”一词，但至迟在汉代以前，“文学”一词并非我们今天所理解的意义。《史记》里孔门四科之一的文学，并不是我们今天所说的文学。历史研究首先要尊重历史，这也就要求不能把一切都强行纳入现代话语系统，不能胶柱鼓瑟，那就会显得扞格不入、榫卯错位。因此，在汉代文学一节，我们使用的仍然是当时的文学概念。其中所介绍的汝阴何比干与太和倪宽、张酺，以及汝阴令宋登，都是研究和传播《尚书》学的专家，在当时都被称为文学之士。因为在那个时候，经学与文学还没有分家。《汉书》首列“艺文志”，其内容包罗广泛，并非专注于今天所说的文学艺术。这一点在这些年来的学术研究中已经为学者所注意，使用传统的分类方法在目前许多学术著作里，已经十分普遍。

五、在《阜阳文化史》编纂工作启动之初，我们是按照现代学科分类进行分工的，如分哲学、文学、教育、艺术、宗教、科技及文物考古等类。后来，我们发现这种分类给写作造成了很大的局限和困难。如史前文化，就无法按照这种分类去撰写。即使是先秦和秦汉时期，按照这种分类操作起来也受到很大约束。为此，我们在统稿阶段根据材料本身重新进行了安排。如史前时期，主要按照考古学年代的先后进行叙述。先秦时期，方国文化仍然是阜阳文化的主要特征和表现形式，就单独安排一节进行介绍。在阜阳发现的先秦文物里，有不少珍贵的古文字资料，就单独列为一节。西汉汝阴侯汉墓出土的阜阳竹简，内容特别丰富，自从1977年出土以来，一直是国内外学术界关注和研究的热点，这方面的研究成果也很多，故在“秦汉时期”一章列为第一节予以重点介绍。对于汝阴侯汉墓出土的一批漆木器，近年来的研究有了新的突破，现已一致认为这是当时的天文观测仪器。通过这些文物的研究，我们对我国古代的天文观测水平的认识将提高一大步。我们将目前的研究成果放在科技一节，从科技角度介绍。魏晋时期书法方面的史料相对丰富，而书法本应归入艺术类，但为突出其成就，也单独列为一节。

历史的发展有它的完整性、连续性，也有它的因果关系和内在逻辑。但历史的研究只能在既有史料的基础上进行，这是历史研究的局限性，这种局限性在地域文化研究上更为明显。“板凳宁坐十年冷，文章不写半句空。”只能按照史料写，不能凭空杜撰，随意发挥。尽管秦汉以前，阜阳不可能没有教育，也不可能没有音乐、舞蹈。但是直到现在，尚未发现这些方面与阜阳直接有关的文献资料，也无文物遗迹。对此，宁可暂付阙如，也不搞“拉郎配”，不搞移花接木，把同一时期其他地方的发现，或全国性的情况放到阜阳来写。对于其他类别的内容也如此处理。

六、我们认为，《阜阳文化史》既是学术著述，也应有一定的普及性、资料性，这是编纂的缘起与目的所决定的。为此，我们很注重原始资料的使用与引述。再者，由于本书涉及的知识面十分广泛，我们尽可能学习、吸收专家学者的研究成果，尊重他们的观点与意见，绝不自以为是，妄陈己说。吸收专家学者的研究成果，不仅使写作者得到了教育与提高，也相应地提高了文化史的学术层次。因为有些内容本身就有很强的专业性、学术性，在表述上也需要科学、准确，必须以严谨的态度认真对待，不能主观臆断。当然，专业论文、论著与文化史的读者对象不同，我们也不宜处处照搬照套，对专业性较强的内容，则尽可能消化吸收之后进行转述。限于水平有限，如有误解、误读，敬请读者指出，以便今后用适当方式更正。

我们希望《阜阳文化史》的读者范围尽可能广泛，能够被更多的读者学习与使用。在行文中，对一些专业性较强的名词术语，以及历史上一些人物、事件的历史背景，以及冷僻的知识和难点，均在不影响准确性的基础上，随文做出解释和说明，以便读者加深理解。对一些查找困难的史料，在可能的情况之下，在引用时则不计篇幅，适当保留文字的完整性，以方便读者阅读使用。

尽管我们已经做出了很多努力，但由于水平限制，时间有限，而文化史涉及的内容十分广泛，书中的缺点错误一定不少，诚望专家学者和广大读者批评指教。

2016 年 10 月 6 日

目　　录

第一章 史前时期

史前文化是指文字产生以前人类社会创造的文化，中国史前文化按年代先后大体可划分为旧石器时代文化和新石器时代文化两类。“旧石器时代文化”始于距今约 300 万年，结束于距今约 1 万年。“新石器时代文化”始于距今约 1 万年，结束于距今约 4000 年。

从大区系文化分类的角度看，阜阳史前文化位于山东海岱文化与河南中原文化的交汇地带，属于苏鲁豫皖临界区考古学文化的范畴。史前文化在阜阳的迅速发展，应是从大汶口文化（距今约 4600～6100 年）中期开始的，这一时期，阜阳境内的原始先民活动遗址迅速增加，并在沿河地带形成了规模较大的聚落群。到龙山文化阶段（距今约 4000～4600 年），步入繁盛期。阜阳史前文化的兴衰演变，既与当时特定的地理环境、气候条件变化等自然因素的影响有关，也与周邻地区的史前文化交流、人类族群迁徙等社会因素的作用密切相关。

史前时期阜阳毗邻黄河“第二湖沼带”，长期地势低洼，湖泊、沼泽、河流密布，地质沉降缓慢。距今约5000～6000年间，是全球古气候波动剧烈的阶段，降水量较前有了大幅度减少，海平面水位下降，黄河则继续向北摆动而远离皖北地区，从而改善了前期水域遍布、不适宜人类居住和交通往来的自然地貌特征。

距今约3500～4000年，是全新世大暖期的末段，是历次降温事件中幅度最大的一次，黄淮海平原出现了一个持续四五百年的漫长变寒期。为寻找新的水源地和食物来源，阜阳境内的原始先民不得不向湖泊水源相对丰富的豫东、鲁西南等地迁徙，进而导致阜阳境内史前文化日趋衰落。

本章主要依据阜阳地区近几十年获取的考古调查材料，对阜阳史前文化进行系统梳理；注重广泛使用阜阳地区的考古材料，包括并不是在阜阳发掘出土、而又与阜阳有关的考古材料，注重吸收借鉴学术界的观点和研究成果。本章共分七节，除首先介绍阜阳史前文化渊源、流变的基本特征，阜阳境内最早的原始人类族群外，按年代先后列“大汶口文化”“龙山文化”“二里头文化与岳石文化”三个专题分节叙述，对古史传说中的阜阳先民、原始宗教亦分别专列一节。

第一节　阜阳史前文化的基本特征

从大区系文化分类的角度看，阜阳史前文化位于山东海岱文化与河南中原文化的交汇地带，属于苏鲁豫皖临界区考古学文化的范畴，自身还构不成一个独立的区系文化。阜阳境内目前还没有发现旧石器时代文化遗存，从已掌握的考古调查材料看，本地区文化史的发端，至迟可上溯至距今约7000年的新石器时代中期。而史前文化在本地区的迅速发展，应是从大汶口文化（距今约4500～6100年）中期开始的；到龙山文化阶段（距今约4000～4600年），本地区史前文化发展步入空前繁盛期。阜阳史前文化的兴衰演变，有着特定的历史地理背景与社会生态环境，原始移民、自然地貌、交通条件、气候变迁、河流、湖沼、土壤与动植物资源等均是影响阜阳史前文化发展演变的重要因素。

一、史前文化遗存的分布与调查

阜阳境内史前文化遗存的调查与研究工作起步较晚。新中国成立以来，阜阳文物部门在境内先后进行过三次较大规模的文物调查活动，并相继发现了一批史前人类活动遗址。20世纪五六十年代，安徽省博物馆曾对阜阳所在的淮北地区进行过史前遗址调查。1983年，北京大学考古学系实施苏、鲁、豫、皖临界区史前考古的课题研究，组织人员在阜阳境内进行过专题调查。1989年至1990年春季，中国社科院考古研究所开展苏、鲁、豫、皖四省临界地区史前考古调查的重大课题研究，组织安徽文物工作队对阜阳境内的史前遗址进行了较为全面系统的专题调查。为配合基本建设工程，安徽省文物考古研究所近几十年来对阜阳境内的部分史前遗址也进行过考古调查与抢救性发掘。此外，武汉大学、郑州大学、安徽大学等高校考古学系的部分学者结合颍水流域史前文化的课题研究，也曾对阜阳境内的部分史前遗址进行过多次专题调查。上述考古调查与抢救性发掘活动，推动了阜阳史前文化研究工作的开展。

据统计，阜阳境内目前已发现确认的史前文化遗址有40处，其中临泉18处、阜南9处、太和5处、界首3处、颍上4处、颍泉1处。从地理空间布局看，这些遗址主要分布于临泉、阜南交界地区，阜阳三区及颍上县发现的遗址较少且年代相对较晚，反映了阜阳境内史前人类生存聚居点空间分布的不均衡性。从遗址的生成年代及其文化内涵看，阜阳境内目前还没有发现、确认有旧石器时代文化和新石器时代早期文化遗址。属于新石器时代中期偏早阶段的遗存，仅见临泉县吕寨境内的宫庄遗址一处，年代距今约7000年。其余的遗址均为典型的大汶口文化、龙山文化遗存。龙山文化以后的"岳石文化"或"二里头文化""先商文化"典型遗址，迄今在阜阳境内尚未发现、确认一处，仅在田野调查中采集到零星的遗物残件。

阜阳史前遗址的上述分布与兴衰演变特征，既与当时特定的自然地理环境、气候条件变化等因素的影响有关，也与周邻地区的史前文化交流、人类族群迁徙等社会因素的作用密切相关。

二、史前文化的类型与演变

阜阳境内目前发现的年代最早的史前文化遗存，是位于临泉县吕寨境内的宫庄遗址，从遗址采集的早期标本看，其年代上限可追溯至距今7000年左右的新石器时代中期偏早阶段。

宫庄遗址早期文化遗存的地域特征突出，与山东、苏北境内的大汶口早期文化遗存明显有别，可视为阜阳境内一类典型的“原生文化”“土著文化”。由于未对遗址进行发掘，目前还不清楚其准确的文化面貌、内涵、属性。此类文化与周邻后李文化、北辛文化、小山口文化、石山孜文化、后铁营文化遗存乃至与中原地区裴李岗贾湖文化之间的渊源关系，有待今后调查发掘后揭示。目前可以认为宫庄遗址是阜阳境内年代最早的史前文化类型，是阜阳人类文化的重要发祥地之一。

约略从大汶口文化中期开始，阜阳境内的原始先民活动遗址迅速增加，并在沿河地带形成了规模较大的聚落群。本区大汶口文化遗存，属于海岱地区大汶口文化“尉迟寺类型”的范畴，是山东、苏北大汶口文化西渐的漫长历程中与皖北地区“土著文化”不断交流融合的结果。这一史前文化类型，逐渐演变成后来的另一支高度发达的龙山文化“王油坊类型”。阜阳境内的龙山文化遗址，无论是规模、数量还是空间分布范围都远远超过了大汶口文化遗址，表明这一时期本区人口曾出现过一次爆发式增长现象，进而导致了人类居住地或聚落遗址的大规模激增与扩张。阜阳境内龙山文化衰落后的去向，渐趋演变成另一类规模较小的岳石文化类型。

三、史前文化的生态环境

在遥远的新石器时代，由于阜阳境内的原始先民刚走出筚路蓝缕、茹毛饮血的社会发展初始阶段，人类适应与改造自然、获取物质生活资料的能力低下。这一时期文化的形成与兴衰演变，除文化交流、族群迁徙等社会原因外，受气候、地貌、河流、湖沼、土壤、动物、植被等生态环境条件的影响制约较为明显。

史前时期阜阳境内的自然地貌形态，与现在地势平坦的冲积平原有很大的不同。这一地区毗邻黄河“第二湖沼带”，长期地势低洼，湖泊、沼泽、河流密布，地质沉降缓慢。据研究，当时全球在经历了更新世末至全新世早期的干冷气候之后，约于距今8000年左右的新石器时代早期，开始进入气候温暖湿润的全新世高温期（亦称作仰韶温暖期）。距今约6000～7200年，是这个温暖期中稳定的暖湿阶段。此期植物生长茂盛，湖泊呈高水位，湖沼盛大发展。新石器时代早期社会生产力低下，人类生存聚居点一般只能选择在山麓前或洪水淤积形成的高地上，而对河流、湖泊水域密布的地区则望而生畏。这一时期阜阳境内水域特点是：水网密布，湖泊广阔，因而原始先民几乎无法在此居住或交通行走，本地区至今之所以没有发现新石器时代早期人类居住遗址，其原因就在这里。到了新石器时代中期偏早阶段，才有少量先民选择在海拔较高的临泉吕寨宫庄一带，临水筑台而居，开启了阜阳境内人类生活的历史。

距今5000～6000年间，是全球古气候波动剧烈的阶段。据研究，此期曾发生过三次大的降温事件，全新世大暖期的鼎盛期已经过去，降水量较前有了大幅度减少，海平面水位下降，黄河则继续向北摆动而远离皖北地区，这些因素大大减少了阜阳境内湖沼水源的补给量，造成了湖沼的大面积退缩，从而改变了前期水域遍布、不适宜人类居住和交通往来的自然地貌特征。较低水位的沼泽性环境，更加有利于物种的繁殖和多样性，为人类族群生存聚居发展提供了空间。同时，阜阳地区在淮河水系的控制与作用下，承载新石器时代文化的原生地层逐渐发育成熟，自然地形地貌趋于稳定。这一时期，正是社会发展水平较高的山东地区大汶口文化人类族群大规模西迁之际，阜阳境内适宜人类生存聚居的自然环境与气候条件，使大汶口文化原始族群的大量涌入并定居于此成为可能。临泉、阜南、太和境内分布的大汶口文化中晚期遗址，多是出现、形成于这一时期。

龙山文化时期，温暖湿润的气候逐渐变得温凉，海平面与前期相比，下降了数米之多，由此导致河道下切，湖泊水量减少甚至部分消逝。阜阳境内虽仍有一定密度的人类居住遗址存在，由于水源渐趋减少、水生食物资源不足，一部分原始先民为了更好地繁衍生息开始向湖泊水域丰富、食物资源较多的豫东一带迁徙定居，到了龙山文化晚期这种迁徙更加普遍，进而导致了阜阳境内龙山文化遗址数量的不断减缩。

距今约 3500～4000 年，是全新世大暖期的末段，是历次降温事件中幅度最大的一次，黄淮海平原出现了一个持续四五百年的漫长变寒期，阜阳境内气温持续下降，降水减少，普遍干燥，河流、湖泊水源大量丧失且难以补给，以致最终萎缩乃至消逝。同时，气候寒冷导致物种大量减少，人类赖以生存的食物资源严重不足，造成了人口的大量减少。为寻找新的水源地和食物来源，阜阳境内的原始先民不得不向湖泊水源相对丰富的豫东、鲁西南等地迁徙，进而导致阜阳境内史前文化日趋衰落。

第二节　阜阳境内的原始人类族群

临泉县吕寨境内的宫庄遗址，是阜阳境内目前发现的年代最早的一处史前文化遗址，也是皖北地区考古调查发现的为数不多的新石器时代中期偏早阶段的遗址之一。创造宫庄遗址文化的原始先民，是目前所知生存聚居于阜阳境内的年代最早的原始人类族群，也是安徽省目前所知生存聚居最早的原始人类族群之一。《安徽文化史》第一章“史前文化”章，将安徽新石器时代文化遗址分为三个阶段，第一个阶段距今 6500～8000 年，其所列出的遗址基本上是在淮河流域以北地区，其中就有临泉县宫庄遗址。该遗址的发现与确认，不仅对探索阜阳地区早期文明起源、研究阜阳古人类族群的发展演变等具有重要意义，而且对探索安徽早期文明起源、对研究安徽古人类族群的发展演变等也具有重要意义。

一、调查与发现

宫庄遗址位于临泉县吕寨镇夏庄行政村宫庄自然村西南 20 米处，现为一平面呈长方形、高出地面约 1 米的高台地，面积约 2. 54 万平方米。1957

年全国第一次文物普查时宫庄遗址被发现，安徽省博物馆曾进行过调查。1985 年至 1986 年全国第二次文物普查时进行过复查，1989 年中国社会科学院考古研究所安徽文物工作队进行苏、鲁、豫、皖四省交界地区史前遗址专题调查时复查、确认。2015 年 8 月，中国社会科学院考古研究所、中国科技大学联合组建文物工作队，对遗址进行局部试掘，获得了一批重要标本。现遗址破坏严重，西北邻吕寨到高堰的乡村公路，北边临农田，西边、南边为苇河环绕。历次文物调查采集的标本有夹砂红陶圆锥状鼎足、夹砂黄褐陶侧三角形宽扁鼎足、泥质红陶鬶残片、泥质灰陶鬲足、夹砂黄褐陶高领罐口沿、夹砂红陶鸡冠状器耳、夹砂灰陶鸡冠状器耳、夹砂黄褐陶鸟首状器耳、泥质灰陶器柄、泥质红陶器盖等。

宫庄遗址采集的标本以陶器残件为主，品类少，器型单一。陶质疏松，烧制火候较低。陶色以橘红色、红色为主，另有少量的浅灰陶。胎内多碎蚌壳粉、云母片、粗砂粒、小石粒。由于砂粒大、火候低，砂粒极易脱落，形成器表的蜂窝状孔洞。器表多素面，仅见少量的附加堆纹、指甲纹、戳印纹。

二、遗址的年代与性质

宫庄遗址的器物遗存器型简单、烧制火候低、陶质疏松、陶艺多为手制，凡此均表明该遗址早期遗存的原始性。

根据历次文物调查采集的标本判断，宫庄遗址的早期年代应为新石器时代中期偏早阶段，上层为大汶口文化遗存叠压。由于未对该遗址进行全面的科学发掘，目前尚不完全清楚其文化面貌、属性及其与周邻文化之间的确切关系，但从该遗址地表遗存的器物标本看，其早期阶段的文化与山东地区大汶口文化区别明显，与苏北、豫东地区大汶口文化遗存亦明显有异，与淮北石山孜文化遗存则有较多的共性，如遗址标本中常见的一类夹砂陶鸡冠状器耳，是淮北地区新石器时代早期石山孜文化遗存中典型的流行器。石山孜文化早期遗存的年代，经测定约为距今 7300 多年，宫庄遗址早期遗存的年代，则大致可推定为距今 7000 年左右的新石器时代中期偏早阶段（亦有研究者认为属新石器时代早期文化）。

第三节　大汶口文化

大汶口文化是以 1959 年在山东泰安发现的大汶口遗址命名的一种史前文化，这类文化发源于山东境内的鲁南地区，主要分布于鲁中、南地区，苏北、皖北、豫东地区，向西达豫中、豫西地区，向北达鲁北地区，其存续年代距今约 4600 ~ 6100 年。

按大汶口文化的演变特征，可将其分为早、中、晚三个发展阶段：早期的大汶口文化遗址主要发现于鲁中地区、鲁南地区、胶东半岛、苏北地区；中晚期阶段的大汶口文化遗址的分布范围扩展到包括豫东、皖北在内的整个海岱地区。按照大汶口文化在不同地区传播过程中形成的地方差异，可将其分为“王因类型”“刘林类型”“大汶口类型”“花厅类型”“陵阳河类型”“三里河类型”“尉迟寺类型”等若干个地方类型。

大汶口文化是新石器时代中晚期发展起来的一支高度发达的史前文化，在其前后 1500 余年承续发展演变的漫长历程中，农业、渔猎、家畜饲养、制陶、加工玉器石器、骨角牙器、纺织编织等均获得了长足的发展，社会生产力有了极大的提高，社会等级及其内部结构有了明显分化。创造大汶口文化的原始人类族群，一般认为是东夷族群中的昊族。古史传说中的昊族还有“太昊”“少昊”之分，或系其族群内部不断分迁的结果。

一、阜阳境内的大汶口文化

约略从大汶口文化中期开始，居住在山东境内的大汶口人类族群，开始向西部地区大规模迁徙扩张，其中最远的一支沿着颍水及其支流分迁至豫西地区。在大汶口族群漫长的西迁过程中，部分大汶口人在皖北、豫东等地生存聚居，与本地土著文化不断交流融合，逐渐形成了皖北地区大汶口文化新的地方类型——“富庄类型”和“尉迟寺类型”。

（一）富庄类型

大汶口文化富庄类型，因在亳州富庄遗址发现而命名。富庄遗址位于亳州谯城区富庄的涡河南岸，遗址沿河分布，总面积约2.4万平方米，文化堆积下层为大汶口文化、上层为龙山文化。1982年，安徽省文物考古所曾进行过小面积发掘，揭露出大汶口时期的墓葬12座，出土随葬器以素面泥质灰陶为主，另有少量的黑陶、红陶。典型器物有镂空豆、小口背水壶、深腹罐、折盘镂空豆、折腹盆形鼎、深腹罐、高颈折腹平底壶等。富庄遗址墓葬葬俗及出土器物，既有山东大汶口中期文化的特征，又有自身鲜明的地方特征，因而被命名为大汶口文化中期阶段的一个地方类型。

（二）尉迟寺类型

尉迟寺遗址位于蒙城县许町镇毕集村东150米处，是一处以大汶口文化为主的新石器时代聚落遗存。遗址呈中心高四周低的崮堆状，东西长约370米，南北宽约250米，总面积约10万平方米。相传此地为唐代大将军尉迟敬德屯兵之所，故得名尉迟寺。1989年以来，中国社科院考古所先后对该遗址进行了13次发掘，清理出红烧土房址78间、墓葬300余座以及大量的灰坑、祭祀坑、围沟等遗迹，出土各种石器、陶器、骨器、蚌器、玉器等文物5000余件，为研究安徽北部地区原始社会中晚期的历史提供了十分重要的资料。经C-14测定，该遗址主要堆积的年代距今4600～4800年，相对年代属于大汶口文化晚期。

尉迟寺遗址内布局呈现出一定的规划性，外围为椭圆形围沟，围沟内即是遗址的中心区域。分布有成排的房屋基址、中心广场、墓葬以及灰坑等遗迹。遗址周围还分布有面积较小、等级较低的小型遗址，表明尉迟寺遗址是一处规模较大、等级较高、内部分化复杂的史前聚落遗址。

遗址出土器物既有斧、铲、镰、锛、凿、锥、纺轮等生产工具，也有陶网坠、骨质鱼钩等渔猎工具，还有大量的动物骨骼残骸，表明尉迟寺先民既从事农业种植采集生产，也从事狩猎渔业捕捞活动。遗址内发现大量的粟、谷、稻炭化颗粒，表明原始先民已经掌握了成熟的粟、谷物、水稻栽培技术。

大汶口文化尉迟寺类型在皖北地区分布广泛，阜阳境内发现的大汶口文化晚期遗址，均属于这一类型。

（三）阜阳境内的大汶口文化遗存

距今约5000年前后，随着山东地区大汶口文化势力不断向西部扩张辐射，阜阳境内开始出现一批大汶口文化人类族群的聚居点，目前本区已经文物调查确认的大汶口文化遗址点有18处。这些遗址集中分布在临泉、阜南两县交界地区，此外太和县境内亦分布有少量的大汶口文化遗址。由于尚未对这些遗址进行发掘，目前无法获知其准确的文化面貌、性质、年代及其与周邻地区同类文化之间的关系。从调查采集的实物标本特征看，这些大汶口文化遗址，均应归入“富庄类型”和“尉迟寺类型”的范畴。

阜阳境内已经发现确认的大汶口文化遗址列举如下：

1. 宫庄遗址

宫庄遗址位于临泉县吕寨镇夏庄行政村宫庄西南，文物调查采集的标本包含新石器时代中期偏早的遗存和大汶口文化遗存两类，其中大汶口文化标本占了相当大的比例，表明该遗址是一处以大汶口文化遗存为主的早期遗址。遗址采集标本中属于大汶口文化遗存的有圆锥状鼎足、侧扁形夹砂黄褐陶鼎足、泥质红陶鬶残片、夹砂黄褐陶罐口沿、夹砂红陶鸡冠状器耳、泥质红陶器盖、夹砂红陶器柄等。从标本的形制特征、铸造技法分析，宫庄遗址的大汶口文化遗存年代，应早于本区其他的大汶口文化遗存。

2. 九槐遗址

九槐遗址位于临泉县艾亭镇李庄村九槐庄西南，东距韦寨至艾亭的公路约2000米，南距洪河约100米，2007年全国第三次文物普查时发现。遗址为一椭圆形高台地，中心高出地面约5米，东西约105米，南北约90米，面积约7400平方米，保存较好。遗址地表上有大量的陶片，采集到的标本有夹砂黄褐陶圆锥形鼎足、夹砂红陶凿状按窝纹鼎足、夹砂红陶侧装三角形按窝纹扁鼎足、带凹槽的侧扁形鼎足、泥质灰陶鬲足、夹砂灰陶厚壁缸片、黑衣泥质灰陶片等。遗址地层堆积中还见大量的田螺、蚌壳、兽骨等动物遗骨，部分骨骸还被加工成骨镞、骨凿等生产工具。遗址未经发掘，从采集标本的年代判断文化内涵丰富，有大汶口中晚期文化、龙山文化、商周文化三种类型，其中以大汶口文化、龙山文化堆积为主。2012

年，九槐遗址被安徽省人民政府公布为省级重点文物保护单位。

3. 台阳寺遗址

台阳寺遗址位于临泉县土坡乡土坡行政村土坡庄南，南邻润河。遗址为一椭圆形台地，中心高出地面约 2 米，破坏较为严重，面积约 1.8 万平方米，上面有一条土坡通往欧庙的东西向乡村公路叠压，另生长有一棵银杏树。1985 年，台阳寺遗址在第二次全国文物普查时被发现，1989 年由中国社科院考古所调查确认。历次文物普查采集的标本有夹砂黄褐陶圆锥状鼎足、夹砂灰陶扁凿状鼎足、磨光黑皮陶圈足、泥质红陶鬶颈部残片、泥质灰陶鬲足、黑皮陶鸡冠状器耳、泥质灰陶豆盘、绳索状附加堆纹陶片、黑皮陶直篮纹盆残片等，另有大量的田螺、蚌壳、兽骨等动物遗骨。遗址未经发掘，从采集标本的形制特征分析，遗址上层为商周文化、下层为龙山文化和大汶口文化，其中以大汶口文化遗存为主。1982 年，台阳寺遗址被临泉县人民政府公布为县级重点文物保护单位。

4. 老丘堆遗址

老丘堆遗址位于临泉县城关镇古城社区曾庄村北，北邻流鞍河，204 省道公路南北向从遗址上贯穿。遗址为不规则形，面积 27.3 万平方米，中心为椭圆形台地，平顶，高出地表约 8 米。1976 年周围群众为躲避洪水在遗址上居住，挖出一件陶甗。新中国成立以来，中国社科院考古所、北京大学考古学系、安徽省博物馆、安徽省考古研究所等单位先后对遗址进行过多次调查。历次调查采集到的标本有：夹砂红陶侧三角形按窝纹鼎足、夹砂红陶扁体锯齿纹鼎足、夹砂红陶扁平靴尖形鼎足、夹砂红陶圆锥状鼎足、泥质红陶凿状鼎足、磨光黑陶瓦棱状喇叭形圈足豆、镂空灰陶豆、黑陶有鋬平底杯、泥质灰陶附加堆纹鋬、黑陶篮纹盆、磨光黑陶厚胎杯、蛋壳黑陶器残碎片及陶质鬲足、甗、鬶足、罐、盆口沿、纺轮、网坠等；石器有长方形穿孔石刀、石斧、石镰、石锛，扁平有脊石簇；遗址地层堆积中有大量的田螺、蚌壳、鹿角等动物遗骨，部分骨骼还被加工成蚌镰，蚌刀、骨锥、骨针、骨鱼钩等生产工具和生活用具。

遗址未经发掘，从采集到的标本年代看文化面貌复杂，有大汶口文化、龙山文化、商周文化、汉文化多种遗存，表明该遗址规模较大、前后延续时间较长。1982 年，老丘堆遗址被安徽省人民政府公布为省级重点文物保护单位。

5. 胡台遗址

胡台遗址位于临泉县谢集乡胡小行政村斜庄胡台庙西南，谷河北岸，四周为一现代河沟环绕，东侧 100 米处，有一条谢集通往阜南的乡村公路。遗址为一椭圆形台地，面积 4.98 万平方米，中心高出地表约 3 米，台地东北部有一寺庙遗址，群众称为“胡台庙”。在 1985 年第二次全国文物普查时被发现，1989 年由中国社科院考古所调查确认。遗址未经发掘，历次文物调查采集到的标本有夹砂黄褐陶罐口沿、泥质灰陶屏卷缘盆口沿、夹砂灰陶侧扁三角形按窝纹鼎足、夹砂灰褐陶宽扁鼎足、夹砂灰陶敛口钵口沿、泥质红陶残器盖、泥质红褐陶网坠、夹砂灰陶鬲足、交错篮纹黄褐陶片、泥质红陶片等。从采集的标本看，遗址有大汶口文化、龙山文化、商周文化遗存，其中以大汶口文化为主。

6. 费子街遗址

费子街遗址位于临泉县杨桥镇新安村费子街庄，泉河与延河的交汇处台地上，东靠延河，北距泉河仅 1 公里，当地村民世代传说遗址为费无忌故里。遗址为不规则形，被延河支流分割为东区、西区和墓葬区三部分，面积约 31 万平方米。中国社科院考古所、北京大学、武汉大学、安徽省文物考古所等先后对遗址进行过专题调查。遗址东部为高出地表约 3 米的台地，采集到的标本有石刀、石锛、带按窝纹的侧扁鼎足、柱状鼎足、鬲口沿、网坠、纺轮等，推测其年代当在新石器时代大汶口文化晚期、龙山文化时期至商周时期。西区采集到的标本有筒瓦、瓦当、陶豆、陶罐等，推测其年代当在战国至汉代，与传说中的费无忌故里存续年代相当；墓葬区征集到的标本有陶鼎、豆、盒、钫、罐、墓砖等，推测其年代当在战国至汉代。历次文物普查和专题调查中采集到的标本有夹砂灰陶鼎、磨光泥质黑皮陶豆、夹砂黑皮陶篮纹直领瓮、泥质黑皮陶大口瓮、磨光黑皮陶折沿盆、磨光泥质黑陶细柄杯、夹砂红褐陶粗柄杯、泥质红陶覆钵形器盖、夹砂红褐陶凿状按窝纹鼎足、夹砂红褐陶鸭嘴形鼎足、加砂红陶侧扁三角形鼎足、红陶纺轮、夹砂红陶篮纹厚壁缸片、夹砂红褐陶罐口沿、泥质灰陶鬲足等。从采集到的标本看，有大汶口晚期文化遗存、龙山早期文化遗存及商周文化、春秋战国文化、汉文化等多种遗存，表明这一聚落遗址历史悠久、年代跨度大、前后延续时间长、内涵丰富。

7. 丁王庄遗址

丁王庄遗址位于阜南县万沟乡丁王庄村高庄南1000米处，面积约1.1万平方米。遗址为一椭圆形高台地，1985年第二次全国文物普查时发现，1989年中国社科院考古所调查确认。历次调查采集到的标本有夹砂黄褐陶凿状鼎足、夹砂红陶侧装三角形扁鼎足、夹砂灰陶鸭嘴状鼎足、泥质红陶鬶袋状足、泥质灰陶高圈足杯、黑皮陶瓦棱状圈足豆、夹砂灰陶扁平足盆形鼎鼎足、罐口沿、鬲足、器耳、鋬手等。遗址未进行发掘，从采集的标本年代看有大汶口文化、龙山文化、西周文化遗存，其中以大汶口文化遗存为主。

8. 倪邱遗址

倪邱遗址位于太和县倪邱镇政府院内西北角，茨河东岸，东距阜亳公路约300米，西临茨水，并为茨水切割形成陡壁剖面。遗址破坏严重，残存一高约10米的台地，面积约2.07万平方米，1958年在第一次全国文物普查时被发现。中国社科院考古所、北京大学考古学系、安徽省博物馆、安徽省考古所、郑州大学考古学系等单位先后对遗址进行过调查。历次调查采集的标本有磨光黑皮陶罐口沿、侧装三角形按窝纹扁鼎足、夹砂红陶凿状鼎足、泥质灰陶敛口钵、夹砂灰陶盆口沿、磨光黑皮陶刻画纹尊形器、磨光泥质黑皮陶镂空豆，篮纹、方格纹、刻画纹、绳纹夹砂或泥质灰陶片及石斧、凿、锛、骨针、陶网坠、泥质灰陶埙等。从茨水冲刷的剖面观察，该遗址文化层丰富，可见大量的田螺壳、蚌壳、兽骨、陶片及灰坑遗迹等。遗址未进行过发掘，根据采集的标本年代判断有大汶口文化、龙山文化、商周文化遗存，其中以大汶口文化遗存为主。1981年9月，倪邱遗址被安徽省人民政府公布为省级重点文物保护单位。

9. 灰角寺遗址

灰角寺遗址位于太和县苗集镇芮集乡沟北行政村西北，北距洪河约20米。遗址为一圆形台地，四周为现代水沟所环绕，中心高出地表约2.5米，面积约5万平方米。遗址于1958年全国第一次文物普查时被发现，地表散布大量的红烧土土块和陶片。中国社会科学院考古所、安徽省考古所等单位先后对遗址进行过调查，采集的标本有夹砂红陶圆锥形鼎足、夹砂黄褐陶凿状鼎足、夹砂灰陶圆锥状鼎足、泥质灰陶豆柄、泥质灰陶浅腹盆底、黑皮夹砂灰陶直领瓮口沿、泥质灰陶纺轮、錾手、石镞、铜镞、鹿角等。陶器纹饰以篮纹为主，鼎足为夹砂黄褐陶，火候低，陶质松软，足呈扁凿状，足跟部有两个按窝，腹部饰横篮纹。遗址未进行过试掘，从采集的标本看包含大汶口文化、龙山文化、商周文化等多种堆积，其中以大汶口文化堆积为主。1981 年 9 月，灰角寺遗址被安徽省人民政府公布为省级重点文物保护单位。

从以上列举的例证中，我们可以看出，阜阳境内的史前遗址具有地层堆积内涵丰富、前后承续时间长、文化面貌复杂的显著特征，而文化内涵单一的大汶口文化遗址则十分罕见。阜阳史前文化遗址这种复杂特征的形成，与本区地处平原、河网纵横、易受水患侵袭的自然地貌特征和原始先民选择、构筑高台地聚居的习俗不无关系。

阜阳境内已发现的具有大汶口文化特征的史前文化遗址，见表 1 - 1。

表 1 - 1　阜阳境内主要大汶口文化遗址一览表

序号	名　称	位　置	面积（m^2）	形　状	典型器物	年　代
1	宫庄遗址	临泉吕寨镇夏庄村宫庄西南	2.54 万	长方形高台地	圆锥状或侧扁形夹砂陶鼎足、泥质红陶鬶残片、夹砂黄褐陶罐口沿、夹砂陶鸡冠状器耳、泥质红陶器盖、鬲足等	新石器时代中期、大汶口
2	小芝庄遗址	临泉吕寨镇高堰村小芝庄南	2.9 万	椭圆形高台地	夹砂陶侧扁鼎足、夹砂黄褐陶罐口沿、泥质红陶残器盖、泥质灰陶鬲足、豆柄、夹砂陶钵残片等	大汶口、商周
3	台阳寺遗址	临泉土坡乡土坡庄南、润河北岸	1.8 万	椭圆形高台地	夹砂圆锥状或扁凿状鼎足、红陶鬶残片、黑陶鸡冠状器耳、灰陶豆盘、附加堆纹陶片、黑陶直篮纹盆残片、鬲足	大汶口、商周

（续表）

序号	名 称	位 置	面积（m^2）	形 状	典型器物	年 代
4	胡台遗址	临泉谢集乡胡小村斜庄胡台庙西南	4.98万	椭圆形高台地	夹砂陶罐口沿、盆口沿、侧扁三角形鼎足、宽扁鼎足、夹钵口沿、泥质红陶残器盖、陶网坠、夹砂灰陶鬲足、交错篮纹陶片等	大汶口、龙山
5	陈小湾遗址	临泉老集冲西村陈小湾庄北、润河南岸	4.8万	长方形高土墩	泥质红陶圆锥状鼎足、夹砂黄褐陶凿状鼎足、夹砂陶侧三角状鼎足、夹砂罐口沿，灰陶豆柄、夹砂陶盆底、泥质灰陶残甗、泥质红陶器盖等	大汶口、龙山、西周
6	张大营遗址	临泉老集镇张大营庄东南	1.2万	长方形高台地	夹砂红陶圆锥状鼎足、夹砂黄褐陶凿状鼎足、夹砂陶罐口沿、灰陶鬲足、夹砂红陶横篮纹陶片	大汶口、商周
7	老丘堆遗址	临泉城关镇古城社区曾庄村北、流鞍河南岸	27.3万	椭圆形高台地	夹砂陶侧三角形鼎足、扁柱状鼎足、夹砂陶扁平靴尖形鼎足、夹砂红陶圆锥状鼎足、泥质红陶凿状鼎足、磨光黑陶圈足豆、镂空灰陶豆、黑陶有鋬平底杯、泥质灰陶鸡冠状鋬、黑陶篮纹盆、磨光黑陶厚胎杯、鬲足、陶甗、鬶足、罐、盆口沿、陶纺轮；石刀、斧、镰、锛、石簇；蚌镰，骨针、骨鱼钩等	大汶口、龙山、商周、汉代
8	费子街遗址	临泉杨桥镇费子街，泉河与延河的交汇处	31万	不规则形	夹砂灰陶鼎、泥质黑陶豆、夹砂黑陶篮纹瓮、泥质黑陶大口瓮、黑陶折沿盆、泥质黑陶细柄杯、夹砂红褐陶粗柄杯、泥质红陶器盖、夹砂红褐陶凿状鼎足、鸭嘴形鼎足侧扁三角形鼎足、红陶纺轮、夹砂红陶缸片、夹砂红褐陶罐口沿、鬲足等	大汶口、龙山、周、汉代

（续表）

序号	名　称	位　置	面积（m^2）	形　状	典型器物	年　代
9	九槐遗址	临泉艾亭李庄村九槐庄西南	0.74 万	圆形高台地	夹砂黄陶圆锥鼎足、夹砂红陶凿状鼎足、夹砂红陶侧装三角形鼎足、泥质灰陶鬲足、夹砂灰陶缸片、黑衣泥质灰陶片、骨镞等	大汶口、龙山、商周
10	倪邱遗址	太和倪邱镇西北、茨河东岸	2.07 万	高台地	磨光黑陶罐口沿、侧装三角形鼎足、夹砂红陶凿状鼎足、泥质灰陶敛口钵、夹砂灰陶盆口沿、黑陶刻划纹尊形器、泥质黑陶镂空豆，绳纹、篮纹、方格纹、刻划纹夹砂或泥质灰陶片，石斧、凿、锛、骨针、陶网坠、泥质灰陶埙等	大汶口、龙山、商周
11	藏庄遗址	太和港集乡藏庄村北	4 万	不规则台地	夹砂红陶凿状鼎足、夹砂陶罐口沿、夹砂陶大口尊、灰陶豆柄、夹砂篮纹灰陶片	大汶口、龙山，周、汉代
12	东李庄遗址	太和苗集乡东李庄西北	5 万	椭圆形台地	夹砂红陶扁柱状鼎足、夹砂陶罐口沿、陶盆口沿、泥质灰陶敛口钵、泥质红陶纺轮等	大汶口、龙山，周、汉
13	灰角寺遗址	太和集沟北村	5.04 万	圆形高台地	夹砂红陶圆锥形鼎足、凿状鼎足、泥质灰陶豆柄、泥质灰陶浅腹盆底、夹砂陶直领瓮口沿、石簇、铜簇、鹿角等	大汶口、龙山、商周
14	丁王庄遗址	阜南万沟乡丁王庄村高庄南	1.1 万	椭圆形高台地	黄褐陶凿状鼎足、侧装三角形扁鼎足、夹砂灰陶鸭嘴状鼎足、泥质红陶鬶足、泥质灰陶高圈足杯、黑陶瓦棱状圈足豆、夹砂灰陶盆形鼎足、夹砂灰陶鸡冠状鋬、罐口沿、鬲足、器耳、鋬手等	大汶口、龙山、西周

（续表）

序号	名称	位置	面积（m^2）	形状	典型器物	年代
15	地理城遗址	阜南地理城镇地北村西侧	0.9万	椭圆形高台地	夹砂陶侧装三角形鼎足、夹砂陶凿状鼎足、夹砂灰陶钵口沿、罐口沿、泥质红陶鋬手、黄褐陶横篮纹陶片、泥质灰陶鬲足、网坠等	大汶口、西周
16	老楼遗址	阜南公桥胡楼乡丁郢村老楼	1.4万	长方形台地	夹砂陶侧装三角形宽扁鼎足、夹砂灰陶残细柄杯、泥质红陶器盖、泥质灰陶盆口沿、夹砂黄褐陶罐口沿、泥质陶网坠、鬲足、罐口沿等	大汶口、龙山、商周
17	清凉寺遗址	阜南会龙何寨村清凉寺庄西	3万	圆形高台地	夹砂红陶鸭嘴状鼎足、夹砂黄陶交错篮纹罐口沿、夹砂灰陶高领罐口沿、泥质红陶鬶足、夹砂灰陶篮纹缸片、灰陶鬲足、镂空豆足、罐口沿等	大汶口、西周
18	黄丘遗址	阜南田集任庙乡任老庄东北、润河南岸	2.5万	圆形台地	夹砂红陶凿状鼎足、夹砂黄褐陶侧装宽扁鼎足、夹砂灰陶圆柱形鼎足、泥质红陶器盖、夹砂红褐陶网坠、夹砂灰陶篮纹罐口沿、磨光泥质灰陶盆底、泥质红陶鬶足等	大汶口、龙山

二、阜阳大汶口文化的主要成就

（一）原始农业

大汶口文化中晚期，由于自然地理环境与气候条件的变化，阜阳境内逐渐成为适宜原始先民生存聚居的理想选地。宜人的生态环境、充裕的食物资源，十分有利于原始农业经济的发展和人类繁衍生息。临泉宫庄遗址、老邱堆遗址、太和的倪邱遗址、灰角寺遗址、阜南的黄邱遗址、老楼遗址等一批重要遗址堆积中，出土有大量的田螺、蚌壳、兽骨及蚌刀、蚌镰、骨簇、骨锥、陶网坠等生产工具、生活用具，表明当时阜阳大汶口人生活的自然环境中水生动物资源十分丰富，渔业捕捞、水产品加工食用，是原始先民社会生活中最重要的经济支柱之一。一批石铲、石斧、石锛、石镰、石刀、蚌镰、纺轮等生产工具的发现，表明当时的原始农业种植、植物果实采集、纺织经济等有了一定规模的发展。在临泉县老邱堆遗址、阜南县黄丘遗址、太和县倪邱遗址、灰角寺遗址等一批遗址中发现有猪骨遗骸，则说明当时家畜饲养已经开始出现。

（二）原始手工业

阜阳大汶口文化手工业的发展成就，主要表现在生产工具、生活用具与艺术品的制作、使用上，下面以较为发达的制陶业为例试作概说。

从文物调查采集的标本观察，阜阳大汶口文化的原始制陶技艺主要有模制、手制、轮制等几类。最简单的模制，可能是以篮、筐等编织物为模子，将调和好的黏土涂于其上，置火中燃烧后将模子毁掉而形成陶器。手制的方法，就是将黏土抟弄成自己需要的形状放入火中烧制成型，这样的方法大概只适合小型器物的制作。随着制陶技艺的发展和实际生活需要，为了制作出更大、更牢固的陶器，人们发明了稍微复杂的泥条圈筑法和泥条盘筑法。泥条圈筑法是将黏土捏成泥条圈，若干的泥条圈重叠而上，内外修饰抹平。泥条盘筑法是将一根泥条螺旋上升叠好，内外修饰平整。这两种方法在新石器时代是普遍采用的，持续时间也很长。后来出现了轮制法，首先是慢轮修整，将泥料置于陶轮上，借助陶轮的转动帮助修整陶器，可以使器型更规整，厚薄更均匀。

制陶工艺的进步还表现在烧制技术上。最初原始先民制陶可能只是在露天架火，直接焙烧，由于加热温度不高，此类陶器烧制火候较低。后来出现了陶窑，陶窑分火口、窑室、火膛、火道、窑箅五个部分。窑室为圆形，直径一米左右。最原始的陶窑为横窑穴，穹形的筒状火膛在窑室一侧，窑壁周边有若干等距离的火孔。竖窑室在火膛上涂一层草木灰，窑室底部为窑箅，有十几个火孔。

由于陶器的制作和使用与当时人们的日常生活密切相关，随着社会生产力的提高，制陶工艺发展迅速，轮制技术被广泛应用并日趋成熟。从文物调查采集的标本看，当时制作与使用的陶器种类，主要是盛装食物的炊具、盛食物和汲水用的容器及少量的生产工具、陶塑艺术品，如鼎、釜、甑、盆、缸、碗、钵、盘、杯、豆、罐、鬶、尊、纺轮、器盖等。这些陶器虽然器型简单而原始，但结构设计合理、制作规整、实用功能完备，有的还进行过打磨抛光、器表装饰黑衣等技术处理，显示出阜阳大汶口原始先民制陶工艺的进步。

在临泉、太和县境内的部分大汶口遗址地层中，还发现了原始的陶拍、陶垫等制陶工具，表明遗址出土的陶器就是本地加工制作而成的。为了提高部分陶质蒸煮炊器的硬度、耐热性能，有些陶器的胎体内还有意识地添加了羼和料，表明当时人们已经认识到了器物热胀冷缩的物理特征。

阜阳大汶口文化遗存中所见的部分石器、蚌器、骨器，制作规整、打磨抛光精细、开孔打眼考究，表明当时人们已经熟练掌握了选料、破料、成型、磨光、穿孔等生产工具制作的科学工艺流程，尤其是器物定位打眼中的两侧对钻穿孔技术，已经达到了相当高的水平。这些原始工艺成就，是原始先民开创阜阳文明史的巨大进步。

（三）制陶装饰艺术

大汶口时期，原始先民为了满足审美需求，常在陶器外表进行艺术装饰，主要技法是在器物外表拍印、刻划出不同的几何形纹饰，或镂空出各种几何形镂孔，或用泥条附着于器表捏压出各种纹样等。通过实物标本观察表明，原始陶器上最早的装饰图案是各种编织纹，这些编织纹可能因模制而诞生，因为有视觉美感，后来被有意模仿刻划而长期保存下来。人们对陶器拍打成型时，往往用刻有条纹或缠着绳子的拍子，在器物表面拍印上绳纹、篮纹、方格纹等，或者用锥形物刺出纹路。以早期陶器上的篮纹和绳纹为例，仔细观察可知是利用刻有条纹或绕有绳子的陶拍拍印出来的，这从陶器纹饰带有同样的重复单元、并在几个相邻的重复单元处常有明显的重叠和交错等现象中可得到有力的说明。这些纹路繁密粗朴，反映了原始先民崇尚审美装饰的心理需求。有时人们为使杯、碗等饮食器皿美观精致，制作时多将陶土经过淘洗过滤杂质后制成细泥陶，或在陶器外表再加涂一层泥浆，即“陶衣”。

从阜阳大汶口文化遗存的陶器标本看，不仅造型设计日趋复杂、美观，还可见部分陶器上有绳纹、篮纹、弦纹、附加堆纹、指甲纹、戳印纹、按窝纹、刻槽纹等装饰，体现出大汶口人类族群审美艺术的发展进步。本地区流行的一类鸡冠状器耳，器物轮廓、穿孔的设计，是动物仿生效果的生动体现，体现了实用性与审美艺术的统一。此外，陶鬶、鼎、釜、甑、罐等器物在注重实用性设计的同时，更加突出流畅美观的造型，均体现了阜阳先民原始审美艺术的发达程度。

第四节　龙山文化

龙山文化因最初发现于山东章丘县龙山镇城子崖遗址而命名，典型的龙山文化主要分布在山东、江苏和安徽淮北地区，其影响所及西到豫东、豫北，东北达辽东半岛南端。龙山文化由大汶口文化发展而来，其早期遗存保留了大汶口文化的部分特征。龙山文化的绝对年代，在距今 4000 ~ 4600 年之间，前后发展延续了约 600 年。根据龙山文化地方特征的差异，可将其划分为“城子崖类型”“尹家城类型”“姚官庄类型”“尧王城类型”“杨家圈类型”“王油坊类型”等。按已发现的龙山文化遗存的地层叠压关系，可将其分为早、中、晚三期。

龙山文化是一支继大汶口文化之后兴起的高度发达的史前文化，这一时期农业、家畜饲养业、狩猎与捕捞业迅速发展，手工业经济空前繁荣，具有等级差别的“城”已经普遍出现；具有文字意义的符号开始用于记录和传递信息，铜器开始出现、原始礼制已经初步形成，依附于王权的宗教活动渐趋专业化，表明此期已经进入了中央集权国家形成之前的“城邦时代”。研究这一时期的文化对探索中国文明的起源，有着特别重要的意义。

一、阜阳境内的龙山文化

经过多次文物普查和专题调查，目前已经初步掌握了阜阳境内一批重要龙山文化遗存的分布和特征，按照龙山文化若干地方类型的分类，这些龙山文化遗存多属于“王油坊类型”的范畴。

（一）王油坊类型

龙山文化王油坊类型，因在河南永城发现王油坊村龙山文化遗址而命名。王油坊遗址位于永城酂城镇王油坊村东北 400 米处，面积约 1 万平方米，文化堆积以龙山文化遗存为主，经 1977 年中科院考古所两次发掘，清理出房基 20 座、灰坑 44 个、石灰窑 3 座，出土了大批龙山时期的陶器、石器、蚌器、骨角器，遗迹遗物具有浓郁的地方特色。

王油坊类型主要是在大汶口文化尉迟寺类型的基础上发展起来的一类龙山文化遗存，主要分布在豫东、皖北和鲁西南地区，经过发掘的遗址有王油坊、造律台、栾台、莘冢集、安邱古堆、黑古堆、段寨、鹿台岗等。王油坊类型目前发现的遗迹有房址、灰坑、陶窑、石灰窑、水井、墓葬等。房址流行连间排房式地面建筑，房址地面、墙面涂有白灰层，并出现了土坯墙建筑技术。生产工具多见单孔蚌铲、长方形双孔蚌刀、蚌镰、骨镞、骨鱼镖、鹿角器等。陶器则以素面灰陶为主，部分陶器装饰纹饰以篮纹、绳纹、拍印文、方格纹为主，器型常见鼎、甗、鬶、子母口缸、子母口瓮、竖把篮纹瓮、圈足盘、长颈壶、筒形杯、盉、盆、碗、豆、尊、甑、擂钵、杯等。

王油坊类型分布区地处几大文化区的交汇地带，文化面貌复杂，但其主体渊源于山东龙山文化区系，其相对年代处在龙山时代晚期。

（二）阜阳境内的龙山文化遗存

阜阳境内的龙山文化是大汶口文化尉迟寺类型的主要承续者，属于海岱区龙山文化“王油坊类型”的范畴。

考古调查表明，龙山时期阜阳境内人类居住点呈现急剧爆发式的增长，突出表现在此期遗址的数量迅速增加、面积不断扩大、空间布局较前持续拓展，这一特征在临泉、阜南两地的表现尤为突出，其背后印证的史实是当时社会生产力的迅速发展、原始人类族群人口数量的急剧增长。本区目前发现的典型龙山文化遗址有临泉县的岗上遗址、小于庄遗址、陈小湾遗址、费子街遗址、韩高楼遗址、桥口遗址，阜南的靳岗庄遗址、常白庄遗址、丁王庄遗址、老楼遗址、黄丘遗址，太和的倪邱遗址、藏庄遗址、灰角寺遗址，界首市的王庄遗址，颍上县的陈店子遗址、蔡庄遗址等。为探索此期阜阳境内人类活动遗址的文化内涵及其发展演变轨迹，1988 年安徽省文物考古研究所对临泉县老集陈塚遗址进行试掘，获得了一批重要的实物标本。

阜阳境内的龙山文化遗址可分为两类：第一类，直接叠压在大汶口文化层之上，两者前承后续连为一体，有的龙山文化层上还有商周、春秋战国、两汉等遗存堆积。此类遗址最为常见，如临泉县的胡台遗址、陈小湾遗址、老丘堆遗址、费子街遗址、九槐遗址，阜南的丁王庄遗址、老楼遗址、黄丘遗址，太和县的藏庄遗址、东李庄遗址、灰角寺遗址等；第二类，遗址下层没有大汶口文化堆积，只有龙山文化层，如临泉县的陈冢遗址、李寨遗址、石楼遗址、郭大庄遗址、岗上遗址、小于庄遗址，阜南县的台家寺遗址、靳岗遗址，颍上县的铜台子遗址、蔡庄遗址、洪楼遗址，太和县的殿顶遗址、东殿顶遗址，界首市的王庄遗址，颍泉区的柴禾场遗址等。

第一类遗址在“大汶口文化”部分已经述及，以下介绍第二类龙山文化遗址。

1. 陈冢遗址

陈冢遗址位于临泉县土坡乡陈家庙村陈冢村南，北距润河约 2000 米，南距土坡至李集的乡村公路 500 米。遗址为圆形高台地，南部因农民取土而破坏，残存面积约 4.3 万平方米，中心高出地表约 2 米。1984 年，陈塚遗址在第二次全国文物普查时被发现，1988 年安徽省文物考古研究所对该遗址进行局部试掘，1989 年中国社会科学院考古研究所对该遗址进行专题调查。历次文物调查采集的标本有夹砂红陶侧三角形根部有按窝纹鼎足、夹砂灰陶宽扁长方形饰凹槽鼎足、夹砂灰陶篮纹罐口沿、鬲足、红陶纺轮、附加堆纹红陶片、泥质灰陶豆柄、泥质灰陶素面磨光器盖、泥质灰胎碗口沿等。根据标本的年代，判断陈冢遗址为龙山文化遗址，其上有商周文化层叠压。

2. 李寨遗址

李寨遗址位于临泉县谢集乡李寨村李寨东南约500米，南部紧邻谷河。遗址为圆形台地，面积约1.63万平方米，在1984年第二次全国文物普查时被发现。历次文物调查采集的标本有夹砂黄褐陶侧扁形鼎足、夹砂灰褐陶罐口沿、泥质灰陶素面磨光盆口沿、宽扁鋬状器耳、石凿等。从标本的年代判断为龙山文化遗址，其上有商周文化层堆积。

3. 岗上遗址

岗上遗址位于临泉县白庙镇鲁楼村岗上庄南50米，南侧紧邻流鞍河。遗址为一不规则高台地，面积约3万平方米，中心高出地表约2米，顶部有附近农民修建的庙宇，东侧为一晚期墓群。遗址于1984年全国第二次文物普查时被发现，1989年中国社会科学院考古研究所进行过专题调查。历次文物调查采集的标本有夹砂灰陶宽扁长方形鼎足、泥质灰陶绳纹、方格纹、附加堆纹罐口沿、夹砂灰陶鬲足、泥质灰陶素面磨光残杯、有钻孔石铲、石斧、骨针、蚌镰等，遗址地层堆积中还见大量的田螺、蚌壳、兽骨遗存。根据标本年代判断其为龙山文化遗址，其上有商周文化层叠压。1982年，临泉县人民政府公布岗上遗址为县级重点文物保护单位。

4. 小于庄遗址

小于庄遗址位于临泉县老集镇于小寨村小于庄东北约200米，润河南岸，东南距老集镇2000米。遗址为一圆形高台地，面积1.05万平方米，在1984年全国第二次文物普查时被发现，1989年中国社会科学院考古研究所专题调查时确认。历次文物调查采集的标本有夹砂灰陶侧三角形篮纹鼎足、夹砂灰陶饰篮纹罐口沿、泥质灰陶敛口钵、泥质灰陶鬲足、泥质灰陶杯残器、泥质灰陶残豆柄。从标本的年代推断为龙山文化遗址，其上有东周文化层堆积。

5. 韩高楼遗址

韩高楼遗址位于临泉县庙岔镇刘庄村韩高楼庄北100米，流鞍河南岸，东距鲖城至姜寨的乡村公路500米，1984年全国第二次文物普查时发现，

1989年中国社会科学院考古研究所专题调查时确认。遗址为一圆形台地，面积3.9万平方米，历次文物调查采集的标本有夹砂灰陶侧三角形按窝纹鼎足、夹砂褐陶宽扁长方形饰凹槽鼎足、泥质黄褐陶绳纹罐口沿、泥质灰陶鬲足、泥质灰陶甗残片、细绳纹、交错篮纹、方格纹陶器腹片。遗址未经发掘，从文物调查采集的标本判断为龙山文化遗址，其上有商周文化层堆积。

6. 铜台子遗址

铜台子遗址位于颍上县红星镇红星村陈店子庄西南1000米处，小润河南岸，南距张庄村1500米，东临陈桥。遗址为一北高南低的长方形台地，中心高出地表约3米，面积为2.5万平方米。遗址的南、北、东三面为润河冲刷，形成断层。遗址于1985年第二次全国文物普查时被发现，1986年安徽省文物考古研究所复查，1989年中国社会科学院考古研究所专题调查时确认，北京大学考古系、武汉大学历史文化学院、郑州大学历史文化学院先后对遗址进行过调查。从遗址剖面看，文化层堆积厚约1.5～2.5米，历次文物调查采集的标本有夹砂灰陶刻画纹圆锥状鼎足、夹砂灰陶罐口沿、泥质灰陶素面磨光盆口沿、泥质灰陶磨光器底、泥质灰陶绳纹鬲足、石斧、石簇、骨针、泥质红陶网坠、泥质灰陶豆柄、筒瓦、板瓦鬲足、泥质灰陶素面磨光器盖等，夹砂红陶、泥质灰陶、黑陶片，陶片饰指甲纹、按窝纹、篮纹、网格纹、绳纹、方格纹、附加堆纹等。根据采集标本的年代分析，铜台子遗址为龙山文化遗存，其上有商周文化、汉代文化堆积叠压。

7. 台家寺遗址

台家寺遗址位于阜南县朱寨镇闵庄村常白庄南1000米处，南侧紧邻润河。遗址为不规则形台地，三面环水，呈北高南低缓坡状，面积约1.36万平方米，中心高出地表约4米。台家寺遗址是1985年第二次全国文物普查时发现的，1989年中国社会科学院考古研究所专题调查时确认，安徽省文物考古所对遗址做过专题调查，历次调查采集到的标本有夹砂灰褐陶侧三角形按窝纹鼎足、夹砂灰陶宽扁状饰凹槽鼎足、夹砂灰陶篮纹罐口沿、泥质灰陶鹰首状器耳、泥质灰陶宽扁鋬状罐器耳、夹砂灰陶绳纹鬲足、夹砂灰陶绳纹、篮纹、弦纹陶片等。

2014年8月至今，武汉大学历史文化学院考古系与安徽省考古所对该遗址进行了发掘，发现其文化层以商代为主，下层有少量的龙山文化层堆积。遗址出土文物标本有陶鬲、陶罐残片，石刀、石斧、石镰、骨镞、卜骨、蚌壳及猪、鹿、牛、狗骨骼等。遗址中心还发现一处400平方米的大型建筑基址，表明在距今3300年的商代中期，这里曾经是淮河流域一处重要的区域活动中心。

8. 东殿顶遗址

东殿顶遗址位于太和县宫集镇靳楼村东殿顶庄东500米，西淝河南岸。遗址为不规则形台地，2003年安徽省文物考古研究所调查发现，准确面积不详，西侧为高公至苗集的县级公路，东南500米处为一古墓群，南侧2500米为灰角寺遗址。文物调查采集的标本有夹砂红陶侧扁形按窝纹鼎足、夹砂灰陶侧扁形鼎足、夹砂黄褐陶侧扁三角形鼎足、夹砂黑衣陶绳纹鬲足、黄褐陶绳纹鬲足、夹砂黄褐陶鬲口沿、夹砂灰陶侧扁形鼎足、泥质黑衣陶罐口沿、泥质灰陶浅腹盆、夹砂灰陶杯底、夹砂灰陶瓮口沿、夹砂灰陶甗腹片、泥质灰陶直口瓮、泥质红陶网坠、夹砂灰陶鸡冠状篮纹器耳等。从采集标本的年代判断为龙山文化遗址，其上有西周、秦汉文化层叠压。

阜阳境内发现的主要龙山、商周文化遗址，见表1-2所列。

表1-2　阜阳境内主要龙山、商周文化遗址一览表

序号	名　称	位　置	面积（m^2）	形　状	遗　物	年　代
1	陈冢遗址	临泉土坡乡陈家庙陈冢村南	4.33万	圆形台地	夹砂红陶侧三角形鼎足、夹砂灰陶宽扁长方形鼎足、夹砂灰陶篮纹罐口沿、鬲足、红陶纺轮、附加堆纹红陶片、泥质灰陶豆柄、泥质灰陶素面磨光器盖	龙山、商周
2	李寨遗址	临泉谢集乡李寨村李寨东南	1.63万	圆形台地	夹砂黄褐陶侧扁形鼎足、夹砂灰褐陶罐口沿、泥质灰陶素面盆口沿、宽扁鋬状器耳、石凿等	龙山、商周

（续表）

序号	名　称	位　置	面积（m^2）	形　状	遗　物	年　代
3	石楼遗址	临泉庙岔镇祁庄村石楼庄西	2.04 万	圆形台地	夹砂灰陶侧扁形鼎足、夹砂红陶豆柄、夹砂灰陶鬲足、泥质灰陶豆柄、夹砂陶绳纹、篮纹、方格纹腹片	龙山、汉代
4	郭大庄遗址	临泉谭棚镇郭大庄村郭大庄	96.6 万	长方形台地	石磨画像、夹砂黄褐陶侧三角形鼎足、夹砂灰陶罐口沿、泥质灰陶豆柄、泥质灰陶盆口沿	龙山、商周
5	桥口遗址	临泉庞营乡姚张庄村桥口庄	1.9 万	椭圆形台地	夹砂黄褐陶侧扁三角形鼎足、夹砂褐陶宽扁饰鼎足、夹砂灰陶罐口沿、泥质灰陶鬲足、灰陶豆柄、铜簇头	龙山、商周、战国
6	岗上遗址	临泉白庙镇鲁楼村岗上庄南	3 万	不规则台地	夹砂灰陶宽扁长方形鼎足、泥质灰陶绳纹、方格纹、附加堆纹罐口沿、夹砂灰陶鬲足、泥质灰陶杯、石铲、石斧、骨针、蚌镰	龙山、商周
7	小于庄遗址	临泉老集于小寨小于庄东北	1.05 万	圆形台地	夹砂灰陶侧三角形鼎足、夹砂灰陶罐口沿、泥质灰陶钵、泥质灰陶鬲足、泥质灰陶杯、泥质灰陶豆柄	龙山、东周
8	韩高楼遗址	临泉庙岔刘庄村韩高楼庄北	3.9 万	圆形台地	夹砂陶侧三角形纹鼎足、夹砂陶宽扁长方形鼎足、泥质黄褐陶绳纹罐口沿、泥质灰陶鬲足、泥质灰陶甗片、细绳纹、交错篮纹、方格纹陶器腹片	龙山、商周
9	黑土湾遗址	临泉张新镇小店孜黑土湾庄	1.4 万	椭圆形台地	夹砂红陶侧扁形鼎足、泥质灰陶鬲足、罐口沿等	龙山、商周
10	陶大庄遗址	临泉张新镇陶李村陶大庄东	3.6 万	不规则台地	夹砂灰陶侧扁形鼎足、泥质灰陶圆柱状鼎足、泥质灰陶鬲足、泥质灰陶豆柄、绳纹灰陶片	龙山、商周

（续表）

序号	名 称	位 置	面积（m^2）	形 状	遗 物	年 代
11	于小寨遗址	临泉老集于小寨于小寨庄西	1.5万	椭圆形台地	夹砂灰陶侧扁形鼎足、夹砂灰陶片、泥质灰陶片等	龙山、商周
12	台家寺遗址	阜南朱寨闵庄村常白庄南	1.36万	不规则台地	不规则台地，中心高出地表约4米	龙山、商周
13	靳岗遗址	阜南杨家乡靳岗靳岗西	1万	不规则台地	夹砂灰陶罐口沿、泥质灰陶素面盆口沿、泥质灰陶绳纹鬲足等	龙山、春秋
14	铜台子遗址	颍上红星镇红星村陈店子庄西南	2.5万	长方台地	夹砂灰陶圆锥状鼎足、罐口沿、泥质灰陶盆口沿、磨光器底、绳纹鬲足、石斧、石簇、骨针、泥质红陶网坠、泥质灰陶豆柄、筒瓦、板瓦、鬲足等，陶片饰指甲纹、按窝纹、篮纹、网格纹、绳纹、方格纹、附加堆纹等	龙山、商周、汉代
15	老古堆遗址	颍上南照镇鲁庙村黄老庄北	0.42万	方形台地	夹砂红陶鬲足、泥质红陶盆残片、泥质灰陶绳纹陶片、夹砂灰陶罐口沿等	龙山、汉代
16	殿顶遗址	太和宫集镇靳楼村殿顶庄	17.89万	长方形台地	夹砂灰陶侧扁形鼎足、侧扁三角形鼎足、夹砂黑陶绳纹鬲足、泥质黑陶罐口沿、浅腹盆、夹砂灰陶瓮口沿、鸡冠状篮纹器耳等	龙山、西周、春秋战国
17	东殿顶遗址	太和宫集靳楼村东殿顶庄东	不详	平地	夹砂红陶侧扁形鼎足、黑陶绳纹鬲足、夹砂黄褐陶鬲口沿、夹砂灰陶侧扁形鼎足、泥质黑陶罐口沿、泥质灰陶浅腹盆、夹砂灰陶杯底、夹砂灰陶瓮口沿、夹砂灰陶甗腹片、泥质红陶网坠、陶鸡冠状篮纹器耳等	龙山、西周、汉代

（续表）

序号	名　称	位　置	面积（m^2）	形　状	遗　物	年　代
18	王庄遗址	界首顾集镇王庄村王庄西南	1万	平地	石斧、削刮器，泥质红陶网坠、泥质红陶器耳、夹砂灰陶罐口沿、绳纹、附加堆纹红陶片、灰褐陶片	龙山文化、战国、汉代
19	韩湾-任湾遗址	界首东城徐寨村韩湾-任湾庄南	3.72万	平地	夹砂釜形陶鼎、石器、骨器、蚁鼻钱、铜簇、泥质绳纹灰陶片等	龙山、战国、两汉
20	柴禾场遗址	颍泉区泉颍办事处瑶海大市场	未定	台地	黑陶盆口沿、泥质灰陶尊形器、泥质黄褐陶缸、灰陶双耳罐、灰陶绳纹罐、敞口折沿束颈广肩缸、灰陶豆、灰陶绳纹缸等	龙山、西周、春秋战国
备注	本表未将大汶口文化、龙山文化“叠压型”遗址统计在内，阜阳境内“叠压型”龙山文化遗址有：临泉的胡台遗址、陈小湾遗址、老丘堆遗址、费子街遗址，太和的倪邱遗址、藏庄遗址、东李庄遗址、灰角寺遗址、丁王庄遗址，阜南的老楼遗址、黄丘遗址等，前“表1-1”已述及，不赘述。					

二、阜阳龙山文化的主要成就

（一）原始农业

据文物调查，阜阳境内已经发现的龙山文化遗址多达二十余处，无论是数量还是遗址规模都超过了此前的大汶口文化遗址，这些遗址主要分布在临河高台地上，也有部分遗址在离河流稍远的平原地区分布。阜阳境内龙山时期农业经济的发展，突出表现在生产工具的制作与使用上。目前已发现的生产工具有石器、骨器、蚌器多种，器型有铲、斧、镰、刀等。不仅生产工具中农具的种类所占的比例较大汶口时期增大，其形制也已与现在农村使用的同类器具十分相似，表明这一时期的农业在耕作、管理技术和生产水平方面，较大汶口时期有了长足的发展。由于未对遗址进行发掘，阜阳龙山文化遗存中暂未发现农业耕种的种子，但据蒙城尉迟寺发掘资料看，本区种植黍、粟、水稻作物的技术已经被广泛应用。

阜阳境内龙山文化遗址中，还采集有鬶、瓮、杯等不少酒具酒器残件，表明当时酿酒业已经十分发达，饮酒已经成为人们生活中的一种时尚。酒的大量生产与饮用，是龙山时代农业生产发展繁荣的标志，因为粮食只有在有剩余的情况下，才会被人们用来作为酿酒原料。

阜阳境内龙山文化遗存中，还发现数量较多的陶纺轮、骨针、陶网坠和骨鱼钩、骨鱼镖、骨镞、兽骨遗骸、螺蛳壳、蚌壳等残件，表明当时纺织业十分发达，狩猎、捕捞仍是当时社会经济生活的重要部分。

（二）原始手工业

阜阳龙山文化手工业的繁荣发达，主要体现在制陶技术的发展和工具制作、建筑、纺织技术的进步上。以下以陶器制作业为例，来说明龙山时期原始手工业的发展成就。

龙山文化时期的制陶业较前代有巨大的发展进步，此期轮制陶器大量出现，陶器以体量大、造型丰富、器型规整优美、打磨精细光滑著称，技术成就达到了前所未有的高峰。陶器拉坯成型普遍采用了先进的快速轮制技术，不仅提高了劳动生产率，而且制作出来的器物更规整美观、薄厚均匀、棱角分明。陶窑结构较前代设计不仅更加合理，火膛加深，火口缩小，而且支火道和窑箄孔眼数目增多，这样的结构提升了陶器的烧制温度。同时，灰陶、黑陶大量出现，说明当时人们已经会通过一定的技巧来控制陶器的颜色了。红陶、灰陶、黑陶所需温度都在1000度上下，颜色区别主要是看烧制时是否密封。不封闭的窑内空气充足，陶胎中的铁质氧化，就出现红陶；封闭烧制因为陶器中的铁被还原，所以就成了灰陶；烧制过程中不封顶，但在将结束时封顶并渗水进窑，产生浓烟，大量细微炭粒渗入陶器，就成了黑陶。

这一时期陶器烧制工艺如烧制黑陶的高温、封窑、渗炭技术等更加复杂而成熟，快速转动的陶轮极大地提高了陶器的生产水平，提高了制作质量与效率，生产出了像蛋壳一样薄的陶器精品——蛋壳陶。

蛋壳陶是对一类薄壳黑陶高柄杯的俗称，此类陶器以“黑如漆，亮如镜，薄如纸，硬如瓷，掂之飘忽若无，敲击铮铮有声”的特征为世人所熟知，器形一般由盘口、杯部、器柄、底座四部分构成，以其独特的大盘口作为器形的主要特征。胎体最薄部位多在盘口部分，薄者0.3毫米，个别有薄至0.2毫米的，一般在0.5毫米左右。柄部和底座因要承托上部重量，陶胎略有增厚，但一般也不超过1~2毫米。器身高度不超过25厘米，重量多数为50~70克。制作蛋壳黑陶的过程十分复杂，使用的陶泥是经过反复淘洗的细泥，陶胎内不见任何杂质、无任何羼和料，其质地细密，几乎没有渗水率。陶泥做好后，经过拉坯、阴干、磨光、雕刻、干透后，再经木炭烧制、出窑雕刻等十几道工序，才能烧制成一件黑陶。陶器胎体表面还要经长时间打磨，使石英云母、绢云母等反光物质的颗粒顺着一个方向排列，对光线的反射由漫反射改为平行反射，使得陶器表面熠熠发光。即使是现代化工艺发达的今天，研究人员模仿烧制也相当困难。

阜阳龙山文化遗存中所见陶纺轮的数量多、种类丰富、分布范围广泛，表明当时纺织业普遍发展，纺织技术已为人们所熟练地掌握应用。

（三）原始艺术

阜阳龙山时期的艺术是承续大汶口文化尉迟寺类型发展起来的一支高度发达的原始艺术。由于未经过科学发掘对遗存面貌进行全面揭示，目前尚不能深入了解阜阳龙山时期原始艺术全貌，以下仅从陶器制作工艺管窥其艺术特征。

由于广泛采用了成熟的快轮制陶艺术，龙山文化的陶器造型规整、单纯，轮廓线简洁流畅。器物装饰灵活运用刻画、镂空、拍印、粘贴泥饼、捏塑、附加堆纹等诸多技法，实现了实用性与艺术审美的和谐统一。蛋壳黑陶的造型以直线为主，辅以流畅曲线，运用圆形、菱形、楔形、正方形、三角形、椭圆形、水滴形的镂空装饰，使器物呈现出沉静、空灵、精雅、高贵的艺术意蕴，构成了我国古代制陶艺术中的巅峰之作。

三、馆藏文物

（一）陶器

1. 陶纺轮

泥质灰陶，圆形，中心有穿孔，器表光洁。直径5厘米、厚1.6厘米、孔径0.8厘米。蒙城芮集王常古堆出土，1977年5月采集，现藏阜阳市博物馆。

2. 红陶埙

红陶质，不规则椭圆形，中空，下部略大，器表粗糙不平。器壁有五个圆形音孔，长5.1厘米、宽4.2厘米。蒙城芮集王常古堆出土，1977年5月采集，现藏阜阳市博物馆。

3. 灰陶拍

泥质灰陶，蘑菇形，弧曲拍面，圆柄后有銎孔，深銎，外表较黑。高7.5厘米、直径8.0厘米。阜南县方集看坟塘出土，1977年3月入藏阜阳市博物馆。

4. 陶爽

陶爽有两件。一件为泥质灰陶，体略呈长等腰三角形状，底部弧曲形面，两端上翘向后微卷。正面刻有叶麦纹饰，背面有桥形栏，把纽不存。长9.95厘米、底边宽4.6厘米。另一件一端平齐、一端半圆状。平端直径6.2厘米，长9厘米，正中有一直径2.5厘米的圆孔。拍身外壁接近中部处也有一直径2.5厘米的圆孔。两孔从陶拍体内斜向连通，正好供人的拇指和食指握用。整器素面。1975年涡阳县台阳寺遗址出土，现藏阜阳市博物馆。

5. 圆口直领灰陶罐

泥质灰陶，侈口，圆唇，直颈有折棱，圆腹，平底略内凹，素面。高10厘米、口径5.65厘米、腹径10.21厘米。1970年蒙城芮集王常墓地出土，现藏阜阳市博物馆。

6. 陶网坠

泥质红陶，扁条状，两面微鼓，中间一圆穿孔。直径4.5厘米、厚

1.7 厘米。1984 临泉县博物馆征集入藏。

（二）石器

1. 石簇

青灰质，磨制精细，锋扁薄呈缓弧状，脊弧形外鼓，从锋至铤处渐厚，刃向尾两翼渐宽，短铤。长 6.32 厘米，宽 2.3 厘米，厚 0.62 厘米。1966 年 6 月太和倪邱遗址采集，现藏阜阳市博物馆。

2. 石斧

器呈狭长梯形状，上窄下宽，中间较厚，两侧趋薄，横截面呈椭圆形。顶部稍平，略呈凸弧状，两腰向下弧状外侈，至刃部略内收，刃呈弧形，两面刃较锋利。顶宽 4.41 厘米、刃残宽 5.2 厘米、最大厚度 3.72 厘米、长 12.45 厘米。1963 年临泉老丘堆遗址采集，现藏阜阳市博物馆。

3. 石钻

器身长条形，上部方柱状，下部弧状内收成刃，刃口锋利，整器磨制光滑精细。残长 12.85 厘米、宽 3.35 厘米、厚 1.52 厘米。1963 年阜阳县文化馆移交，阜阳市博物馆藏。

4. 石锛

体长而扁宽，横截面呈长方形，顶端平齐，两腰及背部平直，正面由阶梯状台阶分成上，下两段，上段较薄，单面刃，刃口平直，锋利。石锛长 7.2 厘米、宽 3.34 厘米、厚 1.25 厘米。1963 年颍上县文化馆移交，现藏阜阳市博物馆。

5. 刻画磨石

椭圆形，一面刻画有简单人物舞蹈图形，通体磨光，中心微凹，呈土黄色，质较粗。长 58.6 厘米、宽 21.5 厘米、厚 7.1 厘米。1985 年文物普查时在临泉县谭棚镇宁小庄发现，现藏临泉县博物馆。

（三）骨角器、蚌器

1. 蚌镰

体扁平，半圆弧状，磨制不精，半圆弧上方磨一圆孔，底端蚌刃处较薄。1965 年 1 月临泉老丘堆遗址采集，现藏阜阳市博物馆。

2. 蚌簇

体薄片状，无脊，两翼外展，薄刃略外弧状，前锋残缺，后锋尖锐，铤残缺不存。蚌簇残长 3.49 厘米、宽 1.8 厘米、厚 0.11 厘米。1965 年 1 月临泉老丘堆遗址采集，现藏阜阳市博物馆。

3. 骨铲

体略扁，头部较宽，向一侧斜磨端处成锐角，磨面略呈椭圆形，器身向尾部渐收成近方形。骨铲长 6.7 厘米、宽 1.8 厘米、厚 0.98 厘米。1966 年太和倪邱古堆采集，现藏阜阳市博物馆。

4. 骨锥

长形锥尖体，骨锥一端粗大顶略平，一端为骨管半侧摸制渐收呈弧形扁尖状，磨制较粗糙。骨锥长 16.3 厘米、骨径 0.8 厘米，1965 年临泉老丘堆遗址采集，现藏阜阳市博物馆。

5. 骨簇

尖锥状，体略圆，尾渐粗尢铤，尾端有凹槽。骨簇长 9.21 厘米、宽 1 厘米。1966 年太和倪邱古堆采集，现藏阜阳市博物馆。

6. 骨针

体呈锥状，一端尖锐，一端两侧有对称凹槽，系绳线所用，通体光素。骨针长 12.5 厘米、宽 1.2 厘米。1983 年白庙乡岗上遗址出土，现藏阜阳市博物馆。

第五节　二里头文化与岳石文化

岳石文化是承袭龙山文化而发展起来的一支史前文化，分布范围主要在胶东、鲁中、鲁南、苏北的淮北地区，其绝对年代约在距今 3600～4000 年之间，大致与中原地区的二里头文化（夏文化）存续年代相当。岳石文化在鲁、豫、皖临界区的分布范围，与龙山文化王油坊类型相近，但分布空间较王油坊类型有较大的收缩。有学者对这一地域已发现的岳石文化遗址作过统计，其数量仅为龙山文化遗址数量的 22%，且大多数遗址分布在豫东和鲁西南地区，皖北地区只有最北端分布极少一部分。

二里头文化，是河南所在的中原地区继龙山文化之后发展起来的一支考古学文化，最初以河南偃师二里头遗址的发现而命名。多年来的考古学研究证明，二里头文化就是传说和文献记载的夏文化。二里头文化发源于汝、颍上游山地一带，并沿颍水向东南地区传播，在安徽境内已分布、影响到皖中地区。在距今约3600～4000年间，鲁、豫、皖临界区是二里头文化、岳石文化、先商文化的交流碰撞区，这一不同史前文化的交汇边缘区，呈现出遗址分布数量较龙山晚期大为减少、文化面貌复杂的趋势。皖北区在历次文物调查活动中，没有发现一处典型的二里头文化遗址和先商文化遗址。

一、阜阳境内的二里头文化与岳石文化

新中国成立以来，国家、省、市文物单位和部分高校、研究机构的研究者，均怀着极大的热情与兴趣在皖北地区探寻二里头文化、岳石文化、先商或早商文化遗存，以期对这一“研究空白”有所填补或有重要突破。

阜阳境内的历次文物调查中，除在太和倪邱、灰角寺遗址发现零星的岳石文化遗物残碎片，在临泉老丘堆、费子街遗址发现有少量的二里头文化花边口罐、箍状堆纹陶片外，迄今未发现确认一处典型的岳石文化遗址和二里头文化遗址。不仅如此，在整个皖北地区也没有发现、确认一处岳石文化或二里头文化的典型遗址。

根据目前对二里头文化遗存的调查研究，可以确证这一文化是自汝颍上游山地沿着颍水向下游传播的。既然豫东地区、寿县、肥西乃至皖中一带已有二里头遗址的发现，这种文化的传播区域，便不会绕开阜阳境内而存在。随着今后考古调查工作的深入开展，阜阳地区二里头文化遗址、岳石文化遗址的发现与研究或会有所收获。

二、阜阳境内罕见二里头文化、岳石文化遗址的原因

关于阜阳所在的皖北区岳石文化衰落和二里头文化遗存罕见的原因，历来有“战争说”“洪水说”“气候突变说”等多种解释。有学者研究认

为，自距今4000年开始，持续了近500年的气候变寒可能是导致岳石文化衰落的直接原因，气候的变化造成人类食物的严重不足，进而形成了人口大量减少的现象。

据研究，在距今约3500～4000年是全新世大暖期的末段，是我国历史上历次降温事件中降温幅度最大的一次。气温持续下降，降水减少，普遍干旱，海平面下降至6000年以来的最低点，造成了河流进一步下切，湖沼水源大量丧失且难以补给。气候寒冷使物种减少，水生资源不复存在，在残酷的环境下无法生存大量的人口。而居住在皖北地区的人类族群，仍以传统的黍、稻种植和渔猎生活为生存手段，随着气候寒冷干燥的变化，早期大汶口文化、龙山文化时期那种雨量充沛、水草丰茂、食物充足的优越居住生存环境逐渐不复存在。持续寒冷干燥的气候导致水源枯竭，直接威胁着人类的生存，人们不得不向湖沼较多、水源丰富的豫东、鲁西南地区迁徙，而远离皖北这片残酷的“死亡之地”。而鲁西南地区，则因大野、雷夏、菏泽、孟诸之类的大泽较为集中，水源相对丰富，便成为岳石文化人类族群赖以生存的首选聚居地。

第六节　古史传说中的阜阳先民

据考古调查材料和文献记载可知，阜阳境内最早生存聚居的原始人类族群，属“淮系古人类族群”中的一支。至大汶口时期，随着东夷族移民的大量涌入，阜阳境内的“土著居民”与东夷大汶口人混居杂处，渐趋融合并为大汶口族群所同化，成为阜阳先民中的一部分。这些推定，可从上古史传说中的“太昊”族群的分迁衍变史影中爬梳线索。

一、太昊与少昊部落

（一）太昊族群的传说

早期文献中有关太昊族群始居地、分迁衍变的记载，见《左传·昭公十七年》："陈，太昊之虚（墟）也。"又《左传·僖公二十一年》："任、宿、须句、颛臾，风姓也，实司大皞与有济之祀，以服事诸夏。邾人灭须句。须句子来奔，因成风也。成风为之言于公曰：'崇明祀，保小寡，周礼也；蛮夷猾夏，周祸也。若封须句，是崇皞、济而修祀、纾祸也。'"太昊族群初居地在豫东的陈地（淮阳），其分迁与活动地域，主要在皖北、豫东、鲁西南及其周围地区。古史传说中太昊族群生活的时代，从《逸周书·太子晋解》《山海经·海内经》中的记载可知其早于颛臾、尧、舜而与黄帝、炎帝、共工等并列，约略对应于考古学年代中的大汶口时期。

（二）少昊族群的传说

从《左传·昭公元年》《尚书·费誓》的记载可知，少昊族群居住、活动区主要分布在以曲阜为中心的鲁中南、鲁东南、鲁北中部地区。早期文献中有关少昊族群分迁衍变的记载，见于《左传·昭公十七年》："秋，郯子来朝，公与之宴。昭子问焉，曰：'少昊氏鸟名官，何故也?'郯子曰：'吾祖也，我知之。昔者黄帝氏以云纪，故为云师而云名；炎帝氏以火纪，故为火师而火名；……太昊氏以龙纪，故为龙师而龙名。我高祖少皞挚之立也，凤鸟适至，故纪于鸟，为鸟师而鸟名……'仲尼闻之，见于郯子而学之。"又《国语·楚语》："及少昊之衰也，……颛臾受之。"可见少昊时代早于颛臾，与黄帝、炎帝时代相当，约略对应于考古学年代中的大汶口时期。

二、阜阳境内的原始先民

从上述大汶口时期太昊、少昊族群的居住地与活动范围看，阜阳境内的大汶口移民应属于太昊氏后裔中的一支，约略于距今5000年前后的大汶口中期开始，这些东夷族移民西迁至阜阳境内拓土生根，并在漫长的发展演变历程中成为龙山文化的开拓者。

阜阳境内早于大汶口文化的原始先民聚居点，目前仅发现临泉宫庄遗址一处。繁衍生息在宫庄遗址的这群阜阳最原始的"土著民"，追溯其族源，或系裴李岗文化贾湖古人族群沿淮水及其支流大规模东渐过程中分迁的一支。

裴李岗文化发源、流播于淮河流域，是一支历史悠久、高度发达的淮系史前文化，其中心分布区在淮河支流汝、颍等河流域，即今郑州以南、伏牛山以东、桐柏山以北、涡河上游以西的豫中地区。典型遗址有舞阳贾湖遗址、新郑裴李岗遗址等，其中以贾湖遗址年代最为悠久（距今约9000年）。裴李岗文化的兴衰变迁，大体经过了一个源生淮北汝颍上游、经贾湖繁盛发达、沿淮水自西向东传播辐射的宏阔历程。

早期的裴李岗文化，一部分在原生地与东渐的仰韶文化融合形成了郑州大河村类型；一部分裴李岗先民沿着颍河、涡河等淮水支流向东南方向迁徙，绕过豫东低洼地带到达淮河下游的泗、沂流域，在地理环境优越的泰山山前平原、苏北低矮丘陵地带繁衍生息，发展起了北辛文化，并与后李文化等土著融合形成了若干地方类型。北辛文化则进一步发展成早期大汶口文化。《舞阳贾湖》的作者认为："大汶口文化的大墩子类型是贾湖文化的主要后继者之一。"

裴李岗文化向东分迁、传播的过程中，可能与皖北小山口一期遗存相结合，形成了淮北濉溪石山孜文化、亳州后铁营文化。

裴李岗文化在东渐淮域的过程中，对蚌埠双墩文化产生了强烈的辐射与影响，或者说双墩文化就是裴李岗文化传播过程中发展起来的一个新的地方类型，并进而影响了江苏沭阳周围的万北一期文化、淮南丘陵地区侯家寨文化的形成与发展。另外，从苏北地区的龙虬庄文化，也能看出受裴李岗文化传播辐射影响的明显痕迹。《龙虬庄》的作者认为，龙虬庄文化"从各种文化迹象分析，可能来源于淮河上游的贾湖文化"。

考古研究表明，淮河流域史前文化十分发达，在上古时期，本区域存在着一个完整的、相对独立的"淮河古文化大系"。创造"淮系文化"的原始先民（即"淮夷集团"），在距今约4600～8000年的漫长社会演变历程中，曾经历先"自西向东"（贾湖文化的东渐扩张）、再"从东往西"（大汶口文化西渐）的两次大规模、长时段的族群迁徙运动。位于东西文化交流碰撞地带的淮畔阜阳地区，在经过两次原始先民大规模地拓土开发利用后，文化得以迅速发展，为本区跨入人类文明进程奠定了重要基础。

第七节　原始宗教

原始宗教信仰与宗教活动是社会生产力和人类思维发展到一定阶段后的产物，有自然崇拜、生殖祖先崇拜、图腾崇拜等多种形式，以“万物有灵”为特征的自然神崇拜则是原始宗教的最初形态。原始先民对日出月落、风起云涌、闪电雷鸣、山崩地裂、水旱肆虐、动物生死、草木枯荣等自然现象感到神秘与敬畏，便引发超自然“神灵”力量主宰世界万物的幻想，这种对万物有灵的迷信与祭祀活动，成为原始宗教的发端。“图腾崇拜”是较“自然神崇拜”更为高级的一种原始宗教活动，原始先民相信自己的部族与某种动植物、自然实体或者器物之间有亲密联系，于是便视其为氏族的崇拜对象，将这种崇拜祭祀的对象变化成“图腾”（族徽符号）标识。

阜阳地区史前时期的原始宗教信仰与活动习俗，由于目前资料缺乏还不能窥其全貌，以下根据出土的考古材料略作概说。

一、太阳神崇拜

在蒙城尉迟寺遗址出土的陶器大口尊上腹部，发现有“”形刻划符，这些大口尊出土时，一般是作为儿童瓮棺葬或祭祀器具出现的。具有“”形刻划符号的大口尊陶器，最初发现于山东莒县大汶口文化遗址中，此后在苏北地区大汶口文化遗址也有发现。“”形刻划符大口尊是大汶口文化遗存中的典型器。鲁中南、苏北地区的大汶口人类族群向西迁居阜阳所在的皖北地区时，将此类器也随迁至这一地区。

关于“”形刻划符的解读，史学界有不同的说法，但对其顶部的圆形的认识则较为一致，都认为是太阳的象征。中部的弧线三角形，有象征云气、火、新月、飞鸟、山峰等多种意见，底部的分叉形，研究者认为是山峰，解释内涵也基本相同。若将中间弧线三角形图案解释成变形的展翅飞鸟，则与《山海经·大荒东经》记载的东夷族“汤谷上有扶木，一日方至，一日方出，皆载于乌”的古老神话传说（金乌负日）是相符的。若中间弧线三角形图案解释成云气，则表示太阳从山顶云气中升起的情形。东夷太昊族人生活的山间谷地环境与西部平原地区比较，是最早能够见到日出的地方，太阳周而复始的起落轮回变化和阳光照耀大地赐予万物生长、给予人间温暖和食物丰收的神奇力量为大汶口先民所敬畏，进而世代以太阳为祭祀崇拜对象。大口尊上的此类刻划符不论如何解读，其含义皆与东夷族古老的太阳神崇拜与祭祀相关。

也有论者认为这个刻划符号表示天上的太阳，是东夷少昊族的族徽，为后世“昊”之初起字，因而可以读作“昊”，此类解读也不无道理，它承载的仍是原始先民崇拜太阳神的宗教含义。阜阳所在的皖北一带，是大汶口文化中晚期尉迟寺类型的分布流播区，生活在这片土地上的大汶口人的支族后裔崇拜太阳神，是对先祖原始宗教文化的继承与延续。

二、鸟图腾崇拜

阜阳地区大汶口文化、龙山文化遗存中，不仅有上述“金乌负日”图案的太阳神、鸟图腾例证，其他与“鸟”相关器物及其构件也十分流行。陶鬶是阜阳地区大汶口文化遗存中常见的变体鸟形器，不仅在蒙城尉迟寺遗址中发现有此类陶鬶，在临泉宫庄遗址、台阳寺遗址、老丘堆遗址、阜南丁王庄遗址、清凉寺遗址、黄邱谷堆遗址、万沟遗址及亳州富庄遗址、大寺遗址等大汶口与龙山文化遗址中，也多见过这类鸟形器残件。大汶口时期陶鬶的出现与流行地域，主要分布在东夷族群生活的地理空间内，多年来学者对此类器的形成、空间布局、演变特征、文化内涵等有较为深入的研究，较为一致的看法是认为此类鸟形器承载有大汶口人“鸟图腾”崇拜的宗教含义。另一类大汶口文化鸟首形器盖在本地区也很流行，它们承载的文化内涵，大抵也与原始宗教中的鸟图腾崇拜有关。

蒙城尉迟寺遗址中，还发现过一类曾引起国内外研究者广泛关注的“鸟形”神器——鸟图腾崇拜的标志性器物。这件器物的腹部结构类似于后世流行的“陶囷”，其装饰主要包括顶部鸟形器和锥体底部的勾喙形，但明显不具有实用功能。这件鸟形陶器的出土位置十分特殊，即在尉迟寺中心遗址大型广场的东方，广场的中部为平面圆形的用火痕迹。根据发掘者对出土器物的编号可知，鸟形器出土于遗址Ⅱ区南部的2318号探方，该探方西侧与Ⅰ号红烧土广场相邻，该红烧土广场面积1300平方米，是整个尉迟寺遗址中面积最大的广场。该大型鸟形陶器被置放于上述中心广场的东侧，其承载的含义十分引人关注。因为它特定的摆放位置，恰与古老的东方乃“日出之野”的说法（《吕氏春秋·求人篇》）及“出日”祭祀的方位相吻合。《尚书·尧典》：“……（帝尧）分命羲仲，宅嵎夷，曰旸谷。寅宾出日，平秩东作。……分命和仲，宅西，曰昧谷。寅饯纳日，平秩西成。”《仪礼·觐礼》记载古天子居国“出拜日于东门之外”，《礼记·祭义》：“祭日于东，祭月于西，以别内外，以端其位。……以致天下之和。”这件鸟形器出土于广场东方，与后世文献关于“出日”祭祀的记载一致。因此，鸟形神器与大汶口族群太阳崇拜、太阳祭祀的宗教活动密切相关。

上述鸟形器在阜阳地区史前遗址中大量出现并非偶然，它是海岱地区大汶口鸟图腾文化向西传播辐射的结果。东夷族鸟图腾崇拜十分流行，研究者常习惯称其为“鸟夷”、“鸟族集团”。《左传·昭公十七年》记载：“秋，郯子来朝，昭子问焉，曰：‘少皞氏鸟名官，何也？’郯子曰：‘吾祖也。吾知之。……我高祖少皞挚之立也，凤鸟适至，故纪于鸟，为鸟师而鸟名：凤鸟氏，历正也；玄鸟氏，司分者也；伯赵氏，司至者也；青鸟氏，司启者也；丹鸟氏，司闭者也；祝鸠氏，司徒也；雎鸠氏，司马也；鸤鸠氏，司空也；爽鸠氏，司寇也；鹘鸠氏，司事也；五鸠，鸠民者也。五雉为五工正，利器用，正度量，夷民者也。九扈为九农正，扈民无淫者也。’”从这段话中可知东夷少昊（皞）部族内部鸟图腾之多。阜阳境内大汶口文化鸟形器的出现与流行，是同时期原始先民宗教文化的物化体现。

三、其他祭祀活动

阜阳地区大汶口时期流行的祭祀活动，从考古发现遗存中可以得到证实。在尉迟寺遗址的多次发掘中，曾发现有不少埋动物骨骸和器具的具有典型宗教仪式活动内涵的祭祀坑。尉迟寺遗址还发现此类尊9件，为东西向和南北向集中埋葬，由于器物内无人骨痕迹，表明它们有规律地埋葬另有含义。虽然我们目前还不能解释这些大口尊如此埋葬所代表的宗教文化内涵，但判断它作为一类与祭祀有关的宗教活动现象还是可以肯定的。

蒙城尉迟寺遗址还出土过一类称为“七足镂孔器”的特殊陶器，它既不是正常摆放，也没有显示出日常生活的实用功能，其作用应与当时的祭祀等宗教活动有关，因此发掘者和研究者都称其为“七足神器”。有研究者认为它是祭天、祭祖使用的神器，七足插入软土或炭灰中，供氏族成员顶礼膜拜。有专家认为它与金文中的“皇”字有关，器物底部的七足，若从四方的正面看，应为“三”字，与金文形状接近，而七足的内涵可能与古时祭天的“七星”有关，朝上称为“芒”，或叫“皇形器”。不管如何解释，这类陶器高低错落有致的七个足和间距相等的三个孔，意在表达特定的宗教思想内涵是可以肯定的。

四、其他宗教习俗

在阜阳地区大汶口文化遗址、龙山文化遗址的考古调查与发掘中，还发现一些当时流行的社会习俗，如人工拔牙、颅骨变形、死者口含石球、死者手持獐牙等。这些特殊活动所代表的内涵目前尚不能确定，还有待于今后从民俗学、考古学以及文献史料的研究中进一步考证，它可能与当时原始部族中的某些宗教信仰有关，也可能具有原始巫术的特殊含义。

1. 人工拔牙

阜阳地区大汶口文化人类族群中流行拔牙习俗，从蒙城尉迟寺遗址、亳州富庄遗址发掘的同时期墓葬人骨中，可以发现这一现象。本地区大汶口人的拔牙习惯，主要是拔下侧门齿，也有少量拔上门牙的例证。被拔者年龄约在15~20岁之间，男性、女性均有发现。是什么原因促使大汶口人采取现代人看来无法理解的拔牙习俗呢？有人认为拔掉侧门齿与宗教观念有关，是一种献祭行为所形成的礼俗，表现了对自然神灵的祭祀；并认为在生产力极端落后的恶劣生活环境里，缘于对大自然的恐惧和忧虑，他们无时不在祈求自然力量的恩赐与施舍，于是拔掉了不严重影响啃咬功能的侧门齿，以祈求神灵的原谅及更多的恩赐，以期获得更多的食物。

2. 颅骨变形

这是大汶口人一种独特而古老的习俗，即人为地改变头部形状，头骨受压变形的部位主要限于后枕部。《后汉书·东夷传》载："辰韩，……儿生欲令其头扁，皆狎之以石。"另据《三国志·东夷传》载："牟辰，……儿生，便以石厌（压）其头，欲其扁。"这种文化习俗千百年来一直流传不衰。颅骨变形，可能与大汶口人生活方式、审美观念及宗教仪式直接相关。

3. 口中含球

阜阳地区大汶口文化墓葬中，还发现了一个奇特习俗，即死者在口中含着小陶球或石球。在一些墓主的齿弓变形处，有的尚留有小石球。相应地，由于小球长期与臼齿颊面反复摩擦产生摩擦面，严重者齿列挤向舌面，致使齿冠、齿弓变形。这显然是由于将石、陶球长期含于口内所致。对这一特殊现象目前还难以作出令人信服的解释，大约应与死者曾受到一些原始宗教规例约束有关。

4. 手持獐牙

阜阳地区大汶口文化墓葬中，十分流行死者随葬獐牙或手握獐牙的习俗，这种现象一直持续到后来的龙山文化中。獐牙均为雄性獐之犬齿，其中不少齿根部经过磨制加工，有的则保持齿根原貌。墓主手握獐牙的习俗，在大汶口文化中晚期阶段最为盛行。出土獐牙的墓葬中，既有墓室较大，棺椁齐备和使用大量精美随葬品的大中型墓；也有墓室狭小，一贫如洗，仅有一枚或者数枚獐牙的小墓。

如此大量的随葬獐牙应该具有某种原始宗教的特殊内涵，可能是因为先民们认为雄性动物獐生性迅猛剽悍，它的牙齿质地坚硬，且表面颜色温润玉洁，自然可以作为驱恶辟邪的瑞符，用来保佑自己的灵魂。

在阜阳史前文化遗址出土的陶器、石器、玉器、骨角器中，还发现了镂空陶杯、陶觚、石钺、玉器饰件等一批具有原始礼器性质的器物，它们的出现与使用，也应与当时的某种宗教活动仪式的流行有关。

龙山文化之后至商文化之前的四百余年间，阜阳地区位处岳石文化、二里头文化、先商文化的交流碰撞地带，原始先民的宗教信仰与宗教活动面貌复杂，流行的宗教习俗既有对传统文化的承袭，也有外来文化传播影响的因素。由于缺少这一历史时段的考古资料和文献信息，目前还无法了解、理清此期的宗教文化特征与发展演变轨迹。

第二章 先秦时期

先秦，是对中国古代历史所作的时间区间界定，广义的先秦时期包括秦代以前，直至远古时期；狭义的先秦时期主要是指从有文字记载的殷商时期，西周、春秋战国到秦统一之前（即公元前221年前），历时约一千五百年。

这一时期社会、政治、文化的特点，傅斯年先生在《夷夏东西说》里，从地理方位角度做出了精辟的概括：“在三代及三代以前，政治的演进，由部落到帝国，是以河、济、淮流域为地盘的。在这片土地中，地理的形势只有东西之分，并无南北之限。历史凭借地理而生，这两千年的对峙，是东西而不是南北。现在以考察古地理为研究古史的一个道路，似足以证明三代及近于三代之前期，大体有东西不同的两个系统。这两个系统，因对峙而争斗，因争斗而起混合，因混合而文化进展。”傅斯年先生所说的“三代”包括夏，由于夏文化尚无文字记载发现，相关时期的考古材料我们已经归入史前予以讨论，故本章主要讨论商、周时期的文化。

本章共分七节，第一节叙述“方国与楚文化”，因为方国历史在阜阳先秦史中占有举足轻重的地位，阜阳的历史当时主要就是以方国（部族）的形式呈现的。由于材料有限，还不能对这一时期的方国进行全面揭示。仅就现有材料看，这些方国的历史非常符合傅斯年先生所论述的特征。就目前所知，殷商、西周时期阜阳境内有“西方（𩆜方）”“归方”“胡”“沈”“州来”等几个国族。这一时期，生存聚居于淮水流域的淮夷部族经常与商、周中原王朝形成军事对峙，商、周王朝不断派军队征讨东南淮夷部族。阜阳处于中原腹地通往东南淮域的交通要冲，因而境内留下了淮夷与商周王朝之间战争或交往的丰富遗迹遗物。直到春秋时期，阜阳境内尚有“胡”“沈”“养”“慎”“州来”几个小诸侯国，这些小国在春秋早中期因远离晋、楚争雄的汝颍上游山地战场而得以完整保存。春秋中晚期，吴、楚反复争夺江淮地区，位于淮水流域的阜阳长期处于“吴头楚尾”战争的前沿地带，境内的几个小国在大国交攻的夹缝中艰难生存，背上了朝聘、纳贡、出兵等沉重负担。春秋中晚期，这些小国先后灭亡或并入楚地，至战国后期，阜阳境内尽属楚有，最后统一于秦。

春秋中晚期以来，楚国在阜阳所属淮北地区实施灭国设县政策，促进了一批城邑的兴起与繁荣，这一地区见于史载的著名城邑有寝、沈、胡、养、慎、鹿上、莘、繁阳、高丘、郪丘、钜阳等。战国晚期，楚国为秦人兵锋所迫，曾将都城由陈（河南淮阳）迁往阜阳境内的钜阳，阜阳则一度成为楚国后期的政治、经济、文化中心。另一处城邑繁阳，自春秋早期就是我国东南地区通往中原腹地的大型铜料集散地。直至春秋中晚期，繁阳仍是楚国设置于淮水以北的一处著名军事重镇。此外，历史记载的一些影响春秋战国历史进程的重大事件，如“鹿上会盟”“白公之乱”“蒙恬攻寝”等，也发生在今阜阳境内或与阜阳息息相关。

《礼记·表记》云：“殷人尊神，率民以事神。……周人尊礼尚施，事鬼敬神而远之。”从文化角度来看，殷商到周，中国文化经历了由以神为本向以人为本的转变过程，这一过程到春秋战国时代才完成，这也是这一时期阜阳文化的主要特征。

本章还有“思想与学说”“宗教”“文学”“科技”“古文字与书法”

“文物古迹”六节。阜阳先秦时期的宗教、发达的科技与艺术、丰硕的文物考古成果及古文字与书法等内容，在我国先秦文化史上特色鲜明、独树一帜，取得辉煌成就并具有较大的影响。

“思想与学说”一节主要论述《六韬》与《管子》，对于姜尚与管仲的籍贯史学界虽有争议，但他们在阜阳的论据亦非常充分。

《诗经》《论语》中的有的篇章内容与阜阳古代地域间的关联，长期以来为论者所忽视，近年不少研究者对这些问题作了深入探讨，获得了一批有价值的研究成果，填补了阜阳先秦文学研究中的缺环，本章专列“文学”一节进行介绍。

第一节　方国文化与楚文化

商代的阜阳境内生存着一批方国部族，其中影响较大的有“西方（畐方）”“归方”“夷方”族群，归族还约略在商早中期建立了胡国。西周之际，阜阳境内的方国有胡、沈、慎等国，他们夹处在中原统治势力与淮夷族群势力之间而屡遭侵伐，与周族大体上保持着时叛时服的关系。春秋时期，阜阳境内有胡、沈、养、慎四个中小诸侯国，政治、经济、文化、军事上保持着较强的独立性。到春秋中晚期，这些小国在大国交攻的夹缝中艰难生存，后胡国与养国灭于楚，沈国灭于蔡，慎国灭于徐。春秋战国之际楚人经略淮北地区，促进了一批城邑与军事重镇的繁荣。战国晚期，随着楚国国都迁建钜阳、寿春，阜阳则一度成为区域政治、经济、文化中心，阜阳境内发现大量的战国晚期楚文化遗迹遗物及本地区数千年来流传下来的丰富楚人传说，是这一时期楚文化丰硕灿烂的实证。

一、商代阜阳境内的方国、部族

（一）归（夔）族与归方

殷商时期，阜阳境内有归族部落生存，这个“归”族源出古老的夔部落。从《山海经》《国语·鲁语》《尚书·尧典》《吕氏春秋》《淮南子·泰族训》《史记·五帝本纪》等文献记载看，夔部落最初属东夷集团，约略在黄帝族与东夷集团发生战争的时代，黄帝曾打败夔部落并擒杀其首领。上古传说中的蚩尤率“九黎”部族与东夷集团诸部落结成抵御黄帝族入侵的联盟，属东夷集团的夔族此时或加入了蚩尤部落联盟。后九黎部族联盟战败，夔族首领或同蚩尤的命运一样遭黄帝族擒杀。由此可以推定夔部落始居地在今山东境内，其活动范围大致在冀南、晋东南、鲁西一带及其稍东区域。至尧、舜时代，夔族又发展成一个强大的显赫部族，他们与尧、舜部落结成联盟并有丰功伟绩，故《史记·陈杞世家》谓其为“唐虞之际名有功德臣也”。夔部落以夔龙为图腾，首领夔曾做过舜的乐正。《左传·昭公二十八年》记载有后羿灭夔、“夔是以不祀”的故事，表明古老的夔部落在夏太康之后又遭受过一次有穷氏后羿灭族之难，此或与太康失国、后羿因夏民以代夏政事件有关。

然夔族并未因此亡绝，从商周时期豫东、皖北一带存在众多的归姓方国分析，其残存的后裔支族为生存自保，应经历了一次或多次南迁逃亡之旅，并在今豫东、皖北地区落地生根，最终以“归”为姓建立了诸多方国。出土殷商卜辞中有商王征伐“归”“归方”“归夷”的记载：

《库方二氏所藏甲骨卜辞》1231：“庚子卜乎，征归夷于濮。”

《殷契粹编》1180：“伐归白（伯），受又。”

《小屯南地甲骨考释》4516：“庚子卜，伐归。”

上述卜辞记载的“归”“归夷”“归伯”，即指位于豫东、皖北一带生存的归族后裔，其大致分布区位于今商丘以南至淮河沿岸一带，阜阳境内的归姓胡国应是其中的一个方国。

（二）胡国

阜阳境内的胡国，归姓，源出古老的归族。存世出土器中有㝬（胡）叔簋，自铭“㝬叔㝬姬作伯媿媵器”，其中“伯媿”是㝬国国君的女儿，器物是㝬国的国君夫妇为其女伯媿所作的出嫁陪器。周代的男女之别较前代严格，“男子称氏、女子称姓”是周代的通制，直到春秋之末，还没有女子不称姓的例子，如“伯姬”“季姬”“孟姜”“叔姜”等等，名字中都标有姓。所以，㝬叔之女“伯媿”名字中的“媿”，就是这个㝬国的族姓。金文中的“媿”通“隗”，《说文古籀补》：“媿，姓也。……又通于隗氏，隗与媿通，后世借为媿字，而媿之本义废。”春秋之际的“隗”又通作“夔”，《春秋·僖公二十六年》“楚人灭夔”，《公羊传》写作“楚人灭隗”。《春秋异文笺》：“夔、隗音近，故《公羊》作隗。”而“夔”“归”古字亦互通，《说文》段玉裁注：“夔……渠追切，十五部，古假归或作夔。”《乐纬》云：“昔归典律，即夔典乐也。”《地理志》：“归子国，即夔子国也。”司马贞《史记索隐》注《楚世家》“灭夔”说：“谯周作‘灭归’。归即夔之地名归乡也。”以上文献、实物俱证早期“隗”“媿”“夔”通后世之“归”字，㝬叔簋铭“隗姓之㝬”，应即后世文献中的归姓胡国。

陕西岐山凤雏村出土的周初卜辞中，有一条“其于伐胡侯?”的记述。这个胡侯所在的胡国，既然在周初成王时期就遭周人征伐，说明它的立国时间，肯定是在周人灭商以前，所以这批卜辞的发掘者认为：“本辞之胡侯，当是商、周之际的胡邦之国君，……胡侯拒不宾服，以故周师进而伐之。‘胡侯’二字倒书，大概表示仇恨情绪。”因此，商代曾经存在一个胡国是可以肯定的。成王时期，周族为平叛乱、“宁东土”，曾进行过一场历时两年之久的征伐“东夷”“淮夷”的大规模战争。这个胡国位于今阜阳境内，因位处中原腹地通往东南淮域的重要通道上，是周人征伐淮夷族群的必经要地和交通线，所以才屡为周人所伐。

（三）畬（酉）方

存世殷商卜辞的记载表明，阜阳境内沿淮一带，还有一个称“畬方”的部族，因殷商晚期反抗商族而为商人所伐。《殷墟文字甲编》收录有征“畬方”卜辞：“己未卜，隹畬方其克贝、㢴，南土。”（《殷墟文字甲编》第2902片）

研究者多认为这个“畬方”位于今商丘以南到淮水沿岸一线，其地正与阜阳境相当。阜阳境内的沿淮一带，过去曾出土带有“酉”铭族徽的青铜爵，这个“酉”或即指“畬”“畬方”，也就是“酉方”。盖因殷商时期淮河流域阜阳一带气候温暖、雨量充沛，故铸“酉”字上加“雨”以示表意象形。卜辞表明当时的“霤方”属于“淮夷”的范畴，并屡为商王朝所征伐。

位于淮河流域的上述“归方”“霤方”“胡国”，或被商族认为属于淮夷族群的一部分，或与淮夷保持着密切的盟约关系。为绥靖“东土”“淮土”，争夺东南江淮流域铜矿资源等战略物资，商王室自武丁以来不断发动对淮夷族群的战争，与淮夷关系密切的“归方”“霤方”“胡国”，自然就成了讨伐或拉拢的首要对象。

二、西周时期阜阳境内的方国

刘和惠先生《楚文化东渐》说：西周时期淮河流域有哪些方国、部族已经搞不清楚了，“据《春秋》《左传》等文献记载，春秋江淮地区的方国，大都在商周或者更早的时期就已经存在了。”

西周时期，阜阳境内的归姓胡国史迹见于卜辞、金文记载。除归姓胡国外，这一时期阜阳境内见于史籍的还有沈、养、慎三个小诸侯国。

（一）胡国

西周之际的归姓胡国，目前首见于成王时期的卜辞记载，这个胡国，与后世周人封建的姬姓胡国不是同一个方国。周初卜辞提及的征伐胡国，应与当时周王室发动的平定淮夷族群叛乱的背景有关。《尚书序》：“武王崩，三监（管、蔡、霍）及淮夷叛，周公相成王，将黜殷，作大诰。”《史记·鲁周公世家》：“管、蔡、武庚等果率淮夷而反，周公乃奉成王命，兴师东伐，宁淮夷东土，二年而毕定。”周族从中原腹地征讨东南淮水流域的淮夷族群，是沿着汝颍间的交通要道行进的，阜阳境内的归姓胡国，正位于这个“汝颍廊道”的军事要冲上，是联系中原周族与东南淮夷的重要门户，所以才为周族所征伐。周人仇恨胡国，或系胡国与淮夷关系密切，两者多次共同抵御周族所致。

到了西周穆王时期，以徐偃王为盟主的东夷方国集团（九夷）势力强大，其中的淮夷不断组织军队沿“汝颍廊道”向西北侵伐成周疆土，最远的一次一直打到成周腹地阴阳洛一带。约略在这一时期，胡国曾与淮夷族群结盟组成联军，共同西侵周族领地。

1975 年 3 月，陕西扶风县白家庄发现了 8 件自铭“伯㲽”的铜器，这批铜器铭文和传世的录㲽卣、录簋、禹甗、禹鼎等西周穆王时期的器物铭文内容可以前后对应、连贯起来，完整复原一段穆王时期淮夷“内侵”、中原王室征伐淮夷的史实。以上诸器铭文多次提及“胡”“胡侯”“戎胡”，对于确认西周时期的胡国地望及其活动史迹具有重要意义，以下择要列举。

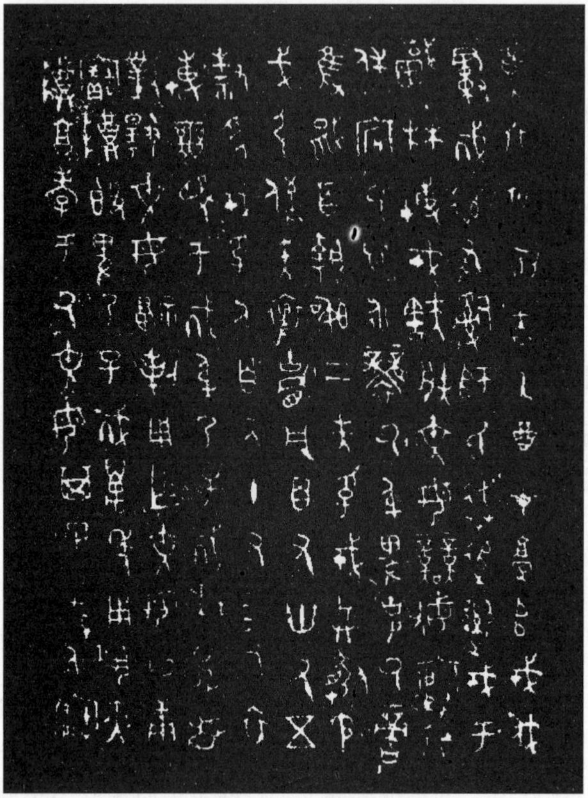

西周㲽簋铭文

（1975 年 3 月陕西扶风法门公社白家庄出土）

铭文：“惟六月初吉乙酉，在堂谿，戎伐𨛫，㲽率有司、师氏奔追御戎于棫林，博戎胡……获首百，执讯二夫，俘戎兵：盾、矛、戈、弓、箙、矢、裨、胄，凡百有卅有五；捋俘人百有十有四人，卒博……”

㲋簋铭："惟六月初吉乙酉，在堂谿，戎伐䣄，㲋率有司、师氏奔追御戎于棫林，博戎胡……获首百，执讯二夫，俘戎兵：盾、矛、戈、弓、箙、矢、裨、胄，凡百有卅有五；捋俘人百有十有四人，卒博……"

这件器物铭文是说：六月上旬乙酉这一天，㲋率成周八师的部队从大本营洛邑出发到前线驻防，行军到了堂谿这个地方，恰好发现淮夷的军队正攻打䣄地。于是㲋率领属官和武将们迎敌，在棫林这个地方与淮夷军队遭遇，并和淮夷联军中的胡国军队打了一仗，最后战胜了胡国军队，斩获一百颗敌首，生俘了两个夫。俘获胡国的兵器有：盾、矛、戈、弓、箭袋、矢、甲、盔等，共135件，救出被胡国掳去的人口114人，战斗结束。这里的"堂谿"，在今河南西平县西北；"䣄"即古䣄子国地，就是现在的河南漯河市䣄城区；"棫林"在今河南叶县东北、䣄城西侧近郊，就是《左传·襄公十六年》"晋伐许，夏六月次于棫林"中的那个棫林；淮夷进犯成周地区采取的是一种奔袭、掠夺性质的游击战术，这里的胡国军队，显然是作为淮夷联军出现的，他们可能是同淮夷联军一起，沿"汝、颍通道"西北进犯成周"内国"的。

禹甗铭："惟六月既死霸丙寅，师雍父戍在古师，禹从，师雍父使禹事于胡侯，侯蔑禹历，锡禹金。……"

这件器物铭文是说：六月底丙寅这一天，西周军队主帅师雍父率部屯驻"古"地，并派手下的重要将领禹作为使者出使胡国，去游说招降胡侯。胡侯表示愿意归附西周王室，对禹大加褒奖，还赏赐给禹许多金子。铭文中的"古"，即春秋时楚之苦县地，在今河南鹿邑县东。从穆王诸器铭可知，师雍父是成周八师的主帅，伯㲋、禹均是随其征伐淮夷的重要将领。师雍父驻扎的"苦"地距胡国不远，故才能让禹出使胡国，联络招抚胡侯。

禹鼎铭："惟十又一月，师雍父省道至于胡，禹从，其父蔑禹历，锡（赐）金。"

这件器物铭文是说：十一月，成周八师的主帅师雍父因为穆王查看南巡的道路而到了胡国，大将禹随师雍父省道，禹的父亲对禹进行了褒奖，回来后还赐给禹不少金子。从这段铭文看，可以确认胡国位于成周通往东南淮域的交通要道上，是穆王南巡的必经之地。

录簋："白雍父来自胡，蔑录历，锡赤金。……"

这件器物铭文是说：伯雍父为穆王查看道路从胡国回来后，有感于录𢦏平叛淮夷、战胜胡国立有显功，又对录伯𢦏进行了赏赐，赐予他赤金。

根据以上器物铭文，结合穆王时期徐偃王领导的淮夷集团征伐西周的相关资料，可以大致"复原"穆王时期与古胡国活动相关的一段史实：六月初，胡国军队随淮夷联军沿汝颍间交通要道进犯成周内地，在今郾城附近与成周军队打了一仗，战败后撤回；六月下旬，胡国接受周王招抚，归顺西周王室，成为西周的一个附属国；后来穆王南巡"南土"，驻扎在苦地的成周八师主帅，为查看道路还曾亲自到过必经要地胡国。据此推测，也可能穆王南巡时曾到过胡国。

据以上诸器铭文，可知西周时期的胡国是一个位于淮水流域内的重要方国，李学勤先生考穆王录伯𢦏诸器认为，"这个胡国，就是文献中归姓的胡国，在今安徽阜阳，是自成周通往淮水流域的必经要地"。正因为胡国位于"汝颍廊道"要冲，才成为淮夷、周室双方用兵攻伐战中首要争取或攻击的对象。上述卜辞、金文中既皆称胡国国君为"胡侯"，则表明西周中期以前归姓胡国的地位，应远比后世的子爵归姓胡国高。胡国之称子爵，当为其臣服周王室之后获封的。

（二）沈（潘）国

西周时期，阜阳临泉境内有沈国，古体"沈（瀋、審）""番（潘）"乃一字分化，此"沈国"与金文中屡现的古"番国"实系同一个方国。又春秋以来临泉地称曰"寝（寑）""寝（寑）丘"，亦应系古沈国之"沈"音近转出。

古寝、寝丘在今临泉县境，早期文献记载甚清晰。《水经·颍水注》："……（汝水之津）又东迳南顿县故城北，又东南迳鲖阳城故城北，又东迳邸乡城北，又东迳固始县故城北。《地理志》：县，故寑也，寑丘在南，故籍丘名县矣。王莽更之曰闰治，孙叔敖以土浸薄，取而为封，故能绵嗣。城北犹有《叔敖碑》。建武二年，司空李通又慕叔敖受邑，故光武以嘉之，更名固始。”楚令尹孙叔敖子受封寝丘的故事，见于《吕氏春秋·孟冬纪》《韩非子·喻老》《史记·滑稽列传》等文献所记，孙叔敖碑铭中亦有记载：“……王心感动觉悟，问孟，孟具列对，即求其子而加封焉。子辞：父有命，如楚不忘亡臣社稷，……而欲有赏，必于潘国下湿硗埆，人所不贪。遂封潘乡，潘，即固始也。”此碑为东汉延熹三年期思令段光于期思县故城西北孙叔敖庙前所立，当时的固始县孙叔敖子就封之寝丘故地，亦应立有一方，碑文中言及的“寝丘”“潘乡”“固始”实系一地，即在今临泉县境。又《淮南子·人间训》“有寝丘者，其地确石而名丑”句下高诱注：“寝丘，今汝南固始也。”《左传·宣公十二年》杜注：“寝，县也，今汝阴固始县。”可见文献记载亦与碑文吻合。

临泉境内的西周沈（番）国，己姓，从传世的番匊生壶、番匊生鼎、番妃鬲诸器铭文可证。这个己姓沈国，与周王室分封于平舆的姬姓沈子国疆域虽有重叠，但两者族姓、族源、都城所在、始封与存续时间等不同，显然不是同一个方国。临泉境内的沈国既是己姓，则族姓、族源必出自以虫蛇为图腾的古老的东夷部落。《国语·郑语》记载史伯的话说东夷祝融之后有八姓，己姓为其中的一支。昆吾、苏、顾、温、董等均是己姓后裔，早期曾居住在北方中原地区，夏商之际，它们作为夏王朝分封的方国而为商族所不容。在商人的不断打击下，这些己姓国族被迫放弃祖居地而向西、南两个方向迁徙，其中的部分己姓族人先后定居于淮水流域，阜阳颍上境内出土“月己”铭铜爵，有研究者就认为是己姓部族与淮水流域土著族群相互融合的物证。临泉境内的己姓沈（番）国族人，早期可能立国于黄河中游地区，后为商族势力所迫而不断南迁，约略于商代早中期在今临泉境内立国。西周成王时期，周王室军队沿着“汝颍廊道”征伐淮夷，位于这个通道要冲的淮域己姓沈国同毗邻的归姓胡国一样，自然成为周人首要打击或拉拢的对象。

姬姓沈国的族源与始封，从传世沈子它簋铭文可知，国君沈子它为鲁炀公之庶子、周公之曾孙，其始封时间约略在西周昭王、穆王时期。周人代商成为天下共主之后，即实行大封同姓亲戚之国以“屏藩周室”的政策，在“东土”“淮土”封建了一大批姬姓诸侯国。姬姓沈国之分封，应与昭王南征或穆王征伐淮夷的战争背景有关，这一时期周族平定淮域东土，同时在己姓沈国毗邻的西侧再封一个姬姓沈国，这个姬姓沈国的国都在今河南平舆的射桥乡境内，其部分疆土应从己姓沈国西境割裂而获。从目前发现的番生簋、番匊生壶、番生鼎、番妃鬲诸器铭文看，己姓沈国贵族在厉王时期作为西周朝廷的重臣对周王室毕恭毕敬，则表明西周中后期这个己姓沈国还是存在的，并且和周族关系十分密切。在河南信阳、潢川、固始沿淮一带，近几十年出土了一批番国有铭铜器，年代均在春秋时期，或表明这个己姓番国在春秋之际已经迁往淮水以南立国定居。若如此，临泉境内的己姓沈国必是在西周晚期为周人所灭，其疆土亦应并入姬姓沈国。

此外，西周时期的阜阳境内还应有养、慎两个方国。因史载陋略，难以确考养国始封及存续年代，从传世西周器养史尊及春秋中期养伯簠铭文可知这个养国嬴姓，源出古老的东夷族群，西周时期已经立国，并且有自己的史官。慎国的史料则更为缺乏，《路史·后纪七》："寘则徐灭之。"临近徐国的方国只有慎国，可见"寘"即是"慎"，地在今颍上县境，都城位于颍上江口集境内的慎城遗址。慎国应系东夷族嬴姓寘人南迁淮域后建立的小诸侯国，该国既在春秋时期就在淮河流域，则立国时间至迟亦应在西周时期。

三、春秋战国时期阜阳的方国

春秋时期，阜阳境内还存在胡、沈、养、慎四个小诸侯国，这些小国在春秋早中期因远离晋、楚争雄的汝颍上游山地战场而得以完整保存。春秋中晚期，吴、楚争夺江淮，位于淮水流域的阜阳长期处于战争前沿地带，上述几个小国在大国交攻的夹缝中艰难生存，背上了朝聘、纳贡、出兵等沉重负担，进而逐渐失去了政治、经济、文化、军事、外交上的独立性，其中胡国、沈国在大国争霸交锋中屡见于文献所记。春秋晚期以后，这些方国才逐渐为他国所灭，如胡国灭于楚，姬姓沈国灭于蔡，养国灭于吴，慎国灭于徐。终战国之末，阜阳境内尽属楚地。此外，今临泉、界首、太和境的一部分，还曾归属过陈国、宋国。

（一）胡国

春秋时期存在两个胡国：一在河南郾城，姬姓；一在安徽阜阳，归姓。两者因国小君微不显于史，后世论者常混而不辨。归姓胡国的地望与活动史迹，屡为早期文献所记：

《左传·襄公二十八年》：“夏，齐侯、陈侯、蔡侯、北燕侯、杞伯、胡子、沈子、北狄朝于晋，宋之盟故也。”

《春秋·昭公四年》：“……胡子、沈子、小邾子、宋世子佐、淮夷会于申。”句下杜注：“胡国，汝阴县西北有胡城。”《史记·楚世家》“楚灭顿、灭胡”句下《集解》从杜说。

《史记·勾践世家》“宗胡之地”句下《集解》引徐广曰：“胡国，今之汝阴。”

《汉书·地理志》汝南郡条：“汝阴，故胡国。”

春秋经、传所记的胡国材料共有七处，列举如下：

《春秋·昭公二十三年》：“戊辰，吴败顿、胡、沈、蔡、陈、许之师于鸡父。胡子髡、沈子逞灭，获陈夏啮。”

《左传》中还有吴与楚国联军“鸡父之役”更详细的记述。

《左传·昭公二十三年》：“吴人伐州来，楚薳越帅师及诸侯之师奔命救州来。吴人御诸钟离，……戊辰晦，战于鸡父。吴人以罪人三千先犯胡、沈与陈……三国败，获胡、沈之君及陈大夫……三国奔，楚师大奔。”

发生在楚平王十年吴人伐楚的此次重要战役史实，《史记·陈杞世家》记载云：“（陈惠公）十五年，吴王僚使公子光伐陈，取胡、沈而去。”这条材料中涉及的几个地名：“鸡父”就是现在的河南固始，“州来”“钟离”是春秋时期淮水流域的两个方国，“州来”在现在的凤台县境，“钟离”在现在的凤阳县境，“陈”在今河南淮阳境，“沈”在今安徽临泉、河南平舆境。“鸡父、州来、钟离”三个地名所在，均属于吴、楚双方经常接触、争夺的“吴头楚尾”地域，位于今阜阳的东南一带，“陈、沈”也在阜阳附近。

又《左传·昭公三十年》：“吴子使徐人执掩馀，使钟吾人执烛庸，二公子奔楚。楚子大封，而定其徙。使监马尹大心逆吴公子，使居养。莠尹然、左司马沈尹戌城之，取于城父与胡田以与之，将以害吴也。”

以上文字记述的是楚昭王封吴太子掩馀、烛庸居“养”的一段史实，其中涉及的几个地名：“养”在今界首境内，“城父”在现在亳州东南境，“胡田”是指胡国的疆土。留心《春秋》经、传关于“胡子”“胡田”的记载，可以发现所记相关胡国的活动，均集中出现于春秋后期晋、楚二次弭兵之后，此时楚、晋中原征伐渐息，两国此后四十年无大冲突，战争的中心，已由中原地区东南移于吴、楚间。晋使楚亡臣申公巫臣扶吴以制楚，吴伐楚，伍员奔吴后，教吴长期袭扰、疲楚病楚之策，以致昭王即位后“无岁不有吴师”伐楚，而居于吴、楚兵争要冲地带的蔡、胡、沈等国，此时便自然成为两大国拉拢和攻伐的对象，胡国与西邻沈国屡屡并列出现于《春秋》经、传所载的吴、楚争交攻伐活动中，殆因其故。

《左传・昭公十三年》：“楚之灭蔡也，灵王迁许、胡、沈、道、房、申于荆焉。平王即位，既封陈、蔡，而皆复之，礼也。”

以上材料所记的是楚灵王当政时期，灵王发动战争歼灭淮域一带方国，意在空其地以“大城陈、蔡、不羹”。楚、晋二次弭兵之后，中原征伐战一度停息，而吴、楚争夺淮域的攻伐却愈演愈烈，灵王迁胡、沈诸国而大城陈、蔡，意在与吴争交中可以建立强大的前沿基地，更快捷有效地集结人力、物力、财力阻滞吴师侵袭，使自己处于更加有利的争霸位置。同时还可以避免这些小国在遇到吴国侵伐时为生存自保以叛楚。由此可推定灵王所迁之“胡”，应为淮域近于吴境的归姓胡国，前文封吴二公子所取近于吴境的“胡田”，也可作为灵王迁于荆地之国为阜阳归胡的见证。

阜阳境内春秋胡国的灭亡，见于经、传所记：

《春秋・定公十五年》：“二月辛丑，楚子灭胡，以胡子豹归。”同年《传》：“吴之入楚也，胡子尽俘楚邑之近胡者。楚既定，胡子豹又不事楚，曰：‘存亡有命，事楚何为？多取费焉。’二月，楚灭胡。”

这个材料记载的是定公十五年（前 495）楚灭归姓胡国的史实。定公三年蔡昭侯以其子元与大夫之子为人质，请晋伐楚未果，转而依附于吴，吴则乘机联蔡、唐伐楚。定公四年，吴国的军队溯淮西进，会合蔡师舍舟淮汭陆行袭楚，与楚师夹汉水对峙。当时楚师主力云集汉水流域，归姓胡国西南的淮北楚地因此成为胡人趁隙掠取的目标。而位于郾城一带的姬姓胡国，远离吴师进军的淮河及楚、吴兵争之地，没有“尽俘楚邑之近胡者”那样的地理条件，因而也就不具备楚人必欲灭之的政治前提。

就上述吴、楚在淮域频繁交攻的政治、军事形势及地理环境看，经、传记载的襄公二十八年“胡子朝晋”、昭公四年诸侯“会申”“伐吴”及定公四年“召陵之会”中的胡子，亦当指阜阳境内的胡国之君。

由于文物考古工作不够深入，阜阳境内目前还没有发现确认为胡子国的出土遗物。见于著录的与春秋胡国相关的青铜器，多出土在陕西省境内。文献记载的阜阳古胡国故城遗址，一处约略在今颍泉区白庙境内的顺河古城一带，一处在颍泉区瑶海大市场的“胡台子”、皖西北商贸城的“柴禾场”一带。顺河古城遗址的东南侧墓地，1988 年出土过一组春秋时期的青铜器，计有鼎、簋、方壶三件；2014 年又出土过一组春秋青铜器，器型有鼎、簋、壶、匜、盘等。上述器物与同时代或稍后的楚国同类器物区别明显，如青铜鼎浅腹，圜底，三矮足，铸工较粗糙，器表云雷纹不精细，与器型规整考究、铸工精细、纹饰繁缛、三足长而外撇的楚式深腹圜底鼎明显不同，应是具有典型本土文化特征的春秋器。上述簋、壶、匜、盘的形制与纹饰特征，也与楚器明显有异，因此将这批青铜器视为春秋胡国器物，将顺河古城确定为春秋胡国故城，或基本不误。

（二）沈国

西周封建姬姓沈国以后，临泉境内的己姓沈（潘）国、平舆境内的姬姓沈国并存，此后己姓沈国为姬姓沈国所灭。到春秋楚庄王时期，楚王将寝丘——临泉沈国故地作为食邑分封给孙叔敖之子，表明至迟在楚庄王时期，这个淮北姬姓沈国的东境疆土（己姓沈国故土）已经被楚国侵吞。

目前发现的潘（沈）国贵族墓地及散见青铜器，集中出土于河南信阳地区的固始一带，墓葬及器物年代的上限至春秋早期，下限至战国初年。联系此时寝丘已经为孙叔敖子之食邑，楚庄王可以随意处置沈国东境的史实，可以推定春秋早期的潘国已经由今临泉境迁徙至淮南固始一带立国。

考古调查表明，春秋之际的姬姓沈子国，都城在今河南平舆射桥乡一带，其疆土应包含今平舆与部分临泉境。这个沈国同其东境的胡子国一样，皆系西周以来的子爵小国。春秋中后期，两者夹处在大国争霸的战争狭缝中被经、传屡屡提及，举例如下：

《春秋·昭公四年》：“夏，楚子、蔡侯、陈侯、郑伯、许男、徐子、滕子、顿子、胡子、沈子、小邾子、宋世子佐、淮夷会于申。……秋七月，楚子、蔡侯、陈侯、许男、顿子、胡子、沈子、淮夷伐吴。”

《左传·昭公二十三年》：“吴人伐州来，……戊辰晦，战于鸡父。吴子以罪人三千，先犯胡、沈与陈，三国争之。吴为三军以击于后，……三国败，获胡、沈之君及陈大夫。”

春秋中后期的沈国，如同淮河流域众多小国一样完全丧失了自主权，不仅要为大国征战耗费人力、物力、财力，还随时可能被强国处置而遭受亡国灭族之难。《左传·昭公十三年》记载楚灵王曾“迁许、胡、沈、道、房、申于荆焉”，平王即位后这些小国才得以复国。《春秋·鲁文公三年》：“叔孙得臣会晋人、宋人、陈人、卫人、郑人伐沈，沈溃。”鲁成公八年“晋侵沈，获沈子揖初”。公元前506年沈国为蔡所灭。《春秋·定公四年》记载：“夏四月庚辰，蔡公孙姓帅师灭沈，以沈子嘉归，杀之。”沈子灭国的原因见于《左传·定公四年》：“沈人不会于召陵，晋人使蔡伐之。夏，蔡灭沈。”

临泉境内目前还没有发现与古沈国历史直接关联的有铭器物，近世发现的所谓“番国”青铜器，多出土于淮水以南的河南信阳地区。临泉境内的沈国古城，据文献记载位于今县城西境的古城村一带，城址内及其临近地域，发现过一批青铜器、陶器、钱币等，均属于具有楚文化特征的器物，年代大体不会早于战国初期，因此确认这个古城的年代究竟是在春秋时期还是在西周之际，还要继续做考古调查发掘工作。

（三）养国

先秦文献中没有关于古养国的直接记载，但出土文物表明，这个养国在春秋时期是存在的。1970年，湖北江陵岳山的楚墓中出土一件春秋中期青铜簠，器铭：“养伯受用吉金作其元妹叔嬴为心媵芈簠，子子孙孙其永用之。”此器是养国的国君为其大妹为心远嫁楚国而制作的媵器。“养”是女子母家的国名，“养伯”是指养国的国君，其中的“伯”是爵称，先秦文献、器铭称“某伯”者，多指方国诸侯或部落首领，而称“姓”者必为国君。“受”是养国国君的名，“元妹”就是大妹，“为心”是大妹的名，“叔嬴”中的“嬴”是大妹的姓，“叔”是女子在母家兄妹中的排行，“芈”是女子夫家的姓，也就是楚国王室的族姓。从这件“养伯”铜器铭文中，我们知道至少春秋早期养国是存在的，并且知道这个养国“嬴”姓，其族源可追溯至古老的东夷族群。1993 年，河南桐柏月河春秋大墓中，也出土一件自铭“鄴子白受止铎”的青铜铎，器物的年代为春秋晚期，器铭中的“养”是国名、“养子”为国君，“白”是养国国君的名字。

春秋养国的活动史迹无史料可以详考，其灭国时间可大致作如下推定。

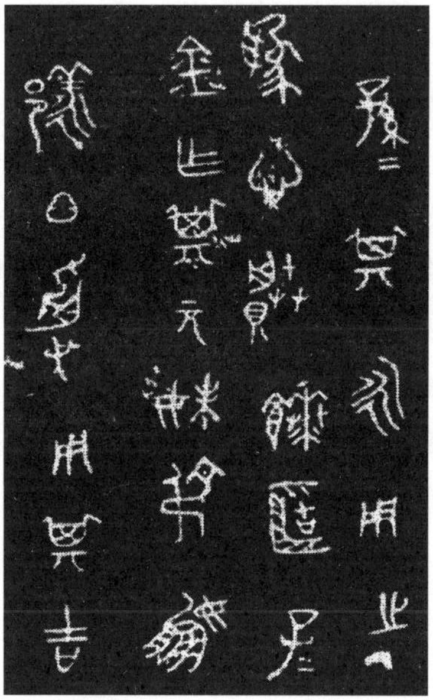

春秋养伯簠铭文

（1970 年湖北江陵岳山楚墓出土）

铭文：“养白（伯）受用吉金作其元妹叔嬴为心媵簠，子子孙孙其永用之。”

前述湖北江陵岳山楚墓中出土有“养伯”簠铭文器，年代为春秋中期偏晚时期，据铭文我们知道这个养伯的妹妹叔嬴大心嫁给了楚国的“芈”姓王室贵族。养国既然在春秋中晚期还能与楚国通婚，表明这个时候养国还是存在的，并且与楚国关系很好。

到了公元前512年的楚昭王时期，情况发生了变化，《左传》记载有昭王封吴二公子于“养”邑的记载：

《左传·昭公三十年》：“吴子使徐人执掩馀，使钟吾人执烛庸。二公子奔楚，楚子大封，而定其徙。使监马尹大心逆吴公子，使居养。莠尹然、左司马沈尹戌城之，取于城父与胡田以与之，将以害吴也。”

楚昭王将掩馀、烛庸封在“养”这个地方，又将城父、胡国的疆土割去一部分给两位公子作封地，这个“养”地只有与城父、胡田紧邻才能够如此。“城父”“胡田”地望据文献记载均可考实，胡田为春秋胡子国故地，《左传·昭公三十年》杜注：“胡田，故胡子之田。”其地在今阜阳。城父即亳州的城父县，春秋早期本为陈国的“夷”邑，后为楚割取，今地属亳州东南涡阳县境。这里的“城父”“胡田”恰好在吴、楚边界地区，因此，这个“养”定于今沈丘县东的界首境，符合春秋晚期吴、楚兵争淮域的特定历史地理环境。这一时期“养地”既然已经可由楚王任意处置，则证明此前养国已经不存，联系此期吴、楚争夺淮北汝颍地域的背景，可以推定灭养者必为楚国。

楚灭养国，应与楚、晋弭兵之后吴、楚激烈争夺淮域的战争形势有关。楚灵王即位后，即在淮水流域开展了一系列灭国、迁国活动，如昭公四年楚国克“朱方”“齐”，灭“赖”，八年灭“陈”为县，九年迁“许”于夷，十一年诱杀蔡灵侯于申，灭“蔡”为县，随后又迁许、沈、胡、申、道、房等属国于荆，同时“大城陈、蔡、不羹，赋皆千乘”。楚灵王这些激烈的举措，显然是为了更便于对这一地区进行集权管理，从根本上消除战争中的不稳定因素，以防形势不测而生变。同时建立强大的前哨军事基地，亦便于集聚较为充裕的人力、物力、财力，更快捷、高效地处置各种军事争端，从而使对吴的攻防进退处于更加有利的地位。在此背景下，楚人显然不会、也没有理由在淮域单独保留一个小嬴姓养国。

有一条线索值得注意，就是《左传·昭公五年》所记楚国的精锐主力“繁阳之师”曾驻守养国西南，楚人集结重兵控扼“繁阳”的目的在于阻御吴人的进攻。这个时候“养国”应该已为楚所灭，其灭国时间大致可推定在楚康王至灵王即位之初的春秋中期后段（前559—前538），考虑此期吴楚争夺淮域的情况，这个推证大致可以成立。《左传·昭公三十年》所记楚灵王“灭蔡，迁许、胡、沈、道、房、申于荆”，没提及此区域的养国，可能此时养国已经不存在了。

此外传世或出土铜器中还有“养宝戈”“养陵公戈”，湖北随县曾侯乙墓出土遣册的楚国君臣名单中有“养君”，包山楚简中还有许多“养”“养人”“养公”等记载，这些材料的年代均在春秋之后，可作为养国已灭于楚的见证。

阜阳境内目前还没有发现与古养国相关的有铭器物，甚至还没有确认近代文献记载的养国故城究竟在什么地方。见于著录的养国青铜器多不明出土地点，有明确出土地点的养国器物多见于河南南阳桐柏、河南襄城地区。然而，早期文献又明白无误地记载养国在今阜阳境内。何浩先生《楚灭国研究》认为养国在今皖北界首与豫东沈丘之间。不过，要考实阜阳境内的养国地望及其活动遗迹、遗物，仍需要做深入的调查发掘工作。

（四）慎国

春秋时期的慎国，文献及出土材料中均罕见。《路史·后记七》：“寘（慎）则徐灭之。”谓慎灭于徐，其疆土尽为徐国所有。徐国后因吴公子掩馀、烛庸叛逃事件为吴国所灭，慎国故土则又归属吴国。此后这一地域因位处“吴头楚尾”而为两国反复争夺，《左传·哀公十六年》：“吴人伐慎，白公败之。”杜预注：“汝阴慎县。”表明这一时期慎地属楚，为楚国贵族白公胜所镇守。

四、楚文化

春秋中期以前，阜阳以本土方国文化为主，受淮夷文化、中原文化影响较大；到了春秋晚期，本区就受楚文化强烈影响，迅速向楚文化靠拢了。春秋战国时期，楚文化在今阜阳境内的传播与影响经历了一个初现、勃兴、繁盛、一统的渐进历程。楚人在今阜阳境内的活动，从文献记载看至迟可推定在楚成王（熊恽，一作頵，？—前626）时期。至楚庄王（熊侣，？—前591）拥兵北上称霸中原，楚文化开始在阜阳境内强势传播。春秋中晚期，楚灵王、平王、昭王可以随意在阜阳境内征兵、割地、迁君、灭国，导致楚文化不断侵蚀而强盛、本土文化逐渐失去独立性而式微。春秋晚期以降，随着境内几个方国的灭亡，阜阳成了楚文化的重要分布区。战国时期，楚国政治、经济中心不断东移，阜阳境内则完全成为楚文化发展繁荣的中心区域之一。

（一）楚人在阜阳境内的主要活动

1. 鹿上之盟

春秋鹿上之盟的文献记载，见于《春秋·僖公二十一年》（前639）："宋人，齐人，楚人，盟于鹿上。"又《左传·僖公二十一年》："春，宋人为鹿上之盟，以求诸侯于楚，楚人许之。"春秋鹿上在胡国南境，即今阜南县公桥乡原鹿古城遗址。宋襄公召集诸侯会盟，请楚王参加，意欲称霸天下，楚成王假意答应，参加了盟会。这一年秋天再次在盂（今河南睢县）地诸侯会盟时，楚成王乘机拘捕了宋襄公，并开始发兵攻打宋国。

僖公二十一年的鹿上会盟是楚人在今阜阳境内活动见于文献的最早记载。宋襄公选择在胡国南境的鹿上作为诸侯会盟地，可能是考虑此地离楚疆最近，又便于中原诸侯前往。召陵之盟后，楚人北上中原受阻，于是成王挥师东进淮河流域，先后对淮南弦、黄、英、皖、蒋诸国灭国扩疆，因此公元前639年鹿上会盟时，楚国灭国拓土后的疆界已经抵达淮水南岸，大抵与胡国邻近。此时阜阳境还不是楚国的直接控制区，楚文化还没有对阜阳本土文化造成重要影响。

2. 经营寝丘

楚国在春秋中期据有淮北寝丘之地的史实，见于庄王分封令尹孙叔敖之子的故事，孙叔敖死，王果以美地封其子，而子辞，请寝之丘，故至今不失。既然庄王可以将寝丘地分封给孙叔敖子作为食邑，则表明这一地域此前已经为楚人所得。成王、穆王时期，楚人兵锋东进淮域灭国拓疆，先后消灭了弦、黄、英、皖、蒋、江、六、蓼、舒、宗等一批小诸侯国，这些方国主要分布于淮水以南地区，对淮北汝、颍中下游的阜阳一带，楚人似乎还没有真正实施灭国掠土之策。《左传·僖公二十三年》："秋，楚成得臣帅师伐陈，讨其贰于宋也。遂取焦、夷，城顿而还。"楚人讨伐陈国、割其焦、夷两邑而没有提及占领寝丘，表明此时沈国东境疆土还没有被楚国侵吞。至庄王执政之际，楚国步入鼎盛时期。楚庄王北上开疆拓土争霸中原，西并庸、麇，东灭舒蓼、州来、萧，围宋释宋，在淮北地区灭了一批方国，占领了大片地区，其疆域东北部已经抵于苏、鲁、皖地，进而对郑、陈、宋等二流大国形成半包围之势。由此推论，临泉境内的沈国疆土，大致应灭于庄王时期。

楚庄王时期楚国侵占寝丘，是楚人真正步入阜阳境内的开始，是楚文化影响渗透阜阳、与阜阳土著文化交流融合的重要开端。

3. 迁国设县，封建养地

楚灵王时期，楚人为在与吴国军事冲突中占据更加有利的地位，在淮北地区实行一系列迁国、灭国、设县的政策，其中的胡、沈等就曾被远迁至湖北荆山一带立国，直到平王即位后才得以回归复国。此后这些方国虽名曰"国"，实则完全丧失了政治、军事、经济、文化上的独立性，苟延残喘，沦为强楚的附庸。楚人处置这些小国则带有更强的随意性，楚昭王时期，曾发生过分封吴二公子于养地的故事，见于《左传·昭公三十年》："（吴）二公子奔楚，楚子大封而定其徙。使监马尹大心逆吴公子，使居养。……取于城父与胡田以与之，将以害吴也。"从昭王可以随意封"养"、取"胡田"的举措可知，这一时期楚人已经完全控制了今阜阳境，楚文化对阜阳土著文化的强势入侵、渗透与影响更加明显。

4. 楚灵王开凿通商渠

楚灵王执政时期（前539—前527），还在阜阳境内兴修水利，开凿连通淮河的通商渠水利工程。这条人工河为南北走向，起于胡国古城南，联通古城河水系及汝水、颍水，然后向南而行，其下游直至今阜南焦陂境，达于古润水。楚灵王开凿通商渠，正值胡国远迁湖北荆山之后，开凿的目的或与楚人利用胡国故地设县营建“大城”的活动有关。五代时，颍州刺史王祚还疏浚过这条人工河，并改名清河。此河今存。

5. 迁都钜阳

战国时期，楚畏强秦兵锋，于考烈王十年（前253）将国都从陈城迁至钜阳以自保，对此《史记·六国年表》有明确记载；《资治通鉴》卷第六：“楚迁于钜阳。”至考烈王二十二年（前241），楚人又将都城从钜阳迁往寿春，因此楚国在钜阳建都前后共十二年。钜阳地望所在，有阜阳城北境说、太和之原墙集说、太和宫集的殿顶子村说等多种说法，但认为在阜阳境内则向无疑问。钜阳作为楚都年代虽短，毕竟是大国的政治、军事中枢和经济、文化中心，由此为阜阳留下了高度发达的楚文化。

6. 营建城邑与商道

春秋中晚期以来，楚国在阜阳所在淮北地区实施灭国设县政策，促进了一批城邑的兴起与繁荣，这一地区见于史载的著名城邑有寝、沈、胡、养、慎、鹿上、莘、繁阳、高丘、鄟丘、钜阳等。阜阳境内的这些城邑，一部分是商周以后在此立国的诸侯国所建的都城，因经历了方国前后数百年的建设经营而具有了一定的规模，城市的功能及其防御设施应是较为完善的。另一部分则是楚国迁徙或消灭了这些方国后、利用旧城重新建设改造而成的新城，这些“新城”或具有新设地方行政机构的公署性质，或成为楚人所赖以东进的军事重镇。

战国晚期，楚国为秦兵锋所迫，曾将都城由陈迁往钜阳十二年，钜阳则一度成为楚国后期的政治、经济、文化中心。另一处城邑繁阳，自春秋早期就是我国东南地区铜料运往中原腹地的大型集散地。直至春秋中晚期，繁阳仍是楚国设置于淮水以北的一处著名军事重镇。

春秋末至战国时期，阜阳位于中原腹地通往东南江淮地区及南方楚人东出淮北地区的交通线上，地理位置十分重要，已发现的鄂君启节铭文中，就有楚人当时“就繁阳、就高丘、就下蔡”的陆路行进线路，其中的“繁阳”“高丘”两处商道上的商埠重镇，均在今阜阳境内。另一处楚人经营的著名驿站（传舍）鹿上（即后世原鹿、阮城），也是上述商道中使用频率较高的一处重要据点，有阮城遗址出土的楚“传室之玺”驿站官印为证。

（二）阜阳境内的楚文化

由于文献、实物资料匮乏，阜阳境内的楚文化分布、兴衰演变与特征，目前还不能准确、系统地梳理，以下仅作粗略概说。

春秋早中期，阜阳境内虽有楚文化的传播辐射，但总体上影响不大，融合了淮夷文化、中原文化的方国文化保持着较强的独立性，仍是阜阳文化的主体成分，阜阳顺河故城出土的青铜器形制、纹饰特征便是明证。

春秋中期以后，阜阳境内楚人势力的强势介入，渐趋改造、消融、取代了传统土著文化，出现了本地区楚文化勃兴、繁荣的新气象。战国时期，阜阳境内成为楚文化的一个重要分布区，以下举例说明春秋战国时期阜阳文化的“楚化”痕迹与特征：

1. 蚁鼻钱与郢爰、陈爰

阜阳境内发现的楚国货币遗存数量多，分布广泛。楚铜币蚁鼻钱（俗称鬼脸钱），在目前阜阳几个县、市、区内几乎均有出土，如临泉县的长官、艾亭、杨桥境，太和县的宫集、原墙、倪邱境，阜南县的地城、三塔、朱寨境，颍上县沿淮地域等。1983 年临泉县姜寨史庄一次就出土蚁鼻钱 6 公斤，计 3355 枚。在新中国成立之后文物部门的几次普查与专题调查中，均发现太和县宫集境内的殿顶子、城父寺等遗址地表有大量的蚁鼻钱，分布地域之大、数量之多、钱币大小形制之复杂十分罕见。楚国流行的另一类货币——金币“郢爰”“陈爰”，在阜阳境内也多有发现，较为著名的出土地有：1963 年阜阳一中院内出土“郢爰”金币 1 块；1967 年临泉县鲖城坟堂出土“郢爰”金币 6 块；1970 年阜南县三塔朱大湾出土“郢爰”金币 25 块、金饼 17 块；1971 年临泉县艾亭集出土“郢爰”金币 43 块、“陈爰”金币 7 块；1978 年阜南县关堂胡老郢出土“郢爰”金币 1 块。

阜阳境内楚国货币遗存众多，是春秋战国之际商业经济繁荣发达、人流物流异常活跃的重要标志，表明本区当时在楚国政治、军事、经济、文化生活中发挥着重要作用。

2. 楚文化的传说

阜阳民间千百年来保留了大量的与楚国历史相关的传说，这些传说故事印证了楚文化在阜阳境内影响渗透的史影。此类传说中最为著名者，就是春秋晚期费无忌与伍子胥的故事。费无忌是楚国的太子少师，楚平王本为联秦制晋，让太子建与秦女孟嬴联姻，并派费无忌到秦国去迎接孟嬴。费无忌见孟嬴绝世美丽，回到郢都后便劝平王娶她。平王好色，强纳儿媳，费无忌也转为侍奉平王，并不断离间平王和太子建的关系，迫害太子建与伍奢全家。伍子胥侥幸逃脱到吴国，向吴王献疲楚破楚之策，终于在柏举之战中长驱攻入楚郢都。费无忌则为楚令尹囊瓦所族诛。临泉民间不仅有费无忌的故事传说，杨桥费子街遗址相传还是费无忌的家乡。杨桥东侧的九龙粟头店一带，还有传为费无忌的墓葬。

此外，阜阳民间还世代流传着伍子胥的众多故事，传说颍泉区伍明镇是伍子胥的家乡，该镇明清时期还有伍名寺，其北侧利辛还有伍奢冢。颍东区有乌江乡，据说因此处发生过“伍子胥打马过乌江”的事件而得名。

3. 其他楚文化遗物

阜阳境内的许多古遗址，民间常以与楚国历史相关的名称命名，如太和宫集镇的殿顶子遗址，群众俗称之为“楚王城”；阜阳城西北的柴禾场遗址，群众俗谓之“楚王殿”“金銮殿”；临泉杨桥古遗址，群众世代称为“费子街”等。此类世代沿袭的俗名，传播的实则是古代阜阳文化被深度“楚化”的信息。阜阳城南的清古堆，经发掘被证实是一处大型战国宫殿遗址，遗址内出土了大量的板瓦、筒瓦、瓦当、空心砖、铺地砖等建筑构件，发现了宫殿建筑台阶、庭院砖铺通道等构筑物，经考证应是一处楚国宫殿遗址。此外，阜阳文物部门还发掘、征集了一大批楚国文物，如过去曾被称之为“淮式镜”的山字纹、蟠螭纹镜、楚“大府”铭量器、铜官印、铜权、铜鼎、铜錞于、铜兵器、铜车马器、铜乐器、铜生产工具等，这些器物都是阜阳楚文化的直接物证。

春秋战国之际，阜阳位处四方交通、交会之地，战争和诸侯国往来频繁。除上述方国文化、楚文化外，阜阳境内还有齐鲁文化、吴越文化、魏文化等诸侯国的文化遗存，如“单父左司马印”“大梁七年铭戈”“芒易戈”等。太和境内的郪丘故城遗址，战国之际曾是魏国的一处军事重镇，《史记·魏世家》记载魏安釐王十一年（秦昭王四十一年，前266）：“秦拔我郪丘。”联系出土于临泉费子街遗址的大梁七年戈，可知今太和、临泉的部分地域，战国之际应一度属于魏国的疆土。

五、淮夷族群

早期文献、金文记载的阜阳商周史，总是与淮夷联系在一起的。商人南下与周人东征淮夷族群的战争，商族、周族与淮河流域“夷人”的交往，往往先与阜阳境内的方国族群接触。在商人、周人视野中，阜阳境内的方国族群可能就是淮夷族团的一部分。因此，了解淮夷与淮夷文化，对于认识阜阳商周文化十分重要。

（一）淮夷族源、族姓

关于淮夷的起源，学术界有三种说法：一说淮夷起源于今山东地区，后迁至淮河一带；一说起源于今河北燕山一带；一说淮夷是淮河流域的土著居民。从考古材料看，淮夷族群是“淮系古文化”的创造者，其族源可追溯至距今8000多年前的裴李岗文化时期。此后山东地区昊族文化不断发展繁荣，并在淮水流域自东向西渐趋传播辐射，形成了具有前承后续关联的淮域大汶口—龙山文化。在数千年的漫长历程中，淮夷的文化内涵、族群结构、地域分布、与周邻文化间关系等在不同时期呈现出复杂的动态变化。淮夷的“淮”，甲骨卜辞、金文多作“隹”，为“鸟”字的象形，可知淮夷应是以鸟为图腾的族群。上古传说中的淮夷先祖为北方少昊氏，嬴姓，因以鸟为氏族的图腾，故亦称作鸟夷。

（二）三代夷、夏战争与淮夷分迁

据《尚书·禹贡》记载，淮夷的活动区域在淮河以北的徐州地区。宋代以后，王应麟《诗地理考》、胡渭《禹贡锥指》等稽考淮水以南亦有淮夷分布。

夏商周时期的淮夷属于东夷族群的范畴，初居山东境内，后不断分迁淮域。《后汉书·东夷传》：“武乙衰敝，东夷浸盛，遂分迁淮、岱，渐居中土。”东夷三代淮夷分迁淮河流域的主要原因，与夏族、商族、周族的征伐活动有关。

夏王朝的太康（启之子）昏庸残暴，东夷首领后羿联合其他夷族乘机西进夺取政权，史称“太康失国”。太康失国之后，夏政权分崩离析。夏相帝即位之后亦为后羿所逼，徙居商邱（当作帝丘，今河南濮阳）。帝相曾经派兵征讨淮夷、畎夷、风夷、和黄夷，战争历时多年而失败。后徙居斟灌（今山东寿光东），依托于同姓部落斟鄩氏（今河南巩县，一说在山东潍县）、斟灌氏，又被后羿逼走。后寒浞杀后羿而代之，浞子浇（亦作奡）斟鄩、斟灌，帝相被杀。直至夏王少康复国（史称“少康中兴”）之后，淮夷部落逐渐服从夏的统治，并且经常往来进贡。据《竹书纪年》载，少康恢复夏王朝统治之后，“诸侯来朝”“方夷来宾”，夏王朝先进的奴隶制度和中原文化，传播到了尚处原始社会的淮夷地区，加速了淮河流域的文明进程。

商代对淮夷的战争，主要发生在商王武丁时期。武丁在位五十九年，是为商王朝的鼎盛时期。武丁时期国力强盛，曾经多次发动对外战争。商王族对淮夷的侵略与殖民统治，主要是为了争夺江淮流域的珍贵铜矿等战略物资。商末纣王晚期曾向东夷、淮夷发动大规模征讨，战争耗时近十个月，虽镇压了淮夷，西方新兴的周族势力却乘机推翻了殷商政权，故《左传·昭公十一年》曰：“纣克东夷，而殒其身”。

西周时期，淮域与周王朝的大规模战争主要发生在成王、穆王和厉王时期。成王时期，淮夷反叛，先是周公东征三年，后成王亲自东伐才将淮夷征服。文献、金文对此次战争记载较为丰富。

《史记·周本纪》：“召公为保，周公为师，东伐淮夷，残奄，迁其君薄姑。”

《史记·鲁周公世家》：“管、蔡、武庚果率淮夷而叛，周公乃奉成王命，兴师东伐……宁淮夷东土。”

《史记·太史公自序》：“武王克纣，天下未协而崩。成王既幼，管、蔡疑之，淮夷叛之，于是召公率德，安集王室，以宁东土。”

《尚书·大诰》：“武王崩，三监及淮夷叛。”“成王既伐管叔、蔡叔，灭淮夷。”

《逸周书·作雒解》：“三叔及殷东徐、奄及熊、盈以畔”，成王二年，命周公、召公“凡征熊盈（嬴）族十有七国，俘维（淮）九邑。”

穆王时期，势力强大的淮夷又开始反叛周王室，发动了西侵周王朝疆域的大规模战争，《后汉书·东夷传》：“徐夷僭号，乃率九夷以伐宗周，西至河上。”周室不得不派遣强大的军队进攻淮夷，穆王还曾亲征东南淮域以巩固统治，已出土铜器铭文中对这一时期周族与淮夷的战争记载较丰富。周厉王无道，淮夷又大举入侵并屡败周族军队。宣王内修政事，外攘夷狄，国势得以中兴。宣王六年时，周征讨淮夷并取得胜利。

（三）淮夷国族

从传世文献与出土金文看，商代的奄、丰、莒、郯及潍水流域的“九夷”、徐夷等，都是山东境内的土著淮夷。淮夷迁居淮域后或自立国族，或与土著夷人融合建国，逐渐发展成分居淮水南北的众多方国，其中嬴、偃二姓国族势力较强，著名嬴姓国有徐、钟离，偃姓国有英、六、桐、巢、蓼、群舒等。

三代淮河流域除上述嬴、偃二姓国族外，还有一批诸如己姓沈国、归姓胡国之类的方国，这些国族与淮夷杂居淮域并保持着较为亲密的关系，甚至有论者认为阜阳境内出土“月己”铭铜爵就是己姓、月姓淮夷族群融合的结果。这些国族彼此间还时常结盟与中原统治者形成军事对抗，因而在中原统治者眼中，他们就属于淮夷的范畴。

第二节　思想与学说

从公元前800年到公元前200年，人类的精神基础同时地、独立地在中国、印度、波斯、巴勒斯坦和希腊奠基，这一时期被称为人类精神的“轴心时代”，这正是先秦时期的春秋战国时期，这是我国思想学说发展繁荣兴盛时期。这一时期的最大特征是士阶层的崛起，各种学说异彩纷呈，人们竭力想解释、规划、控制这个世界。

春秋中期以后，孔子打破了“学在官府”的垄断，教育向平民开放，创立了早期的儒家学派。在西周“敬德保民”的思想基础上，进一步提出了以“仁”为中心内容的儒家思想。春秋中后期至战国时期，社会剧烈动荡，列国纷争，在思想学术方面形成了各种流派。在儒家内部，先后出现了思孟（子思、孟子）和荀子的论争，还有老、庄、法、阴阳、杂家等不同学派。这是一个思想学术百家争鸣的时代，他们或著书立说，或授徒于馆，或游说雄辩、相互争论、相互影响、相互砥砺，出现了思想学术空前生动活泼、繁荣灿烂的景象。

就阜阳而言，早在西周之初，就有大军事家姜尚。其后署名姜尚所作的《六韬》，虽非其本人所作，但反映了姜尚和他的时代的军事等方面的思想。春秋初年，又有政治家管仲，被齐桓公任命为卿，尊称“仲父”。他执政四十年，实行了一系列改革，使齐桓公成为春秋时期的第一个霸主。现存《管子》七十六篇，虽非管仲亲手所著，而为后人托名之作，且非成于一时，亦是研究管仲思想学说及其成书时期社会思想的重要资料。

一、姜尚与《六韬》

（一）姜尚其人

《史记·齐太公世家》：“太公望者，东海上人。其先祖尝为四岳，佐禹平水土甚有功，虞夏之际封于吕，或封于申，姓姜氏。夏、商之时，申、吕或封枝庶子孙，或为庶人，尚其后苗裔也。本姓姜氏，从其封姓，故名姜尚。”《史记集解》引《吕氏春秋》曰：东海上乃“东夷之土”。东夷指东方民族；东夷之土，包括淮河中下游地区。《索隐》谯周曰：“姓姜，名牙。炎帝之裔，伯夷之后，掌四岳有功，封之于吕，子孙从其封姓，尚其后也。”按云：后文王得之渭滨，云“吾先君太公望子久矣”，故号太公望。盖牙是字，尚是其名，后武王号为师尚父。

姜尚为炎帝之后，本为姜姓，因其先祖为尧帝四岳，在舜帝时为秩宗，典朕三礼，佐大禹平水土有功，为禹帝的股肱重臣，受封为吕侯，被赐姓姜，封于吕地，并建立诸侯国吕国，为吕氏始祖，后世从其封氏（根据先秦及之前胙土命氏男子称氏的规定），故曰吕尚。《史记》云："武王已平商而王天下，封师尚父于齐营丘。"这是在周武王五年，公元前1065年。《史记》云"盖太公之卒百有余年，子丁公吕伋立"，享齐国祀者必吕氏。公元前405年，齐宣公五十一年，宣公积卒，子贷立，是为康公。康公十九年，田和迁康公于海滨。齐康公"二十六年，康公卒，吕氏遂绝其祀。"这是公元前379年，至此姜齐亡，田氏卒有齐国。

姜尚之后的历史比较清楚，而关于姜尚先祖的封地吕及其所封地吕国究竟在何处，争议较大。因为《史记》只讲封于吕，而未讲明吕国在何处，这就给后人留下了一桩疑案。历史学界有人说吕在新蔡，有的说吕在南阳，位于现在的河南省南阳市卧龙区王村乡董营村。

阜阳著名地方文史专家，临泉县地方志办公室原主任马家敏先生经过缜密考证，在《学术界》2001年第6期发表了《姜尚故里考》，认为西周之前，先后有两个吕国，一个是大禹时封的吕国，即吕尚先人的吕国；另一个是周穆王（前976—前922）时封的吕国，吕尚先祖封地的吕是前者而非后者。古文献记载虞夏之吕国在新蔡的很多，如《竹书纪年》《后汉书·郡国志》《元和郡县志》等。马家敏先生又论述了上古吕国的疆域，说："古吕侯国的疆域大致应是：南至息县的北部；北与项城县接壤，而姜寨、鲖城皆属其地；东至临泉县的南部，而吕寨、土陂、艾亭皆属其地；西与平舆县交界。南北约百里，东西约一百二十里。这与古代诸侯五爵三品分封制'公侯方百里，伯七十里，子男五十里'是基本相符的。"马家敏先生关于古吕国的观点在学术界和社会上都产生了很大的影响，并得到不少学者的认可与支持。马家敏先生还进一步提出了姜寨是姜尚故里的观点，并提出了四条理由，也很有说服力。

（二）姜尚与《六韬》

姜尚是著名政治家、军事家，署名姜尚（或太公）的军事著作，在《汉书·艺文志》道家类中著录有《太公》237篇，《谋》81篇，《言》71篇，《兵》85篇。署名姜太公著述的《六韬》虽非太公自著，但反映了他的军事思想。姜尚是中国古代第一个军师型的军事家，其军事韬略在中国战争史上占有重要地位，对后世用兵起了深远的影响。

《六韬》不是姜尚本人所作，学术界对此争议不大，因为西周初期尚无个人著述。但是《六韬》究竟何时成书，则有不同看法。宋代以来，不少人认为《六韬》成书很晚，应在汉代之后，属于伪书，对其疑而不信。1972 年从山东临沂银雀山汉武帝初年的墓葬发掘出的《六韬》残简，说明了《六韬》一书，在汉武帝以前就流行开了。用残简来校勘存世的《六韬》版本，发现其中残存的内容与今本的《文韬》《武韬》《龙韬》中的相应篇章大多相合。据推断，该墓葬的时代为西汉前期，研究者认为具体年代不晚于汉武帝元狩五年（前 118）。墓中随葬竹简的书写年代当然要早于墓葬的年代，从竹简并不避汉初几个皇帝的名讳，有“邦”“恒”“启”“澈”等字来看，竹简书写的时间最晚应在西汉以前。无独有偶，就在银雀山西汉墓葬出土《六韬》的次年，又在河北定县 40 号汉墓发现了被定名为《太公》的著作。据报道，《太公》共发现篇题十三个，其中只有《治乱之要》等三篇见于今传本；另有六篇内容见于传本，却未见篇题。此外，尚有相当一部分记有“武王问”“太公曰”的简文，内容不明；有的句子或片段曾为初唐以前的文献所引录。由此，那些所谓《六韬》为汉代以后托名太公而作的说法便被出土竹简证明是错误的。

《六韬》是汉人伪托的说法由于考古的发现被推翻之后，它产生在周代的什么时期，学术界仍然看法不一。

章学诚《文史通义 · 诗教上》说：“古未尝有著述之事也。官师守其典章，史臣录其职事，文字之道，百官以之治而万民以之察，而其用已备矣。是故圣王书同文以平天下，未有不用之于政教典章，而以文字为一人之著述者也。”殷商时期，早已“有册有典”，但在那时，学术官守，职其事者为官师、为史臣，太公之论兵善言自不是其本人所录，其出于当时的史臣可知。因此，今本《六韬》成书的时间，班固《汉书 · 艺文志》自注所说“惠、襄之间”（周惠王、周襄王）是正确的，乃是齐桓公“复修太公法”时，整理周室旧档中的太公言论而成。战国后期又有过一次重大的改动，或者说又进行重新整理，并加了序。也就是说，今传《六韬》很可能即是根据周室旧档整理而成。而这个所谓旧档不是别的，而是周初流传下来的铸于金版上的《六韬》。今传本中春秋、战国以后的痕迹，都是传抄过程中形成的，今本《六韬》实有极高的学术研究价值，也在一定程度上反映了姜尚的思想，只是不可视为姜尚的个人著述。

关于《六韬》的书名及其所蕴含的时代信息，已经有学者进行了的探讨。如陈青荣先生认为，“弢（韬）”章是古代军队的九章之一，它标志着军事行动的开始。所谓六韬，即是以六种不同的兽皮制成的其上绘有不同纹章图案的武器袋，其含义一是示军威，二是别行伍。“韬”本作“弢”，二者音同义同。弢，《说文解字》谓“弓衣也”，《管子·小匡》：“弢无弓，服无矢。”

《六韬》又有《金版六弢》《周史六弢》《太公六庴》《太公兵法》《太公》等名称，其他有关太公的兵书还有不少。关于《六韬》的书名，学者们大都认为它与《金版六弢》《周史六弢》《太公六庴》等实际是同一部书在不同时代的称谓。而《金版六弢》是今传《六韬》最早的本子的看法是正确的。《金版六弢》之称首见于《庄子·徐无鬼篇》：“横说之则以《诗》、《书》、《礼》、《乐》，纵说之则以《金版六庴》。”唐成玄英为之疏曰：“《诗》、《书》、《礼》、《乐》，六经，《金版六庴》，周书篇名也，或言秘谶也。……横，远也；纵，近也。六经为横也。”从《庄子》的叙说看，《金版六弢》与《诗》《书》《礼》《乐》并提，可见其影响之大，流布之广，地位之高。《庄子》中女商所言的《金版六弢》未必是以金版形式记录的《六庴》，因为金版的《六弢》应为周代史官记录下来，并铸之金版之上，其数量一定很少。《金版六弢》作成后，自然受到周人的重视，后世言兵者理所当然地奉为经典，传抄、缮写者也一定大有人在，像齐桓公任用管仲“复修太公法”时，更会注意到《六庴》这一太公留下来的重要遗产。在这样的背景下，《六庴》的其他名目便应运而生。战国时期所见到的《六庴》很可能是从原来的《金版六弢》传录而来，其后又经过传抄者的增删改写，其具体情况有不少专家进行了考证。

（三）《六韬》及其思想

今天我们所见到的《六韬》分为《文韬》《武韬》《龙韬》《虎韬》

《豹韬》《犬韬》等六卷，共六十篇。朱墉在评论《武经七书》时，指出《六韬》的特点是："规模阔大，本末兼该。"《六韬》虽然是一部兵书，但它并不一味歌颂战争，其最宝贵最有价值的思想是强调天下非一人之天下，统治者要与天下人共利，反对独擅天下之利。《文韬·文师篇》："天下非一人之天下，乃天下之天下也。同天下之利者，则得天下，擅天下之利者，则失天下。"《武韬·发启篇》说："利天下者，天下启之；害天下者，天下闭之。天下非一人之天下，乃天下之天下也。"《武韬·顺启篇》说："利天下者，天下启之；害天下者，天下闭之；生天下者，天下德之；杀天下者，天下贼之；……天下者，非一人之天下，唯有道者处之。"高诱为之注云："《书》曰：'皇天无亲，唯德是辅。'故曰天下之天下也。"这种原始的民主思想与儒家经典《尚书》是一致的，也可以说它反映了周初那个年代的主流思想，至今也闪耀着光辉。

其次，《六韬》提出的以"文伐"为上的"全胜"思想也非常宝贵，直至今天也没有过时。《龙韬·军势篇》："善胜敌者，胜于无形，上战无与战。"对于如何做到"上战无与战"，也作了许多具体深入的阐述，这是其他兵书没有仔细论及的。《武韬·文伐篇》列举了十二种方法："十二节备，乃成武事。"《六韬》特别重视政治对于军事的根本意义，反复强调只有"有道者"才能"天运不能移，时变不能迁"。基于这种认识，《六韬》用大量篇幅论述了尚贤、法法、节俭、轻赋、利民等，认为这才是立于不败之地的根本保证。

二、管仲与《管子》

管仲（前725—前645），名夷吾，字仲，谥敬，颍上（今安徽省阜阳市颍上县）人。《管子》书名最早见于《韩非子·五蠹》："今境内之民皆言治，藏商、管之法者家有之。"《史记》肯定《管子》为管仲之作。经过后人的大量研究认为，《管子》一书虽非管仲本人所作，但也在一定程度上反映了管仲的思想，由于内容广泛，亦被称为研究春秋前期思想的百科全书。

（一）管仲其人

《史记·管晏列传》：“管仲夷吾者，颍上人也。少时常与鲍叔牙游，鲍叔知其贤。管仲贫困，常欺鲍叔，鲍叔终善遇之，不以为言。已而鲍叔事齐公子小白，管仲事公子纠。及小白立，为桓公，公子纠死，管仲囚焉。鲍叔遂进管仲。管仲既用，任政于齐，齐桓公以霸，九合诸侯，一匡天下，管仲之谋也。”

“管仲曰：‘吾始困时，尝与鲍叔贾，分财利多自与，鲍叔不以我为贪，知我贫也。吾尝为鲍叔谋事而更穷困，鲍叔不以我为愚，知时有利不利也。吾尝三仕三见逐于君，鲍叔不以我为不肖，知我不遭时也。吾尝三战三走，鲍叔不以我怯，知我有老母也。公子纠败，召忽死之，吾幽囚受辱，鲍叔不以我为无耻，知我不羞小节而耻功名不显于天下也。生我者父母，知我者鲍子也。’鲍叔既进管仲，以身下之。子孙世禄于齐，有封邑者十余世，常为名大夫。天下不多管仲之贤而多鲍叔能知人也。”

“管仲既任政相齐，以区区之齐在海滨，通货积财，富国强兵，与俗同好恶。故其称曰：‘仓廪实而知礼节，衣食足则知荣辱，上服度则六亲固。四维不张，国乃灭亡。下令如流水之原，令顺民心。’故论卑而易行。俗之所欲，因而取之；俗之所否，因而去之。”

“其为政也，善因祸而为福，转败而为功。贵轻重，慎权衡。桓公实怒少姬，南袭蔡，管仲因而伐楚，责包茅不入贡于周室。桓公实北征山戎，而管仲因而令燕修召公之政。于柯之会，桓公欲背曹沫之约，管仲因而信之，诸侯由是归齐。故曰：‘知与之为取，政之宝也。’”

“管仲富拟于公室，有三归、反坫，齐人不以为侈。管仲卒，齐国遵其政，常强于诸侯。”

司马迁评论管仲说：“吾读管氏《牧民》、《山高》、《乘马》、《轻重》、《九府》……详哉其言之也。既见其著书，欲观其行事，故次其传。至其书，世多有之，是以不论，论其轶事。管仲，世所谓贤臣，然孔子小之。岂以为周道衰微，桓公既贤，而不勉之至王，乃称霸哉？语曰‘将顺其美，匡救其恶，故上下能相亲也’。岂管仲之谓乎？”

先秦典籍《论语》《韩非子》《国语》等都有关于管仲的史料和评论。

关于管仲是哪里人的问题，一直存在争议。由于《史记》虽然说“管仲夷吾者，颍上人也”，而司马迁时期并没有颍上县的建制，许多人认为所谓“颍上”是指颍水流域，而不是今天的颍上县。持管仲颍上人说者认为：西周初年，为了防止殷商残余势力复辟，周武王在把商纣王的儿子武庚禄父分封在殷都朝歌的同时，还把三弟管叔鲜、五弟蔡叔度、康叔分封在朝歌周围，以监视武庚的动向，称为“三监”。武王死，成王年幼，周公摄政。武庚禄父借口周公“将不利于孺子（周成王）”，煽动并联合三监一起发动叛乱，史称“三监之乱”。东夷、淮夷也都趁机发兵反周。周公亲率八师东征，经过三年征战，杀了武庚和管叔，流放了蔡叔，迁康叔于卫，重新封商纣王的庶兄微子启于宋（河南商丘），继承商王的香火。管叔被杀，其家族顺颍水而下，逃到今颍上县境内落脚——这就是管仲家族迁往颍上的来历。颍上古属淮夷之地，西周王朝早期统治势力尚不到此。有人以《史记·管蔡世家》“管叔鲜作乱诛死，无后”来证明管仲不是管叔的后裔。其实，《史记》所说的“无后”，并非没有后人，而是无人奉祀之意。因为管叔已死，家人逃亡，无法再在其始封地公开合法地祭祀自己的先人，因此好像这一门已经灭绝。司马迁不知道这一系传承的脉络，只能根据自己掌握的线索，认定管叔这一门已经后继无人了，所以才说“管叔鲜作乱诛死，无后”。管仲是管叔鲜的后裔。管叔鲜受武庚禄父的挑拨，起兵反周失败被杀，他的后人逃到今颍上县管谷村躲避周王朝的追杀，遂长期在这里定居下来。正是由于管叔的后人逃到周王朝管辖不到的地带，所以管仲才有可能是今颍上人。隋炀帝时给管仲出生地命名为“颍上县”，是基于古代上南下北的地理观念和地理知识，符合当时的地图方位。

《管子研究》2007 年第 3 期刊登了山东理工大学齐文化研究院邵先锋副院长的《管氏牒谱资料选录》，为我们寻找管氏的世系传承提供了极为重要的依据。因为这个宗谱不仅全面记录了管氏自管仲以后的世系传承，而且也记载了管仲之前直到管叔鲜的世系（至于管仲为周穆王庶子之后的说法，则有待商榷）。从这个谱牒可以看出：管仲确实是管叔鲜的后裔，而穆王庶子的管氏，在春秋早期就被郑国吞并，其国人成了郑国的臣民，无由自立氏族。

戴立轩先生《孔子也曾颍上行》一文认为，《论语》里四处关于管仲的评论，都是孔子在今颍上与白公的对话。这些对话之所以产生在今颍上县，是因为这里是管仲的故里。白公是楚平王的孙子芈胜，公元前505年至前479年，白公避难到了慎地，即今颍上。《史记·孔子世家》："冬，蔡迁于州来，是岁鲁哀公三年（前492），而孔子年六十矣。""明年，孔子自陈迁于蔡。"孔子从陈国到蔡国，即州来（今凤台县境），颍上是必经之地。《吕氏春秋·精诚篇》《列子·说符》《淮南子·道应训》都记录了孔子与白公的对话。颍上县历代流传"文地春风"的传说，并有孔子止宿处的石碑。由此可知，公元前491年，孔子61岁时，在由陈国到蔡国的途中经过颍上，在白公陪同下瞻仰了管仲的故里。

管仲故里在今安徽颍上县建颍乡管谷村。今颍上县有管鲍祠，是纪念齐相管仲与齐大夫鲍叔牙的合祠。据史料记载，此祠为明万历六年（1578）由时任县令屠隆重建，增祀鲍叔牙易名至今。管鲍祠几经兴废，明末毁于兵乱，道光十六年（1836）邑人万如陵重修，咸丰年间再次毁于兵火，民国二十二年（1933）由时任县长重修。目前，管仲是颍上县人的说法，已经得到学术界和社会的广泛接受。

（二）管仲与《管子》

《管子》一书是以管仲命名的一部著作，在以先秦诸子命名的著作中，可谓鸿篇巨制，罕有其匹。其内容丰富，大凡哲学、经济、社会管理、法制、军事、伦理、教育乃至自然科学知识等，无所不包，是研究我国古代特别是先秦学术文化思想的宝库，保存了中国古代思想的宝贵资料。但是和其他先秦古籍一样，其成书和流传的过程，由于漫长历史尘埃的覆盖，和人们认识上的误区，显得模糊不清。

由于《管子》一书记载了管仲死后的事情，其书并非管仲本人所著是比较清楚的，况且那个时代尚无个人著述的可能与条件。《管子》内容复杂，简单地说它产生于某一时代，失之笼统；而由于资料限制，要准确判定《管子》中的每个具体篇章产生于何时，也是非常困难的。

如果把《管子》的成书过程比作一个生命的诞生，那么春秋时期史官对管仲思想和事迹的记录，可以看作是其生命的最初孕育；战国时期齐国的稷下学宫，则为其在母体中发育成长提供了源源不断的营养；而西汉刘向校理群书，正是其呱呱坠地之时。

春秋时期著名的政治家管仲辅佐齐桓公"九合诸侯，一匡天下"，其言论思想事迹由史官记录，并通过文字和口耳相传的方式广为传播。战国时期，田齐政权创立稷下学宫，稷下学者对管仲的思想事迹进行整理，《管子》中的"经言"和"内言"中的一些篇章即产生于此时，这是《管子》中最早形成的部分。它们渊源于管仲，但由于长期的流传及整理者的加工，其反映的思想和记载的管仲事迹已与历史上的管仲有所不同。齐宣王、湣王之时，稷下学宫十分兴盛，聚集了各地的学者，各种思想在稷下学宫交流融合，《管子》中"外言""短语""区言""杂篇"中表现法家思想、黄老思想、阴阳五行思想的许多篇章应运而生。稷下学宫在后期阶段，以讲学授业为主要活动，"管子解"便产生于此时。"管子轻重"是《管子》中最后形成的篇章，大约产生在稷下学宫末期。

《管子》中的一些篇章很早就开始流传，不过直到刘向以前，《管子》并没有定本。西汉刘向校理群书，根据各种传本，校除重复，订正文句，成《管子》八十六篇。也有人认为刘向把各派著作编进了《管子》，造成了内容庞杂，甚至间有抵牾。尽管如此，《管子》还是在保存丰富的历史文献方面做出了很大贡献。

从刘向编定《管子》到北宋中叶以前，《管子》主要靠抄写流传。《管子》古本已不可复见，根据各家文献对《管子》的引用及其他材料可知：在东汉至魏晋时期，《管子》很受重视。大约南北朝时期，《管子》合篇为卷，出现十八卷本。隋朝前后，《管子》中《王言》等十一篇渐次亡佚。这些佚篇的部分内容，在类书和其他文献中有所保存。

《管子》向以古奥难懂著称，唐代出现了最早的注本和选本，有十八卷本（一说房玄龄注）和三十卷尹知章注本流传。后来，尹知章注本后十一卷亡佚，仅存前十九卷。北宋时期，人们又据十八卷本对十九卷尹知章注本加以补充，并据《通典》的引文补入了部分注文。此后，《管子》固定为二十四卷。

北宋中叶，《管子》开始出现刻本，此后，《管子》的各种刻本陆续流传。宋代《管子》的版本主要有杨忱本和蔡潜道墨宝堂刊本。明代《管子》的版本分别属于两个系统：一为刘绩本系统，刘绩著有《管子补注》；一为赵用贤本系统。赵本出自杨忱本，吸收了刘绩本的成果，后被收入《二十二子》《四部备要》，以及坊间各种石印丛书中，是《管子》最为通行的版本。清代《管子》的整理研究著作较多，王念孙、陈奂、丁世涵、洪颐煊等学者都曾对《管子》一书进行过认真考订，其中戴望的《管子校正》被收入《诸子集成》，影响较大。郭沫若在许维遹、闻一多二人研究的基础上著成的《管子集校》，是《管子》校释的集大成之作。

（三）《管子》的思想内容

《管子》继承了老子的“道”的概念，建立了道论。在现存《管子》七十六篇中涉及“道”的共六十五篇，“道”字出现了486次，足见道是《管子》的中心概念。《管子》论道的特点是区分了不同的道，主要包括：（1）宇宙本原之“道”。认为它是无上无下、无内无外、无大无小、无始无终、无形无象、无声无息的虚无本体，它具有超验性。正因为它是超感觉、超经验的虚无，才能成天地、生万物，构成宇宙之本。如《心术上》说：“道也者，动不见其形，施不见其德，万物皆以得，然莫知其极。”这样的道是指宇宙万物的统一体和产生根源。（2）自然天象之“道”。《管子》称这一类的道为“天道”或“天之道”，它也是虚而无形、永恒不变的，实际上就是指天体运行的规律。（3）自然地象之“道”，称之为“地道”或“地之道”，它是指适合作物生长的地理环境、水土资源等情况与变化规律。（4）社会人事之“道”，管子称之为“人道”或“人之道”，它是指社会上各种成员应遵循的法则。（5）事之“道”，指社会治乱的规律与方法，具体又有治国之道、乱国之道、伤国之道、爱民之道等等。

《管子》一书特别值得注意的是提出了构成社会物质生活诸因素的观点。人类社会的物质生活是由很多因素构成的，管仲虽没有明确提出“物质生活”的范畴，但他却提出了构成社会物质生活的基本要素及其作用。《管子·牧民》:“凡有地牧民者，务在四时，守在仓廪，国多财则远者来，地辟举则民留处。”这里提出了土地、人口、生活资料、农业生产劳动这四个构成社会物质生活的基本要素，其中土地被视为一个国家的地理环境和最基本的生产资料及财富来源；而人口则是一国之本，管仲认为“地大国富，人众兵强，此霸王之本也”(《管子·重令》)、“古之圣王所以取名广誉，厚功大业，显于天下，不忘于后世，非得人者，未之尝闻”(《管子·五辅》)。生活资料和农业生产劳动，也被管仲视为强兵图霸之本。管仲还论述了上述四要素之间的关系，《管子·八观》:“彼民非谷不食，谷非地不生，地非民不动，民非作力，毋以致财，夫财之所生，生于用力；力之所生，生于劳身。”在土地、人口、谷物及农业生产四要素中，人是谷物等生活资料的创造者，这一观点包含了劳动价值论的萌芽。

《管子》提出了社会物质生活决定社会治乱的观点。《管子·权修》说:“欲为天下者，必重用其国；欲为其国者，必重用其民；欲为其民者，必重尽其民力。”就是说，重视民力是治国平天下的根本。而要重视民力，就必先富民。他认为，民众的物质生活同社会国家的治乱安危有着内在联系，富民是为了安邦。同时，富民也是为了富国。《管子》说:“民富君无与贫，民贫君无与富。”(《管子·重令》)这说明富民与富国是统一的，只有民富才能国富，而只有国富才能兵强，而国家兵强则可威震天下。这是一种社会物质生活决定社会治乱的辩证唯物主义历史观。

《管子》提出了社会物质生活决定精神生活的观点，“仓廪实则知礼节，衣食足则知荣辱。”这就是说，“知礼节”“知荣辱”的道德观念是以“仓廪实”“衣食足”的物质生活为基础的，这是管仲历史观中颇有价值的观点。管仲认为社会物质生活也决定了人们的法制观念，社会经济生活对法令的贯彻执行乃至国家的存亡都有决定作用。管仲还认为社会环境决定人的社会思想，他的四民（士农工商）分居的观点，就是肯定了社会环境对“四民”的社会思想之形成具有决定作用，这在当时是难能可贵的。

第三节 宗 教

任继愈先生说："中国是一个多民族、多宗教的国家。由于地域广大，经济文化发展不平衡，原始宗教（自然宗教）与人文宗教（人为创立的宗教）同时存在。"先秦宗教文化发展演变的起始时段，一般是指商代、西周和春秋战国时期。祭祀是原始宗教与人文宗教普遍使用的宗教形式。

商代是一个巫史勃兴、崇天尚鬼、卜筮之风炽盛的年代，社会上以神为本、尊神事神、遇事先卜后行的宗教迷信氛围浓厚。早期专司人神交通的巫，逐渐被职业化、世袭化。巫在社会宗教、政治生活中占有崇高的地位，他们以上天意志的代表自居，是神的意志的唯一权威解释者和神权的实际掌管者。

礼是由原始宗教演化而来的人文宗教（人为创立的宗教）。先秦时期，礼对人们的生活影响极大，礼实际上就是宗教与地上政治权力合一演化而成的宗教形式。礼与其说是敬上的，不如说是以敬上的形式，达到强化人间秩序的目的。"国之大事，唯祀与戎"，礼的最高表现形式是祀，渗透每一个先民的生活。"礼不下庶人"，是指掌握和制定礼仪制度之事，不能让底层民众参与，而不是说普通民众的行为可以不受礼的规范。

阜南出土的以龙虎尊为代表的殷商青铜器，众多的西周、春秋战国等时期的青铜礼器，以及各种各样数量巨大的陶制礼器等，都有力地证明先秦时期礼这种宗教形式在阜阳确实存在，以及对阜阳人民生活影响之大。当时人们向天神人鬼卜问凶吉祸福的方法有龟卜和占筮两种，祭祀则是当时社会宗教和政治生活中的重要内容，《尚书·洪范》将祭祀列为八政之第三，在巫祝的组织指挥下，天神、地祇、人鬼等均在祭祀之列。祭祀崇拜原始图腾、先祖的习俗仍十分流行。直到西周中期以后，社会上浓厚的"神本"宗教迷信氛围才渐次被"尊礼尚施，事鬼敬神而远之"的注重世事的精神所冲淡。

阜阳地区商周时期的宗教思想与宗教活动习俗，从同时代出土文物特征及早期文献线索中可作粗略概述。

一、方国部族的图腾崇拜

阜阳商周之际有归姓胡国，从古史传说与出土金文材料看，这个归姓胡国源自古老的归（夔）族部落，他们的图腾崇拜是神话中的夔龙。传说中的夔是一足蛇状怪物，这是先民通过想象加工出来的一种单足神怪动物。《山海经·大荒东经》说夔“状如牛，苍身而无角，一足，出入水则必有风雨，其光如日月，其声如雷，其名曰夔”。但更多的古籍中则说夔是蛇状怪物。《说文解字》：“夔，神魅也，如龙一足。”也有记载认为夔并非是一足的神兽，而是上古传说中的人物，他任尧的乐正，通晓音律。《吕氏春秋·察传》记鲁哀公问于孔子曰：“吾闻夔一足，信乎?”（孔子）曰：“夔，人也，何故一足？彼其无他异，而独通于声。尧曰：‘夔一而足矣。’使为乐正。故君子曰：‘夔有一足。’非一足也。”在商晚期和西周时期青铜器的装饰上，夔龙纹是主要纹饰之一，形象多为张口、卷尾的长条形，外形与青铜器饰面的结构线相适合，以直线为主，弧线为辅，具有古拙的美感。青铜器上的龙纹常被称为“夔纹”或“夔龙纹”，自宋代以来的著录中，在青铜器上表现一足的、类似爬虫的物象都称之为“夔”，这大约是依据“夔一足”的传说铸造出的图腾图像。先秦时期的归姓国族很多，今河南商丘以南至淮水两岸就分布着一批归姓方国，他们均出自同一个古老夔族，拥有共同的图腾崇拜。

沈（潘）国，己姓。先秦己姓、巳姓及与虫、己有关的国名，溯其族源应为来自东夷部落的少昊族，以虫、蛇为崇拜图腾，古字“己”本义像虫、蛇之形。目前所见的有虫字、蛇字铭文的器物，多出土于东夷、淮夷分布区，阜阳沿淮一带亦出土有“月己”铭铜爵，这些有铭器物应系己姓族群留下的遗物。从文献看，先秦己姓族群应源自祝融族，他们是从比东夷更早的少昊族分化出来的。传说祝融是上古时期看守祭火的巫祝，《史记·楚世家》：“楚之先祖出自帝颛顼高阳。高阳者，黄帝之孙，昌意之子也。高阳生称，称生卷章，卷章生重黎。重黎为帝喾高辛居火正，甚有功，能光融天下，帝喾命曰祝融。共工氏作乱，帝喾使重黎诛之而不尽。

帝乃以庚寅日诛重黎，而以其弟吴回为重黎后，复居火正，为祝融。”由此知，祝融的始祖可能是重黎或吴回。传说祝融后裔分为八姓，《国语·郑语》：“史伯曰：祝融……其后八姓……己姓、昆吾、苏、顾、温、董。”可见己姓是祝融族的后裔。

养国、慎国，嬴姓。上古嬴姓出自东夷少昊氏，以鸟为图腾。《说文解字》记少昊氏为嬴姓，“嬴”即“偃（燕）”的异字，且又同音，故嬴即燕。少昊氏初以燕（玄鸟）为图腾，故成为嬴姓的始祖。确切地说嬴姓始祖是伯益，司马迁《史记·秦本纪》：“大业娶少典之子，曰女华。女华生大费，与禹平水土。”大业即皋陶。“昔伯翳为舜主畜，畜多息，故有土，赐姓嬴。今其后世亦为朕息马，朕其分土为附庸。”相传禹打算将自己的帝位让给皋陶，不巧他病逝。皋陶死后“葬之于六，禹封其少子于六，以奉其祀”。皋陶的次子名仲甄，又叫仲偃，继承了燕鸟图腾，仍以偃为姓。皋陶的长子名伯益，伯益为秦赵之祖，继承了少昊氏的嬴。《帝王世纪》说：“伯翳为舜王畜多，故赐姓嬴氏。”伯翳即伯益，舜帝赐他为嬴姓，只是命他继承了少昊氏担任嬴姓部落的首领。并非嬴姓自伯益时才开始有。这样，从皋陶父子时始，“嬴”与“偃”两姓分开，而变成了凤凰家族的两大系统。偃姓奉皋陶为祖，他的后裔主要向南发展；嬴姓则奉伯益为祖，他的后裔主要留在山东，或南行淮水，或向西迁。

二、青铜器饕餮纹的社会宗教内涵

阜阳地区发现的商周文物，以陶器、青铜器为主，其中润河沿岸的阜南朱寨润河湾、颍上王岗郑小庄出土的青铜器群以铸造工艺精湛、纹饰华美著称。这些青铜器器表多数布满神秘的饕餮纹，如商代铜尊、铜斝、铜鬲、铜觚、爵等。另外颍上小润河沿岸商代墓葬中还出土有一组铅器，器表也布满饕餮纹图案。

“饕餮”的称谓，最早见于《左传·文公十八年》“缙云氏有不才子，贪于饮食，冒于货贿，侵欲崇侈，不可盈厌；聚敛积实，不知纪极；不分孤寡，不恤穷匮。天下之民以比三凶，谓之饕餮。”《吕氏春秋·先识览》：“周鼎铸饕餮，有首无身，食人未咽，害及其身，以言报更也。”于是，有首无身，便成了饕餮纹的一个特征。关于饕餮纹承载的内涵，研究者有多种说法，最主要有两种：一是认为饕餮纹是原始社会图腾观念的遗留；一是认为饕餮是祭祀鬼神祖先的牺牲，或引申为“助理巫觋通天地工作的各种动物在青铜彝器上的形象”。而陈梦家先生经过大量考证，认为饕餮即“蚩尤”。无论是哪种解读，认为商周青铜器上的饕餮文化内涵与社会宗教、祖先、鬼神崇拜有密切联系是可以肯定的。商代人迷信鬼神，社会上盛行浓郁的图腾祭祀崇拜、先祖祭祀崇拜、诸神祭祀崇拜之风，他们认为这些祭祀崇拜关乎社稷、族群的兴衰存亡，神灵神秘威严、统御震慑四方、俨然不可侵犯，具有决定、主宰世界万物的至高无上特权，所以人类在神灵面前感到敬畏，便时时虔诚祭祀崇拜它以获得安全感。商代流行的饕餮，狰狞、肃穆、威严、神秘，生动昭示出神灵的凶狠、恐吓、震慑作用，因而成为图腾崇拜、鬼神崇拜的标志性象征，是人神沟通的媒介。这一饕餮纹的大量出现，满足了现实社会生活中人们对宗教信仰的需求，是当时整个社会弥漫鬼神迷信之风的物化印证。

以阜南润河湾出土龙虎铜尊饕餮纹为例，在此类过去被有些论者称之为“虎食人”的浮雕构图中，探身尊外的龙头和蜿蜒尊间的龙身，张口獠牙的虎头，均显得孔武有力、气势凶猛，虎的前爪有力地攫着一跣足的人、正作张口噬食状。但是，虎口下的人为裸体，显然没有被凶猛野兽吞噬时的恐慌、挣扎状，而是表情平静安详、四肢作张开状，似乎在有条不紊地举行着具有某种特定含义的仪式，将此类构图解释成现实世界里的“虎口噬人”惨剧显然是不合理的。在商代，巫史占统治地位、信仰崇拜之风炽盛的宗教文化背景下，饕餮纹组图中老虎口下的人，应代表着当时具有交通天地人神功能的巫师形象，神虎张开大口、嘘气成风，实则是在帮助巫师上宾于天。

研究者认为，上述商代或周初青铜器并非仅作为酒器组合使用，它实际上还是重要的祭祀用器，其饕餮纹样与祭祀祖先也有密切的关系。青铜器怪异的纹饰把人置于恐惧与威严之下，在祭祀的烟火缭绕之中，巨睛凝视，阔口怒张，瞬间即可咆哮的动物纹饰，有助于造成严肃静穆、诡秘阴森的气氛，产生震撼人心的威慑力。

李泽厚先生《己卯五说》中的一段话可以帮助我们理解“虎口食人”浮雕的含义，他说：“在巫术礼仪中，内外、主客、人神浑然一体，不可区辨。特别重要的是，它是身心一体而非灵肉两分，它重活动过程而非客观对象。因为‘神明’只出现在这不可言说不可限定的身心并举的狂热的巫术活动本身中，而并非孤立、静止地独立存在于某处。神不是某种脱开人的巫术活动的对象性存在。”“在‘巫术礼仪’中，情感因素极为重要。巫术活动是巫师或所有参加者所具有的某种迷狂状态，它是一种非生理性或无意识的强烈情感的展现和暴露。”

三、出土卜骨与占卜活动

20 世纪五六十年代，阜阳城西北郊的双庙遗址（今谢公闸附近）出土了一批商代卜骨，在发现的许多牛肩胛骨上有大量的占卜活动的钻孔，以及灼烧的圆形或烧灼炸裂形成的痕迹。此类卜骨在阜南县朱寨的台家寺商文化遗存中也有大量发现，这是商代阜阳地区流行宗教占卜习俗的物证。在商代社会生活中，无论大小事都要先卜而后行，出行、筑室、婚嫁、生子、疾病、天气、天象、农业、游猎、战争、交通、仕途等都要占卜凶吉。龟卜，是将龟腹骨和兽骨钻孔后用火烤，出现的裂纹称作“卜”，再依据卜的形状断定人事的凶吉。《周礼·春官·宗伯》：“太卜掌三兆之法，一曰玉兆，二曰瓦兆，三曰原兆，其经兆之体皆百有二十，其颂皆千有二百，盖三兆之颂合三千六百。”由此可知龟兆有玉纹、瓦纹、田纹（原兆）三大类，每一类又分为一百二十种基本形状，如此复杂的解读工作，当然只有专职巫师方能胜任。

到了周代，龟卜多被占筮所取代。占筮是计算蓍草变化的数目，得出八卦之象，依据卦象推测凶吉。上古占筮之术，《周礼·春官·宗伯》云：“一曰连山，二曰归藏，三曰周易。”连山、归藏之法早已失传，流传下来的唯有《周易》所记载的“八卦”之法。博大精深的《周易》知识体系，便由占筮之术不断推衍而出。可惜阜阳地区商周考古资料不足，迄今还没有发现与周代占筮之术有关的实物遗存。

第四节　文　学

阜阳地处淮河流域北部，历史悠久，文明发达较早，毗邻当时文明发达程度较高的中原地区，被称为“西周化行之地”是名副其实的。我国最早的可以见到的文学作品产生在西周时期，在我国文学史上的第一部诗歌总集《诗经》中，就有关于颍州（今阜阳）的作品，如国风中的《汝坟》《九罭》，小雅中的《鼓钟》，大雅中的《江汉》《常武》，鲁颂中的《泮水》《闷宫》等诗篇均与阜阳有关，有的诗篇就产生或流传在阜阳的土地上。《论语》被列为《四书》之首、《十三经》之一，在现代文化语境里被列入文学范畴，其中亦有与颍州有关的内容。

一、《诗经》中的颍州

《诗经》是我国古代最早的诗歌总集，原称《诗》或《诗三百》。这部总集共收作品三百零五篇。其时代，上至西周初期，下至春秋中叶。其作者，上至王公贵族，下至平民、奴隶。许多作品并非出于一人，成于一手。其地域，包括东之齐鲁，西之渭陕，北之燕冀，南之江汉，范围涵盖了今天的河北、河南、山西、山东、陕西五省及湖北北部、安徽北部。其中有的作品与阜阳关系密切，或者就产生在阜阳这片土地上。

（一）《周南·汝坟》

周南，为《诗经》十五国风之一，朱熹《诗集传》：“周，国名。南，南方诸侯之国也。周国本在《禹贡》雍州境内岐山之阳，后稷十三世孙古公亶父甫始居其地。传子王季历、至孙文王昌，辟国寖广，于是徙都于丰，而分岐周故地以为周公旦、召公奭之采邑。……于是德化大成于内，而南方诸侯之国、江沱汝汉之间莫不从化，盖三分天下而有其二焉。至子武王发，又迁于镐，遂克商而有天下。武王崩，子成王诵立，周公相之，制作礼乐，乃采文王之世风化所及民俗之诗，……盖其得之国中者，杂以南国之诗，而谓之周南。言自天子之国而被于诸侯，不但国中而已也。”朱熹的这段文字清楚地说明了周的政治影响的逐渐扩大和周文化传播的情况。

《汝坟》是《周南》篇的第十首诗，诗分三章：

遵彼汝坟，伐其条枚。未见君子，惄如调饥。

遵彼汝坟，伐其条肄。既见君子，不我遐弃。

鲂鱼赪尾，王室如燬。虽则如燬，父母孔迩。

汝，《说文》：“汝，水。出弘农氏还归山，东入淮。”《水经》：“汝水出河南梁县勉乡西天息山。……又东至原鹿县，南入于淮。”《水经注》：“杜预《释地》曰：汝阴有原鹿县也。”原鹿县，在今阜南县境。朱熹《集传》：“汝水出汝州天息山，径蔡、颍州入淮。”坟，水边堤岸，高地。这首诗在明清时期颍州的旧志书中多有收录，一直被认为是与颍州（今阜阳）有关的作品。

关于这首诗的内容，《毛诗序》说：“《汝坟》，道化行也。文王之化行乎汝坟之国，妇人能悯其君子，犹勉之以正也。”说此诗为周南大夫妻所作，这种解释教化气息浓厚。又《诗三家义集疏》：“鲁说曰：‘周南之妻者，周南大夫之妻也。大夫受命平治水土，过时不来，妻恐其懈于王事，盖与其邻人陈素所与大夫言，国家多难，惟勉强之，无有谴怨，遗父母忧。……乃作诗曰：“鲂鱼赪尾，王室如燬。虽则如燬，父母孔迩。”盖不得已也。君子是以知周南之妻能匡夫也。’”《列女传》：“周南之妻者，周南大夫之妻也。大夫受命平治水土，过时不来，妻恐其懈于王事，乃作诗曰：‘鲂鱼赪尾，……’盖不得已也。”古代对此诗的解释基本一致。

柳诒徵先生《中国文化史》第十八章《周室之勃兴》云：“殷周之际，不独男子多受教育，即女子亦多受教育者。”他在论及这首诗时引用了《诗序》和《列女传》说：“周之妇女，被后妃之化，亦能赋诗守礼。其时女子教育之盛可知。”这种说法与《诗序》“文王之化行乎汝坟之国”的说法是一致的。

（二）《豳风·九罭》

《豳风》是十五国风之一，共有诗七首。豳，古邑名，也作邠。在今陕西彬县、旬邑一带。周族先祖公刘由邰（今陕西武功县西南）迁居于此。朱熹《诗集传》："武王崩，成王立，年幼不能莅阼。周公旦以冢宰摄政，乃述后稷、公刘之化，作诗一篇以戒成王，谓之《豳风》。而后人又取周公所作，及凡为周公而作之诗以附焉。"方玉润《诗经原始》："《豳》仅《七月》一篇，所言皆农桑稼穑之事，……至《鸱鸮》、《东山》二诗，乃为公作。《伐柯》、《破斧》、《九罭》、《狼跋》，则又众人为公而作之诗。"这就是说《豳风》里的诗并不是都与豳地有关，而是多与周公有关。《九罭》诗分四章：

九罭之鱼，鳟鲂。我觏之子，衮衣绣裳。
鸿飞遵渚，公归无所。於女信处。
鸿飞遵陆，公归不复。於女信宿。
是以有衮衣兮，无以我公归兮，无使我心悲兮。

九罭，网眼较小的渔网；九，虚数。此诗首尾皆言衮衣，衮衣为古时礼服，一般为君主或高级官员所穿。《毛诗序》说："《九罭》，美周公也。"《九罭》中的"公"为周公姬旦，文王子，武王弟。对于这一说法，古今皆无疑义。《诗序》又说："周大夫刺朝廷之不知也。"孔颖达疏同此说。而《郑笺》释末章云："东都之人欲周公之留为君，故云是以有衮衣，谓成王所赍来衮衣，愿其封周公于此，以衮衣命留之，无以公西归。""周公西归，而东都之人心悲思，恩德之爱至深也。"《郑笺》释二章说："时东都之人欲周公留不去，故晓之云，公西归而无所居。"

这样就出现了两种说法，陈子展先生《诗三百解题》说："问题在于这是周大夫刺朝廷群臣不知周公而愿成王迎周公呢，还是东人或周大夫托为东人愿留周公之词，好像后世的所谓饯送、留别一类的作品呢？"朱熹《辩说》从《郑笺》。

但是，那时有东都吗？《孔疏》看出了这一点，进一步解释说："於时实未为都而云都，据后营洛而言之耳。"后人这样解释是可以理解的，问题是怎么知道一定是“东都之人”挽留周公呢？诗里能够找到根据吗？胡承珙《后笺》：“於女，犹言於东。”解“女”为“东”，显然牵强。陈奂《传笺》：“女，犹尔也。尔，此也。此，此居东也。”绕了个弯子。女，犹尔也。尔，此也。可通，但是为什么“此，此居东也”呢？而且不再肯定指东都了，比《郑笺》和《孔疏》都退了一步。而且说“女”即东非常牵强。

古文字学家王晖在《古文字与商周史新证》一书中，引甲骨刻辞“女公用聘”（H11：98），对《九罭》中的“女”字作出了解释。他说古文字学家在解读此刻辞的“女”时多解为“汝”，因此“女公”即“汝公”，“女公用聘”即“汝公用聘”。他因此认为《九罭》中的“女”也解为“汝”，“於女信处”“於女信宿”的“女”，均是“汝”的借字，是指汝水一带。周公出奔居东之地就在汝水流域一带，这也刚好与《九罭》诗中的“鸿飞遵渚”“鸿飞遵陆”的说法相合。正如郑笺所说，当作者看到汝水沿岸的大鸿鸟沿小沙渚飞行，联想起周王室的重要人物周公还漂泊在汝水一带，因而起兴为喻。

他说，《九罭》既然是美周公之诗，是指周公居东之事，临时所居之地在汝水流域，故周原甲骨刻辞称周公为“汝公”。他说：“周公因临时居住在汝水流域一带，故被称之为‘汝公’，这与先秦时期因迁徙或临时居地而变更名号的情况完全相同。”他还引《水经·汝水注》谓汝水上游有“鲁公水口”“鲁公陂”“周公渡”等，说明周公在汝水一带活动过，亦应为周公初封汝水至鲁山一带，所留下的地名遗迹。王晖先生从古文字学角度，结合古地理名称解释《九罭》诗，很有说服力。而《九罭》一诗沿汝水流传颍州完全可能。

（三）《小雅·鼓钟》

《鼓钟》是《诗经·小雅·谷风之什》中的一篇，全诗四章，每章五句。《小雅》是《诗经》的一个组成部分，共七十四篇，基本是西周后期和少数东周初期的诗。朱熹《诗集传》：“正《小雅》，燕飨之乐也。正《大雅》，会朝之乐，受釐陈戒之辞也。故或欢欣和悦，以尽群下之情，或恭敬齐庄，以发先王之德，词气不同，音节亦异，……及其变也，则事未必同，而各以其声附之。”

《鼓钟》共四章：

鼓钟将将，淮水汤汤，忧心且伤。淑人君子，怀允不忘。

鼓钟喈喈，淮水湝湝，忧心且悲。淑人君子，其德不回。

鼓钟伐鼛，淮有三洲，忧心且妯。淑人君子，其德不犹。

鼓钟钦钦，鼓瑟鼓琴，笙磬同音。以雅以南，以籥不僭。

《鼓钟》一诗以淮河为背景，以淮水起兴。《说文》：“淮，水。出南阳平氏桐柏大复山，东南入海。”淮河，古代四渎之一。源出河南桐柏山，经安徽、江苏流入黄海。后黄河南徙，淮河入海道被夺；黄河又北移，淮河故道也不复存在。

诚如朱熹所说，这是一首宴飨之乐，是宴飨群臣之礼所用的乐。诗描写聆听音乐、怀念善人君子，在淮水边上听到鼓钟琴瑟之声，宗庙之乐，心里感到悲伤。前三章写耳闻钟鼓铿锵，面对滔滔流泻的淮水，不禁悲从中来，忧思萦怀，于是想到了“淑人君子”。对他的美德懿行心向往之。卒章描写钟鼓齐鸣、琴瑟和谐的美妙乐境。如果透过字面上的这些意思来探究其深层的含义，则会令人感到无从索解，因而朱熹在《诗集传》中也只能说：“此诗之义未详”，“此诗之义有不可知者”。

对于这首诗的写作年代，《诗序》云：“刺幽王也。”朱熹《诗集传》引王安石说云：“幽王鼓钟淮水之上，为流连之乐，久而忘返。闻者忧伤，而思古之君子不能忘也。”欧阳修《诗本义》云：“旁考《诗》、《书》、《史记》，皆无幽王东至淮徐之事，然则不得作乐于淮上矣。《书》曰‘徐夷并兴’，盖自成王时徐戎及淮夷已皆不为周臣；宣王时尝遣将征之，亦不自往。当阙其所未详。”这是较为客观持平的议论。孔颖达《正义》引郑玄《中侯握河注》：“昭王时，《鼓钟》之诗所为作也。”

方玉润《诗经原始》云：“此诗循文案义，自是作乐淮上，然不知其为何时、何代，何王、何事。《小序》漫谓刺幽王，已属臆断。”而汪梧凤《诗学女为》引《竹书纪年》所载幽王十年春王及诸侯盟于太室，秋王师伐申事及《左传》所载楚灵会于申，说明幽王有东巡之事，且淮水出南阳胎簪山，其地与申、太室均豫州地，以此认定《鼓钟》为写幽王事之诗。

如果撇开这些陈说，将此诗的主题泛泛地理解为“在奏乐的场合中，思念君子而悲伤”（高亨《诗经今注》），则又过于空洞。事实上诗人是有感而发的，这种感慨折射出他对国运、时代的忧思。从诗的卒章来看，他所听到的不是一般的音乐，而是“雅”“南”之类的周朝之乐，这些音乐与周朝的辉煌历史联系在一起。诗人身处国运衰微的末世，听到这种盛世之音，自然会感慨今昔，悲从中来，从而会有追慕昔贤之叹。方玉润云：“玩其词意，极为叹美周乐之盛，不禁有怀在昔淑人君子，德不可忘，而至于忧心且伤也。此非淮徐诗人重观周乐、以志欣慕之作，而谁作哉?”（《诗经原始》）

尽管古人对这首诗的题旨和写作年代说法不一，但其中所云淮水则很清楚，朱右曾《诗地理徵》：“意王既合，遂由颍入淮，敩穆天子之浮于潆水，以奏广乐。”

（四）大雅中的《江汉》与《常武》

《诗经》大雅中的《江汉》与《常武》均与阜阳有关。之所以说这两首诗与阜阳有关，是因为诗的内容是周王朝讨伐淮夷的，而淮夷就活动在淮河流域。

在商及西周时期，淮河流域的居民尚处于氏族、方国的发展阶段。居民的结合基本上仍然是建立在以血缘关系为基础的共同体中，在社会组织、经济生活、文化心理等各个方面，呈现一种过渡状态。这里的居民被中原华夏人称为“夷”，其中最主要的有东夷、淮夷以及徐夷。东夷的地域大致在相当于今天的山东全境及徐淮地区、河南的东部和南部、安徽的两淮流域。东夷、淮夷、徐夷的历史都很久远，其迁徙、流转与融合的历史也很复杂。淮河两岸的居民被称为淮夷，是周初以后的事情。顾颉刚先生认为：“现今的‘淮河’这个地名乃是由山东南移到江苏、安徽和河南去的，因为周代几次东征以后，有一部分淮夷被迁徙到那里，水名就被带过去了。”（《徐和淮夷的迁留》）不过，淮河两岸的居民并不是从山东迁徙之后才有的。周初淮夷的组成大致可分为两部分：一部分是周初东伐之淮夷；一部分是指淮河流域之淮夷，金文里又称为“南淮夷”。

周初，淮河流域的淮夷和诸部族与周王室维持一种宗主与贡纳关系。但在周厉王之时由于政治昏乱，对淮夷索取过甚，激起淮夷与徐夷的反抗，矛盾不断发生，周王室为此一次次进行征伐，爆发了长达百余年的战争。穆王、厉王时期曾多次出兵都未能征服淮夷。

公元前828年，周厉王胡死于彘，宣王立，西周迎来了宣王中兴时期。周宣王五年（前823），王命南仲筑城于朔方，又命尹吉甫（兮氏，名甲，字伯吉父）北伐猃狁，取得了决定性的胜利，戎狄部落皆臣服于周。北方的边境安定之后，宣王又命尹吉甫向南淮夷征收布帛、冠服和奴隶等贡物，并威胁“敢不用命，则即刑，扑伐”（《兮甲盘》铭文），但此次征收贡品遭到抵制。宣王六年（前822），王命召穆公（召虎）向南开拓疆土，在江汉间取得巨大胜利。接着他又命召穆公率领虎师东向讨伐淮夷，终于把淮夷和徐夷征服，并把徐夷赶到了淮河下游，迫使淮河流域的淮夷与诸部族恢复了向周王室的纳贡关系。《诗经·大雅·江汉》篇就是描绘和歌颂这次战争的胜利的。另外，青铜器《兮甲盘》《师寰簋》《驹父盨》盖的铭文，也反映了这次战争的背景以及淮夷、徐夷被征服的史实，可以与《江汉》一诗对照参阅。

《江汉》诗分五章，其云：

江汉浮浮，武夫滔滔。匪安匪游，淮夷来求。既出我车，既设我旟。匪安匪舒，淮夷来铺。

江汉汤汤，武夫洸洸。经营四方，告成于王。四方既平，王国庶定。时靡有争，王心载宁。

江汉之浒，王命召虎：“式辟四方，彻我疆土。匪疚匪棘，王国来极。”于疆于理，至于南海。

王命召虎：“来旬来宣。文武受命，召公维翰。无曰予小子，召公是似。肇敏戎公，用锡尔祉。”

“釐尔圭瓒，秬鬯一卣。告于文人，锡山土田。于周受命，自召祖命。”虎拜稽首：“天子万年！”

虎拜稽首，“对扬王休。作召公考：天子万寿！”明明天子，令闻不已，矢其文德，洽此四国。

《江汉》一诗应为召伯虎所作，或以召伯虎名义而作。其第一章诗人自称“我”，用第一人称手法写成；而第三章云：“江汉之浒，王命召虎。”说到周王之命，又自称“召虎”。第四、五、六章也有“王命召虎”“虎拜稽首”等语。一开始自称为“我”，而同周天子联系起来则称“召虎”“虎”，则可以肯定作者为召伯虎。此次伐淮夷，宣王亲征，驻于江汉之滨，召公的受命、誓师、率师出征俱在此，所以诗的前二章均以“江汉”为喻，借长江、汉水的宽阔水势，喻周天子大军浩浩荡荡的气势。也同样因为天子亲征，故曰“匪安匪游，淮夷来求”，“匪安匪舒，淮夷来铺”。意思是天子到此不是为了游乐，而是为了平定叛乱。

此诗着重颂扬宣王之德，不在纪事，故关于淮夷战事未作具体描述。伐淮夷在尹吉甫和南仲伐猃狁之后，故诗中以“经营四方”一句，概括南征北讨之事而轻轻带过。盖因与淮夷作战为召伯之事，召伯不能自己夸耀自己的武功。以下由“告成于王”引起对赏赐仪式特别是宣王册命之词的记述。由“式辟四方，彻我疆土；匪疚匪棘，王国来极；于疆于理，至于南海”可以看出一个有所作为的英明君主的雄才大略。由“文武受命，召公维翰；无曰予小子，召公是似”，又见其对朝廷老臣说话时恰如其分的谦虚和鼓励的语气，通过表彰召康公的业绩来表彰召伯虎，并激励他再建大功。第五、六章写宣王对召伯虎赏赐规格之高和召伯虎的感戴之情。全诗以“矢其文德，洽此四国”作结，表现出中兴君臣的共同愿望。

《常武》一诗历史背景与《江汉》大致相同。宣王六年（前822），王命召穆公（召虎）向南开疆拓土，出兵江汉，而自己则亲自带兵，征伐徐方。诗分六章，其云：

赫赫明明，王命卿士，南仲大祖，大师皇父：“整我六师，以修我戎。既敬既戒，惠此南国。”

王谓尹氏："命程伯休父，左右陈行。戒我师旅，率彼淮浦，省此徐土。不留不处，三事就绪。"

赫赫业业，有严天子。王舒保作，匪绍匪游。徐方绎骚，震惊徐方。如雷如霆，徐方震惊。

王奋厥武，如震如怒。进厥虎臣，阚如虓虎。铺敦淮溃，仍执丑虏。截彼淮浦，王师之所。

王旅啴啴，如飞如翰。如江如汉，如山之苞，如川之流，绵绵翼翼。不测不克，濯征徐国。

王犹允塞，徐方既来。徐方既同，天子之功。四方既平，徐方来庭。徐方不回，王曰还归。

诗中的两个人物：一是南仲，同见于《出车》，亦见《郉惠鼎》（称"司徒南中"），王国维《观堂集林·鬼方昆夷玁狁考》据《出车》说"赫赫南仲，玁狁于襄"，而"周时用兵玁狁事，其见于书器者，大抵在宣王之世，而宣王以后即不见有玁狁事"又据《郉惠鼎》与宣王时《召伯虎敦》文字相类，断定南仲必为宣王时人。另一是程伯休父，《国语·楚语下》云重黎"其在周，程伯休父其后也。当宣王时，失其官守，而为司马氏"。

此诗赞美周宣王亲自率兵征伐徐国，南仲大祖、大师皇父从征，平定叛乱，取得重大胜利。诗人的叙述基本按照事件的发展顺序，首章写宣王在太祖庙委任将帅并部署战备任务；第二章通过尹氏向程伯休父下达作战计划。这两章着重记述史实，一一交代重要人物，虽然极为简括，但却把形势、任务、目标乃至进军路线都说清楚了。诗人以最简洁的笔法，表现了宣王胸有成竹、指挥若定的气魄与指挥才能。第三章写进军。诗人先从"我方"着笔：天子亲征，沉稳从容，战士行军，不紧不慢，充满一种胜券在握的坚定信心。而敌方，在诗人笔下则是另一番景象：徐方阵营骚动、震恐，以致如五雷轰顶，仓皇失措。一镇定，一惊慌，两相对照，显示出王师强大的力量，未战已先声夺人。第四章写王师进击徐夷。诗人以天怒雷震，比喻周王奋发用武；以猛虎怒吼，比喻官兵勇敢，极力突出王师惊天动地的气势。王师迅疾深入淮河腹地，切断了徐淮的联系，还俘获了大批叛军，进而扎营于此，为剿灭敌人作准备。全章八句，前用比，后用赋，寥寥几笔便勾勒出进军的形势，充分显示了王师的压倒优势。第五章写王师的无比声威。诗人满怀激情，借助精巧选词，串联比喻、排句，饱蘸笔墨，歌唱王师。这是全诗最精彩的部分，朱熹对此诗有一段绝好的分析，他说："如飞如翰，疾也；如江如汉，众也；如山，不可动也；如川，不可御也。绵绵，不可绝也；翼翼，不可乱也。不测，不可知也；不克，不可胜也。"（《诗集传》）第六章写王师凯旋，归功天子。诗人先颂扬天子计谋允当，再说胜利是"天子之功"，然后写到王下令"还归"，叙述次第井然。"王曰还归"回应篇首"王命卿士"，一反映今日胜利之后的踌躇满志，一表现昔日大敌当前的凝重心境，前后对照鲜明，首尾相连，结构完善。此章造句颇奇特，双句、单句"徐方"二字交替使用。姚际恒《诗经通论》评曰："八句'徐方'二字一上一下，绝奇之调。"诗人反复提到"徐方"，正见出对这次平徐胜利的特别重视与喜悦。徐为淮夷大国，屡与朝廷抗衡，今已降服来朝，自然极为可喜可贺，要津津乐道；同时又是天子亲征，诗人怎能不张大其功，宣扬徐方"既来""既同""来庭""不回"。可见连用四个"徐方"既是内容使然，又是抒情的需要，并非故意造奇。

《常武》一诗，叙事虚写与实写的巧妙结合，尤为一大特色。朱熹曾将其与上篇《江汉》比较说："前篇召公帅师以出，归告成功，故备载其褒赏之词；此篇王实亲行，故于卒章反覆其辞，以归功于天子。"（《诗集传》）他论诗既知其然又知其所以然。

此诗题目特别，《诗经》大多是取首句语词为题，有的虽不是首句，但亦是诗中的语词，而"常武"一词不见于该诗，故说诗者议论纷纭。方玉润《诗经原始》以为"常武"是乐名，他说："武王克商，乐曰《大武》；宣王中兴，诗曰《常武》，盖诗即乐也。"近人或以为古常、尚通用，"常武"即尚武，与诗旨正合。

另外，在《诗经》的《鲁颂》里，与淮河、颍州有关的有《泮水》和《闷宫》，此不赘述。

二、《论语》中的胡国与管仲

被列为《十三经》之一，四书五经之首的《论语》，在现代文化语境里被列入文学范畴。中国社会科学院中国文学通史系列之《先秦文学史》，将《论语》列入“诸子散文”部分予以介绍。

《论语》是记录孔子及其弟子言谈的一部语录体著作，《论语》的作者是孔门弟子及再传弟子。班固《汉书·艺文志》说：“《论语》者，孔子应答弟子时人，及弟子相与言，而接闻于夫子之语也。当时弟子各有所记，孔子既卒，门人相与辑而论纂，故谓之《论语》。”《论语》中也有与阜阳相关的内容，具体说就是与胡国和管仲有关。

（一）“陈司败问礼”章

《述而篇》第三十一章，“陈司败问礼”章，又称“君子不党”章，此章与古胡国有关：

陈司败问昭公知礼乎，孔子曰：“知礼。”

孔子退，揖巫马期而进之，曰：“吾闻君子不党，君子亦党乎？君取于吴，为同姓，谓之吴孟子。君而知礼，孰不知礼？”

巫马期以告。子曰：“丘也幸，苟有过，人必知之。”

陈司败，姓陈名司败（一说司败为官名）。昭公：鲁昭公（前560—前510），姬姓，名裯（音绸），鲁襄公之子，母齐归。公元前541年至前510年在位。巫马期：孔子学生，姓巫马，名施，字子期，小孔子三十岁。党：偏私，偏袒，包庇。取：同“娶”。吴，指吴国。吴国与鲁国同为姬姓。鲁君为周公之后，吴君为太伯之后。吴孟子：孟子，是吴姬的字，见《左传·哀公十二年》。春秋时代，称呼国君的夫人以其出生之国名加上她的本姓。鲁昭公娶夫人于吴，国名加本姓应称“吴姬”，称吴孟子是为了掩饰同姓通婚的事实。

这段话的大意是：陈司败问孔子，鲁昭公懂不懂礼，孔子说：“懂礼。”孔子出去之后，陈司败向巫马期作了个揖，请他走近自己，然后说：“我听说君子是不偏私的，君子也偏私吗？鲁君在吴国娶了位夫人，是国君的同姓，称她为吴孟子。要是鲁君也算懂得礼，那么还有谁不懂得礼呢?”巫马期把陈司败的这番话告诉了孔子。孔子说：“我孔丘真幸运啊，如果有了错，人家一定会知道。”

这一章约一百字，有五个人物。出场三个，依次是陈司败、孔子、巫马期。有两个人物没有出场，即鲁昭公和吴孟子，他们是陈司败所提问题涉及的人物。

陈司败问“昭公知礼乎”，昭是谥号，问题就由此而来。这个问题只能是在鲁昭公去世之后才可能提出的，或许就在鲁昭公被加以“昭”的谥号不久。“昭”是美谥，《谥法解》：“昭德有劳曰昭，容仪恭美曰昭，圣闻周达曰昭。”这一章牵涉到周代礼仪，即同姓不婚。陈司败之所以会提出鲁昭公知不知礼这样的问题，是因为鲁昭公与同姓通婚违反了礼仪。陈司败之所以要向孔子提出这样的问题，是要为难孔子。因为孔子是鲁国人，又以礼为教。昭公失礼，而为尊者讳同样也是礼。依礼，君子又不能在异国言君主之过，这是一个令人左右为难的问题，陈司败要看孔子怎样回答。

陈司败之所以提出如此刁钻的问题，还因为他知道孔子与鲁昭公关系非同一般。公元前532年，孔子二十岁的时候，其妻亓官氏诞下一子。鲁昭公召见孔子，并赐鲤鱼一条。孔子遂为儿子取名鲤，字伯鱼。公元前518年，研究周礼有很大成就并有很高声望的孔子，经鲁昭公批准，以鲁国国君使者的身份赴周王室观礼。公元前517年，即昭公二十五年，鲁昭公与季氏矛盾白热化。季氏公然凌驾公室之上，昭公联合其他贵族力量攻伐季氏，季氏联合三桓势力反抗昭公。昭公失败，流亡到了齐国。曾经做过季氏家臣多年的孔子并不站在季氏的一边，而是要维护周礼，维护公室，他批评了季氏反抗鲁公室的行为。昭公奔齐之后，孔子也离开鲁国，到了齐国。

而孔子的弟子之所以把这段对话记在《论语》里，则是为了让我们知道孔子是怎样回答的。孔门四科有言语科，孔子是言语的大师，礼仪的大师。而孔子对言语的要求是“谨而信”，要合乎礼。孔子的语言不像战国纵横家的语言，纵横捭阖，雄辩滔滔；不像庄子的语言，诡谲奇幻，色彩绚丽；不像孟子的语言，气势磅礴，锐不可当。孔子的语言温润如玉，宁静平和而充满智慧。扬之水先生用“春风扇微和”形容《论语》中孔子的语言，说孔子的话常可生出许多解释，“平淡无奇，却包容了自然和人生的无限，其意味仿佛永远不能阐发得尽，这寻常的语言因此可以与天地同其悠久”（《先秦诗文史》）。读《论语》，不能忽视《论语》的语言，而且要细细品味、体味其背后的意蕴。

钱穆《论语新解》云：“及巫马期以陈司败言告孔子，孔子不欲为昭公曲辩，亦不欲自白其为国君讳。且陈司败之问，其存心已无礼，故孔子不论鲁昭公而自承己过。然亦不正言，只说有人说他错，这是他幸运。此种对答，委婉而严正，陈司败闻之，亦当自愧其鲁莽无礼。而孔子之心地光明，涵容广大，亦可见。”

这一章之所以与颍州有关，因为鲁昭公是齐归的儿子，而齐归是胡国国君的女儿。《左传·襄公三十一年》（前542）：“立胡女敬归之子子野，次于季氏，秋九月癸巳，卒，毁也。”杜预注云：“胡，归姓之国。敬归，襄公妾。”公元前五四二年六月二十八日，鲁襄公去世，鲁国立了胡国女子、鲁襄公的妾敬归所生的儿子子野为国君，暂时住在季氏那里。季氏即季孙氏，立子野之所以住在季氏那里，因为当时鲁国由以季孙氏为首的三家专权，连军队都被他们三家瓜分了。秋九月十一日，子野因为哀痛过度死了。于是，“立敬归之娣齐归之子公子裯”。子野死后，立了敬归的妹妹齐归的儿子公子裯为国君，是为鲁昭公。那一年，鲁昭公十九岁，后在位三十二年。

《左传·襄公二十八年》（前545）：“夏，齐侯、陈侯、蔡侯、北燕伯、杞伯、胡子、沈子、白狄朝于晋，宋之盟故也。”杨伯峻先生注云：“此胡子则为归姓国，三十一年《传》胡子敬归可证。故城在今安徽阜阳县治。定（鲁定公）十五年为楚所灭。”李学勤先生也认为：“这个胡国就是文献中归姓的胡国。在今安徽阜阳，是成周通往淮水流域的必经之地。”

（二）“孔子论管仲”章

管仲（前725—前645）春秋早期的政治家，名夷吾，字仲，一字敬仲，今安徽省颍上县人。管仲是齐桓公的宰相，辅助齐桓公成为春秋时期的第一个霸主。在《论语》中，管氏出现四次，管仲出现九次。孔子评论管仲有四章，在《八佾篇》有一章，在《宪问篇》有三章。

《八佾篇》第二十二章云：

子曰："管仲之器小哉!"

或曰："管仲俭乎?"曰："管氏有三归，官事不摄，焉得俭?"

"然则管仲知礼乎?"曰："邦君树塞门，管氏亦树塞门；邦君为两君之好有反坫，管氏亦有反坫。管氏而知礼，孰不知礼?"

三归：相传是三处藏钱币的府库。摄：兼任。树塞门：树，树立。塞门，在大门口筑的一道短墙，以别内外，相当于后世的屏风、照壁等。反坫：古代君主招待别国国君时，放置献过酒的空杯子的土台。这段话的意思是：孔子说："管仲这个人的器量真是狭小呀!"有人说："管仲节俭吗?"孔子说："他有三处豪华的藏金府库，他家里的管事也是一人一职而不兼任，怎么谈得上节俭呢?"那人又问："那么管仲知礼吗?"孔子回答："国君大门口设立照壁，管仲大门口也设立照壁。国君会见别国国君时在堂上有放空酒杯的设备，管仲也有这样的设备。如果说管仲知礼，那么还有谁不知礼呢?"

《宪问篇》第九章云：

或问子产，子曰："惠人也。"

问子西，曰："彼哉，彼哉!"

问管仲，曰："人也。夺伯氏骈邑三百，饭蔬食，没齿无怨言。"

子产（？—前 522）春秋时期郑国政治家、思想家。姬姓，氏公孙，名侨，字子产，号成子。子西，郑国执政，子产前任。伯氏，齐国大夫；骈邑，伯氏封地，在今山东省临朐县。这段话的意思是：有人问子产是什么样的人物，孔子说："是宽厚慈惠的人。"又问子西，孔子说："他呀，他呀!"又问到管仲，孔子说："他是个人才。剥夺了伯氏骈邑三百，使伯氏只能吃到粗粮，到死也没有说怨恨的话。"

第十六章云：

子路曰："桓公杀公子纠，召忽死之，管仲不死。"曰："未仁乎？"子曰："桓公九合诸侯，不以兵车，管仲之力也。如其仁，如其仁。"

子路，孔子的学生。桓公，齐桓公（？—前643），姜姓，名小白，春秋五霸之首。公子纠，齐桓公的哥哥。齐桓公与他争位，杀掉了他。召忽，管仲和召忽原来都是公子纠的家臣。公子纠被杀后，召忽自杀，管仲归服于齐桓公，并当上了齐国的宰相。九合诸侯：指齐桓公多次召集诸侯盟会。不以兵车：即不用武力。如其仁：这就是他的仁德。这段话的意思是：子路问："齐桓公杀了公子纠，召忽自杀以殉，但管仲却没有自杀。管仲不能算是仁人吧？"孔子说："桓公多次召集各诸侯国的盟会，不用武力，这都是管仲的力量啊。这就是他的仁德，这就是他的仁德。"

第十七章云：

子贡曰："管仲非仁者与？桓公杀公子纠，不能死，又相之。"子曰："管仲相桓公，霸诸侯，一匡天下，民到于今受其赐。微管仲，吾其被发左衽矣。岂若匹夫匹妇之为谅也，自经于沟渎而莫之知也？"

相，宰相，辅佐。微：无，没有，表假设。被发左衽：被，同"披"。衽，衣襟。"被发左衽"是当时的夷狄之俗。谅：遵守信用。这里指小节小信。自经：上吊自杀。渎：小沟渠。这段话的意思是：子贡问："管仲不能算是仁人了吧？桓公杀了公子纠，他不能为公子纠殉死，反而做了齐桓公的宰相。"孔子说："管仲辅佐桓公，称霸诸侯，匡正了天下，老百姓到了今天还享受到他的好处。如果没有管仲，恐怕我们也要披散着头发，衣襟向左开了。他哪能像普通百姓那样恪守小节，自杀在小山沟里，而谁也不知道呀？"

有人认为，《论语》里孔子关于管仲的议论，是在管仲的家乡颍上引发的，这种说法是有一定道理的。

《左传·哀公十六年》："吴人伐慎，白公败之。"鲁哀公十六年，即公元前479年，吴国人攻打慎地，被白公打败了。慎地，春秋时楚国的慎邑。据《汉书·地理志》王先谦《补注》，今颍上县北江口集即古慎城。白公，白公胜（？—前479），芈姓，熊氏，名胜，号白公，楚平王之孙，太子建之子。他的父亲太子芈建受楚平王宠臣费无极陷害，携家人出逃，在郑国被杀害。太子建死后，芈胜从郑国逃到吴国。楚平王死后，楚昭王十一年（前505），楚国令尹子西将芈胜召回楚国，被楚昭王封为白公，居住在靠近吴国的慎地。《左传·哀公十六年》叙述白公时说："召之，使处吴竟，为白公。"吴竟，即与吴国交界的边境。芈胜以白为氏，筑白公城，聚族而居。前479年，白公击败吴军后，乘机发动叛乱，杀死子西和子期，囚禁楚惠王，自立为楚王。不久，叶公率兵勤王，白公胜兵败自缢而死，楚惠王复位。从公元前505年，到兵败自缢而死的前479年的26年间，白公胜一直居住在慎地。

《春秋·哀公二年》："十有一月，蔡迁于州来。"《左传·哀公二年》："冬，蔡迁于州来。"公元前493年，蔡国把都城迁到州来。《史记·管蔡世家》："（蔡昭侯）二十六年（前493），孔子如蔡。楚昭王伐蔡，蔡恐，告急于吴，吴为蔡远，约迁以自近，易以相救。昭侯私许，不与大夫计。吴人来救蔡，因迁蔡于州来。"州来，春秋国名，在今安徽凤台县地，与慎地即今颍上为邻。《史记·孔子世家》："冬，蔡迁于州来。是岁，鲁哀公三年，而孔子年六十矣。""明年，孔子自陈迁于蔡。蔡昭公将如吴，吴召之也。前昭公欺其臣迁州来，后将往，大夫惧复迁，公孙翩射杀昭公。"鲁哀公四年春，蔡昭侯被杀。孔子不居乱邦，"明年，孔子自蔡如叶。叶公问政……"。蔡昭公子朔立，是为成公，孔子"去叶，返于蔡"。"孔子迁于蔡三岁，吴伐陈"。由此可知，孔子与白公在时间与地点上有交集是完全可能的，而孔子到蔡不是一次，停留时间亦不短，到过今天的颍上，也就是当时的慎地也是完全可能的。另外，《吕氏春秋·精谕篇》《淮南子·道应训》《列子·说符》等，都记载了孔子与白公的对话。有人认为《宪问篇》第九章，"或问"就是白公问，是白公与孔子对话，也有一定道理。之所以云"或问"而不书名，是因为白公是谋反而死，故不得书其名。

另外，《春秋》三传等先秦古籍，也有与颍州有关的内容，兹不赘述。

第五节 科 技

先秦时期阜阳的科技状况与发展水平，主要通过青铜器铸造、货币铸造、建筑设计营建、水利兴修等突出成就表现出来。其中商周之际科学的青铜冶炼与精湛的铸造技术，是这一时期科技成就的突出代表。此外，《管子》一书包含了许多先进的科技思想、科技知识，是研究我国先秦科技史的重要典籍之一。

一、青铜冶铸技术

阜阳境内发现的商周青铜器，集中出土于润河及其支流小润河流域，器形有尊、鬲、斝、爵、觚、卣、觯、鼎、戈、车马器及生产工具等，其中多属于器形规整、纹饰繁缛细腻、铸造工艺复杂的经典之作。

青铜是红铜加入锡或铅的合金，因颜色金中泛青，故被称为“青铜”。与红铜相比，青铜强度高、熔点低、可塑性强、耐磨性好且化学性质稳定，是铸造金属器物的绝佳材料。考古材料表明，至迟在夏代已经出现了较为成熟的青铜铸造技术，商周时期青铜器生产数量多、规模大、种类齐全、技术水平高，是我国青铜铸造技术高度繁荣发达的阶段。从《周礼》中可知，至迟周代的青铜铸造工艺已经有了较为精细、科学的分工。《周礼·考工记》：“攻金之工：筑、冶、凫、栗、段、桃。”“筑氏执下剂，冶氏执上剂，凫氏为声，栗氏为量，段氏为镈器，桃氏为刃。金有六剂：六分其金而锡居一，谓之钟鼎之剂；五分其金而锡居一，谓之斧斤之剂；四分其金而锡居一，谓之戈戟之剂；叁分其金而锡居一，谓之大刃之剂。五分其金而锡居二，谓之削杀殳之剂；金锡半，谓之鉴遂之剂。”可见在先秦时期，铸造工匠已经熟练掌握了青铜器成分的科学配料比例。

制造青铜器，不仅要科学解决矿石开采、熔炼铜料、铜锡铅合金比例、熔炉、坩埚等一系列技术问题，还要经过制模、翻范、浇铸、修整等复杂工序；对部分结构复杂、造型精美的铜器，如尊、鬲、斝、爵等，还必须熟练采用更为复杂精细的分铸法铸造，即先铸器身，再在上面合范浇筑附件等，阜阳地区出土的商代青铜器，在上述方面都达到相当高的水平，充分反映了商周时期阜阳高度发达的青铜铸制水平。以下举例分析。

龙虎铜尊，1957 年 6 月出土于阜南县朱寨海孜村常白庄润河湾商代墓葬，高 50 厘米，口径 45 厘米，腹围 122 厘米，腹深 41.5 厘米，足径 24 厘米，重 26.1 公斤。器作侈口，束颈，折肩，鼓腹，高圈足。颈部饰三道凸弦纹，肩饰三条蜿蜒的龙，龙首探出肩外。腹部饰纹以龙口下的垂直扉棱为界，将腹部纹饰分成相同的三组。圈足有三个十字形镂孔，与龙口、扉棱相对应，也将足上纹饰分成相同的三部分。腹部主纹作虎食人状，虎伸头张口，身分为两半，虎口下蹲一个屈举双臂的人，赤体文身，状似颤栗恐惧。在龙纹的后边，还饰有夔龙纹。在虎身下面和人侧的空隙处也附饰一较小的夔纹，方向与虎身相反，隔扉棱与另一夔纹相对，组成一较小的兽面纹。肩部、腹部上的主纹突起作深浮雕，圈足作平雕兽面纹。

这件龙虎铜尊是商代青铜器的杰出代表作品，堪称国宝。其形制古朴精美、纹饰雄浑流畅、体态厚重大气，铸造工艺十分复杂，大致要经过以下“制模”“制范”“浇铸”“修整”几道主要工序：

（一）制模

模亦称作“母范”，制范前，先用泥土制成如同铜尊形状一样的完整母范，经过晾干、焙烧后成型。制模所用的泥土料，成分比例及含水率有严格的要求，以确保陶范有较低的收缩率和适宜的透气性，避免因干燥、焙烧而发生干裂，陶模的表层还要致密、坚实，以利于在上面雕刻纹饰。

（二）制范

制范的一道重要工序就是“翻范”，外范一般是先用薄泥片贴印在模上，然后再将泥片加厚而成，范的厚度根据铸件大小确定。翻制纹饰时还需要使用分型剂，纹饰图案一般需要先翻（粗犷的轮廓）后修（细部雕刻修整）两道工序。这样结构复杂多变的高浮雕立体器型，制范要使用“分铸法”“补铸法”“凸凹范法”等多种精细制范技法才能制作成型。从器物形制、纹饰组图及范线痕观察，可以推定这件尊的外范至少应使用了79块分范：

1. 腹部与圈足部分：三组外范，每组又分为左、右对称的两部分，每部分由上到下分为颈、肩、腹、圈足四段，每段包括两块有纹饰图案的分范。这样，每组就有大块分范八块，三组合计有二十四块分范。

2. 腹部扉棱：三组，合计六块分范。

3. 外凸龙头部：头部三个，有六块分范。龙头部各有两突起长角，每一个龙角有两块小分范，六个龙角有十二块小分范。这样，龙头部合计有十八块分范。

4. 虎头部：三组共三个虎头，每一个虎头部有两块分范，每个椭圆形外凸的虎耳有两块小分范。这样，一个虎头就有六块分范，三个虎头（双身合首）合计至少有十八块分范。

5. 腹底部：腹范一块。

6. 内范（芯）：至少有小内范（支撑龙头、虎头腾空突起）九块、大内范一块，合计十块。

7. 浇铸口范有一块、冒口范一块，合计两块。

要铸制成上述龙虎铜尊，即使不计算内范，至少也需要六十九块分范。这里特别要指出的是，龙虎尊及阜南润河湾出土的另一件兽面纹尊均使用了“凸凹范”。即内范不是平整的，它随着器表浮雕的凸凹而作凸凹状变化，达到了器壁虽有凸凹而薄厚仍是均匀的，这种高超的独特铸造技术甚是少见。如此复杂精细的铸范、组范，自然需要在翻范前作精细的设计规划，合理科学地确定外范的划分方法。所有的外范、内范的分型面依子母口定位，拼合固定装配在一起后，就形成了一套完整的陶范（或称之为“型范”“复合范”）。

型范的组合装配，必须使外范与芯（内范）之间形成一个等距离的固定窄小空间（型腔），两者稍有错位就会影响其成型。特别是带圈足的芯与底范或圈足间，必须有支撑物才能使范型组合、形成器物底部的型腔。因此，为固定腹范、底范与芯之间的距离，在彼此间即需安置若干支撑的“芯撑”（或称作“支钉”“垫片”）。此类支钉多采用铜碎片，也可采用泥片。

龙虎尊大型范的铸制，为了保持器壁薄厚均匀，也采用了两项特殊的工艺技术：圈足以上部分使用“垫片（支钉）”技术，即将器壁等厚的青铜碎片垫在内外范之间，类似于泥芯撑，目的在于保持范腔的空隙，以便在下一步浇灌铜液时使预留的空腔不变形；圈足内范四周则均匀设十字芯头，使圈足内范与外范保持距离。这种十字形芯头大约相当于用榫卯扣底范的透过处，合范时榫卯扣合，使底范不与内范接触，起着“定位销”的作用。铸成十字形镂孔既起着透气散潮的作用（高圈足内的内腔如无透气孔则潮湿难去，易导致锈蚀），又是很规整、对称的艺术装饰图案。这些保持青铜器壁厚的特殊技术措施，在传统铸造工艺中一直为后世所沿用。

不仅如此，要使龙头、虎头部在尊腹部之间作腾空状，必须在该处使用一块小内范（泥芯）做恰到好处的支撑。此类技法，只有能极其娴熟地组合范块的卓越工匠才可以做到。

商代青铜器的铸造过程，是一个十分复杂的系统工程，范铸工艺包括设计、练泥、制模、制范、制芯、作纹、焙烧、熔炼、浇铸以及打磨加工、铸后组装等等，工序繁多，绝不是几个技术高超的工匠短时期内能够完成全部工艺的。在这些工序中，每一道工序都需要专业技能较强的人操作才能胜任。传统的范铸工艺是每个“御用”作坊长期实践中逐渐积累形成的，能够制作出如龙虎铜尊这样青铜器的范铸作坊，其各种技工人员的数量，估计应在数十人甚至近百人。

（三）浇铸

铜尊浇铸成功与否，合理设计浇口、冒口的位置非常关键。为了保证铜液能够由底部上升充满范腔而又不留空洞，龙虎尊之类的圈足器的浇口，皆于圈足边沿的周边，设置两至四个浇口和一个冒口。由于浇铸成型的实际需要，上述拼合固定装配后的陶范安放位置，与铜尊的正常位置是颠倒的，这样才能保证几个浇口皆位于全器的最高点。

范准备好后，即可将熔化后达到适于浇铸温度（约 1100°C ~ 1200°C）的青铜液体注入浇口。容器浇铸之所以要倒着浇，除了因芯安装于底范上利于装配外，主要是为了将气孔与铜液中的渣滓集中于底部，以便器物上、中部致密而少瑕疵。铜液浇铸冷却后，除去顶范、腹范、内范，即可取出铸件。

需要特别说明的是，龙虎铜尊之类复杂精制的高浮雕器型，用上述“块范法”组合是无法一次整体浇铸（或称作“浑铸”“一次浑铸”）成型的。龙、虎的头部及其角、耳，均作外凸上扬状，必须先用“分铸法”将其预先铸成，然后在镶嵌入待铸的铸件范中。当向这后铸的铸件范中浇铸铜液时，先铸成的铸件就与后铸的铸件因预先的结构设计而实现机械锁合，从而相互结为一体。也有人认为是在龙虎尊器身成型后，再另加范块将龙虎头部补铸，即所谓的“补铸法”成型。

（四）修整

铜尊铸件取出后，还要经过锤击、锯错、錾凿、打磨等系列修整工序，除去铸件上多余的铜块、毛刺、飞边等，最后才能得到纹饰清晰精美的成品器。

在“失蜡法”没有出现之前，阜阳境内发现的商代青铜器均是利用上述“范块法”铸造。不过因为兽面纹尊、爵、斝、觚、鼎等器器型相对简单，其制模、制范、浇铸工序与技法亦相对简略，但泥料的准备、外范的分化设计、翻范、制芯、支钉的设置、范的焙烧、浇铸、修整等工序大体相同。

二、青铜装饰工艺

青铜装饰工艺是指在青铜器表面加其他质料附属物的一种加工工艺，阜阳出土商周青铜器中所见的此类工艺，主要有镶嵌绿松石、金银错、鎏金三种。

（一）绿松石加工与镶嵌

阜阳博物馆收藏有一件镶嵌绿松石的商代残戈，这件残戈因为是从阜阳合作社废品收购站拣选，其准确出土地点多年来一直未能确认，但器物年代及体表双面镶嵌绿松石的工艺十分清楚。巧合的是，武汉大学历史文化学院考古系文物考古队2014年在发掘阜南县朱寨台家寺商代遗址时，在一处大型房基遗址旁发现了一处加工绿松石的作坊遗迹，并从遗迹内提取了相当数量的加工绿松石剩余的残碎片。武汉大学何晓琳博士研究认为，阜阳博物馆收藏的这件镶嵌绿松石的商代青铜戈，其出土与制作地点大致可以推定在朱寨台家寺遗址一带。

绿松石又名土耳其玉（turquoise），是一种含铜、铝的磷酸盐矿物质，化学成分为 $CuAl_6[PO_4]_4(OH)_8 \cdot 4H_2O$，多为天蓝色、苹果绿或带绿的浅灰色，半透明或不透明，有蜡状光泽。考古发掘表明，早在二里头文化时期，绿松石就已经被用于镶嵌青铜器。商代中期以后，铜器镶嵌绿松石的工艺经久不衰，延续到战国时期仍在使用。商代贵族墓中镶嵌绿松石的青铜器多有发现，如妇好墓中出土通体镶嵌绿松石的磬折曲内式戈，西北岗M1001中也出土有镶嵌绿松石的青铜戈及其他铜器残件等。阜阳境内出土的这件镶嵌绿松石铜戈，也应是商代贵族墓中的随葬器。

在铜器上镶嵌绿松石工艺，不仅要有一定的青铜器铸造技术，而且由于需要的绿松石片小而薄，形制多样而工整，更要求有相当高的玉石加工技艺。就目前所见资料而言，镶嵌绿松石应是最先出现的青铜器装饰工艺。商代绿松石的镶嵌工艺技法，应是先在器物上铸成阴文的纹饰，再按照纹饰的规格制作不同形状的绿松石片或块，绿松石镶嵌器表后一般要经过磨错，使之表面平滑。镶嵌绿松石片、块时要用黏合剂，其质料有可能是一种树胶或漆、桐油之类的物质。因树胶等为有机物，埋藏在地下年代久远，会因腐朽而失去黏着作用，因此发掘出土的镶嵌绿松石器物，纹饰中的绿松石常有脱落现象。

（二）青铜金银错

作为贵重金属的金、银有华贵美丽的色泽，又具有良好的延展性，故在先秦时期即被贵族用来镶嵌于青铜器上作为装饰物，这种工艺统称为“金银错”。这里的“错”是指用厝石加以磨错使器物表面光平的意思，后世亦称作“错金银”工艺。我国青铜器上施以错金银工艺始于春秋晚期，盛行于战国中晚期至西汉。《汉乐府·上陵歌》云“木栏为君權，黄金错其间”，《盐铁论·散不足篇》云“中者野王纻器，金错蜀杯”，其中所提及的工艺就是指错金银。

阜阳地区出土的战国错金银青铜器较为丰富，主要出现在兵器、车马器、带钩中，且以银错工艺最为习见，如颍泉区白庙楚墓、尚庄大古堆出土的错银戈尊、错金银大带钩、蒙城小涧集战国墓出土的错金银大盖弓帽等。

错银戈尊：两件，颍泉区白庙战国楚墓出土。一件用薄银片切割成斜十字形纹，十字周围用银丝组成圆涡纹，增加纹饰的多变和流动感。另一件是用银片切割成龙凤纹图案，嵌于器内，尊上为龙纹，下端为凤纹，配以细银丝作的圆涡纹，增强了龙凤的动态感觉。

错金银戈尊：两件，颍泉区尚庄大古堆出土。器物体量较白庙出土的同类器粗大，一件中间鼓突，上、下分为两部分略细，器表用金片错成变形龙纹，再用细银丝镶边，配以银丝制成的圆涡纹加以点缀，整器显得华贵富丽。另一件也由中间鼓突节将整器分上、下两部分，饰兽首鸟身神怪，兽首有角有冠，人面有须，麻脸，鸟身有翅有尾，鸟足有勾刺，强劲有力。鸟身等主要部位饰金片，金片外镶银边或以银丝涡纹填空。

完成上述青铜器错金银工艺装饰，大体要经过以下几道工序：

（1）在青铜器表面预先铸出浅凹的纹饰槽，特别精细的纹饰则在铜器铸成后，在器物表面用墨笔绘出纹饰，按纹样用硬度较大的工具錾刻凹槽，底面皆需要制成凸凹不平状。

（2）器物成型后再在凹槽上加工嵌凿，以便在槽内嵌纳金银。有些小件器物上的错金银纹饰细若发丝，则是在铸器成型后，在器表錾刻凹线后嵌入金银丝形成的。镶嵌金银丝片，要用火适当加温，金银丝还需截着点线，然后捶打使之嵌入浅槽，不易捶打的还要用工具将金银丝挤入槽内。

（3）用木炭加清水进一步打磨，使器物表面增光发亮，进而利用金银与青铜的不同光泽映衬出各种色彩辉煌的图案。

（三）青铜鎏金

青铜器鎏金亦称为“火镀金”“汞镀金”，从考古材料看，此类工艺的出现至迟可以追溯到战国早期。到了战国中晚期，青铜鎏金工艺技术已经十分流行。“鎏金”一词出现较晚，湖南光化老河口出土的一件自名“涂钫”的西汉早期鎏金铜钫，故宫博物院收藏的一件有“铜涂工”铭文的鎏金铜酒尊，这些器物中的“涂（塗）”就是鎏金的意思。阜阳地区出土有一批战国鎏金青铜器，虽多为残损，但铸工精湛、纹饰华美，尤其是尚庄大古堆楚墓、小涧集战国墓出土的车马器残件，代表了阜阳地区战国时期高超的青铜器鎏金工艺成就。这些青铜器鎏金的具体工艺程序是：

1. 煞（杀）金

把黄金锻成金箔，剪成碎片，在坩埚中加热至400℃左右。按金、汞成分3∶7或2∶8的比例加入汞，搅动使金溶解于汞中。然后倒入冷水使上述金汞混合物冷却，逐渐成为银白色泥膏状金汞剂，俗称“金泥”。

2. 抹金

用磨炭打磨掉铜器表面的铜锈后，用“涂金棍”沾金泥与盐、矾的混合液均匀地抹在被镀器物表面，边抹边推压，以保证金属组织致密，与器物粘合牢固，这一过程称作“抹金”。

3. 开金

用适当温度的炭火烘烤，使汞蒸发，黄金遂滞留于器表，其色亦由银白色转为黄金色，这一工艺过程称作“开金”。如果要求金属较厚，就将上述过程反复操作多次。

4. 压光

用毛刷蘸酸梅水刷洗，并用玛瑙或玉石制成的“压子”沿着器物表面进行磨压，使镀金层致密而与被铸器结合牢固，直到表面出现了发亮的鎏金层为止。

三、《管子》中的科学思想与科技知识

《管子》一书是我国古代的一部重要典籍，其中的科学思想和科技知

识，一直为人们所重视，在中国古代科技史上，占有极其重要的地位。乐爱国先生在他的专著《管子的科技思想》中说：《管子》一书“广泛涉及古代科技的各个领域，包含着丰富的古代科技知识和科技思想”。英国著名中国科技史研究专家李约瑟教授很早就注意到《管子》一书中的科技思想，他的七卷本《中国科学技术史》有几十处对《管子》中的科技思想及其所反映的科技成就进行过归纳探讨。

（一）《管子》中的科学思想

李约瑟教授对《管子》的肯定首先是对其科学思想的肯定，他认为《管子》一书反映的主要是道家思想，而道家思想体系是一种独特的哲学与宗教的混合体，还包含了原始的科学和方技。他还说，假如有一种观念是道家最为强调的话，那便是自然界的统一性，以及“道”的自发性和永恒性。他举出《内业》篇中“唯执一之君子能为此乎。执一不失，能君万物。君子使物，不为物使，得一之理”。这话具有一定的宗教神秘主义因素，同时也有着科学的成分。这是因为当时宗教与科学尚未分化，但其中所包含的科学成分是必须注意的。李约瑟对这段话给予很高的评价，说这一论述是对自然界统一性的肯定，而自然界的统一性是牛顿之后的现代自然科学的根本前提。他评论说，道家对自然界的推究和洞察，完全可以与亚里士多德以前的希腊思想相媲美，而且成为整个中国科学的基础。李约瑟对《管子》的阴阳五行学说也极为重视，他引用了《五行》篇和《四时》篇中的有关资料，认为“五行概念本身实质上一种自然主义的、科学的概念”。这个评价是从本质上看问题的，是实事求是的。

国内外的专家也比较一致地认为，《管子》中的科学思想主要是万物本原的思想。关于这一问题，在《管子》一书里涉及三个范畴，即“道”、“精气”和“水”。“道”是继承老子的思想，“精气”说是诠释和改造老子的“道”的思想，而水为“万物之本原”的思想，则是《管子》里首次提出来的。

《管子·水地》篇一开始就说：“地者，万物之本原，诸生之根菀也。

美恶、贤不肖、愚俊之所生。水者，地之血气，如筋脉之通流者也。故曰：水，具材也。”具材，包罗一切的材质。“是故具者何也？水是也。万物莫不以生，唯知其托者能为之正。具者，水是也。”因此，什么可以叫作完备呢？水就是完备的。万物无不依靠水生存；只要认识了万物的寄托，就能为这种说法做证。完备的事物就是水。“是以水者，万物之准也，诸生之淡也，韪非得失之质也。是以无不满，无不居也。”所以水是万物的基准、众生的核心、是非得失的基础。所以，世界上没有水充不满的地方，也没有水到达不了的地方。

《管子》中提出的这个水为万物本原的思想，在先秦乃至整个中国古代思想史上都是独具特色的。就中国古代自然观和世界观来说，大都是用无形之物作为万物的本原，而《管子》提出用水作为万物本原的思想，是用具体有形之物去说明世界和宇宙的本原，这不仅是一个理论的创造，而且更具有唯物主义色彩。

（二）《管子》中的科技知识

1. 金属冶炼知识

中国古代的金属冶炼技术走在世界的前列，早在商汤时代，锡和青铜的冶炼技术就达到了当时世界的最高水平。中国古代的采矿者寻找矿床位置和矿物的方法是科学的。在《地数》篇中有：“山，上有赭者，其下有铁；上有铅者，其下有银；上有丹砂者，其下有黄金；上有磁石者，其下有铜金。”现代矿物学研究证实，赤铁矿往往表层伴有红色土状的矿石风化物，铅和银往往共生，磁铁矿（磁石）与铜矿的上下也有依存关系，而丹砂与黄金实际上是汞矿化区内重砂里的辰砂与自然金共存的现象。杜石然先生等著《中国科学技术史稿》也写道：“铁矿表层高价氧化物成赭色，铅和银常共生，这是现代矿床学所证实了的。这里讲的除把铜和铁的硫化物混称为黄金或铜金外，大体上符合现代关于硫化矿床的矿物分布理论。”而《管子》里的这些描述，是我国古代劳动人民通过长期观察总结出来的。另外，关于铁器的使用，《管子》一书描述得很细致。而铁器的使用在管仲的时代应该不是十分普遍的，这也从一个方面说明《管子》一书成书有一个历史的过程。

2. 农业水利知识

春秋时期我国的农业已经非常发达，水利是关系农业的大事。在《度地》篇中，桓公问“度地形而为国者，其何如可也”时，管仲回答“故善为国者，必先除其五害”，他把洪水带来的危害放在首位。根据水的大小、远近、流向等，分为经水、枝水、谷水、川水、渊水，并提出根据水的不同采取不同的治理办法。

《管子》一书主张兴修水利宜在春季，“春三月，天地干燥，水纠列之时也。山川涸落，天气下，地气上，万物交通。故事已，新事未起，草木荑生可食物。寒暑调，日夜分，分之后，夜日益短，昼日益长。利以作土功之事，土乃益刚”；修建堤坝要“大其下，小其上，随水而行”；在堤坝上要“树以荆棘，以固其地；杂之以柏杨，以备决水”。这些认识和提出的措施都是非常科学的。

3. 数学知识

值得注意的是《管子》中谈到许多问题时，都使用了数学的方法和概念。在我国古代的典籍中，使用数学知识最早而且最普遍的就是《管子》。《度地》篇里说：“夫水之性，以高走下则疾，至于漂石；而下向高，即留而不行。故高其上，领瓴之。尺有（又）十分之三，里满四十九者，水可走也。”意思是说，用管道引水，管道每根长一尺三寸，满四十九里，水就可以奔流起来。

《地员》《地数》《海王》《轻重》等篇都使用了数学知识，对收入、开支、用度进行了精密的计算。《地员》篇在进行土壤分类时，使用了“施”的概念，把地下水位的高低当作土壤分类的重要标准，地下水位每差七尺，即为一“施”，分为一类土壤。《轻重》篇在讨论财政经济以及物价方面问题时，大量应用数量知识。在《乘马》篇中，通篇是对国家一些重大经济、政治问题的计算。所谓“乘马”，即“乘马之数”，指计算筹划的方法，或理财的措施。

《七法》篇是专门讨论如何治理国家和军队的篇章，也包含着大量有关计数方面的言论。其中说：“刚柔也，轻重也，虚实也，远近也，多少也，谓之‘计数’。”这里的“计数”指的是数量的统计与运算。《七法》篇不仅认为“计数”是统治者治理国家和军队的“七法”之一，而且把与数学有密切关系的“法”也看作治理国家和军队的基本原则。在中国古代数学中，“法”是除数的专用名词，被除数则称为“实”。这里的“法”，与后来所说法律的“法”并不相同。《七法》篇说：“尺寸也，绳墨也，衡石也，斗斛也，角量也，谓之法。”尺寸仅是其中之一。

4. 天文历法知识

“斡维焉系？天极焉加？”“九天之际，安放安属？”（《天问》）天何以不陷，地何以不坠，是古代哲人经常思考的问题，在春秋战国时期有过不少讨论。大体有水浮说、气举说、运动说三种。其中水浮说和运动说最早出现在《管子》中。

《地数》篇提出水浮说：“地之东西二万八千里，南北二万六千里；其出水者八千里，受水者八千里。”意思是说大地基本是个方形，一半没于水中，一半露于水上，水载而浮动，所以不陷。水浮说后来被浑天家所吸收发挥，并被沿用。

运动说见于《侈靡》篇：“天地不可留，故动，化故从新，是故得天者高而不崩。”意思是说，天地由于运动而不断演进更新，所以永不毁坏。而四时就是天地的不断演进，“夫运谋者，天地之虚满；合离也，春秋冬夏之胜也。”

《管子》中有不少涉及历法的知识和论述，故《通典》云《月令》出于《管子》。《幼官》篇和《幼官图》篇中的历法知识最引人注目，也一直为天文历法学家所重视。其中认为气在天道的作用之下，每十二天发生一次大变化，全年三十变，从而把一年分为三十个节气，一节气为十二天。三十个节气与四季相配，春秋各八个，夏冬各七个。有学者认为这很可能是当时齐国所使用的一种节气分法，而在银雀山竹简中，也有《三十时》的记载。

5. 三分损益定乐律

乐律是对乐器上各种音调的获得方法以及各音调之间的频率关系进行数学研究的学科，它包括物理学中的声学、音乐中的音响学和计量学的综合学科。

《管子》在乐律学上的贡献，就是最先明确说明了求宫商角徵羽五音的方法。《地员》篇说："凡将起五音，凡首，先立一而三之，四开以合九九，以是生黄钟小素之首，以成宫；三分而益之以一，为百有八，为徵；不无有三分而去其乘，适足，以是生商。有三分，而复于其所，以是成羽。有三分，去其乘，适足，以是成角。"意思是说，定立五音音调，先一分为三，经过四次推衍，即 1×3×3×3×3＝81，得出五音之本黄钟宫音的弦（或管）长；81 再加它的 1/3，即 108 为徵音的弦（或管）长；108 减去它的 1/3，即 72 为商音的弦（或管）长；72 加它的 1/3，即 96 为羽音的弦（或管）长；96 减去它的 1/3，即 64 为角音的弦（或管）长。这种以一条被定为基音的弦（或管）长为准，把它三等分，然后再减去一分（损一）或加一分（益一），以定另一个音的弦（或管）长的方法，就是我国乐律上著名的"三分损益法"。

用三分损益法不但可由上述五声再加变宫和变徵两个半音，就可得出七声音阶，而且按三分损益法计算十二次，就可得出比基音高一倍或低一倍的弦（或管）长，即高八度或低八度音的弦（或管）长，同时也完成了一个八度中十二个音的弦（或管）长的计算。

《管子》中记载的"三分损益法"，是我国古代乐律研究上的一项杰出成就，也是我国古代物理学应用数学的最早例证。"三分损益法"乐律所得音程多为协和音程。由于这种律制简便易算，和谐悦耳，因此在中国古代乐律史上一直沿用不衰。

总之，《管子》中的科技知识是多方面的，内容十分丰富。

第六节　古文字与书法

汉字是世界上仅存的最古老的表意文字，它是形、音、义三者相结合的产物。文字是语言的书写符号。近三十年前，在淮河流域的蚌埠市小蚌埠镇双墩村新石器时代中期（距今 6000 多年）史前文化遗址，发现陶碗、陶钵等器物上，有630多个刻画符号，包括日、月、山、川、动物、植物，以及房屋、狩猎、捕鱼、网鸟、养蚕、家畜、编织等生产生活类、记事类内容。蒙城尉迟寺遗址中，在出土埋葬小孩的陶尊（瓮棺）上有“炅”等较为固定的几种刻符。这种刻符距今已有4500多年，从山东大汶口文化遗址到淮河北岸，类似刻画符号在同一时期的同类遗址中都有发现。这些刻符被称为图画符号，它对后世汉字的产生有不容忽视的影响，但它无法对应性记录语言，还不具有文字的三要素及其功能，因此我们还不能称它为文字。不过，蚌埠、蒙城两处淮河流域新石器时代的陶器上的刻画符号，形式比较丰富，且已进入程式化阶段。因此将淮河流域称为我国古代文字的滥觞之地，是当之无愧的。

创造文字的初期，是由象形、会意到假借、指事，直到形声各阶段逐渐发展的。因此，文字是在国家出现之后，体力、脑力劳动分工、人类进入阶级社会，为适应社会发展的需要才能产生的。它是由少数脑力劳动者即知识分子所创造，并由他们约定俗成，再经整理、完善、推广，才能成为供人使用的文字。我国汉字创制于商代或更早的夏代，不会早到五六千年前的原始社会。中国汉字的创制，基本上是独立完成，自成体系的文字。

一、商周古文字

阜阳地处黄淮平原，古文化积淀深厚。今人见到的古字，是铸造或画刻在铜器、陶器上的文字，铜器上的铭文称为金文，陶器上的文字称为陶文。金文是在铸造之前先由专人书写好，再由工人刻制模具，翻砂浇铸而成，模具多刻成阳文，浇铸出来文字为阴文。阜阳地区出土的商周时代有铭文铜器有鼎、盘、卣、爵、戈等。

（一）商代铜器

1.“十贝”分档鼎

铭文未全清理释出，“贝”字象形，阜阳博物馆藏。

2.“祝父辛”铜爵

“祝”像一人跪坐在地上，手持祭物在祝祷上苍。也有人释为“兵”

字。临泉县出土，临泉县博物馆藏。

3. “亚盉四夫孤竹且”铜方鼎

商代孤竹国祭器，征集品，临泉县博物馆藏。

4. “月己”爵与“酉”字爵

两器均为颍上县出土，阜阳博物馆藏。

5. “豖父丁”铜卣与“父丁”铜爵

颍上出土，颍上县文管所藏。“豖”为一人两手各牵一马，以相互对称形式重复出现在野猪背上，这是用象形事物与会意方法来表述氏族名号的族徽“豖”的文字含义，也是古人刻意用美化来装饰文字，这种族徽文字书法色彩浓厚，已经萌发了书法审美的自觉性。“父”为一人手持石斧，借斧声为父；“丁”字以钉帽表示丁，借为天干“丙丁”的丁，是为假借。

以上“祝”“亚盉夫”“月己”“酉”“豖”等都是商代方国氏族的特定名号，铸在器物上，其象形性和标识性强，用来表示器物的所有权是非常显眼又合适的。

这些商代文字被称作大篆，文字粗犷有力，生动形象。比如阜阳博物馆藏的“乍宝尊彝”残盘底，文字结构疏密有致，严整匀称，可作为学习书法的楷模。

（二）西周铜器

元吕金用之用戈：外地流入，私人收藏。兵器为凶杀之器，非庙堂礼器可以相比，又因铸量大，模具重复使用，后期文字笔画往往模糊缺失，亦常将文字简而化之，给人以遒劲、苍老之感。

郭沫若在论及甲骨文的书法意义时说：“其契文之精而美，每令吾辈数千载后人神往……足知现存契文，实一代书法，而书之契之者，乃殷世之钟、王、颜、柳也。”商周的金文也当作如是观。

二、春秋文字

（一）大篆

春秋时代，由商人创造、周人继承的华夏文字，在各诸侯国一些庄重的铜器上仍然使用。周代的大篆体文字，其起笔、收笔大都深圆，转角处带弧形。例如：

1. “武王攻邔作为用戈”

“武王”为楚武王熊通（前740—前690年在位），熊通三十七年，怒周“王不加位，我自尊耳!”乃自立为武王。熊通一生到处征伐，扩张领土。他在我国历史上首创县级制度，新占领的领土不再分封给功臣。武王先侵伐申、吕、许三国，又征服了汉东诸国，从而为后世楚王征服淮河、汝河流域诸国，北进中原打下了坚实基础。

“攻邔”邔即是古代扈国，在今陕西东南部的户家塬一带，此戈是楚武王生前用自立的名号制作的兵器。

2. “龏王之卯之造戟”

“龏王”即楚共王熊审，公元前590—前560年在位。“龏”通作“恭”“共”，史载楚、晋鄢陵之战，熊审亲临战场，被晋国吕锜射中一目，楚军大败。十四年后，熊审因目疾而终，谥曰恭。

“之卯”的“卯”，系共王某一王子的名字，为后世卯姓的始祖。此戟为其所造。

3. “阩公邵倮为阩造王”戟

“阩公”，阩，商周时为古录国，楚穆王四年（前622）“灭六”（今六安市）设立楚县，公是楚国县公，属后世县长一职。

“邵倮”，邵即昭，昭、屈、景是楚国三大氏族，邵倮为阩公，并以阩县公的名义为楚王造的兵器。

4. “恒思公智上为恒思圣王造戟”

“恒思”即期思，西周为蒋国，楚成王二十七年（前645）灭蒋国为期思县，故城在今河南淮滨县东南期思乡。

“圣王”，圣为右之奇文，佑王即辅佐、保护或帮助楚王。此戟为期思县公叫智上的人为期思铸造保护楚王的兵器。

5. “之王戟”

仅有三字，不知何王制造的兵器，字形属楚系文字。

6. “曾大保庆用作宝皿”

“曾太保”，曾国从西周初期立国，至战国中期偏晚被楚灭，曾国即随国在今湖北随州、京山至河南淅川、桐柏、罗山、潢川一带。太保为古代三公之一，掌管曾国宫廷教育。

曾太保铜盆铭文八个字，分为三行书写，人名庆字处于中行，占有两个字的位置，字体大，既突出了器主名字，又达到布局的左右平衡。

7. “曾子口自作飤簠，其眉寿无期子孙永保用之”

曾国铜簠，可惜人名一字不识，该器仅见一面，得一拓片，实物今不知所在。

8. “蔡侯绅之用戟”

戟为蔡昭侯申（前518—前491年在位）制造。自蔡昭侯二十六年（前493）由新蔡迁到州来（下蔡）共四十年，经历五世。1955年昭侯申墓在寿县西门内发现，出土文物计500余件。这件铜戟由河南流入，应该是蔡昭侯迁州来之前在新蔡留下的。

9. “隹六月初吉庚午口子选自作盥匜子孙用之”

铜匜的流与鋬铸有精美花纹，外地流入，仅得一拓片。这件匜铭在“子”前一字不识，作器人叫选，何国器物无法确认。

10. “工敔王夫差自作其元用剑”

这件春秋晚期署吴王夫差（前495—前473）“自作”用剑，并不是吴王自用的兵器，而是赏赐给有功战士的奖品，制作量大，铭文往往在铸造时出现错位。如这柄剑将“夫差”的“夫”字与“元用”的“元”字左右错位，说明此剑不会是夫差自用的兵器。传世的夫差剑较多，此剑字体小巧，四平八稳。这种工整的篆书，是后世书法的楷模，为小篆开了先河。

11. 胡叔鼎

1973年12月陕西省兰田县草坪公社出土，重23斤。鼎内铸有铭文：“隹王正月初吉乙丑，胡叔信姬乍宝鼎，其用享于文且（祖）考，胡叔及信姬，其锡寿考，多宗永命，胡叔信姬其万年，子子孙孙永宝。”此鼎是胡叔及信姬所做祭祀器，从器型、花纹判断鼎为西周晚期器，可能是周人征伐淮域的战利品，然后被带回周土的。这是目前能够见到的最早的归姓胡国铜器，铭文书体与宗周大篆风格一致。

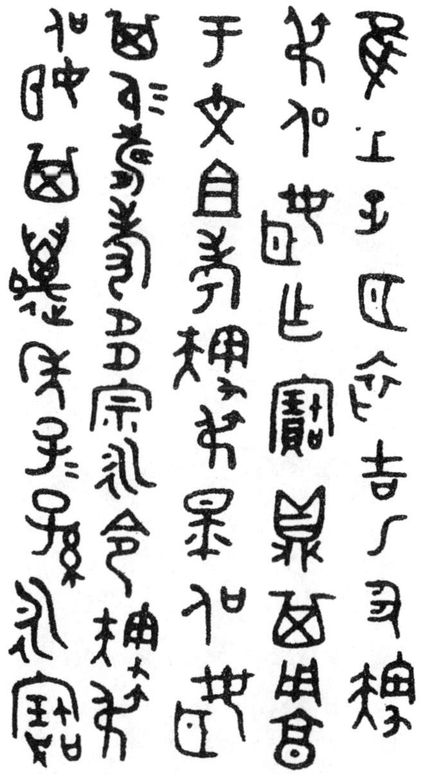

西周胡叔鼎铭文

（1973 年 12 月陕西蓝田出土）

铭文：“隹王正月初吉乙丑，胡叔信姬乍宝鼎，于文祖考，胡叔及信姬，其赐寿考，多宗永命，胡叔信姬其万年，子子孙孙永宝。”

12. 胡叔作吴姬簠

传世器，今收藏在上海市博物馆。簠铭：“胡叔乍吴姬尊簠，其万年子子孙孙永宝用。”此簠为春秋晚期器。胡叔娶姬姓吴女，是归姓之胡亲吴扰楚的明证。《左传·定公十五年》：“吴之入楚也，胡子尽俘楚邑之近胡者。楚既定，胡子豹又不事楚，曰：‘存亡有命，事楚何为？多取费焉！’二月，楚灭胡。”吴入楚在楚昭王十年，在这段期间，归胡皆亲吴，当与胡、吴联姻有一定的关系。胡灭于楚昭王二十一年（前495），这件文物是归姓胡国于公元前495年被楚国灭亡前存于世上的唯一一件实物见证。

鼎、簠铭中的胡，均写作𠧟，“胡”字系晚出。这两件铜器是胡子国存世的重要物证，应被归姓胡国所在地的阜阳视为珍宝，倍加重视。

春秋胡叔作吴姬簠铭文

（传世器，上海博物馆藏）

铭文：“胡叔乍吴姬尊簠，其万年子子孙孙永宝用。”

13. 胡侯之孙鼎

《三代吉金文存》卷三·十一·三八著录此鼎，铭文：“胡侯之孙陈之雩鼎”。雩鼎是春秋时期流行的一种附耳大鼎，早期文献称归姓胡国子爵，这件铜器铭文中胡国之君称“胡侯”，知胡国本为侯爵无疑。

春秋胡侯之孙鼎

（传世器·《殷周金文集成》2287）

（二）春秋美术化书体

春秋时代礼崩乐坏，诸侯强大，宗周势弱，各国文字纷纷兴起。楚国人把华夏文字移植到楚地，逐渐形成南方独特的风格。南方楚人素有尊凤尚巫的习俗，以及以瘦为美的审美倾向和对自由的崇尚，并由此滋生出修长篆、垂露篆、鸟虫篆等书体，形成南方文字的独特风格。随着楚人的北伐东征，楚系文字书体也被带到了汉水、淮水和长江下游地区，对蔡、申、宋、越、吴、曾等方国文字产生了强烈的影响。而有意识地把文字作为艺术品，使文字书体形成图案化、装饰化、艺术化的风格特征，也是从春秋中期的楚国开始的。

1. 修长篆

春秋开始，南方诸国在楚文字的影响下，字体趋向修长，仰首伸脚，多折而弯曲，富于变化。

（1）“曾侯越之持”铜簠

曾侯越铜簠与1977年湖北随县曾侯乙墓（战国早中期）出土的曾侯越戟上的曾侯越为同一人，曾侯越为曾侯乙的前辈，这件铜簠錾刻的铭文纤细修长，多折而弯曲，达到了美化文字的效果。

（2）“蔡公子口之用”戈和“蔡叔辟之行矛”

两件春秋晚期的蔡国兵器，戈的“公子口”因腐蚀，不知具体何人，“叔辟”也不知是蔡国某人，但两件兵器刻铭纤细规整，字体曲折修长，精美异常。

（3）“南君旟鄒之车戈”和“雩娄公佗之用戈”

“南君”为楚的封君号，旟鄒为人名，读作“阳易”，阳是楚国贵族姓氏。

“雩娄”戈铭刻为“虎娄”，楚人称虎叫“於菟”，“雩”与“虎”音近相通。雩娄城遗址在今河南固始县陈淋子镇古城村。这件戈是雩娄县公叫佗的人自作自用的戈。《淮南子·人间训》：“孙叔敖决期思之水而灌雩娄之野。”楚国恒（期）思、虎（雩）娄两县的兵器同时出现，实属偶然。

（4）“余臧王之子”铭残簠

残簠刻铭：“隹正月初吉□□余臧王之子□余吉金自作□□保用之”。

（5）“蔡大司马燮”铭盥盘

盥盘，铭文：“隹正月初吉丁亥，蔡大司马燮乍媵孟姬，铸盥盘，其眉寿无期，子孙永保用之。”

“臧王之子”即楚庄王之子，可惜人名已残，此簠不知为谁制作，刻铭也作了美化处理。“蔡大司马燮”是蔡国庄侯甲午的儿子，文侯申的兄弟，燮任大司马时因病曾被郑人俘获，后因主张亲晋背楚，致楚日益强暴。蔡国上层人物苟安于事楚，公子燮欲变更而失败被杀。这件盥盘是公元前564年，燮未被俘前为嫁女儿孟姬所制的礼器，是一件很有历史意义的文物。盘铭为錾刻文字，文字排列整齐，笔画清晰，字体纤细修长，美观大方，可视为修长篆的典范。

春秋中晚期，社会动荡，周室宗主控制力更加减弱，诸侯国各自为政，经济、文化起了很大变化，也为书法艺术的革新提供了适宜成长的土壤。有意识地把文字作为艺术品，使文字艺术化、美术化，是从春秋中期的楚国开始的。垂露篆、鸟虫篆等美术化的字体，在南方诸国诞生、发展并流行开来，楚、吴、越、蔡、宋诸国为最。这类文字的铭文留传至今，甚至有错红铜、错黄金的。

2. 垂露篆

1933 年安徽寿县朱家集李孤堆出土一件“酓前铜盘”（现已流出国外），酓前即史书上的熊完，为公元前 262—前 238 年的楚国国王，即楚考烈王，铜盘铭文为：“楚王酓前作为盥盘，以供岁尝”十二个字。阜阳曾流入几件楚穆王商臣（前 625—前 614 年在位）的几件兵器与一件铜俎（切肉案），俎上有红铜丝嵌的八个大字：“王子臣乍盞彝用享”，字的线条细如游丝，屈曲摆动。每字都在关键部位装饰对称或不对称的袋状肥笔，由细丝般的笔画联缀起来，肥笔形如蝌蚪或滴露，因此后人称之为蝌蚪文，也有人称之为垂露篆。有意思的是朱家集出土的铜盘是考烈王熊完时制作，这件铜俎是楚穆王商臣所作，两王相隔 370 多年，垂露篆笔法如出一人之手。这种所谓的垂露篆已在楚国流传数百年，在书法史上，可谓之趣谈。可惜的是这件铜俎与阜阳失之交臂，不久又回流到京师，阜阳仅留下一纸拓片。

3. 鸟虫篆

又称作鸟虫书，它是以鸟纹、龙纹、凤纹、虫纹等形象来装饰的美术字，变化莫测，情趣无穷。文字往往以金、银、红铜等嵌错在青铜器的刻文笔画内，用来衬托文字的优美与富丽。这种艺术字装饰性强，与器物上的花纹装饰相辅相成。郭沫若称：“中国文字为艺术品之习尚，当自此始。”

楚穆王商臣铜俎刻铭与兵器鸟虫篆铭文的发现，将这种装饰的美术文字产生的时代从春秋晚期提升到楚穆王商臣为太子的时代（前 625），这是对鸟虫篆等美术字产生时间研究的一次历史性的突破。

（1）“王子臣之用”戟三件

三戟铭文相同，字体有区别，其中两件的“王”字下加饰了鸟形，一件“子”字，三件“自”字和“用”字，或四周，或下部都加饰了左右对称的笔画，以增强美观。三戟为组装的三援或四援戟的部件，可能不是原配套。三戟与铜俎为同一墓出土，文字均用红铜丝嵌错，铜丝大部分脱落。

（2）“臧王之楚用戟”二件和“卲之瘠夫之行戈”

“臧王”，臧字从口，戕声，读壮，臧王即楚庄王。

“臧王之楚”与“龚王之卯”都是楚王后裔，分支为楚姓，卯姓的始祖。

“卲之瘠夫”卲读为昭，《古今姓氏书辨证》：“楚昭王熊轸有复楚之大功，子孙蕃衍，以谥为氏，与旧族屈、景皆为楚之大族。”此戈为春秋晚期昭氏族人名叫瘠夫的出行戈。

“臧王戟”为两援戟，其中“王”与“用”字下饰鸟形。“瘠夫行戈”的“戈”字上饰以张口伸舌的龙形，别有一种情趣。

楚国兵器戈与戟的铭文不是刻在戈尾内部，几乎全部刻在戈的援部和胡部（戈身），受此影响的蔡、曾，甚至巴蜀的戈铭均是如此，北方诸国的铭文均刻在胡部，而楚国及受其影响的南方国家，戈的内部都是刻制族徽的地方，或龙或凤，或蛇等，以示出身的高贵。

（3）“蒙”字残剑和“蒙”字戈

残剑在颍上废品站捡出，今藏阜阳博物馆。戈为临泉博物馆藏。剑，戈饰“蒙”字均为楚国蒙地所铸，蒙字均作虎首、鸟身，突出爪部与尾部，有一种威慑感。

（4）“越王州勾，自作用剑”

“越王州勾”即朱勾（前448—前412年在位），铭文铸在剑格的两面，一面中铸“越王”，“州勾”两字分铸左右；另一面左右重复铸“自作用剑”四字。“越王州勾”四字均加一鸟或二鸟为装饰；“自作用剑”，“自”字加鸟足，“作、用”两字加鸟形。此剑铭文字体阳文，纤细修美，盘屈作态，空灵俏丽，使文字装饰美化到极致。

（5）“蔡叔之玄翏”残戈

“蔡叔”蔡字作人体正面形，两腿间有倒毛，与蔡侯产剑的蔡字篆法相似，叔字装饰鸟形，“翏”字亦作鸟形，鸟作回首状，腿部粗壮。“玄”字作虎首虎身，利爪内收，尾长，“之”字上部如长发，每字都呈现出鸟兽状，让人惊奇。

（6）“□之逆之用戟”

“之逆”的前一字漶灭，不知属何国兵器，“用”字下加饰一人形，作跪跽状，较为特殊。

以上所列举的鸟虫篆实例，说明古代人为了美化文字，达到字体的平衡与对称的艺术美，往往妄加一些不属于字体结构的附加笔画，以增强文字的观赏之美。

三、战国古文字

战国时代，随着土地私有制的发展、社会生产力的提高和商品经济的繁荣，文字的使用在民间较前普及，讲求简易速成、使用简化草率的字体大量流行，不同地区的文字异形、变体或草率的字体大量出现，进而形成七国文字异形纷呈的局面。战国流行的文字没有字体的专用名称，在使用过程中形成工整与草率两类字体。工整的一种仍称篆书，草率的一种称之为草篆或古隶，它实际是由篆书到隶书的过渡体，它们之间的区别就是变圆笔为方笔，变弦线为直线。阜阳博物馆收藏的战国有铭器物，分类列举如下。

（一）楚国文字

1. “郢大質之□笲”

楚国量器刻铭，凤台县出土，阜阳博物馆藏。“大質”为楚国郢都（今寿县）的国库，“笲”为量器。

2. “郢爯（爰）”金钣

楚国金质货币，阜南县三塔出土，阜阳博物馆藏。“金钣”为楚国按龟壳形状发行的贵金属货币，临泉艾亭也有出土。

3. “筐𧷽”泥金钣

泥金钣是用陶土仿金钣制作的陪葬冥币。阜阳女郎台大古堆战国墓出土，阜阳博物馆藏。

4. 楚国刻铭“衣鼻”

阜阳博物馆藏。“衣鼻”即俗称的带钩，这是用来束衣裳的带钩。

5. 楚玺一组和陶文“市人之鉨，荧市”

楚玺一组文字是：郝厚行郶大夫鉨，新东阳郶大夫鉨，中州之鉨，专室之鉨，萬里贰鉨，夷市之鉨。

“郝厚”，地名不详，“郶”为行政机构，比“邑”“市”级别高，“行郶”类似流亡政体，系有功者的食邑。已经发现的州级玺有右州、北州、西州之鉨。这件“中州之鉨”，应是城市中部之州。“专室”即“传室”，系传递文书与重要信息的机构。“萬里”与“夷市”之鉨，一为“里”级管理借贷的机构，一为管理市场的印玺，两件印玺先后出土于阜阳插花庙和袁寨境内，即后世所称之“萬陵”的地方。“夷”字的出现有两种写法，表明楚国文字当时还没有完全走向规范。

“市人之鉨”与“荧市”，系印铸在陶器上的文字，楚国陶文很少见。“荧市”两字，李学勤先生释读为“颍市”，果如此，则颍水之上的市场，早在战国时代就已经出现。从文字书体分析，楚“大赝”铭文刻写与“新昜”刻文风格近似。“郢再”与“陈再”有古隶之意。“筐𧷽”两字仍具有古篆风格。以上列举的战国时代楚国铭文，让我们从一个侧面看到了战国草篆向古隶书的蜕变进程。

（二）诸侯国兵器刻铭文字

战国时期，诸侯国兼并战争频繁激烈，天下大乱，各国都十分重视兵器的铸造与管理。三家分晋后，韩、魏、赵三国生产的兵器与别国不同，兵器刻铸铭文有其独特的风格。由国家造的兵器，由国王或丞相督造，下设工师、丞、工尹等各级管理机构；由地方政府造办的兵器，由主管官吏“令”进行督造，下边设有左、右库、工师、工尹等不同管理机构。兵器上除刻主管官吏名字，还刻有“冶”者名字。物勒工名，层层负责，以便于考核。由于兵器的大量铸造，兵器铭文逐渐由直接在兵器上錾刻文字，代替由模具打印、翻模铸造文字的方法。为了加快錾刻文字的速度，只有变圆笔为方笔，变弧线为直线，在频繁的战争和社会交往中，草篆得到了普及并在普及过程中孕育出古隶。下面分国列举各国兵器刻铭文字的特点，以及这一时期由篆变隶的过程。

1. 魏国文字

（1）魏国大梁七年青铜戈铭文：“七年大梁司寇绎，右库工师缳、冶痪。”

临泉县杨桥费子街遗址出土，阜阳博物馆藏。大梁，战国魏都城，《竹书纪年》：“梁惠王六年四月甲寅，徙都于大梁”，梁惠王六年为公元前364年。大梁在汉代称浚仪，北宋称汴梁，今为开封市。“司寇”是首都管理刑狱的官吏，参加铸造兵器的工人，乃由刑徒充任。

（2）战国魏青铜铍铭文：“十九年邦司寇陈授，□库工师张义，冶奚易执齐（剂）。”

太和县出土，私人收藏。“十九年邦司寇”即魏国大梁司寇，“执齐”是负责调剂铸造青铜兵器合金铜、锡、铅比例的官员，刻有“执齐”文字的兵器，一般认为是赵国兵器的特有标志。但北大文博学院陈列室收藏的一件铜铍铭文：“十二年邦司寇赵新，邦武库工师□孙，冶巡执齐。”与这件铜铍铭文格式相同，据考其中邦司寇监督兵器制造仍为魏国标志。所以，北大文博学院铜铍十二年是魏襄王十二年（前307），阜阳私藏的这件有纪年铭铜铍应是魏襄王十九年（前300）。

（3）战国魏汝阴令铜戈铭文：“卅三年，汝阴令□右工师□治禽。”

出土地点不详，上海博物馆藏。汝阴令铜戈的出土，表明至迟至少在战国时期汝阴就已经成为行政区划名称。从行款考证，此戈属于魏国兵器无疑。魏王在位超过三十三年者，有魏惠王（前369—前335）、安僖王（前276—前243），“卅三年”只能是魏惠王时期。也有研究者根据汝阴令戈的形制具有战国晚期器的特征，认为此戈应属战国晚期器。高明著《中国古文字通论》一书记载有一件魏国兵器，铭文：“八年亘令□辖，左库工师佗□具，治戊。”《商周金文录遗》里也收录有一件兵器铭文：“□年巟令司马伐，右库工师高反，治□。”这两件兵器铭文与卅三年戈的铭文都是用长方形印戳在模具上打印后铸造出来的，督造兵器的组织形式亦分“令”“库工师”“治”三级，系魏国兵器无疑。“巟”读作“芒”，《汉书·地理志》：“沛郡有芒县。”地在今河南永城东北，芒县虽为秦制，但地称来源一定很久。芒，春秋为宋地，齐湣王三十八年（前286），齐、魏、楚三国联合灭宋，三分其地，芒地即划归魏国，故此戈为魏造。同理，春秋晚期楚昭王二十一年（前495）胡子国为楚人所灭，但灭国后并未设县。战国时期，诸侯国疆界城邑变化无常，《史记·苏秦列传》记载苏秦说魏襄王曰：“大王之地，南有鸿沟、陈、汝南、许、郾、昆阳、召陵、舞阳、新都、新郪，东有淮、颍、煮枣、无胥，西有长城之界，北有河外、卷、衍、酸枣，地方千里。”再从临泉、太和等地多处发现魏国兵器及魏国开挖鸿沟、直通颍淮的史实看，战国魏的南疆曾一度到达胡子国故地，并设“汝阴县”建制治理其地是完全可能的。秦统一六国后，沿袭魏国旧县名而置汝阴县也是合于情理的。这件魏国汝阴令铭戈的发现，将汝阴县建置的时间向前推了四十多年，价值弥足珍贵。

（4）战国魏铜戈：“□芒昜守令虔，工师错、冶埠”。

1967年太和县拣选，阜阳博物馆藏。“芒昜”读作“芒砀”，此戈可能是公元前286年魏同齐、楚灭宋，瓜分宋地而领有芒砀之后所铸。也有研究者认为“芒昜”当读“芒阳”，芒阳在魏国芒县之南，具体地望待定。

（5）战国魏改刻来氏戈：“元年来氏䝴危（尉）阳白阳戟，克啇（敌）冶緐。”背面刻铭文：“命（令）成犀（夷），工师棍马童。”

“来氏”，戈铭为铸文，保存着古篆风格。来氏出自子姓，为商人之支孙，以“来”为氏，后避周难，一支迁到淮河流域与“州”氏会合，为春秋淮夷之州来国；另一支迁于河南郑州以北，是为来氏邑。此戈应为春秋时期来氏所作，战国时来邑为魏国占有，魏人得此戈，又在内处另一面加刻了令及工师的名字，可惜没把得此戈的邑名刻上。

（6）战国魏𠮛令铜戈：“五年𠛪丘守、啬夫授、工师章、冶固”，私人收藏。

（7）战国魏𠰌令铜戈："八年，𠰌（邵）令悆、工师戝、冶𤙴"，私人收藏。

"𠰌令"，𠰌为邵字的简刻。《春秋·哀公十三年》："郑罕达率师取宋师于邵。"邵在宋国与郑国之间，战国时邵地应属魏。

（8）战国魏郚令铜戈："廿年、郚（梧）令，工师余，冶伭"，私人收藏。

"郚令"，文献作梧，《战国策·韩策》："观鞅谓春申曰……魏且旦暮亡矣，不能爱其许、鄢陵与梧，割以与秦，去百六十里，臣之所见者，秦、楚斗之日也已"。许、鄢陵、梧三地相距不远，都是魏国的城邑。此戈有个与众不同的特点，战国末年为适应战争对兵器的紧迫和大量需求，工人在铸造过程中先把地方的县名和令名铸出，然后根据时间和令、工师、冶者等的变动，再加刻年份和人名。此戈未把县令大名刻上。《三晋兵器》图 10 有一件"廿两年郚令垠"，与此戈相差二年，郚令可能也是垠。

（9）战国魏涑鄡铜戈："廿七年、涑鄡（县）啬夫担，冶匀啬夫雷、冶餀"，反面"𩜁"，私人收藏。

"涑鄡"，《说文》："涑，澣也，从水束声"。涑水源出今山西绛县，西经闻喜县，又西南经夏县、安邑、猗氏、临晋、永济、入五姓湖，又西南入黄河，战国时属魏。此戈为战国晚期，此时在位超过 27 年的魏王，只有安釐王在位 34 年，此戈为二十七年造，时为公元前 249 年。"鄡"，在燕国铜器上读县这寰。《穀梁传·隐公元年》："寰内诸侯"。《释文》："寰古县字。"戈文"涑鄡"读涑县，城址应在涑水流域。

（10）战国魏二十四年晋上库铜戈："廿四年晋上库工师䵣冶𢙂"，临泉博物馆藏。

此戈与 1974 年湖南衡阳唐家山出土的"卅三年大梁左库工师丑治刃"戈，铭刻书风极为相似，"工师"二字都不合书，为战国偏早刻法。《史记·六国年表》：魏哀王十六年："秦拔我蒲坂、晋阳、封陵。""晋"即晋阳邑，战国属魏地，在今山西芮城县西。戈铭中的"晋"或为晋阳或阳晋的简称，有人将这两件戈定为赵国器，认为兵器上的晋阳是夏禹都城，即今天山西太原市西南营西古城，春秋属晋，战国初年赵国曾建都于此，不确。两件兵器均为战国晚期器，“工师”与“冶”字的写法与魏同，与赵国兵器铭文不属一系。大梁戈“卅三年”系魏惠王三十三年，临泉出土的这件晋戈当为魏惠王二十四年（前346）。

（11）战国魏铜戈：“訚阳”，私人收藏。

“訚阳”，訚字从水从言（银声）与圁字为一字，訚阳故址在今陕西省神木县东，战国早期属魏，戈为战国早期魏国兵器。

以上九件兵器中，铸造时间较早的有“来氏戈”“圁阳戈”，余为战国中晚期兵器，其中由朝廷督造的为大梁戈，其余均为地方主管督造。铸造兵器的组织：朝廷督造的组织为大梁（或邦）司寇，下设库（有上、下、左、右库）工师、冶。地方主管负责督造的兵器是在县令或守或啬夫监督下，有工师、冶匀或冶来完成，工师二字均为合书，魏国兵器能确认的有惠王七年的大梁戈和安釐王二十七年的涑鄡戈。

（12）玺印铭：“单父左司马”“左博”。

“单父”在今山东单县南。古代治军官称司马，执掌军队、军事设备，负责作战。古代重视车战，以四马驱车，由此把军事官称为司马。“左博”为私印，两印均为晋系文字。

2. 韩国文字

（1）“雍氏”戈；

（2）“卢氏”戈；

（3）“十年宅阳命（令）㸓登，右库工师夜痃冶尹敱口戟”，在另一面的胡部，又加刻“廿六年宅阳右库”；

（4）“二年梁令张鈇、司寇事昔，右库工师郜鄄、冶钧敱（造）翌戟刺”矛。

“雍氏”，春秋时郑邑，战国时属韩，故址在今河南阳翟东北雍氏城。

“卢氏”，于胡部两面刻字，纹很细。城在今河南卢氏县，战国时属韩。

“宅阳”，《史记·韩世家》：韩懿侯五年，“与魏惠王会宅阳。”《魏世家》：惠王五年“与韩会宅阳城”。《括地志》：“宅阳故城一名北宅，在郑州荥阳县东南十七里也。”此戟与《小校经阁金文拓本》10.74号“七年宅阳命㐷𨥶、右库工师夜疰、治趄造”。两戟相差三年。㪤是韩国“造”字的特有写法。有意思的是在戟“内”背面的“胡”的地方，经过十六年，在核校兵器时，又加刻了“廿六年宅阳右库”字样，这种现象并不多见，也为我们明确这二件戟的年代提供了证据。此戟应是韩国桓惠王的26年，因为桓惠王在位有33年，廿六年为公元前246年。

“梁”邑，《左传·哀公四年》：“楚袭梁及霍”，梁邑在今河南临汝县西南，战国属韩国。此矛为戟上的直刺兵器，矛刻有“冶钧㪤”，这是韩国兵器特有写法，定为韩国矛无误。

3. 齐国文字

（1）“右脀之造戟”二援戟；

（2）“右胥之戈”；

（3）“武城左戟”；

（4）“陈侯因資造陵左”戟。

“右脀戟”，右字以左手下加口，与楚简右字，手在左同。脀字从厂、贝、付，与晋国从目，府声，与楚国从贝、府声不同，为齐国写法。“造戟”的造从攴、告声，㫗之异文，读为造。戟从金、丰声，为铖之省文。齐兵戟字多为从金戟声。

此戟铭文脀、𢼸、𨥫等字，形体结构具有齐国文字因素，戟为二援戟。多援戟本是楚国流行的利兵，战国晚期齐国出现双援戟，显然是受了楚国先进兵器的影响而出现的新兵器。

“右𢈕”，从厂疋声，读为胥，官名。《周礼·地官》：“胥，各掌其所，治之政……袭其不正者。”《周官·天官冢宰》：“胥十有二，徒百有二十人。”贾公彦《疏》：“胥，有才智，为什长，徒，给使役，故一胥十徒也。”胥有左右，如传世戈、戟有“曹右𢈕造戈”“郲右𢈕戟”等，都是齐国地方市场管理人员使用的兵器，是战国早期齐国的兵器。“右”为“右库”简称。

“武城”，春秋时有二处武城，一在今山东费县西南，一在今山东嘉兴南，二地均属齐地。战国时赵国亦有武城，在今河北磁县西南。“右戟”，即右库之戟。

“陈侯因資”，陈侯即田侯，田剡夺了姜姓齐国以后称为田齐，“因資”读因齐。《史记·田敬仲完世家》：田齐“桓公卒，子齐威王因齐立。”齐威王因齐在位于公元前356—前320年，此戟为战国中期兵器。“陵左”，何琳仪《战国古文字典》：“陵为地名，疑与山东陵县有关”。“左”“右”是府、库的简称，这件铜戟是以齐威王因齐的名义在陵地左府铸造的兵器。

齐兵器、右胥戈、陈侯戟、武城戟都是用长方形印戳在模具上打出印文再经浇铸而成的，印戳的边缘留有戳印的痕迹。这在金属铸造史上，也是一种革新的生产技术。

4. 燕国文字

“郾侯佮乍巾萃锯”。

“郾侯佮”，郾作燕，从邑匽声，佮作迖与哙通，哙是燕易王的儿子，公元前320年易王去世，哙继位为王。哙执掌燕国不到三年忽发奇想，要作当朝的尧、舜，于是就将王位禅让给大臣子之，自己甘做臣子，这种“臣主易位”的大事，“上逆于天，下不顺于人焉”的行为，使燕国发生了内乱和外患。史书年表在王哙的名下记在位九年，其实子之夺位三年，齐和中山国联军占领燕国三年，哙在位掌权仅三年，所以哙以侯铸造的兵器非常少，至今仅见此一件，无疑这是研究燕史的一件珍贵文物。“巾萃”，《周礼·春官》注：“巾，犹衣也”。“萃，犹副也”。这是燕王哙的随身护卫在副车上使用的兵器。

5. 宋国文字

（1）“右戠”，临泉县博物馆藏。

（2）“䶵之王信”。

“𢦏”《说文》：“伤也，从戈、才声与载通”，载读菑，在今安徽宿州北。𢦏，《说文》：作䶵，“故国在陈留，从邑𢦏声”。《春秋·隐公十年》：“宋人、蔡人、卫人伐载、载或戴通用。梁国甾故戴国，《陈留志》云：‘古戴国今河南考城县东西五里，有考城故址，汉之甾县、古之䶵国也。”不管戴邑在宿州北或考城，戴邑在春秋时期都在宋国的领土内，战国时戴属魏所有，但这两件兵器的刻铭与魏国兵器迥异，没有监工者、工师和冶者，应是战国初年宋未亡时的兵器。“右哉”是哉邑右库造兵器。

6. 巴蜀文字

战国时代，四川有巴、蜀两国，他们有自己民族文字，与汉字非一个系统，巴、蜀国的文字称为巴蜀文，早已失传，被发现的巴蜀文字，至今未破译，今选几件近年曾流入阜阳地方的巴蜀铭文兵器，介绍给书法界朋友鉴赏。

（1）戈正面胡部，穿左铸四字，背面胡部与穿右铸两字，字上饰一卧虎。

（2）戈正面内部铸一图形文字，援和胡部铸七个文字，另一面援和胡部铸八个图形文字。

（3）戈的内部，正背两面各铸一风纹，正面胡部铸五字。

（4）戈内部，正反两面铸图案花纹，援与胡部铸有六字，下残。

7. 秦国文字

（1）“葉”矛，临泉县博物馆藏；

（2）“寺工”戈，私人收藏；

（3）“新蔡斗”诏版，临泉县博物馆藏。

“葉”，今河南南阳叶县，原为楚地，秦并六国后，葉归秦后所铸。

“寺工”，最初“寺工”“得工”是赵国和秦国所设置的宫廷工官为侍直机构，寺工、得工皆可读为侍工或直工。侍，承也，奉也，承奉之义。汉代承秦制，寺工仍在汉初使用，据《三仓》记载：“寺，官舍也。”《汉书·六帝纪》：“城郭宫寺”注：“凡府廷所在皆谓之寺。”“寺工”为主管手工业的官吏名称，是朝廷属官，在丞之上，非地方机构。

“新蔡斗”为临泉艾亭出土，斗为铁质，外壁嵌一铜质诏版。铁量器出土后，农民曾拿到废品站出售，废品站不收，于是量器被砸碎。铜诏版因被误认为是金质，又被农民拿到银行去卖，银行在诏版右上角剪取一截，用作检测金属成分，直到最后才送到县博物馆。秦诏版是秦始皇统一文字、度量衡时下发的诏书，这是安徽省首次发现的诏书实物，弥足珍贵。诏版文字为秦篆，是篆书向隶书演变时期的过渡文字，篆书的圆笔统统变为方笔，弦线变成了直线条。

第七节　文物古迹

阜阳先秦时期的文物古迹十分丰富，下面分为遗址、墓葬、馆藏文物三部分，按照年代先后顺序，分殷商、西周和春秋战国两个时期进行介绍。

一、殷商、西周时期

阜阳地区已经调查发现的商周时期古城址、古遗址、古墓葬众多，以古遗址为例，由于商周时期本地区地势低洼、河网密布、水患频繁，人们生活聚居不得不选址在高台地上，所以就形成了“古堆型”“高台型”聚落遗存。这些遗址大致可分为两种类型：一类分布在早期史前遗址废墟上，利用早期遗址的高台地构筑，两者形成明显的上下叠压关系，如临泉的九槐遗址、小芝庄遗址、台阳寺遗址、陈冢遗址、李寨遗址、陈小湾遗址、老丘堆遗址、太和的倪邱遗址、藏庄遗址、灰角寺遗址、东李庄遗址、殿顶子遗址，颍上的铜台子遗址，阜南的丁王庄遗址、地理城遗址、老楼遗址等，这些遗址的下层多是龙山文化堆积、大汶口文化堆积；另一类遗址的文化层，直接堆积在生土层上，属于商周时期“新建”的先民聚居点，如临泉的杨楼遗址、坟塘遗址、谷桥口遗址、冢子湾遗址、陶大庄遗址、马寨遗址、吴营遗址、张台遗址，界首的任韩湾遗址、莘城遗址，太和的庄户遗址、太子坟遗址，颍上的黄老墩遗址，阜南的财岗遗址、贺胜台遗址、迎水寺遗址、东岳遗址、大苗庄遗址、王郢子遗址，颍泉的柴禾场遗址等。

此外，阜阳境内还发现了一批重要的商周时期墓葬，出土了一批珍贵的遗物，尤其是横贯颍上、阜南、颍州、临泉的古润河（俗称“小润河”）

沿岸，出土商周青铜器的地点相对密集。这一时期遗址、墓葬数量的增多，表明境内人口密度在不断增加。

阜阳境内出土的商周青铜器，数量众多，种类纷杂，铸工精细，纹饰华美，尤其是古润河沿岸出土的尊、爵、斝、觚、鬲等，代表了同时代高超的青铜制作工艺水平，表明阜阳商周时期境内政治、经济、文化进入了一个高度发达的繁荣阶段。精整陶器和一批青铜农具的出现，则表明这一时期农业生产技术、手工业生产技术十分发达。

（一）古遗址

1. 杨楼遗址

杨楼遗址位于临泉县姜寨镇王楼村杨楼庄东100米处，西南距姜寨镇2500米，南距韦姜路500米，2007年全国第三次文物普查时发现。遗址为圆形高台地，面积0.9万平方米，中部有一条现代水沟将遗址分割成两部分，从水沟的剖面观察文化层堆积厚约两米。采集的标本有泥质灰陶鬲足、泥质灰陶纺轮、泥质灰陶绳纹、篮纹、附加堆纹陶片等，从标本年代判断为商周时期遗址。

2. 谷桥口遗址

谷桥口遗址位于临泉县庞营乡庞营村谷桥口庄东500米处，2007年全国第三次文物普查时发现。遗址面积6.3万平方米，为一不规则形高台地，据当地群众讲遗址上原建有水群寺。采集的标本有泥质灰陶鬲足、泥质灰陶纺轮、泥质灰陶罐口沿等，遗址表层可见大量的红烧土、残瓦砾。从采集的标本年代判断为一处商周遗址，其上有汉代文化层叠压。

3. 一里王遗址

一里王遗址位于临泉县庙岔镇后范庄村一里王庄西北角、延河南岸，西北距庙岔镇3000米，当地群众俗称为“冢子”，2007年全国第三次文物普查时发现。遗址原为不规则形台地，现已夷为平地，面积1.6万平方米。文化层土质疏松，内包含有大量的贝壳、兽骨、红烧土颗粒，采集到的标本有泥质灰陶鬲足、鬲口沿、泥质灰陶绳纹、素面陶片。从采集的标本年代判断应为一处商周遗址。

4. 冢子湾遗址

冢子湾遗址位于临泉县张新镇罗庄村冢子湾庄东北 50 米处、谷河东岸，遗址原为一高出地表约两米的圆形台地，面积 1.3 万平方米，2000 年谷河疏浚工程取土堆积在遗址上，将遗址大部分覆盖住。2007 年第二次全国文物普查时发现，采集的标本有泥质灰陶侧扁形鼎足、泥质灰陶鬲足、泥质灰陶罐口沿、附加堆纹陶片等，从标本年代判断为一商周遗址。

5. 马寨遗址

马寨遗址位于临泉县陈集乡油店村马寨南 20 米处，南距油店集约 500 米，北距谷河 600 米，东距韦艾公路 1000 米，面积 0.93 万平方米。遗址为圆形高台地，上面有几座现代坟，采集的标本有泥质灰陶鬲足、附加堆纹陶片、泥质灰陶罐口沿等，1984 年第二次全国文物普查时发现，从标本年代推断为一处商周遗址。

6. 吴营遗址

吴营遗址位于临泉县宋集镇双河寨村吴营庄北约 300 米处，南邻苇河，北邻赵寨路。遗址为圆形高台地，面积 2.68 万平方米，采集的标本有泥质灰陶罐腹片、泥质灰陶豆柄、泥质灰陶鬲足、泥质灰陶鬲足、夹砂灰陶盆口沿、附加堆纹灰陶片等，从标本年代判断为一处商周遗址。

7. 前刘寨遗址

前刘寨遗址位于临泉县田桥乡前刘寨村刘寨庄东北 200 米处，北距流鞍河 1000 米，东距临泉至新蔡的公路约 3000 米。遗址为一圆形台地，中心高出地表约 0.5 米，面积 1.5 万平方米，其上有一条现代公路将遗址分割成东、西两部分。遗址文化层厚约一米，包含大量的贝壳、红烧土，采集的标本有附加堆纹泥质红陶片、泥质灰陶鬲口沿、泥质灰陶罐口沿、泥质灰陶罐腹片等。根据标本年代判断为一处商周遗址。

8. 黄老墩遗址

黄老墩遗址位于颍上县谢桥镇谢桥社区古济河南岸，南距万夏村均约 100 米，西距济河闸 200 米。1956 年发现，1961 年文物普查时确认，1982 年县文物部门复查，此后，北京大学考古学系、武汉大学历史文化学院、郑州大学历史文化学院、安徽省文物考古研究所分别对该遗址进行过重点调查。遗址为一长方形台地，面积 0.94 万平方米，中心高出地表约 3.5 米，北侧陡峭、南部缓坡状，1988 年调查勘探文化层厚约 2.5 米。历次文物调查采集的标本有蚌镰、鹿角、泥质灰陶绳纹鬲足、泥质灰陶鬲口沿、夹砂灰陶盆、泥质灰陶罐、碗口沿、夹砂绳纹灰陶片、黑皮弦纹红陶片、黑皮夹砂灰陶片、夹砂黑皮红陶片等。从标本年代看为一商周遗址。1988 年，颍上县人民政府公布为县级重点文物保护单位。

9. 贺胜台遗址

贺胜台遗址位于阜南县黄岗镇耿寨村耿寨庄东侧，东距谷河、陶子河交汇处 200 米，北临 328 公路。遗址为一高台地，面积 0.95 万平方米，中心高出地表 6 ~ 7 米，东侧、南侧因河水反复冲刷形成陡壁。1956 年文物调查时发现，1985 年复查确认，此后中国社科院考古研究所、北京大学考古系、武汉大学历史文化学院、安徽省考古研究所等单位先后进行过专题调查。采集的标本有泥质灰陶绳纹鼎足、泥质灰陶绳纹鬲足、泥质灰陶片、石器等，从标本的年代判断为西周遗址。1998 年，安徽省人民政府公布贺胜台遗址为省级重点文物保护单位。

10. 台家寺遗址

台家寺遗址位于阜南县朱寨镇闵庄村常白庄南 1000 米处，润河北岸。遗址为不规则形台地，三面环水，呈北高南低缓坡状，面积约 1.36 万平方米，中心高出周围地表约 4 米。1985 年第二次全国文物普查时发现，1989 年中国社会科学院考古研究所专题调查时确认，安徽省文物考古所对遗址做过专题调查。

2014 年 8 月至今，武汉大学历史文化学院考古系与安徽省考古所对该遗址进行了发掘，发现其文化层以商代为主，出土文物标本有陶鬲、陶罐残片，石刀、石斧、石镰、骨镞、卜骨、蚌壳及猪、鹿、牛、狗骨骼等。遗址中心发现一处等级较高的长方形大型建筑遗址，有成排的柱础等，表明在距今 3300 年的商代中期，这里曾经是淮河流域一处重要的区域活动中心。遗址以商文化遗存为主，其下属于龙山文化遗存。

阜阳境内目前发现的主要商、周遗址，见表 2 - 1 所列。

表2－1　阜阳境内主要商、周遗址一览表

序号	名称	位置	面积（m^2）	形状	遗物	年代
1	杨楼遗址	临泉县姜寨镇王楼村杨楼庄东100米处	0.9万	圆形高台地	泥质灰陶鬲足、泥质灰陶纺轮、泥质灰陶绳纹、篮纹、附加堆纹陶片等	商周
2	谷桥口遗址	临泉县庞营乡庞营村谷桥口庄东500米处	6.3万	不规则形高台地	泥质灰陶鬲足、泥质灰陶纺轮、泥质灰陶罐口沿等，遗址表层可见大量的红烧土、残瓦砾	商周、汉代
3	一里王遗址	临泉县庙岔镇后范庄村一里王庄西北角、延河南岸	1.6万	原为台地，现已夷平	文化层包含有大量的贝壳、兽骨、红烧土颗粒，采集的标本有泥质灰陶鬲足、鬲口沿、泥质灰陶绳纹、素面陶片	商周
4	冢子湾遗址	临泉县张新镇罗庄村冢子湾庄东北50米处、谷河东岸	1.3万	圆形台地	泥质灰陶侧扁形鼎足、泥质灰陶鬲足、泥质灰陶罐口沿、附加堆纹陶片等	商周
5	马寨遗址	临泉县陈集乡油店村马寨南20米	0.93万	圆形高台地	泥质灰陶鬲足、附加堆纹陶片、泥质灰陶罐口沿等	商周
6	吴营遗址	临泉县宋集镇双河寨村吴营庄北约300米	2.68万	圆形高台地	泥质灰陶罐腹片、泥质灰陶豆柄、泥质灰陶鬲足、夹砂灰陶盆口沿、附加堆纹灰陶片等	商周
7	张台遗址	临泉县牛庄乡孔庄村张台庄泉河故道西侧	0.76万	不规则高台地	文化层中包含大量的贝壳、红烧土、陶片，采集标本还有砖、瓷器残件等	商周、汉、宋
8	前刘寨遗址	临泉县田桥乡前刘寨村刘寨庄东北200米	1.5万	圆形台地	文化层包含大量的贝壳、红烧土，采集的标本有附加堆纹泥质红陶片、泥质灰陶鬲口沿、泥质灰陶罐口沿、泥质灰陶罐腹片等	商周

（续表）

序号	名　称	位　置	面积（m^2）	形　状	遗　物	年　代
9	黄老墩遗址	颍上县谢桥镇谢桥社区古济河南岸	0.94 万	长方形台地	蚌镰、鹿角、泥质灰陶绳纹鬲足、泥质灰陶鬲口沿、夹砂灰陶盆、泥质灰陶罐、碗口沿、夹砂绳纹灰陶片、黑皮弦纹红陶片、黑皮夹砂灰陶片、夹砂黑皮红陶片等	商周
9	财岗遗址	阜南县段郢乡财岗村财岗庄财岗小学院内	0.7 万	方形台地	泥质灰陶鬲足、鬲口沿、泥质灰陶绳纹陶片	西周
11	贺胜台遗址	阜南县黄岗镇耿寨村耿寨庄东侧	0.95 万	高台地	泥质灰陶绳纹鼎足、泥质灰陶绳纹鬲足、泥质灰陶片、石器等	西周
12	迎水寺遗址	阜南县许堂乡大桥村大桥庄	0.30 万	高台地	泥质灰陶鬲足、泥质灰陶片	西周、春秋
13	东岳庙遗址	阜南县田集镇东岳村小润河南岸	0.91 万	椭圆形高台地	文化层内包含大量的贝壳，采集的标本有泥质灰陶鬲足、泥质灰陶圆锥状鼎足、泥质灰陶侧扁形鼎足、泥质灰陶绳纹罐口沿、夹砂灰陶厚壁缸口沿、泥质灰陶绳纹陶片、泥质灰陶素面陶片等	西周
14	大苗庄遗址	阜南县鹿城镇苗寺村大苗庄东南 500 米、谷河与界河交汇处	0.34 万	不规则高台地	泥质灰陶鬲足、绳纹泥质灰陶片	西周
15	王郢子西遗址	阜南县地城镇吴营子村王郢子庄北 50 米	1.07 万	北高南低呈缓坡状	泥质灰陶鬲足、绳纹泥质灰陶片、按窝纹泥质灰陶片	西周

（续表）

序号	名　称	位　置	面积（m^2）	形　状	遗　物	年　代
16	双庙遗址	阜阳城西北角、泉河南岸谢公闸附近	0.24万	旧为高台地，现叠压在谢公闸下	兽卜骨、泥质灰陶埙、泥质灰陶鬲、陶罐等	商周
备注	本表均为“单一型”商周遗址，“叠压型”遗址未统计在内；“叠压型”商周遗址主要有：临泉境内的九槐遗址、小芝庄遗址、台阳寺遗址、陈冢遗址、陈小湾遗址、李寨遗址、费子街遗址、老丘堆遗址、岗上遗址、范兴集遗址、韩高楼遗址、张大营遗址、郭大庄遗址、桥口遗址、于小寨遗址、黑土湾遗址、陶大庄遗址，阜南的丁王庄遗址、地理城遗址、老楼遗址、清凉寺遗址、台家寺遗址，太和的藏庄遗址、倪邱遗址、东李庄遗址、灰角寺遗址、殿顶子遗址、东殿顶遗址，颍上的铜台子遗址、颍泉区的柴禾场遗址等32处，表1-1和表1-2已述及，不赘述。					

（二）古墓葬

阜阳境内商周时期的古墓葬，多数未经过考古勘探和科学发掘。从几十年来出土的商周青铜器分布地域看，这些器物主要集中出土于临泉境内泉河沿岸和颍上、阜南、临泉境内的润河沿岸。零星出土的商周青铜器，因缺少器物地层学的证据，无法判断是否为随藏品，所以亦无法确认铜器出土点为墓葬。阜南县朱寨常白庄润河湾，分别于1947年、1957年两次集中出土过商代青铜器，器物年代及其组合特征清楚，近年武汉大学考古队又在这一地域发掘了一批商代墓葬，出土了多件青铜器。几处青铜器出土点距离相近而又密集，表明这里确系一处重要的商代墓地。临泉县泉河南岸的张营老邵庄墓地，出土过一批商周时期的青铜器、玉器，可确认为商周墓地。

1. 月牙河商代墓地

月牙河商代墓地位于阜南县朱寨镇海孜村常白庄润河湾，因此处润河湾形状酷似弯月，故当地俗称之“月牙湾”或“月牙河”。

1947年，阜南朱寨常白庄农民张殿春在润河湾河中一浅水处，挖出一组商代晚期青铜器，计有鼎一件、鬲十二件。鼎立耳，方形，形体硕大。十二件鬲大小、形制、纹饰雷同，外壁均饰以兽面纹，立耳、直口、方唇，圆腹、袋状足，足下部直柱状，末端呈锥形。十二件鬲出土时，分三排规则地摆放在方鼎内。这组青铜器出土后流散民间。新中国成立后，文物部门追回其中的七件兽面纹鬲，先收藏于皖南文物馆，后移交安徽省博物馆收藏，其中的几件又调入国家博物馆收藏。

1957年6月，朱寨徐海孜农民徐廷兰在润河湾常白庄附近河中浅水处，挖出八件商代晚期青铜器，计有尊两件、斝两件、觚两件、爵两件。器表均饰有兽面纹，其中龙虎尊最为精美。这批器物出土后，先收藏于安徽省博物馆，后其中的五件调入国家博物馆收藏。2014年，武汉大学历史文化学院考古系对该遗址进行局部发掘，又发现清理出铜觚、铜爵等器物。

以上几处青铜器出土点相去不远，从器物组合及其精美程度推定，部分墓主人身份地位较高。尤其是龙虎尊、兽面纹尊及兽面纹斝、爵、觚、鬲等，均属于商代规格等级极高的贵族阶层使用的器皿，表明这一墓群所在的台家寺遗址一带，应是当时的一个区域政治、经济、文化中心。

2. 老邵庄商周墓地

老邵庄商周墓地位于临泉县张营乡泉河南岸的河滩缓坡上，近代泉河防洪大坝加高垫土时，封土将墓葬区南部覆盖。现存墓葬区呈不规则形，新中国成立后的几次泉河治理工程中，先后在老邵庄墓地揭露出几处商、周墓葬，出土器物有青铜戈、兽面纹铜觚、“兵父辛”铭铜爵、玉璜、玉牌饰等。

3. 王拐村商代墓地

王拐村商代墓地位于颍上县半岗赵集王拐村小润河北岸，墓葬区地势平坦。1972年4月23日墓葬区出土有“月己”铜爵一件；1974年4月25日发现一商代墓葬，出土器物有商代铜爵、兽面纹觚各一件；1983年墓葬区出土有“□□父”铭文的商代兽面纹铜觚一件。墓葬区未作考古调查勘探，准确面积、四至范围不详。

4. 郑小庄商代墓地

郑小庄商代墓地位于颍上县王岗郑小庄小润河堤坝北岸，1974 年 4 月墓葬区曾出土商代铜刀、铜斧、铜凿、铜矛等多件，1985 年 6 月 20 日墓葬区出土兽面纹铜觚一件。墓葬区未作考古调查勘探，准确面积、四至范围不详。

（三）馆藏文物

1. 陶器

（1）商代篮纹陶罐

篮纹陶罐，夹砂灰陶。侈口，折沿，广肩，圆鼓腹，圆底内凹，肩部饰两组细弦纹，下部两道凹弦纹，下腹及底部饰绳纹。陶罐口沿残，口径 14.7 厘米、腹围 76.5 厘米、底径 8.3 厘米、高 20 厘米。临泉白庙镇鲁楼村岗上遗址出土，1984 年临泉县博物馆征集收藏。

（2）商代篮纹陶盂

商代篮纹陶盂，夹砂灰陶。侈口，折沿，鼓腹，圆底，腹上部光素，下部至底施篮纹。口径 16.5 厘米、腹围 56.0 厘米、底径 8.3 厘米、高 13 厘米。临泉白庙镇鲁楼村岗上遗址出土，1984 年临泉县博物馆征集收藏。

（3）商代绳纹陶鬲

商代绳纹陶鬲，泥质灰陶。敛口，折沿，分档，三乳足，饰细绳纹，腹部有二道弦纹。口径 14.8 厘米、腹径 18.0 厘米、高 16.2 厘米。1980 年临泉白庙镇鲁楼村岗上遗址出土，1984 年临泉县博物馆征集收藏。

（4）商代绳纹陶簋

商代绳纹陶簋，夹砂灰陶。敞口，腹微鼓，喇叭形高圈足，器身外饰细绳纹。口径 17.8 厘米、底径 11.8 厘米、高 15.5 厘米。临泉白庙镇鲁楼村岗上遗址出土，1984 年临泉县博物馆征集收藏。

（5）商代陶盆

商代陶盆，夹砂灰陶。敞口，束颈，鼓腹，圆底内凹。口径 19.2 厘米、腹围 59.2 厘米、底径 7.7 厘米、高 12.3 厘米。1984 年临泉县博物馆征集收藏。

（6）西周篮纹陶鬲

西周篮纹陶鬲，泥质灰陶。敛口，折沿，腹部微鼓，三矮袋状足，通体饰篮纹。口径 13.8 厘米、高 12.7 厘米。1984 年在临泉县白庙镇鲁楼村岗上遗址出土，临泉县博物馆藏。

（7）西周绳纹陶鬲

西周绳纹陶鬲，泥质灰陶。通体饰细绳纹，腹部有一弦纹。敛口，圆唇，腹部微鼓，三矮袋状足。口径 15.8 厘米、腹径 17.4 厘米、高 14.4 厘米。1980 年临泉县白庙镇鲁楼村岗上遗址出土，临泉县博物馆藏。

（8）西周绳纹陶鬲

西周绳纹陶鬲，泥质灰陶。敛口，圆唇，腹部微鼓，三矮袋状足，饰细绳纹。口径 16.8 厘米、腹径 17.8 厘米、高 15.4 厘米。1980 年临泉县白庙镇鲁楼村岗上遗址出土，临泉县博物馆藏。

（9）西周三乳足绳纹陶甗

西周三乳足绳纹陶甗，泥质灰白陶。通体饰绳纹。敛口，束颈，鼓腹，圆柱状长执柄，一侧有流，中间有箅，三矮袋状足。高 17.2 厘米、口径 13.4 厘米、腹径 15 厘米。1975 年 10 月临泉老丘堆遗址台地上出土，后存放于城关镇新建社区曾庄，临泉县博物馆征集入藏。

2. 青铜器

（1）商代龙虎铜尊

商代龙虎铜尊，酒器，青铜质。侈口，束颈，折肩，鼓腹，高圈足。腹部被三个云纹镂空扉棱分割为三区，每区在细密的云纹衬底上铸出贰虎噬人图形；肩部铸出游龙三条，龙首伸出肩处。虎首、龙首均作高浮雕处理。虎尾之下铸一条夔龙，隔扉棱与另一条夔龙相对，形成一个完整的兽面纹。圈足上部有三个十字镂孔和一周凸弦纹，圈足下部饰三组平雕兽面纹。通高 50 厘米、口径 45 厘米、腹深 41.5 厘米、足径 24 厘米。1957 年 6 月阜南县朱寨海孜村常白庄润河湾出土，与龙虎尊同时出土的还有尊一、斝二、爵二、觚二。现藏中国国家博物馆。

（2）商代兽面纹尊

商代兽面纹尊，酒器，青铜质。侈口，折肩，鼓腹，圈足。肩置三兽首，兽首间用扉棱分隔。器内壁随表面浮雕而凹凸不平，圈足有三个“十”字形镂孔。肩饰云纹，腹饰三组浮雕兽面纹，颈饰三周、足饰两周凸弦纹。器腹内壁随器表浮雕纹饰走向而凹凸。口残一块，修复。通高47厘米、口径39.3厘米、底径24厘米、腹围115.2厘米。1957年6月阜南县朱寨海孜村常白庄润河湾出土，现藏安徽省博物院。

（3）商代兽面纹斝

商代兽面纹斝，酒器，青铜质，侈口，束腰，平底。腰腹分段，其间置一弓形扁鋬，口沿上立高大的帽形双柱，腹下为T形锥状三足。腰腹部各饰三组兽面纹，并在每两组兽面纹相邻处又增饰小兽目，帽形柱上饰涡纹。一足尖残，腰上有一小破洞。通高45.8厘米、口径22.6厘米、底径15.5厘米、腹围54.5厘米。1957年6月阜南县朱寨海孜村常白庄润河湾出土，现藏安徽省博物院。

（4）商代兽面纹鬲

商代兽面纹鬲，食器，青铜质。侈口，折沿，沿上立双弓形耳，束颈，斜直壁，腹上部稍小，下部分档，三浅袋状足，足下端呈矮锥状，中空。颈部饰变形兽面纹，腹部对应三足饰三组兽面纹，以云雷纹为地，兽目间设置一扉棱。通高23.1厘米、口径15.4厘米。1944年阜南县朱寨海孜村常白庄润河湾出土，现藏安徽省博物院。

（5）商代兽面纹觚

商代兽面纹觚，酒器，青铜质。侈口呈喇叭状，长身，束腰，喇叭状圈足，足部有三个“十”字形镂空。腹部饰兽面纹，其上下饰凸弦纹，圈足部还饰兽面纹。通高25.8厘米、口径15.5厘米。1957年6月阜南县朱寨海孜村常白庄润河湾出土，现藏安徽省博物院。

（6）商代“酉”铭铜爵

商代“酉”铭铜爵，酒器，青铜质。口有窄流，尖尾略上翘，流沿有菌状双柱，菌帽上饰勾云纹。厚唇，弧腹，圜底，腹有龙首形鋬，与鋬内侧相对的腹壁阴刻有“酉”字。腹饰兽面纹，三棱状尖锥高足。通高25厘米、流尾长16.3厘米、口宽8厘米、腹径20厘米。颍上县王岗郑小庄出土，1972年1月入藏阜阳市博物馆。

（7）商代“月己”铭铜爵

商代“月己”铭铜爵，酒器，青铜质。口有窄流，尖尾略上翘，流沿有菌状双柱，菌帽上饰涡纹。厚唇，弧腹，圜底，腹有龙首形錾，与錾内侧相对的腹壁阴刻有“月己”两字。腹饰云雷纹、兽面纹，以圆圈纹作上、下边阑。三棱状尖锥高足。通高 21 厘米、流尾长 16.4 厘米、口宽 7.6 厘米、腹围 18.2 厘米。颍上县赵集王拐村出土，1972 年 1 月入藏阜阳市博物馆。

（8）商代“兵父辛”铭铜爵

商代“兵父辛”铭铜爵，酒器，青铜质。口有窄流，尖尾略上翘，流沿有菌状双柱，柱饰卷云纹。口沿下饰三道凸弦纹，卵形腹，腹侧有錾，錾内侧有“兵父辛”铭文。三棱锥形足，一足残，已修复。通高 19.2 厘米、宽 17.1 厘米、腹径 6.5 厘米。1991 年临泉县田桥乡老邵庄北泉河南岸出土，临泉县博物馆藏。

（9）商代兽面纹爵

商代兽面纹爵，酒器，青铜质。圆体，深腹，流狭长，短尾，圜底。流末端二柱合一形成帽形单柱，颈腹间置一錾，三 T 形刀足。腰腹间饰兽面纹为主纹，其余用云雷纹填充，上下各有一周连珠纹，帽形柱饰涡纹。一足断，修复。通高 28.2 厘米、长 19.2 厘米、口宽 9.8 厘米、腹围 22 厘米。1957 年 6 月阜南县朱寨海孜村常白庄润河湾出土，安徽省博物院藏。

（10）商代窃曲纹铜爵

商代窃曲纹铜爵，酒器，青铜质。口有窄流，尖尾略上翘，流沿有菌状双柱，柱饰卷云纹。卵形腹，腹内侧有窃曲纹錾。三棱锥形高足。通高 18.0 厘米、宽 16.9 厘米、腹围 19.0 厘米。1988 年 6 月临泉县张营老邵庄墓地出土，阜阳市博物馆藏。

（11）商代兽面纹铜觚

商代兽面纹铜觚，酒器，青铜质。喇叭口，圆唇，细长腹，腹中部以下铸有四道突棱，喇叭状高圈足。口沿下饰蕉叶纹，腹饰兽面纹，上、下以连珠纹作边阑。圈足饰两组兽面纹、蝉纹，并以“四”字形纹为底纹。整器图案繁缛复杂、精整细腻，有主题纹饰、附助纹饰和底纹组合而成。

口部、足皆残。通高 28. 1 厘米、口径 17 厘米、腹围 1. 5 厘米、足径 9. 3 厘米。1984 年 5 月颍上县电影公司岳其蔚先生捐献，阜阳市博物馆藏。

（12）商代提梁卣

商代提梁卣，酒器，青铜质。直口呈椭圆形，有盖和提梁，深腹扁圆，圈足外撇。肩部对称铸有两个兽头，作提梁和器身的连接处。顶盖内侧、器底各铸有“一人牵双马”象形文字的图案，足下部铸有一猪形图案，猪下铸有“父丁”铭文。通高 22 厘米、口径长 14 厘米、宽 11 厘米、腹深 12 厘米、足高 2 厘米。1982 年颍上县王岗区郑小庄出土，颍上县文管所藏，同墓出土的爵和尊都铸有“父丁”铭文。

（13）西周兽面纹铜觚

西周兽面纹铜觚，酒器，青铜质。喇叭口，细长腰，喇叭状圈足。整器以二周凸弦纹为界隔，将口颈、腹部、圈足分成三段：上段喇叭口，素面；中段腹略鼓，铸有四道竖突棱，饰兽面纹；下段圈足素面，中、下段隔界处钻有两竖直条状镂孔。兽面纹铜觚口沿上腹壁残损多处，口径 13. 44 厘米、腹径 5. 25 厘米、足径 8. 5 厘米、通高 22. 4 厘米。1985 年颍上县王岗出土，1985 年 6 月入藏颍上县文管所。

（14）西周云雷纹铜觯

西周云雷纹铜觯，酒器，青铜质。体扁平，侈口，束颈，深弧腹，高圈足，口沿微残。腹部饰一周云雷纹，圈足饰一周几何纹。通高 14. 8 厘米、口径 7. 5 厘米、足径 6. 8 厘米、腹围 26 厘米。1999 年入藏阜阳市博物馆。

（15）西周兽面纹铜甗

西周兽面纹铜甗，食器，青铜质。器作甑、鬲连体形，侈口束腰，索状立耳，鬲部分裆，柱状足，腰间有箅。口沿下饰兽面纹，以云雷纹为底纹，兽面纹的躯干部用细线构成长条状，尾部上卷，躯干下有短小的足。腰部饰蕉叶形龙纹，以云雷纹为底。下部鬲的袋状腹饰牛首形兽面纹。通高 48 厘米、口径 28 厘米。1995 年颍上县王岗镇出土，颍上县文管所藏。

（16）西周兽面纹分档鼎

西周兽面纹分档鼎，食器或礼器，青铜质。圆唇，直耳，分档三柱足，腹部饰三组以云雷纹为底的兽面纹，腹内壁铸有阴刻铭文“□宝□”三字，其中两字残。口径 17.7 厘米、高 22.1 厘米。1965 年 3 月蚌埠合作社拣选，后征集入藏阜阳市博物馆。

（17）西周三足直耳铜鼎

西周三足直耳铜鼎，食器或礼器，青铜质。直耳，口沿外撇，鼓腹，半圆柱足，腹部有一周连续三角纹，. 柱足根部饰变形蝉纹。足残断，口沿残缺，锈蚀严重。通高 14.5 厘米、口径 12.5 厘米、腹围 42 厘米。蚌埠土产站拣选，1966 年入藏阜阳市博物馆。

（18）商代铜刀

商代铜刀，体扁圆，直长柄，圆首，方穿，刀尖翘起，前部刀锋及刀刃有残损，刀中部断折修复，残长 23.3 厘米、宽 2.3 厘米。1974 年 4 月颍上王岗郑小庄出土，后入藏阜阳市博物馆。

（19）商代铜斧

商代铜斧，方銎，双面平刃，范线居中，侧面近等腰三角形，素面无纹。銎口有损缺，一侧面下部有损残。长 9.20 厘米、宽 3 厘米。1974 年 4 月颍上王岗郑小庄出土，后入藏阜阳市博物馆。

（20）西周长方銎弧刃铜凿

西周长方銎弧刃铜凿，体瘦长，长方形銎，上宽下窄，上厚下薄呈弧刃。面微弧，背平直，侧视呈锐角三角形。銎口沿无存，通体锈蚀。通长 10.4 厘米、刃宽 1.9 厘米、銎部厚 1.35 厘米。蚌埠合作社拣选，1967 年入藏阜阳市博物馆。

（21）西周长方銎弧形宽刃铜锛

西周长方銎弧形宽刃铜锛，为长方形銎，一周凸起的弦纹。上窄下宽，弧形宽刃。正面微弧，铸有一上圆下三角形的小孔，背面较平。出视为三角形。銎口沿有残缺，通体锈蚀。长 6.95 厘米、刃宽 4.19 厘米、銎厚 2.19 厘米。蚌埠土产站拣选，1967 年入藏阜阳市博物馆。

3. 玉器

（1）商代玉斧

商代玉斧，青玉质，有沁斑。体略呈扁平梯形。斧刃弧形略宽，斧首平顶，腹腰直边，斧上部中间有一单面钻孔。长 8.4 厘米、宽 4.8 厘米、厚 0.6 厘米。1984 年临泉县张营老邵庄出土，临泉县博物馆藏。

（2）商代玉璜

商代玉璜，清白玉，体扁平弧状，一端有圆穿，整器打磨抛光精细。长 7.2 厘米、宽 1.3 厘米、厚 0.5 厘米。1984 年临泉县张营老邵庄出土，临泉县博物馆藏。

二、春秋、战国时期

阜阳境内发现的春秋战国遗址、城址、墓葬等文物点众多，出土文物种类、数量丰富，表明这一时期阜阳境内经济繁荣、文化发达，社会文明程度较高。其中著名的古遗址有颍州区清古堆战国宫殿遗址，颍泉区柴禾场遗址，临泉潘寨遗址、李大寨遗址和界首韩任湾遗址等。著名的古城址有颍泉区海孜古城址、腰庄古城址，颍东区康桥古城址，临泉县沈子国城址、鲖阳古城址、太和殿顶子古城址、新鄞古城址，阜南原鹿古城址，界首新阳城古城址，颍上慎城古城址等，出土文物则涵盖了陶器、青铜器、玉石器等多个门类。

（一）古遗址

1. 青古堆宫殿遗址

青古堆宫殿遗址位于阜阳市颍州区清河办事处黄庄村村西，西邻九里沟农场。遗址原为一处高出地表约六米的椭圆形大土谷堆，面积约十万平方米。古堆表层可见大量的绳纹、弦纹、素面泥质灰陶陶片。1994 年原县级阜阳市为建设体育场，挖取遗址封土填垫文峰塔西北侧鱼苗场水塘时被破坏。遗址封土挖开后，暴露出大面积被火焚烧过的红褐土及残建筑构件。同年八月，安徽省文物考古所对残存遗址进行局部试掘，遗址局部夯筑痕迹明显，清理出空心砖铺筑的多层宫殿台阶和方格纹方砖铺筑的走道等遗迹，采集的标本有素面空心砖、拍印纹方砖、筒瓦、瓦当构件及绳纹、弦纹泥质灰陶片。其中瓦当饰有乳丁纹、草叶纹、卷云纹、莲花纹等多种纹饰。根据遗迹遗物判断，青古堆应是一处毁于大火的大型战国宫殿遗址。该遗址大部分已被破坏，现残存面积约 0.64 万平方米。

2. 柴禾场遗址

柴禾场遗址位于阜阳城西二环路与泉河交汇处的泉河南北两岸，遗址是一处东西约 1500 米、南北约 1500 米，面积约 22.5 万平方米的方形高台地，其上因旧时有“柴禾场”（古代颍州府存放粮草物资的仓库）村庄而得名，东临南韩庄，西临张海子村、北临高井村、东北临炮铺庄。1953 年泉河下游取直改道时，将遗址分割成隔河相望的南、北两部分。泉河南岸的遗址高台地部分的西侧俗称“楚王金銮殿”，东侧俗称“胡台”。自 1998 年建设泉河大桥、西二环路（中南大道）、皖西北商贸城、瑶海大市场及单位、居民商住楼以来，遗址南部（泉河南岸）为瑶海大市场、二环路及其西侧的办公楼、居民楼所破坏，北部（泉河北岸）为皖西北商贸城所破坏。遗址内散见大量的残碎绳纹、弦纹、素面泥质灰陶片和砖瓦建筑构件，出土器物有敞口折沿素面泥质灰陶缸、粗绳纹泥质灰陶缸、素面泥质灰陶豆、素面窄沿窄腹泥质灰陶盆、方唇短颈折肩鼓腹灰陶平底罐、敞口斜腹圜底红陶盘、敛口浅盘喇叭状圈足灰陶豆、直口斜腹平底黑衣陶钵、直口广肩鼓腹平底灰陶瓮、泥质灰陶板瓦、筒瓦、滴水等，另有少量的早期文化遗存。在瑶海大市场西侧西二环路开挖下水道底槽时，发现有大面积、大量建筑碎片及陶豆等。从出土标本看，柴禾场为一处史前至春秋战国时期的大型古遗址。阜阳明、清以来的文献及方志多记载“汝阴西北二里，有胡城”，柴禾场遗址的位置与年代，大致与胡城故址相当。

3. 潘寨遗址

潘寨遗址位于临泉县鲖城镇潘寨村潘寨庄北，遗址现为一椭圆形高台地，高出地面约 1.3 米，南北 100 米，东西 300 米，面积 3 万平方米。1984 年全国第二次文物普查时发现，历次文物调查采集到的标本有泥质灰陶鼎足、鬲足、罐口沿、器物腹片等，局部文化层厚约 1.8 米。从采集到的标本特征判断，该遗址的年代为春秋战国时期。

4. 李大寨遗址

李大寨遗址位于临泉县高塘乡高塘村李大寨古城遗址的西南侧，西距高塘乡政府约一公里，北距高塘乡至欧庙的乡村公路约 500 米。遗址第三次全国文物普查时发现，现略高于四周地表，面积46万平方米，其中东南角有一高台地，群众称为“上天梯”。遗址内曾出土蚁鼻钱、楚金币、铜剑、铜镜及大量的陶器，2007年文物普查时，采集的标本有板瓦、筒瓦、墓砖、泥质灰陶豆柄、灰陶杯、罐口沿、器底、陶虎形饰等，局部剖面观察文化层厚达两米。从采集的标本特征看，应是一处战国至汉代的古遗址。

5. 李庄遗址

李庄遗址位于临泉县艾亭镇艾西村李庄北侧、艾亭古城遗址西侧，东距艾亭集约两公里。遗址为一处东西长、南北窄的长方形高台地，面积约10万平方米，中心高出地表约两米，西南、东南部有居民建房居住，其余部分为农田。2007年全国第三次文物普查时发现，遗址地表可见大量的绳纹、弦纹、素面泥质红陶、灰陶片，遗址内发现东汉砖室墓，采集的标本有蚁鼻钱、泥质灰陶盘等，从标本的年代判断应是一处战国至汉代的遗址。

6. 范庄遗址

范庄遗址位于临泉县迎仙镇迎北村范庄，东邻临泉至新蔡的公路，西边和北边是农田。遗址为长方形高台地，面积11.5万平方米，文化层厚一米，1984年全国第二次文物普查时发现，2007年复查确认。据调查，遗址内曾出土大量蚁鼻钱、汉“五株”钱范、汉砖等，文物普查采集的标本有盆口沿、豆盘残片、筒瓦及一枚“五株”钱等，根据标本的特征判断，该遗址的年代应在战国至汉代时期。

7. 古城遗址

古城遗址位于临泉县城关镇西约一公里古城社区古城村北，南侧紧邻沈子国古城址，北距泉河约一公里，204省道从遗址南北贯穿。遗址基本呈长方形，面积35万平方米。文化层厚约一米。2007年第三次全国文物普查时发现，在遗址内的取土坑剖面上可见大量的陶片、残砖瓦构件，根据标本特征判断应为一处战国至汉代的遗址。

阜阳境内主要春秋、战国遗址，见表2-2所列。

表2-2　阜阳境内主要春秋、战国遗址一览表

序号	名　称	位　置	面积（m^2）	形　状	遗　物	年　代
1	青谷堆战国宫殿遗址	颍州区清河办事处黄庄村村西200米处，西邻九里沟农场	0.64万	椭圆形谷堆，现高出地表约1.5米	空心砖、筒瓦、瓦当，绳纹、弦纹泥质灰陶片，其中瓦当饰有乳丁纹、草叶纹、卷云纹、莲花纹	战国
2	柴禾场遗址	颍泉区瑶海大市场内，泉河南岸	225万	不规则高台地	素面泥质灰陶缸、粗绳纹泥质灰陶缸、素面泥质灰陶豆、素面泥质灰陶窄沿盆、罐、瓮残器、泥质灰陶板瓦、筒瓦、滴水等	春秋、战国
3	潘寨遗址	临泉县铜城镇潘寨村潘寨庄北20米处	3万	椭圆形高台地，高出地面约1.3米	泥质灰陶鼎足、鬲足、罐口沿、器物腹片等	春秋、战国
4	李大寨遗址	临泉县高塘乡高塘村李大寨古城址西南	46万	高台地	蚁鼻钱、楚金币、铜剑、铜镜、板瓦、筒瓦、墓砖、泥质灰陶豆柄、灰陶杯、罐口沿、器底、陶虎形饰	战国、汉代
5	李庄遗址	临泉县艾亭镇艾西村李庄北侧	11.5万	长方形高台地，中心高出地表2米	绳纹、弦纹、素面泥质红陶、灰陶片、蚁鼻钱、泥质灰陶盘	战国、汉代
6	范庄遗址	临泉县迎仙镇迎北村范庄	11.5万	长方形高台地	蚁鼻钱、汉代“五株”钱范、汉砖、盆口沿、豆盘残片、筒瓦及一枚“五株”钱等	战国、汉代
7	古城遗址	临泉县城关镇古城社区古城村北	35万	长方形	绳纹、素面泥质灰陶片，残砖、板瓦、筒瓦构件	战国、汉代

（续表）

序号	名 称	位 置	面积（m^2）	形 状	遗 物	年 代
8	史庄遗址	临泉县滑集镇史庄村史庄村东侧	14.3万	长方形高台地	蚁鼻钱、残砖瓦片等，局部文化堆积厚2米	战国、汉代
9	蔡庄遗址	临泉县城关镇古城社区蔡庄西、泉河南岸	3.1万	不规则高台地	绳纹、弦纹、素面泥质灰陶片，红烧土	战国、汉代
10	庄户遗址	太和县三塔镇团结村瓦房庄西侧	1.8万	不规则高台地	黑皮泥质灰陶片、绳纹泥质灰陶罐口沿、砖、板瓦、筒瓦残器等	战国、汉代
11	韩、任湾遗址	界首市东城办事处徐寨村韩湾、任湾庄村南50米、沙河北岸	3.72万	原为长方形高台地，今夷平	泥质灰陶绳纹陶片，泥质红陶素面陶片，铸铁炼渣、蚁鼻钱、五铢钱、铜簇、铜带钩、“长宜子孙”铜镜。文化层厚2~4米	战国、汉代
12	将娘娘店遗址	界首市杨庄乡蒋娘娘店村内	8.27万	不规则形	战国空心砖、冶铁废渣，汉代铜镜、铜剑、石磨、铁锤、钱币等	战国、汉代
备注	本表中，叠压在早期遗址上的春秋战国遗址未列入，如临泉县的费子街遗址、桥口遗址、小于庄遗址，阜南县的靳岗遗址，界首县的王庄遗址、韩湾-任湾遗址，太和县的殿藏庄遗址、东李庄遗址，阜阳市颍泉区的柴禾场遗址等。					

（二）古城址

1. 沈子国古城址

沈子国古城址位于临泉县城关镇古城社区古城村，城址三面环水，北距泉河约一公里，东临流鞍河，南边是临泉至鲖城镇的公路，204省道从古城西部南北贯穿。古城平面略呈长方形，北部较宽，南部略窄，东南角内收，周长约2140米，面积约41.4万平方米。城外周有明显的护城河遗迹，至城西南角处汇入流鞍河，推测护城河当时有防御、灌溉和交通运输多种用途。墙体虽破坏，但走势明显，宽约13.6米。四个城墙拐角都能见

1～3米高的残体，其中以西北角最高，高出地面约3.4米。墙土黄褐色，夯打坚实，夯层厚约10～12厘米。夯痕圆而平，直径约5厘米，夯土中含东周时期陶片。北城墙和护城河之间有一高台地，东西长约80米，南北宽约15米，高出地面约1.5米，周围群众俗称为“点将台”。城内地形中间高，四周低，高差约2米，地表可见大量的残碎瓦砾，经局部解剖底层，自地表向下5米尚不到生土。现探明城址西北500米的泉河南岸有商代至战国时期的墓群，城址的南面和西南面2公里处分别是汉墓群。城址内历年来发现的出土文物计有：商代青铜铭文戈、觚、爵、矛、陶簋等；西周时期的青铜矛、戈、陶鬲等；春秋时期的青铜“叶”字矛、“蒙”字戈、鱼腹纹剑等；战国时期的楚式铜鼎、“郢爰”金币以及大量楚铜贝、仿铜陶礼器等；汉代文物有砖、瓦当等。从地层叠压关系和出土文物特征看，该城址使用年代前后延续时间较长，上限自商代始，下限延及宋、元时期。据文献记载，沈子国建城至迟始在春秋时期、约在宋、元以后废弃。该城址地望与年代变迁，与沈国故城大体吻合。

1982年临泉县人民政府公布该城址为县级重点文物保护单位，2012年12月，安徽省人民政府公布沈子国古城址为省级重点文物保护单位。

2. 鲖阳古城址

鲖阳古城址位于临泉县鲖城镇桐东村桐东庄庄内，城址现为一长方形高台地，外有一周护城河，南临流鞍河，其西、北面尚有城垣高出地面。全国第三次文物普查时测量面积为24万平方米，地表可见大量的残碎砖、瓦构件，城址内出土文物计有楚“郢爰”金币、“陈爰”金币、蚁鼻钱、铜剑、提梁壶、铜镜、砖、瓦当、石磬及唐宋瓷器等。从出土文物的年代特征判断，该城址的年代为战国至两汉时期。鲖阳县，汉置，属汝南郡，《汉书·地理志》注汝南郡：“鲖阳县，在鲖水之阳也。”

1982年，临泉县人民政府公布鲖阳古城址为县级重点文物保护单位。

3. 殿顶子古城址

殿顶子古城址位于太和县宫集镇朱庄乡张营、靳楼、靳沟口三个行政村境内，北临西淝河，当地群众俗称为“楚王城”。遗址平面略呈正方形，面积约2万平方米。第一次全国文物普查时，地表可见城垣轮廓痕迹。

2003年安徽省文物考古研究所对城址局部进行调查勘探，地层文化堆积厚0.9~2.5米。城址内沟渠纵横交错，古井众多，部分井内上层堆积瓦砾，有饰绳纹、乳丁纹、菱形纹的筒瓦、板瓦残件等。城址内出土器物计有：方唇、短颈、折肩、鼓腹灰陶平底罐，敞口斜腹圜底红陶盘，宽沿折腹灰陶盆，敛口浅盘喇叭状圈足灰陶豆，直口斜腹平底黑衣陶钵，直口广肩鼓腹平底灰陶瓮，实心灰陶球，残灰陶空心砖，灰陶筒瓦，板瓦，铁臿，双刃铜镢，双翼短铤铜簇等。陶器以泥质灰陶为主、红陶次之。纹饰有绳纹、篮纹、附加堆纹、按窝纹、乳丁纹、龙穿璧纹等。城址中部偏北处有一高出地表约四米的长方形台基，东西500米、南北400米，面积20万平方米，群众称其为“殿顶子”。经勘探发掘，城址东南800~1000米处为一墓葬区，其中多为土坑竖穴墓，出土器物有陶罐、陶鼎、铜剑、铜印章、蚁鼻钱等。从历次调查获得的遗迹遗物看，该城址兴起的年代主要在战国时期，汉代、唐时仍在使用。

4. 艾亭古城址

艾亭古城址位于临泉县艾亭镇艾西行政村艾西村，东距临泉至艾亭公路约1.5公里，南距洪河约5公里，西边及北边为农田。城址为一长方形高台地，面积255万平方米，四周可见护城河痕迹。当地群众世代相传该古城址即古代的“窑州”，古城址内有“七十二窑”之说。城址的东南部有一高台地，东西约80米，南北约50米，传为三国时魏国大将邓艾的“点将台”，群众俗称“台子寺”，近代曾经在台子上建过寺庙。从台地北侧剖面，可见文化堆积厚达2米以上，出土器物计有汉代宽折沿盆口沿、筒瓦、板瓦等遗物。据调查城址内曾出土蚁鼻钱、铜镜、铜剑等。现城址内民居建筑上，可见纹饰繁多的古代青砖构件。根据遗迹遗物判断，该城的始建年代至迟在战国时期，延至魏晋时仍在使用。汉代历史文献记载确有曹魏大将邓艾在颍、寿、陈、蔡一带驻军屯田的史实，该城最为兴盛时期或与邓艾在此屯田有关，城址准确废弃年代不详。

5. 原鹿古城址

原鹿古城址位于阜南县公桥乡阮城村后前楼、楼庄、阮城三个庄内，北与谷河毗邻。城址呈长方形台地状，面积71.9万平方米。1984年第二次全国文物普查时，可见城垣、城壕遗迹，城址内有古井十六处。出土文物计有蚁鼻钱、青铜戈、矛、镞、陶鼎、豆、壶及半两钱、汉五铢、新莽币、铜镜、带钩、印玺等，2007 年第三次文物普查时拣选标本有汉代泥质灰陶残罐、酱釉执壶残器等。从出土文物的年代判断，原鹿古城应兴于春秋时期，汉、唐时仍在沿用，唐以后废弃。文献记载春秋时期宋襄公召集诸侯与楚国会盟鹿上，会盟地点“鹿上”或即在原鹿古城。1999 年，阜南县公布原鹿古城址为县级重点文物保护单位。

6. 新阳城遗址

新阳城遗址位于界首市光武区小黄乡尹城子村南，东距界郸公路 500 米，因附近居民多尹姓，故俗称尹城子。城址略呈长方形，南北长 390 米，东西宽 330 米，第一次全国文物普查时，城址地表城垣范围尚清晰可辨。今城址城垣、城壕地表特征不明，仅见遗址略高于四周平地。据史书记载此即古代的新阳城，战国时楚置新阳县，秦灭楚，属秦、隶淮阳郡（旧称陈郡）。新阳城自楚建县始，至西晋废县时止，前后沿革近 500 年。该城址内出土器物有蚁鼻钱、布币、汉“半两”钱、汉“五铢”钱、新莽布泉等。1974 年，城址内出土“大泉五十”钱范一件，还发现了炼铜、铸铁的冶炼残渣。根据文献记载和出土文物分析，新阳城曾是古代的一个地方政治、军事、商业重镇。

1982 年 9 月，界首县人民政府公布新阳城遗址为界首县重点文物保护单位。1998 年 5 月，省人民政府公布为省级重点文物保护单位。

7. 慎县故城

慎县故城位于颍上县江口镇汤圩孜村，南临颍河，西靠乌江口。在 1959 年、1986 年两次全国文物普查时，均在地表可见城垣痕迹，城址内采集的标本有素面砖、绳纹陶井圈、绳纹板瓦、云纹瓦当残件等。该城址由“外城”和“内城”构成，外城平面呈长方形，南北长 1500 米，东西宽 1000 米。内城平面呈方形，城垣高出地面 3～4 米，夯筑痕迹明显。城址内历年来出土器物有“中邮吏印”官印、楚铜贝、半两钱、汉五铢、“见日之光”铭铜镜、灰陶缶、灰陶豆、陶双耳罐、陶双耳瓶、瓷虎子、石磨等。在“内城”的下水道中，曾挖出“陷阵都尉”铜印 1 枚。从以上出土器物判断，该城系一处兴盛于春秋战国时期的古城，汉代、南北朝时期此城似仍沿用，其地望所在及兴废史，与战国时期的慎县古城大体吻合。

8. 鄟丘故城

鄟丘故城位于太和县赵庙张阁乡城子村与城坑村境内，周围群众俗称其为“宋王城”。城址面积与四至范围不详，1986年文物普查时，城垣城壕依稀可辨。城内出土有蚁鼻钱、铜镜、铜戈、“大吉昌”铭文空心砖、瓦当、筒瓦、地下陶质排水管等。从出土文物特征判断，应是一处战国或汉代的古城。据考证，魏国鄟丘故城（今倪邱）被秦“拔”后，至汉代从茨河上游建新鄟，东汉时又改称宋县。东汉章帝建初四年（79），将殷后孔安即光武帝刘秀所封的宋公迁于宋县，以其地为宋公国，其城为宋新都。

阜阳境内春秋战国古城址，见表2-3所列。

表2-3　阜阳境内主要春秋战国城址一览表

序号	名　称	位　置	面积（m^2）	形　状	遗　迹、遗　物	年　代
1	海孜古城遗址	颍泉区宁老庄镇海孜乡古城村	150万	近长方形	出土夹砂绳纹红陶罐、陶网坠、泥质灰陶豆、绳纹灰陶鬲足、红陶器足、筒瓦、蚁鼻钱、古井、唐代钱币、绿釉陶片、建筑基址等	春秋战国、秦汉、唐代
2	腰庄古城遗址	颍泉区伍明镇苏集乡谭庄村腰庄，东至黄庄，西至周孜，南至谭庄，北至郭沟	300万	长方形	铜鼎、钫、镜、剑、铁犁铧、陶俑、陶片等，遗址内开挖向阳沟时，在地下发现排列有序的古井数眼	战国至汉代
3	原鹿故城	阜南县公桥乡阮城村后前楼、楼庄、阮城三个庄内，谷河南岸	71.9万	呈长方形台地状	城垣、城壕、古井、蚁鼻钱、青铜戈、矛、镞、陶鼎、豆、壶及半两钱、汉五铢、新莽币、铜镜、带钩、印玺等，汉代泥质灰陶残罐、酱釉刺执壶残器等	战国、汉代

（续表）

序号	名　称	位　置	面积（m^2）	形　状	遗　迹、遗　物	年　代
4	沈子国古城	临泉县城关镇古城社区古城村	41.4万	长方形台地	城垣、城门。商代的青铜铭文戈及觚、爵、矛、陶簋等；西周的青铜矛、戈、陶鬲等；春秋时期的青铜“叶”字矛、“蒙”字戈、鱼腹纹剑等；战国时期的青铜楚式鼎、“郢爰”金币以及大量楚铜贝、仿铜陶礼器等；汉代文物有砖、瓦当等	商周、春秋张国、汉代
5	慎城遗址	颍上县江口镇汤圩孜村	150万	长方形	城址由“外城”和“内城”构成，内城方形，城垣高出地面3~4米，夯筑痕迹明显。故城内遗留秦汉建筑构件很多，有汉素面砖、绳纹陶井圈、云纹瓦当等。出土器物有“中邮吏印”官印、楚铜贝、半两钱、汉五铢、“见日之光长不相忘”铭文铜镜、陶缶、豆、双耳罐、双耳瓶、虎子、石磨等。内城在下水道中曾挖出“陷陈都尉”铜印1枚	战国、汉代、南北朝
6	新阳古城遗址	界首市光武区小黄乡尹城子村南	12.87万	长方形	城垣可辨。出土蚁鼻钱、布贝、汉半两、汉五铢、布泉、“大泉五十”钱范、炼铜、铸铁残渣	战国、两汉、新莽
7	鲖阳古城遗址	临泉县鲖城镇桐东村桐东庄庄内	24万	长方形高台地	城垣，残碎砖、瓦构件，楚“郢爰”、“陈爰”金币、蚁鼻钱、铜剑、提梁壶、铜镜、砖、瓦当、石磬及唐宋瓷器等	战国、秦汉、唐宋
8	艾亭古城遗址	临泉县艾亭镇艾西行政村艾西村	255万	长方形高台地	有护城河痕，东南角有一高台地，东西约80米，南北约50米，出土蚁鼻钱、铜镜、铜剑、宽折沿盆口沿、筒瓦、板瓦等	战国、汉代、魏晋

（续表）

序号	名称	位置	面积（m^2）	形状	遗迹、遗物	年代
9	李大寨古城遗址	临泉县高塘乡高塘村李大寨庄	4.4万	正方形台地	城垣、沟河、护城河。蚁鼻钱、铜钵、陶罐、印章等	战国、唐
10	康桥古城遗址	颍东区口子镇汪庙乡康桥村古城孜庄东	6.25万	正方形台地	城垣、城壕可见，北城垣出土有砖，南城门南侧地下有长30米、宽3米的砖结构通道，砖侧面有几何纹	春秋、南北朝
11	殿顶子城址	太和县宫集镇朱庄乡张营、靳楼、靳沟口三个行政村境内	289万	呈正方形	城址内沟渠、古井众多，井内上层堆积瓦砾，有饰绳纹、乳丁纹、菱形纹的筒瓦、板瓦残件等。出土有方唇、短颈、折肩、鼓腹灰陶平底罐、敞口斜腹圜底红陶盘、宽沿折腹灰陶盆、敛口浅盘喇叭状圈足灰陶豆、直口斜腹平底黑衣陶钵、直口广肩鼓腹平底灰陶瓮、实心灰陶球、残灰陶空心砖、灰陶筒瓦、板瓦、铁臿、双刃铜镢、双翼短铤铜簇等，陶器以泥质灰陶为主、红陶次之。纹饰有绳纹、篮纹、附加堆纹、按窝纹、乳丁纹、龙穿璧纹等。城址中部偏北处有一高出地表约4米的长方形台基，面积20万平方米。城址东南800～1000米处为一墓葬区，多为土坑竖穴墓，出土器物有陶罐、陶鼎、铜剑、铜印章、蚁鼻钱等	战国、汉代
12	鄟丘古城遗址	太和县赵庙张阁乡城子村与城坑村境内	未详	不规则	城垣、城壕。出土有新郪虎符、蚁鼻钱、铜镜、铜戈、“大吉昌”铭文空心砖、瓦当、筒瓦、地下陶质排水管等	战国、汉代

(三) 古墓葬

1. 宁庄墓群

宁庄墓群位于临泉县谭棚镇张新行政村宁庄村北、泉河南岸的河滩上。墓群范围呈长方形，面积约5.4万平方米，多年来在该墓群内发现的墓葬有30余座，出土器物有青铜剑、铜镜等。从出土器物年代判断为战国墓群。

2. 杨桥闸墓群

杨桥闸墓群位于临泉县杨桥镇杨桥村杨桥闸西二十米，延河和和泉河交汇处，东边是杨桥镇，杨桥至界首的公路南北穿过，南距102省道约一公里。墓葬区为一高台地，面积约8.2万平方米，1985年修建杨桥闸时将墓群破坏，出土大量的陶器。从墓葬形制、出土器物判断为一战国至汉代墓群。

3. 史楼墓群

史楼墓群位于临泉县杨桥镇老街村史楼庄西南处，紧靠泉河北岸，南部为泉河河坡。墓群东西长、南北窄，面积约3.8万平方米，1985年修杨桥闸时挖出多座土坑墓，出土器物有青铜剑、矛、陶罐等，其中一墓坑内有大量的排列无序的人体骨架。从墓葬形制、出土器物判断，该墓群为一处战国至汉代墓葬群。

4. 费子街墓群

费子街墓群位于临泉县杨桥镇新安村费子街北、泉河与延河的交汇处，南距102省道一公里。墓群呈不规则形，面积约20.5万平方米。新中国成立后历次泉河治理工程，对墓葬区均有不同程度的破坏，出土器物有绳纹陶罐、篮纹罐等。从墓葬形制、出土器物判断，该墓地为一处战国—汉代墓群。

5. 城西墓群

城西墓群位于临泉县城关镇城西城社区西城村流鞍河东岸，墓群不规则形，面积约67万平方米。历次流鞍河疏浚治理对墓葬区均有破坏，出土器物有陶俑、陶鹤、连杆双壶、陶豆、绳纹圆底陶罐等。从墓葬形制、出土器物判断为一处战国—汉代墓群。

6. 裴集墓群

裴集墓群位于临泉县滑集镇裴集行政村裴集自然村北，东距宋集到滑集的乡村公路100米，公路紧靠苇河，西距临泉至艾亭公路约3公里。墓群为圆形高台地，面积3万平方米，中心高出地面一米，墓区出土过楚金币、陶罐等，从出土文物判断为一处战国墓群。

7. 东司沟墓群

东司沟墓群位于临泉县张营乡周楼村东司沟庄南，北部紧靠泉河故道。墓群呈不规则形状高台地，面积约2.6万平方米，现为一现代窑厂烧砖取土所破坏，出土器物有陶罐、陶豆、青铜剑等。根据墓葬形制、出土器物判断为一处战国—汉代的墓群。

8. 东张楼墓群

东张楼墓群位于临泉县城关镇西古城社区东张楼村西，北边紧靠泉河，南距102省道约3公里。墓群北部被新修的泉河坝覆盖，东部部分为村民住房叠压。墓地面积约3.2平方米，局部为群众取土所挖毁，出土器物有铜剑、鼎、陶罐等。从出土器物判断为一处战国—汉代墓群。

9. 坟塘墓群

坟塘墓群位于临泉县鲖城镇大顾庄村坟塘庄南，面积约9.7万平方米。1967年群众平整土地挖出6座墓葬，均为小型土坑竖穴墓，出土器物有楚“郢爰”金币、青铜提梁壶及大量的陶器等，据出土器物判断为一处战国晚期墓地。

10. 西张庄墓地

西张庄墓地位于界首市东城办事处余路村西张庄北，界临郸公路西张庄桥东侧，万福沟以西。墓区准确四至范围不详，调查确认的面积约1.5万平方米。2004年9月界临郸公路新张庄段挖路基施工时，将墓区内的部分墓葬破坏，出土器物有青铜簋、青铜剑、灰陶豆、红陶豆等。从出土器物特征判断，该墓区为一处春秋墓地。

11. 甘罗墓

甘罗墓位于颍上县江口镇汤圩村，墓葬面积2600平方米，清光绪年间，墓葬曾被洪水冲毁。墓地现存明代、清代石刻碑文各一块，其中清代石碑长2.69米、宽0.92米、厚0.24米，正面碑文刻“秦上卿甘罗碑”，背面阴刻碑文记述甘罗生平事迹。该墓是否确为甘罗墓，待考。

12. 王集墓地

王集墓地位于颍州区九龙镇龙王堂村王集庄南，墓葬原为一高出地表约9米的大土古堆，1970年至2007年间，附近先后几次修路取土，将古堆挖成深2.3～2.5米的凹塘状。1970年墓葬区内曾出土过一批青铜器，据出土器物年代判断应是一处战国墓地。

13. 女郎台战国墓群

女郎台战国墓群位于颍泉区农业生态园东北400米处的工业物流园区内，周围群众称之为“女郎台”、“花古堆”。墓群原是一处高大的椭圆形土古堆，面积约1.1万平方米，后因黄泛泥沙的淤积逐渐变为台地。2004年5月至2005年11月，阜阳市博物馆对其进行发掘，共清理出战国墓14处、汉代墓葬11处，出土铜器、陶器、玉器、铁器、骨角器等文物400多件：铜器主要有铜镜、剑、带钩、棺饰、钱币等；陶器有鼎、罐、壶、盒、钫、匜、杯、仓、熏炉、冥币等，其中有素面灰陶和彩绘两种；玉器有璧、璜、珩、剑饰、印等。墓葬均为中、小型土坑竖穴墓，有的墓葬内还见彩绘棺和陪葬漆器。根据墓葬形制、出土器物判断为一处战国—西汉墓群。

14. 莲花庄战国墓群

莲花庄战国墓群位于阜阳金种子酒厂东侧、莲花庄一带，1987年7月，原阜阳市建材总厂烧砖取土时发现。墓区准确面积不详，已发现的范围东西约150米、南北约180米，面积2.7万平方米。建材总厂多年烧砖取土时，已经发现并破坏的墓葬约20余座，均为距地表2.4米以下的土坑竖穴墓。出土器物以陶器为主，另有一定数量的铜器，计有铜鼎、铜壶、铜戈、铜杈、铜镜、剑，陶鼎、俑、灶、马、碗、盆、罐、响盒、豆等。从出土器物的年代判断，墓地为一处战国—汉代墓群。

15. 西郊灌渠战国墓

西郊灌渠战国墓位于颍州区颍西镇西郊灌渠工地，1974年7月群众建灌渠挖土时发现，墓葬区面积及四至范围不详。已清理的一处墓葬为土坑竖穴墓，长、宽、深未测量，出土器物有蜻蜓眼玻璃珠、青铜小兽、铜环、印章等物，印章字迹因磨蚀严重无法辨识。从出土器物判断为一处战国墓葬。

16. 颍上陈桥双古堆墓

颍上陈桥双古堆墓位于颍上县陈桥山涧西侧，形制呈两古堆相连状，两者间距约 5 米。古堆高约 6 米。1953 年、1954 年文物部门两次对该墓进行过发掘清理，出土器物计有灰陶俑、陶马、石磨、一枚有“张永”款的铜印章。光绪十八年《凤台县志》记载：“双古堆，在展沟集旁。吴、楚交战于房钟，楚人营垒，收残骨葬双墓。”

（三）馆藏文物

1. 陶器

（1）战国彩绘绳纹灰陶罐

战国彩绘绳纹灰陶罐，泥质灰陶。口微侈，突尖沿，方唇，短束颈，溜肩，圆鼓腹向下渐膨大，圜底。上腹饰多周彩绘，下腹至底部饰绳纹。口径 11.45 厘米、腹径 19.6 厘米、通高 24.8 厘米。1973 年 3 月阜阳食品厂人防工程基建工地出土，阜阳市博物馆藏。

（2）战国弦纹灰陶罐

泥质灰陶。敞口，尖沿，方唇弧状内凹。短束颈，圆溜肩，肩部对置扁宽状两系，系穿内凹。圆鼓腹，下腹弧状内收。圜底内凹，肩及腹部饰平引弦纹圈带，下腹及底饰绳纹。口径 15.55 厘米、腹径 28.1 厘米、通高 30.2 厘米。1973 年 4 月阜阳地委人防工程基建工地出土，阜阳市博物馆藏。

（3）战国兽衔环陶罐

战国兽衔环陶罐，泥质灰陶。子母口，口外饰凹弦纹一周。束颈，鼓腹，腹上部有对称兽衔环双耳。实圈足，平底。口径 10.8 厘米、腹围 58.0 厘米、底径 10.4 厘米、高 24.8 厘米。1984 年征集，临泉县博物馆藏。

（4）战国彩绘陶尊

战国彩绘陶尊，泥质灰陶。伞状盖，直口，直腹，腹上部有一短捉手，圜底，三柱形足，外施红彩绘。微残，口径11.6厘米、高16.4厘米。1978年11月临泉县城西墓群出土，临泉县博物馆藏。

（5）春秋弦纹高足陶豆

春秋弦纹高足陶豆，泥质灰陶。侈口，豆盘外饰一周凸弦纹，喇叭形高足。口沿残，口径12.7厘米、底径11.5厘米。1984年临泉县博物馆征集入藏。

（6）战国长柄陶豆壶

战国长柄陶豆壶，泥质灰陶。侈口，有圆鼓形盖，束颈，鼓腹，腹上饰凸弦纹一周。细长柄，喇叭形圈足，口径4.3厘米、底径9.0厘米、高21.5厘米。1984年临泉县博物馆征集入藏。

（7）战国圆柄陶方豆

战国圆柄陶方豆，泥质灰陶。豆盘长方形，圆柄，喇叭形圈足。盖残，长19.8厘米、宽16.9厘米、底径13.9、高17.3厘米。1987年11月临泉县城西战国墓出土，临泉县博物馆藏。

（8）战国彩绘陶方壶

战国彩绘陶方壶，泥质灰陶。方直口，鼓腹，高圈足，上部为白色彩绘、下部为红色彩绘。口径10.1厘米、腹围76.0厘米、底径11.9厘米、高37.4厘米。1987年11月临泉县城西战国墓群出土，临泉县博物馆藏。

（9）战国提梁陶豆壶

战国提梁陶豆壶，泥质灰陶。体扁平，有“∩”形提梁，提梁饰红彩绘，两头有圆形的壶，壶侈口，圆腹，有盖。宽29.4厘米、高25.1厘米、提梁直径为1.9厘米。1987年11月临泉县城西坝战国墓出土，临泉县博物馆藏。

（10）战国彩绘陶钫

战国彩绘陶钫，泥质灰陶。直口，方唇，长颈，鼓腹，平底。器身以白色和红色绘几何纹，并用白色色带将纹饰从口部至腹下分为四层，下部无纹饰。腹上部有一小孔。边长 10 厘米、高 40 厘米、腹围 80 厘米、底边长 13 厘米。1987 年 11 月临泉县城西坝战国墓出土，临泉县博物馆藏。

（11）战国彩绘陶俑

战国彩绘陶俑，泥质灰陶，外施彩色。俑为立式，身体微前倾，光头，眼微闭，尖鼻，嘴下撇，双耳耳垂有一圆孔。着宽袖长衣，体表彩绘脱落。高 56. 5 厘米、底径 20 厘米。1987 年 5 月临泉县城西战国墓出土，临泉县博物馆藏。

（12）战国彩绘陶鹤

战国彩绘陶鹤，泥质灰陶，外施彩绘。陶鹤有两件，一雄一雌，均呈卧姿，形态近于写实。雄鹤昂头，双翅下垂，尾部下勾。雌鸟平视，双翅上翘，尾部有一圆洞。雄鸟长 50 厘米、宽 35 厘米、高 75 厘米；雌鸟长 55 厘米、宽 30 厘米、高 70 厘米。1987 年 5 月临泉县城西战国墓出土，临泉县博物馆藏。

2. 青铜器

（1）春秋窃曲纹铜鼎

春秋窃曲纹铜鼎，食器，青铜质。圆口，方唇，外折沿，两立耳外撇。弧腹微凸，腹铸有窃曲纹带，圜底，三蹄足。高 25. 3 厘米、口径 25. 2 厘米、腹围 75. 2 厘米。1977 年 4 月阜南县方集镇丁营村西沟庄出土，阜阳市博物馆藏。

（2）战国高足铜鼎

战国高足铜鼎，食器，青铜质。有盖，子母口，盖圆形微鼓，上有衔环纽，纽外饰两道凸弦纹圈带及三组卧羊纹。器身方唇，敛口，双附耳，垂腹，圜底，三扁形足，有合范浇铸痕。盖及一耳残。口径 15. 2 厘米、腹围 58. 5 厘米、高 19. 0 厘米。1987 年 9 月 7 日临泉县城关墓葬出土，临泉县博物馆藏。

（3）战国虎钮铜镎于

战国虎钮铜镎于，军乐器，青铜质。椭圆形盘口，直沿，盘口沿小于肩径，盘内中央铸直立虎纽，高 3 厘米，虎纽低于盘沿。突肩、细腰，腹下部外撇，前后腹饰对称的两个团花状大涡纹，足部饰两道凸弦纹。口沿内有三处铸范痕。高 41 厘米、盘口径 17.5 ~ 16.5 厘米、最大肩径 28 厘米、椭圆形足径 24 ~ 20 厘米。1975 年 7 月涡阳县龙山公社出土，阜阳市博物馆藏。

（4）战国蟠虺纹铜钲

战国蟠虺纹铜钲，军乐器，青铜质。体狭长扁圆，顶部卷龙形，铣部尖长，一角呈八菱形，整体带状纹饰分为四区，每区均饰蟠虺蚊。高 38.5 厘米、铣长 8.9 厘米、钮长 16.2 厘米、腹围 26 厘米。1965 年 5 月蚌埠土产站拣选，阜阳市博物馆藏。

（5）春秋铜匜

春秋铜匜，水器，青铜质。素面，椭圆形口，圆唇，前有流，后有兽首鋬，深弧腹，平底。腹部及流口均有损缺。长 19.0 厘米、高 8 厘米、口径 13 厘米、底径 9.5 厘米。1974 年 12 月 10 日蒙城县小涧集出土，阜阳市博物馆藏。

（6）春秋蟠虺纹盘

春秋蟠虺纹盘，食器，青铜质。侈口，浅腹，附耳，圈足外撇。腹饰一周蟠虺纹，圈足饰一周垂鳞纹。高 10.5 厘米、口径 38 厘米、底径 26.7 厘米。1975 年 8 月太和县胡窑出土，阜阳市博物馆藏。

（7）战国“郢大廥”铭铜量器

“郢大廥”铭铜量器，战国时期楚国量器。青铜质，圆筒形，器身中部有一环形鋬，鋬左侧阴刻铭文：“郢大廥之敦箩”六字。直壁，平底，底部阴刻“午”字，通体光素无纹。高 12 厘米、口径 11.5 厘米、腹围 36.2 厘米，容积 1110 毫升。残，已修复。这件器物是楚国国家一级财务机构“大廥”颁发的标准量器，1976 年 4 月凤台县废品收购站拣选，阜阳市博物馆藏。

（8）战国凤首形铜盉

战国凤首形铜盉，水器，青铜质。体扁圆，子母口，盖微鼓，盖顶有一扁形圆孔纽，纽外有大小两重弦纹圈带，盖与器身有活轴相连。器身小直口，弧腹，腹部饰一弦纹圈带，有凤首流，凤首活喙，可张合。

腹部还有一长方体状把手，中空。圜底，三兽蹄足。口径 8.1 厘米、腹围 50.0 厘米、高 12 厘米。1972 年 5 月临泉县城关镇战国墓出土，临泉县博物馆藏。

（9）战国铺首铜壶

战国铺首铜壶，酒器，青铜质。盖微鼓，上有四兽形环纽及两周弦纹圈带，圈带内饰窃曲纹。器口微侈，鼓腹，腹部饰三周凹弦纹圈带，将变形几何纹分为四层，器腹两侧各有一铺首衔环，环和圈足外均饰几何纹，高圈足微外撇。高 34 厘米、口径 8.2 厘米、腹围 67 厘米。1985 年 7 月临泉县城关镇看守所院内出土，临泉县博物馆藏。

（10）春秋长方銎宽体斜肩铜铲

春秋长方銎宽体斜肩铜铲，农具，青铜质。素面，斜肩宽体，斜肩叶状，明显薄于铲面。铲刃微弧。长方銎有一周凸起的弦纹，銎下正背面各有一圆孔，銎体向下渐薄处撇至刃部。长 10.05 厘米、刃宽 8.15 厘米、銎口长 3.2 厘米。1970 年 11 月阜阳县合作社拣选，阜阳市博物馆藏。

（11）春秋细齿铜镰

春秋细齿铜镰，农具，青铜质。体弧形片状，正面有细齿，刃部齿外凸，上缘为弧形沿翘起，背部平滑。宽端有凹凸槽可装短柄，刃尖头部残缺。残长 8.36 厘米、柄长 3.75 厘米。1967 年 7 月阜阳县合作社拣选，阜阳市博物馆藏。

（12）战国“専室之鉨”铜印

战国“専室之鉨”铜印，战国官印，青铜质。圆形，鼻纽。通高 0.8 厘米、印座直径 1.9 厘米、厚 0.2 厘米，印面阴刻篆书“専室之鉨”四字。1965 年阜南县阮城遗址征集，现藏阜阳市博物馆。

（13）战国“单父左司马”铜印

战国“单父左司马”铜印，战国官印，青铜质。坛形鼻纽，方形印座，印面阳刻篆书“单父左司马”五字。长 1.4 厘米、宽 1.4 厘米、高 1.4 厘米。蚌埠市供销合作社拣选，阜阳市博物馆收藏。

（14）战国“荑里贷鉨”铜印

战国“荑里贷鉨”铜印，战国官印，青铜质。坛形鼻纽，印座方形。

印面篆字白文“荑里贷鉨”四字，白文，无边框。边长 2. 3 厘米、高 1. 1 厘米，1975 年阜阳县插花公社农民出售，阜阳市博物馆藏。“荑”或释为夷，里是古代行政基层组织，管理户数不等，此印是战国时期“里”一级管理民间借贷事务的官印。“荑”之地称所在，与明、清时期《颍州志》所记颍州“三陵”（留陵、夷陵、艮陵）中的“夷陵”相合，两者应为同一地名。

（15）战国楚“新东阳宫大夫鉨”铜印

战国楚“新东阳宫大夫鉨”铜印，战国官印，青铜质。坛形鼻纽，印面阴刻篆书“新东易宫大夫鉨”七字，亦有学者将其释为“新东易宛大夫鉨”。高 1. 6 厘米、边长 2. 1 厘米。1975 年 5 月阜阳供销合作社废品仓库拣选，阜阳市博物馆收藏。

（16）战国楚“郲厚行宫大夫玺”铜印

战国楚“郲厚行宫大夫玺”铜印，战国官印，青铜质。体呈正方形，桥形纽。印文“郲厚行宫大夫玺”七字。边长 2. 5 厘米、高 1. 5 厘米。1989 年 9 月临泉县杨营村古运河北岸出土，临泉县博物馆藏。

（17）战国“大梁七年”铭铜戈

战国“大梁七年”铭铜戈，兵器，青铜质。戈身由援、内、胡组成，胡上有四穿，内上有一横穿。内尾阴刻铭文三行十四字：“七年，大梁司寇绶、右库工师缳，治口”。出土时援尖断失，已修复。胡上第二穿上部有裂缝，长 20. 7 厘米、援长 12. 7 厘米、内长 8 厘米、胡长 10. 5 厘米。1956 年临泉县杨桥集费子街出土，阜阳市博物馆藏。

（18）战国青铜“蒙”铭铜戈

战国青铜“蒙”铭铜戈，兵器，青铜质。锋钝尖，援狭长，直内有一穿。弯胡有二穿，有阑。胡上有鸟虫“蒙”文，字体狭长，作虎头鸟尾状。长 24. 3 厘米、宽 13. 2 厘米、厚 0. 3 厘米。1972 年 5 月里临泉县城关镇收购站拣选，阜阳市博物馆藏。

（19）战国“安邑二釿”铜布币

战国“安邑二釿”铜布币，钱币，青铜质。平首，小穿，圆肩，圆裆，方足。币面倒铸“安邑二釿”四字，背平素。通高 6. 1 厘米、宽 3. 8

厘米、厚1.8厘米。1963年10月临泉合作社拣选，阜阳市博物馆藏。

（20）战国“殊布当釿”铜布币

战国“殊布当釿”铜布币，钱币，青铜质。平首，平肩，广穿，方足外撇。印面铸“殊布当釿”四字，背文铸“十货”两字。长10.5厘米、宽3.2厘米、厚0.2厘米。1963年10月拣选，阜阳市博物馆藏。

（21）战国楚“郢爰”金币

战国楚“郢爰”金币，钱币，金质。四边形块状，正面“郢爰”两印，阴文篆书，印文各存大半，三边被錾切。长3.3厘米、宽1.8厘米、厚0.5厘米。1971年4月临泉县艾亭出土，阜阳市博物馆藏。

（22）战国楚“郢爰”金币

战国楚“郢爰”金币，钱币，金质。长方形，正面戳“郢爰”八印，篆书阴文，三面有切割痕。长6.1厘米、宽3厘米。1970年6月阜南县三塔胜华大队朱大湾出土，阜阳市博物馆藏。

（23）战国山字纹铜镜

战国山字纹铜镜，圆形，三弦纽，双浅方框纹钮座，主纹区以四“山”为主纹，地纹置繁缛细密的羽状，草叶状图案，窄素折缘。直径13.8厘米、缘厚0.35厘米。1966年2月涡阳县蒙关店出土，阜阳市博物馆藏。

（24）战国蟠螭纹镜

战国蟠螭纹镜，圆形，三弦纽，双弦纹圈带纽座，座外置宽弦纹圈带，主纹区置四组蟠螭纹图案，间以变体菱形纹相隔，主纹区置一周弦纹，绳索纹，素窄缘。直径18.3厘米、缘厚0.43厘米。1987年12月阜阳颍河闸战国墓出土，阜阳市博物馆藏。

3. 玉石器

（1）战国蜻蜓眼琉璃珠

战国蜻蜓眼琉璃珠，琉璃饰件，2颗。体球状，深蓝色，中部有圆穿。一件保存完好，直径1、孔径0.5厘米，周身饰微外凸的蜻蜓眼式图案，上有红、白、黄三色相间的圆圈纹。另一件直径1厘米、孔径0.5厘米，略扁，周身饰蜻蜓眼式图案，上有白色圆圈纹。1974年5月阜阳城西郊灌渠工程工地战国墓出土，阜阳市博物馆藏。

（2）战国琉璃璧

战国琉璃璧，青灰色、圆孔，肉、孔略等距。厚0.4厘米、外径14.4厘米、内孔4.8厘米，两面皆饰浅浮雕圆涡纹，涡纹区内外有阴线弦纹边栏。1978年12月阜阳县宁老庄公社尚庄大古堆出土，阜阳市博物馆收藏。

（3）战国琉璃印

战国琉璃印，玻璃质，印面方形，瓦形纽，印面字迹不清。暗翠绿色，长、宽各0.9厘米。1974年5月阜阳西城郊灌渠工地出土，阜阳市博物馆藏。

（4）战国玉鍱

战国玉鍱，青白玉，素面无纹，器表有米黄色沁斑，侧部有一红褐色瑕斑。体扁平，正面呈弧状，有圆穿，正面上部左侧呈钩状。长4.5、宽2.7厘米。1978年12月阜阳县宁老庄公社尚庄大古堆出土，阜阳市博物馆藏。

第三章 秦汉时期

“秦王扫六合，虎视何雄哉”，秦王政“奋六世之余烈，振长策而御宇内”，用不到十年时间灭亡六国。公元前221年，秦王朝建立，分封制基本结束，从而开创了大一统的帝国，郡县制首次成为国家政权的基本形式。书同文，车同轨，社会向统一迈进。秦划九州为三十六郡（实际不止此数），今阜阳全境内属陈郡，郡治在今河南淮阳。今阜阳境内有汝阴县、新阳县、寝县、鄵丘、慎邑。

公元前206年，短命的秦王朝二世而亡。西汉王朝建立之后，郡县制与分封制并存，阜阳全境属汝南郡，郡治在今河南平舆县。阜阳境内有县、侯国十个。东汉时期阜阳全境亦属汝南郡，境内有县、公国、侯国十一个。

在秦汉的政治版图上，阜阳位于关中与关东地区的交汇缓冲地带，是皖北、豫东一带著名的军事重镇与区域政治中心。刘邦封心腹重臣夏侯婴的汝阴侯国于此，经汉朝和几代汝阴侯的持续建设经营，阜阳不仅经济繁荣富足，文化建设与科技成就也处于全国领先水平。两汉时期在今阜阳境内封侯者，还有汉初的新阳侯吕清、东汉汝阴侯刘信、慎侯刘赐、固始侯李通、富陂侯马武、原鹿侯阴识、细阳侯岑遵、新郪侯郭竟、阜阳侯刘显等。侯国的设置与变化，促使一批城邑兴起。

从公元前221年秦王朝建立，到公元220年东汉灭亡，共440年。其间虽有政权更替，但社会生活稳定时期较长、人口数量的不断增加、经济发展与社会富足、城市的蓬勃兴起与繁荣，为文化艺术的发展与科技进步创造了条件。柳诒徵先生《中国文化史》云："周秦之学术思想，至两汉而结局。凡汉人之所从事，大抵为古人作功臣，不能特别有所创造。然因古文明之递嬗，亦能于保存之中演为新制。而国基大定，疆域寥廓，又足以生国民宏大优美之思想，未可概以因袭鄙之也。""汉之南部，虽立郡县，其文化远逊于江淮以北。"秦汉时期阜阳的地方文献内容多样，境内出土的文物十分丰富，这些珍贵文献、文物遗址、遗迹等，反映了当时社会经济、文化、科技状况。

柳诒徵先生云："凡汉人之著作，与其所研究者，不尽传于后，观《汉书·艺文志》及钱大昭《补续汉书·艺文志》，其书之亡逸者夥矣。"（《中国文化史》）几十年来国内简帛文书的不断出土，证明了《汉志》的记录和柳诒徵先生的论断。在阜阳境内也有汉代书简发现，1977年出土的阜阳汉简，在国内外均引起高度关注。由于内容丰富，跨不同学术文化门类，为叙述方便，特专列"阜阳汉简"一节。阜阳这一时期的其他重要考古发现，纷繁庞杂，填补了秦汉文化研究的诸多空白。本章以阜阳汉简、文学、宗教、科技、艺术、文物古迹六节分别叙述。在叙述各节内容时，尽力梳理其中呈现的文化发展演变轨迹。

第一节　阜阳汉简

《汉书·艺文志》云："汉兴，改秦之败，大收篇籍，广开献书之路。"阜阳汝阴侯汉墓竹简的发现及其内容之丰富，证明了《汉志》所言不虚。

"阜阳汉简"，西汉汝阴侯墓出土简牍材料的简称。1977年，安徽省文物工作队等单位在发掘阜阳"双古堆"1号墓时发现了一批简牍，国家文物局古文献研究室、阜阳地区博物馆合作对出土材料进行了整理。据墓葬规模、形制和随葬器物铭文，可知"双古堆"汉墓是第二代汝阴侯夏侯灶夫妇合葬墓。竹简原在椁室东边箱漆笥内，因墓葬早期被盗，椁板塌毁，竹简被挤压成块状受到严重破坏。简片虽经细心揭剥分离，但多已残断。夏侯灶是西汉开国功臣夏侯婴之子，卒于文帝十五年（前165），因此阜阳汉简的年代下限不晚于这一年。阜阳汉简目前已整理出《诗经》《周易》《仓颉篇》《万物》《刑德》《日书》《春秋事语》《儒家者言》等二十余种，均系秦汉之际的珍贵典籍。

汉代文献流传于世者极少，阜阳简的出土对考察秦汉时期的历史、语言、文字及书法艺术的发展源流等提供了重要的实物资料。

一、《诗经》

阜阳汉简《诗经》已整理出残简170馀片，与今本《毛诗》对照，知有《国风》、《小雅》两种。《国风》内容有《周南》《召南》《邶》《鄘》《卫》《王》《郑》《齐》《魏》《唐》《秦》《陈》《曹》等65首残文。《小雅》中仅见《鹿鸣之什》中的4首残文。

阜阳简《诗经》是我国现存最早的《诗经》古本，虽然残毁严重，它仍基本展现了古老《诗经》的最原始风貌，价值弥足珍贵。从已整理出来的内容看，阜阳简《诗经》与齐、鲁、韩三家《诗》不同，与今本《毛诗》比较有近百字异文，应是汉代以前即流传于楚地的另一种版本。据考，写《诗》竹简复原后为汉尺一尺一二寸，与文献记载写六经用二尺四寸简的规制不合，可知汉初书简制度与中、后期不同，阜阳简可补史缺。

（一）异文

《汉书·艺文志》记述了《诗经》的源流及在汉初的传播，从记述中可知《鲁诗》、《齐诗》、《韩诗》皆已亡佚，流传下来的只有《毛诗》。阜阳简《诗经》的发现，成为研究汉初语言文字和《诗经》内容的重要材料。与《毛诗》比较，阜阳简《诗经》有不少值得关注的重要异文，这些异文大致可分为以下几类：

1. 音义相同或相近的异文（括号内为阜阳简中的异体字，下同）

例证：瞻（章）望弗及　　燕燕（匽匽）于飞（非）
中心有违（韦）　　方（放）之舟（州）之
宴（燕）尔新昏　　邶（北）国
干（竿）旌　　邢（荆）侯之姨
桑之落（洛）矣　　殷（印）其盈矣
鲁道有荡（汤）　　出自幽（幼）谷（浴）
独行踽踽（禹禹）　　猗（依）重较兮

上述异文大多是假借字，有些只是异体字，它们在诗句中的意义大致相同。此类异文对于我们了解汉初语言文字状况具有重要意义。如《毛诗》作“瞻望”、阜阳简作“章望”，“章”假借为“瞻”。“章”“瞻”古音声纽相同，都是章母，但韵部不同。“章”是阳部字，“瞻”是谈部字。虽然《诗经》《楚辞》里都有阳部和谈部押韵的例证，但像“章”“瞻”直接通假的例子，以前没有见过。

2. 意义可能不同的异文

例证：殷（印）其靁（离）　　不宜（我）有怒
携手同车（居）　　琴瑟在御（苏）
独寐（未）寤（吾）言　　甘（敢）与子同梦
在前（泉）上处

此类异文情况复杂，有的异文异义非常清楚，如“同车”，阜阳简作“同居”。有的异文，异义则不是很清楚。还有的异文，也可能仍然是同音通假，如“琴瑟在御”，阜阳简写作“琴瑟在苏”，上古音“御”是疑母鱼部字，“苏”是心母鱼部字，音近可通。文献中未见类似“在苏”的说法，可能“苏”仍是“御”的假借字。阜阳简《诗经》中此类异文不多，但最为重要。

3. 虚词的异文

例证：惠而（然）　　　　　　　俟我於（乎）城隅
　　　其实七也　　　　　　　　何（胡）不日鼓
　　　瑟父兮（旖）母兮（旖）

此类异文意义基本相同。此外还有一类一字异体的例证，如“无（毋）”、“其（亓）”等。

4. 今本《毛诗》或阜阳简《诗经》错字造成的异文

今本《毛诗》的错字，如《墓门》：“歌以讯之。”阜阳简《诗经》“讯”作“谇”。今本《毛诗》中的“讯”与前句的“萃”字不押韵，《广韵》引此句作“歌以谇止”，段玉裁等指出今本《毛诗》“讯”为“谇”之误。林义光等认为，因为“谇”可写作“谇”，“谇”与“讯”形近而误。这些推论在阜阳简《诗经》中得以确证。

阜阳简《诗经》的错字，如《简兮》：“山有榛”。阜阳简“榛”作“業”，乃“亲”字之误，《鸤鸠》：“其子在榛”，《释文》引《字林》：“榛木之字从辛木。”《说文》亦作“亲”。徐铉曰：“今五经皆作‘榛’。阜阳简《诗经》以“業”“亲”形近而误。

阜阳简《诗经》中也有因为衍文而造成与今本《毛诗》文字不同者，如S076“非报之也”（《木瓜》），《毛诗》作“非报也”，阜阳简衍“之”字。

（二）传本与抄写年代

《隋书·经籍志》：“汉初，有鲁人申公受《诗》于浮丘伯，作诂训，是为《鲁诗》；齐人辕固生亦传《诗》，是为《齐诗》；燕人韩婴亦传《诗》，是为《韩诗》。终于后汉，三家并立。汉初，又有赵人毛苌善《诗》，自云子夏所传，作《训诂传》，是为“毛诗古学”，而未得立（于学官)。”阜阳简《诗经》与齐、鲁、韩三家诗及毛诗比较，有不少异文，它可能不属于其中的任何一家而别有渊源。

齐、鲁、韩三家诗的佚文，宋代以来有许多学者进行过梳理、厘定。根据陈乔枞《诗经四家异文考》、王先谦《诗三家义集疏》理出的几家《诗》的异文，以比较阜阳简《诗经》与四家诗的异同。

阜阳简《诗经》文字与毛诗、鲁诗、韩诗的不同：如“沕没同心”(S029)，毛诗作“黾勉”，韩诗、鲁诗作“密勿”。又如“气我吾难”(S131)，毛诗作“忾”，鲁诗作“慨”，韩诗作“嘅”。

阜阳简《诗经》文字与毛诗、鲁诗的不同：如“领如鲔铺”（S069），毛诗作“蝤蛴”，鲁诗作“螬蛴”。又如“齿如会泤”（S069），毛诗作“瓠犀”，鲁诗作“瓠棲”。

阜阳简《诗经》文字与毛诗、鲁诗、齐诗的不同：如“（静）女六嘔”(S046)，毛诗作“姝”，鲁诗、齐诗作“姒”，亦作“袾”。

阜阳简《诗经》文字与毛诗、韩诗、齐诗的不同：如“牆有穧”(S054)，毛诗作“茨”，齐诗、韩诗作“荠”。

阜阳简《诗经》文字与毛诗不同而与三家《诗》相同者：阜阳简“朻木”（S002），毛诗作“樛”，《释文》云：“马融、《韩诗》作‘朻木’”；阜阳简“我马屠诶”（S001），毛诗作“瘏”，鲁诗作“屠”；阜阳简“(鹑之) 贲贲”(S059)，毛诗作“奔奔”，鲁诗、齐诗作“贲贲”；阜阳简“胡不日鼓瑟”(S115)，毛诗作“何”，《石经鲁诗碑》作“胡”；阜阳简“（俟）我乎城隅”(S047)，毛诗作“於”，鲁诗作“乎”。

阜阳简《诗经》文字有与三家《诗》不同而独与毛诗相同者，如“(不) 我能畜”(S036)，三家《诗》作“能不我慉”，阜阳简的句式独与毛诗同。

阜阳简《诗经》究竟属于哪一家传本？从《汉书》记载的情况看，汉初流行的《诗经》传本较杂，并非仅有以上四家。阜阳汉简整理组的胡平生、韩自强先生认为，阜阳简《诗经》“既不属于鲁、齐、韩、毛四家，是否与《元王诗》有关也无从考证”，应属于“未被《汉志》著录而流传于民间的另外一家”。李学勤先生认为阜阳简《诗经》也许是“楚国流传下来的另外一种本子”。饶宗颐先生认为辕固生和韩婴时代相当晚，辕固生为景帝时的博士。韩婴较早，汉文帝时尝为博士，武帝时与董仲舒讨论于皇帝面前，一时传为美谈。毛诗由于河间献王的传播，方得继续流传。齐、韩、毛“三家《诗》之成立及传授，都在阜阳《诗》简之后，惟有鲁诗传自浮丘伯，其来历远在嬴秦之世。……故阜《诗》不必管它是属于上列三家之任何一家。只有鲁诗年代相当，但亦不能指为鲁诗的读本。”

孙斌来先生从古人著文用字习俗及避讳现象着手，认为阜阳简《诗经》一些异文与楚地人的用字习惯及语音特点相符，可证本简《诗经》确为楚国《诗经》的传本。其抄写时间大致在“刘邦称帝之后、刘盈称帝之前，……它虽然不是一人一时抄写的，但是却未经汉代学者修订过。”主要理由如下：

（1）阜阳简《诗经》S081残简：“簧右挠我繇房”，此残存六个字与《毛诗·王风·君子阳阳》第一章“君子阳阳，左执簧，右招我由房”比对，有两个字与毛诗不同，其中“招”的异文写作“挠”，是在避楚康王名讳。《史记·楚世家》：“共王卒，子康王招立。”楚康王（？—前545），楚共王子，名招，一作招。

（2）阜阳简《诗经》S106残简：“繇行人□鲁道有汤”，S107残简：“子攴游”，两条残简连缀，即是《毛诗·齐风·载驱》第四章“汶水滔滔，行人儦儦，鲁道有荡，齐子游敖”的残文。《楚世家》：“康王立十五年卒，子员立，是为郏敖。”春秋楚国称无谥号的国君为“敖”（《左传·昭公十三年》杜注），《左传》记昭公十一年己酉公子围缢杀子员，葬王于郏，谓之郏敖。“敖”既是楚国无谥号国君的代称，则亦应在避讳之列。阜阳简《诗经》为了避“郏敖”名讳，将“敖”字省作“攴”。《毛诗·载驱》第四章“滔”“儦”“敖”叶韵，为幽宵合韵。阜阳汉简《诗经》将“敖”字省作“攴”后，不合韵律，便对此章的韵脚进行了适当调整，“繇”为宵韵，“游”为幽韵，第二个韵脚字因残损严重，已无法辨识。《广韵·觉韵》：“攴，匹角切，楚也。”据阜阳简《诗经》“攴”是“敖”之省，可知《广韵》训“攴”为楚是有所本的，同时也是认识这种避讳的根据之一。“敖”省作“攴”，是楚国独有的国讳。

(3)《毛诗·王风·君子阳阳》第一章“右招我由房”中的“由”字，阜阳简《诗经》S081残简写作“繇”字。《汉书·韦贤传》：“赏罚之行，非繇王室。”师古注：“繇与由同也。”《说文》：“繇，从䍃系声。”徐铉注：“今俗从䌛。”由此知，“繇”为本字，“繇”为后起字，“繇”与“由”通用。《汉书·韦贤传》：“犬马繇繇”，“繇繇”为马行貌。阜阳简《诗经·载驱》残文江水形貌用“繇繇”。上引《韦贤传》中的语句，乃是韦贤的曾祖父韦孟写给楚王戊的讽谏诗中的两句。韦孟做过楚元王交和其子夷王、其孙王戊的太傅，因王戊荒淫，于是韦孟作诗讽谏。韦孟长期在楚地为楚王傅，他作讽谏诗屡用“繇”字，与阜阳简《诗经》同，反映出楚人用字的习惯。

(4)阜阳简《诗经》残文“不信有如皎日”，与《毛诗·王风·大车》第三章“谓予不信，有如皦日”比较，有一字异文。屈原《远游》：“精皎皎以往来。”宋熹本作“皎皎”，洪兴祖引一本作“皎”，释文作“皦”。据此《远游》与阜阳简《诗经》“皦”均作“皎”或“皎”，也反映了楚地人的用字习惯。

(5)阜阳简《诗经》中“兮”字多写作“旑”或“旖”，两者都是“旖”字的异体，与《楚辞》中的用字特征相同而有别于其他古文献，也应是楚人用字习惯的表现。

(6)阜阳简《诗经》S112残简“□弗襟弗溜子有”，与《毛诗·唐风·山有枢》第一章：“子有衣裳，弗曳弗娄。子有车马，弗驰弗驱。”比较，毛诗中的“娄”字在阜阳简中作“溜”。“溜”与“六”声纽相同，韵为阴入对转。今湖北沙市将“楼”俗作“杺”，“杺”从木六声，“六”声为来纽，韵在觉部。这种现象，正反映了阜阳简《诗经》将毛诗中的“娄”异作“溜”的楚地语音特征。

孙斌来先生还根据阜阳简《诗经》S045残文“惠然好我，携手同居”中的“居”字不避楚平王居的名讳、阜阳简《诗经》S020残文“□羽之子于归远送于野章”及S022残文“远于将之章望”中的“章”字不避楚惠王章的名讳、S039残文“旖旖方将万舞日之方中在泉”和S052残文“□□州在彼中河□”中的“中”不避楚简王中的名讳、S069残文“如疑脂领如鳍铺齿如会洢湔首□□”中的“疑”不避楚悼王的名讳，推定“这部楚国传本《诗经》，楚人最初抄写的时间当在公元前540年至公元前529年之间，即楚灵王时期”。

孙斌来先生认为阜阳简《诗经》并不是楚国《诗经》的原本，而是汉代人根据楚国《诗经》所作的抄本。首先从文字上看，阜阳简《诗经》的文字形体，既非秦篆，又非长沙仰天湖楚简，而近似于楚国铜器铭文的字体，是篆隶相间的杂体。其次，《毛诗·邶风·静女》中“贻我彤管”的“管”字，阜阳简《诗经》S048残文上写作“筦”，将“筦”写作“管”是汉代人的习惯。另外阜阳简《诗经》S097残文“印六盈诶女曰观吾士曰既且”中有“盈”字，不避惠帝刘盈的名讳，可知阜阳简《诗经》抄写于惠帝刘盈之前、刘邦称帝以后。阜阳简《诗经》既是楚国《诗经》的抄写本，却仍然保留了对楚国国君的避讳字，表明它尚未经汉代学者修订过。

（三）《诗序》

阜阳简《诗经》附录二，收录有三片残简：

S附2.1：后妃献；

S附2.2：风（讽）□□□（刺?）风□；

S附2.3：风（讽）君□□□

《毛诗序》中言“后妃”“讽”“刺”者甚多，上述残简虽不能与之完全吻合，但基本格式是一致的，因而它应该就是阜阳简《诗经》的《诗序》残文。旧说认为只有毛诗才有《诗序》，《诗三家义集疏·序》引宋人程大昌说：“三家不见古序，故无以总测篇意。毛惟有古序，以该括章旨，故诂训所及，会全诗以归一贯。”清儒虽有认为齐、鲁、韩三家《诗》皆有《序》者，仍有人对此表示怀疑。阜阳简《诗经》的《诗序》发现，证明《诗序》并非毛诗所独有。

阜阳简《诗经》的《诗序》，还可以帮助我们推测《诗序》的作者。

毛诗《序》的作者是谁？是长期以来《诗经》研究中争议较多的问题，归纳起来有“子夏说”“卫宏说”“子夏、毛公合作说”“子夏、毛公、卫宏合作说”“诗人自作说”“孔子说”“国史所作说”“毛公门人所作说”等多种说法。《四库提要》云：“今参考诸说，定序首二语为毛苌以前京师所传；以下续申之词，为毛苌所下弟子所附。”阜阳简《诗经》存世的年代下限为汉文帝十五年（前165年），《诗序》的作者不会晚于这一年。而阜阳简《诗序》同《毛诗序》比较，尽管文字不能全同，但体例和基本的意思仍相当接近，这就说明它们的渊源是应当相同的，可能出自同一位老师。《后汉书·卫宏传》笼统地说卫宏作《毛诗序》，当然是不对的。

阜阳简《诗经》的发现，是秦汉史研究中的大事，对我国古代文学史、古代文献典籍的研究等具有重要意义。《左传·襄公二十九年》记载有吴公子季札在鲁观乐的故事，乐工所作的内容差不多包括了今本《诗经》的全部，表明约在公元前六世纪中叶，《诗经》已经编订成册，且篇目与今本大体相同。阜阳简《诗经》的出土，更有力地证明了《诗经》最早成书的时间、大致篇目，及当时各诸侯国都已经有了《诗经》的定本的情况，只是由于兵火战乱等原因，诸侯国的诸多抄本没有流传后世。从而可知《史记·孔子世家》记述的汉代学者删定《诗经》的说法是不可信的。

二、《仓颉篇》

阜阳简《仓颉篇》出土时残毁严重，已整理出《仓颉篇》残简120余片，计有540余字，约有40个较完整的小节或句子。残简可见系以三道编绳，两道编绳之间距离为11.3厘米。现存最长的一条残简尚有18.6厘米，估计原长当在25厘米左右。残简内容包括《仓颉》《爰历》《博学》三篇，四字为句，有韵可寻，可能是比较接近秦人原作、尚未经过汉初“闾里书师”删改修订的本子。《仓颉篇》是早期珍贵字书，流传至宋代已经不存于世，民国以来虽有几次残简出土，但皆因字句少、残缺过甚而难窥其全貌，阜阳简是此书亡佚千年后最重要的一次发现。

我国古代最早的字书，当推《史籀篇》，其次是《仓颉篇》。汉代以后，小学发展起来，先后有《凡将篇》《急就篇》《元尚篇》等。然而这些字书，至今只有《急就篇》流传下来。《仓颉篇》本诸《史籀篇》，《急就篇》《元尚篇》又“皆《仓颉》中正字也”，所以考察古代文字的源流、研究秦汉时代的语言文字，《仓颉篇》是十分重要的材料。

（一）《仓颉篇》残篇发现的意义

秦统一中国后，将李斯所作的《仓颉》（七章）、赵高所作的《爰历》（六章）、胡毋敬所作的《博学》（七章）作为统一的教科书颁行全国使用。汉兴，闾里书师合《仓颉》《爰历》《博学》三篇，断六十字为一章，凡五十五章，并为《仓颉篇》。汉平帝时，扬雄撰《训纂篇》作为《仓颉篇》的续篇，并改《仓颉篇》中的重复字，合计八十九章，五千三百四十字。此后，东汉班固又作续篇，计十三章七百八十字。和帝时贾鲂再作《滂熹篇》。晋代的张轨将《仓颉篇》《训纂篇》《滂熹篇》合为上、中、下三卷，称《三苍》。至宋金之际，《仓颉篇》已经亡佚，人们只能从汉唐著作引用的片言只语中推测《仓颉篇》的面貌。

20 世纪初，英国人斯坦因在敦煌汉代烽燧遗址中发现一批汉简，内有《仓颉篇》残简四十余字，这是《仓颉篇》亡佚千年后的第一次出土。1930 年、1972—1976 年、1979 年，新发现的居延简、敦煌简中又多次发现《仓颉篇》残文，但这些《仓颉篇》残简中，保存字数最多的还是阜阳简。阜阳简尽管残破过甚，许多仍可成句，对研究《仓颉篇》的价值更大。过去出土的《仓颉篇》简文因字迹漫漶，释文多有错误，有了阜阳简的新材料，就可以相互比勘而准确加以释读。以居延简《仓颉篇》第五章为例，利用阜阳简校订，就可以纠正其中的不少错释：

校正前（居延简）：	校正后（阜阳简）：
戏表书插	琖表书插
颠愿重该	颙愿重该
巨起巨俟	已起臣仆
发传约载	发传约载
赴蹴觐望	趣遽观望
升可驾□	行步驾服

逋逃隙□	逋逃隐匿
往来□	往来□□
汉兼天下	□兼天下
海内并厕	海内并厕
□□□类	饬端脩灋（法）
菹醢离异	变□□□

居延简《仓颉篇》中“汉兼天下，海内并厕，□□□类，菹醢离异”几句，另有异文见于《颜氏家训·书证篇》：“汉兼天下，海内并厕，豨黥韩覆，畔讨残灭”，从内容看两者显然有汉代及其后修撰的痕迹，因秦代人自不会论及汉代的人物事件。阜阳简《仓颉篇》中的“□兼天下，海内并厕，饬端脩灋（法），变□□□”几句则不同，“饬端脩灋（法）”具有明显的秦代特征。“饬端”之“端”，是为了避秦始皇名讳而改，《史记·秦楚之际月表》索隐云：“秦讳正，故云端月。”在《吕氏春秋》《史记·李斯列传》及云梦秦简中，以“端”代“正”之例多见，所以，“饬端”就是“饬政”。与“饬端脩灋（法）”相似的提法，在秦人的文字中屡见不鲜，如《吕氏春秋·音律》：“脩发饬刑”，《泰山刻石》：“皇帝临位，作制明法，臣下脩饬。”由此可知阜阳简《仓颉篇》所据之本为秦本。

阜阳简《仓颉篇》虽然距离二十章的秦代本、五十五章的汉改本字仍然相去甚远，但毕竟已经展现了这部亡佚千年字书的基本面貌，为进一步深入研究《仓颉篇》提供了极为宝贵的资料。

（二）《仓颉篇》的语言学考察

阜阳简《仓颉篇》目前已经整理出残简一百二十余片，计有五百四十余字。为考察其语言学特征，兹将前十三片残简内容罗列如下（原整理者以“C”作为每片简的编号）：

C001：已起臣仆　发得约载　趣遽观望　行步驾服　逋逃隐匿

C002：□兼天下　海内并厕　饬端脩灋　变□□□

C003：骫集佐宥　憝悍骄裾　诛法贳耐　政胜误乱

C004：□□□绝　冢章棺匧　巴蜀筡衧　筐箧敷筥　厨宰犓豢

C005：□□□亟　鬲和昭穆　豐盈爨熾　𧮫□館□

C006：□□□牡　雄雌具鸟　届寵躍急　邁送□

C007：□□俗　貇鷟吉忌　癔痒癰痤　疢痛遬欬　毒

C008：负载　谿谷阪险　丘陵故舊　长长肆延

C009：纪□迫惑　宗幽不識　冣穀緈宜　益就獲得　勦赏向尚

C010：爰历次贻　繼續前圖　辅廑颗且　軷儋闟屠　覃□

C011：□引汲𣫍　猝遇弗虞　貟默□虘　翠斐□

C012：繭絲枲緢　布絮繫紧　雙軨篁□

C013：鼈魚　陷阱　釦□釣　箸笱罯罝

皋阳简《仓颉篇》是教科书，记载内容应是秦汉时期的一种规范语言，是研究秦汉语音、词汇、词义、句式与篇章结构的难得资料。

1. 语音

皋阳简《仓颉篇》的语言主要有以下几点：

第一，四字为句，多为两句一韵，也有三句一韵、一句一韵的例子，如第一章最后三句仅有一韵。《爰历篇》里有一句一韵的情况，如“爰历次贻（鱼）继续前图（鱼）辅廑颗且（鱼）軷儋闟屠（鱼）”。

第二，每章一韵到底。如第五章押上古“之”部字，韵字为“该，载，服、□、厕、异、□”，其中“服”、“厕”为职部（之部入声）字，其余为之部字，“之”、“职”可以通韵。第一章也押之部韵。

第三，不入韵的句子有时用韵部比较接近的字，以求和谐。

2. 词汇、词义

皋阳简《仓颉篇》所收多为当时日常所用的基本字词，词义有明显的时代特点，如“□兼天下　海内并厕”为叙述句，其中的词语只能按照它在句中的意义理解，不能照单字解释。

皋阳简《仓颉篇》常将同义词、近义词或反义词组织在一起，以便于对词义进行对比、辨析。一句四字词义皆相近或者相同者，如“困窌廩仓”“傲悍骄倨”“趣遽观望”“儿孺旱阳”等。同义词、近义词更加集中地排列在一起，就形成了一大事类或一大物类，对后代在字书编纂上“分别部居”、建立部首的思想很有启发。

3. 篇章、句式结构

《仓颉篇》的篇章、句式结构大体上有陈述式、罗列式两类，如阜阳简《仓颉篇》第五章及《爰历》是典型的陈述式。罗列式在《仓颉篇》中占多数，句子之间往往没有多少联系。

4. 通假字的使用

阜阳简《仓颉篇》中使用通假字的现象十分普遍，如“裾（倨）”“兢（境）”“彊（疆）”等。《仓颉篇》作为当时通行的教科书，流行大量的通假字，说明一些汉字的形体、声音与意义三者的关系在当时还不是十分确定的，至少没有像《说文解字》问世后那样“规范”。

（三）《仓颉篇》的渊源与影响

《汉书·艺文志》记载：（《仓颉篇》）“文字多取《史籀篇》，而篆体复颇异，所谓秦篆者也。”表明《仓颉篇》渊源于秦代的《史籀篇》，但《史籀篇》较《仓颉篇》亡佚得更早，所以使用于汉初的阜阳《仓颉篇》残简就显得尤为珍贵，它可以称得上目前所见存世最早的中国古代字书。

《仓颉篇》对后代字书影响很大，《汉书·艺文志》说史游作《急就篇》、李长作《元尚篇》“皆《仓颉》中正字也”。《急就篇》中许多词句都与《仓颉篇》相似，如“勉力务之必有喜”句就是从《仓颉篇》套过去的。《说文解字》虽然是按照部首排列的，但有些字序仍然与《仓颉篇》相同或相近，如“纴综”“继续”“桥梁”“絮繫”等。

从《仓颉篇》到《急就篇》，再到《说文解字》，可以清楚地看出创建部首这个中国文字学上最重要的原则的发生、发展、成熟的过程。东汉许慎提出“其建首也，立为一端，方以类聚，物以群分，同牵条属，共理相贯，杂而不越，据形系联，引而申之，以究万源，必终于亥，知化穷冥”的部首分类原则，是中国文字形成历史上的一个伟大创举，但它又是在文字的创造与使用过程中，经过许多文字学家集思广益的研究、总结、改进而形成的，《仓颉篇》在其中起着极为重要的承上启下作用。

三、《周易》

（一）阜阳简《周易》概述

1. 概况

阜阳简《周易》出土时残毁严重，共整理出残简800片，其中能做出释文的752片，合计3119字。这些简中属《周易》经文的有1110字，属于卜辞的2009字。经文部分存有五个卦画，有卦名、卦辞、爻辞、爻题。与今本对照，阜阳简《周易》包括五十二个卦，分布于221片简中。残简最长的几片约15.5厘米，写有二十个字。原简大概有上、中、下三道编绳，而且是先将空白简编联成册，然后才抄写而成的。

2.《周易》卜辞的性质

阜阳简《周易》与我们通常所说的《周易》还是有所不同的，最大的差别就是阜阳简《周易》经文后附有卜辞，这种现象在其他与"易"有关的出土材料中还未曾出现过。阜阳简整理组认为此类《周易》当属于《汉书·六艺略》、《数术略》中筮龟家的《易》。张政烺先生认为："这是当时的实用本子，基本上保存了作为卜筮之书的原始面貌。"李学勤先生认为："双古堆简《周易》实际完全不属于《系辞》讲的设卦观象的传统。……这并不是《周易》的早期形态，而是一种退化的产物。像双古堆简《周易》这类的占术，尽管仍用《周易》经文，和易学是没有什么联系的，只是一种简易的占书。为了区别起见，似乎称之为《易占》更符合其性质。"所以将阜阳简《周易》的性质定性为当时的占卜用书，大体是合适的。

3.《周易》的年代问题

阜阳简《周易》的成书年代，胡平生先生根据卜辞中具有时代特点的词语及占问事项，认为本简《周易》卜辞成文的时代，大约为春秋晚期到战国早期。李学勤先生认为："双古堆简《周易》的'卜筮之辞'，看其词语体例，恐难早于秦世，很可能是汉初编制的。"

（二）阜阳简《周易》内容分类

1. 卜“天气”

卜雨【51】

卜雨不雨【64】

卜雨久【270】

卜雨，数雨数旱【628–1】

雨未雨，无咎【634】

2. 卜“田猎捕鱼”

卜田鱼（渔）得而【126–4】

得田不吉【237】

事君而田鱼（渔）□【486】

家资材辄出田鱼（渔）贾【613】

复其故，田鱼（渔）者□【614】

田鱼不获卜【619】

3. 卜“家”

为家，不利为外事【233】

富家吉，贫家凶【278】

久居家者必榱【394–2】

利为家【409–3】

有良作者乃吉，变【566】

居家不吉，以行作【567】

卜家室非或死【576】

4. 卜“官吏”

卜居官法勉【63】

居官及家不吉【151】

卜临官立众【153】

敬其下乃吉【154】

吉无大咎居官及【305】

贞凶，以求官小官【328】

官去宅，徙宦不【457】

（出）入耐者吉【509】

5. 卜“大人（君子）”“小人”

以卜大夫不吉小【50】人吉【51】

☐人吉，小人有吝【275】

咎。卜有土之君【290】

吉。卜人君聚敛【308】

众于门大人【456】

求事君弗得【469-2】

有土之君邑危而【476-2】

6. 卜“生”“老”“病”“死”

卜子产不孝弟（悌）【55】

卜病者不死【138-1】

者死，壮者不死【228】

然则有祸丧【235】

唯不病而非重厚之【348-1】

志而后吉；病者不死【358】

乃吉；病不死【368】

7. 卜“婚嫁”“夫妻”

出妻皆复【121】

妻夫不相去【138-2】

取妇嫁女不吉【212-1】

嫁女取妇不合，唯合后必相去也【600-1】

不利【612】

8. 卜“犯罪”“狱讼”

讼者【97】

罪人不吉【112-2】

吉；罪人不吉【307】

利复故事亡者及【329】

罪人无罪【397-2】

贵，有罪者复亡者【404】

臣妾不逃亡【409-1】

9. 卜“攻城”“军旅”

攻者也不复【426】

攻不吉【428-1】

死非作兵也利【436】

不吉之军【440】

10. 卜“事”

有为不成【59】

之以吉；居事不吉【160】

贞无咎，事【282】

举世后必败【495-1】

不利有为也【507】

11. 卜“求”

卜有求不【11】

卜有求弗得【268-2】

贞凶，以求官小官【328】

行者有求不【448】

求事君弗得【469-2】

求也，必，或作之乃吉【517】

不得，若得必后大凶【529】

12. 卜“行”

行作之【164】

咎不利行作道野【287】

行者有求不【448】

行不得而行也【449】

13. 其他

……十年后乃复【135】

人·六四【238】

有凶·上【239】

大畜【264】

先吉后凶【312】

政勿用大凶【427】

处安，靖不喜【508】

（三）阜阳简《周易》的研究价值

1. 古文字研究价值

阜阳简《周易》虽多为残章断句，但将其与其他本子的《周易》对照有不少异文，这些异文有很多是优于其他本子的，因此为后人研究《周易》提供了一份可以比较的珍贵材料。

这些异文最直观的一个价值，就是能够促进古文字的研究。阜阳简《周易》虽然是用隶书书写，但是这些字体中包含许多有价值的形体，这些形体对我们研究文字的发展规律、字形之间的关系等都有很大的帮助。如今本“无攸利”之“攸”字，在阜阳简《周易》中假作“卣”来表示。关于“卣”字，有人认为“卤”字的讹体，但它们之间的形、音、义是如何衍变的？还需要进一步研究。再如“悔”字，阜阳简《周易》既作“悔”也作“𠧪”。《说文》称之为“卦之上体”，段玉裁认为是“壁中古文”，那么“悔”与“𠧪”究竟作何解？还需要研究。

2. 社会层面的研究价值

阜阳简《周易》经文所附的卜卦，是对当时社会各方面具体事项的占卜，虽然这些卜辞大多数残缺不全，但从中也能窥见当时社会的一些风俗面貌。如第153—154号卜辞“卜臣者临官涖众，敬其下乃吉”，其中的“下”是指民众，是说慎重地对待百姓，为官者才能得吉，从卜辞可以看出当时“以人为本”的民本思想。再如第55号简《同人》六二爻辞所属之卜辞云“卜子产不孝弟（悌）”，就是占卜所生之子不孝，古人对“孝道”很重视，如果按照当时的风俗，这个孩子恐怕不会允许生下来。

阜阳简《周易》卜辞中，经常出现占卜“妻夫相去”或“妻夫不相去”这类卜辞，同时也出现了“出妻皆复”卜辞，表明当时夫妻关系较为松散，离婚现象较为普遍。这些卜辞对研究当时社会风俗具有一定的帮助。

此外，阜阳简《周易》卜辞，对传世经文理解方面也有较高的价值。

四、《万物》

阜阳简中有一些关于医药卫生、物理、物性的残简，原来没有书名，整理者根据内容，并参用一号简中“万物之本不可不查也”一语，定名为《万物》。《万物》残简共有一百三十多片，约九百字。现存最长简约为21.6厘米，有三十余字。简文叙事记物，基本上一句一读，两句之间用黑色圆点隔开，一支简有写两、三句者。全书文字书风比较统一，字距、大小大致相近。

（一）《万物》的内容

1. 医药卫生方面的内容

（1）关于药物的药效这是《万物》中分量最多的内容。如“梓根汁可以坚体也”“使人倍力者以羊与兔”等，有些药物可以“杀鱼”“杀虻”“杀鼠”“使马益走”等。《万物》简文提到的药物，可分为以下几类：

玉石部：理石、黄土、图土、盐、鼠壤。

草　部：石韦、石番、贝母、乌喙、莎根、乌韭、蒿、陈蒲、龙须、半夏、兰、葵、艾叶、细辛、兰实、菟丝、芒草等。

木　部：茱萸、蜀椒、梓根、梓荚等。

兽　部：犀、鼠脑、牛胆、谷中膏、羊等。

禽　部：宿乌、雏乌、燕矢、石鼠等。

虫鱼部：鱼、牡蛎、蚕卵、蜜、蜘蛛、龟、虻蜉、鲍鱼等

果　部：梅实、杏核、陵（菱）。

米谷部：菽、糟、黍等。

菜　部：瓜实、苦瓠等。

有些药物名称待考，如“莫盗”“羊头”“鼠享”“大发”等。上述药物多数是用来治疗疾病的，少数属保健性质或间接有益于人的。《万物》所记载各种药物治疗的疾病，计有二十余种，其中内科疾病有寒热、烦心、心痛、鼓胀、肠澼、遗溺等，属于外科疾病有骨瘤、痔、蚀、龟手、裂、痤、折、痿等，属于五官科疾病者有痈耳，属于神经科疾病者有惑、睡、梦噩、失眠、健忘等。

（2）关于疾病的成因。如 W014“以寒水洒目，盲也”。

（3）与神仙家相关的内容。如 W029“令白发复黑”，W030“蜘蛛令人疾行也”，W038“轻体以越山之云也”，W070“事到高悬大镜也”。

2. 物理、物性方面的内容

（1）讲某物致某用的内容。如 W004“马胭（咽），潜居水中使人不溺死也”，W005“贝母之已寒热也”，W031“姜叶使人忍寒也”，W048“玉者以越金也”，W051“为烛者之以糟也”，W056“兔白可以为裘也”，W057“为荧荧之火以鸟爪也”。

（2）讲某些物理现象或自然现象的内容。如 W049“泄井以半□□毋□管之水将自及也”，W071“虹出也”。

（3）有关动、植物养殖或捕获的内容。如 W049“绂缴以骨，鸟虽高，射之必及也”，W058“食荠之致鳖也”，W062“穿石之召鹑也”。

（二）《万物》的性质

从阜阳简《万物》内容看，它应属于我国《神农本草经》之前的一类“方术、本草”之书。与《淮南万毕术》和《神农本草经》比较，《万物》不属于那种理论性、系统性很强的药学医学专著，而让人感到很像是一个富于生产、生活知识的长者的经验之谈。它的文字也像是师徒相传、口授言教的记录。《万物》中有不少叙述药物治疗功效的简文，如“姜叶使人忍寒也”，是说姜叶可以治疗寒病，或说姜叶可以使人耐寒，后世药物文献中有老姜，这是它时代较早的特征。它和诸如此类的书可能是后代本草经成书漫长道路上的原始形态。《万物》W001 简文“天下之道不可不闻也，万物之本不可不察也，阴阳（之）化不可不知也”，是我国传统医学的基本理论方面的概念，与传统医学典籍的联系非常清楚。

《万物》并不代表西汉初期医药学的最高水准，从内容及简文用词看，它晚于《山海经》，早于《淮南万毕术》《神农本草经》《博物志》，成书时间大约在战国或更早的春秋时期。

（三）《万物》的价值

《万物》记载的药物约110种，提及疾病40多种，是我国迄今发现的以药物学为主的最早著作。先秦是一个医药知识由简单零散的经验积累逐步发展为系统化、专门化的过渡时期，《万物》的出土与发现，填补了我国药物学史上战国到秦汉之间的空白，对研究我国医药学史和自然科学史具有十分重要的意义。

五、《庄子》

阜阳简《庄子》已整理出残简约20片，计有传本《内篇》中的《逍遥游》《人间世》，《外篇》中的《骈拇》《在宥》等，以及《杂篇》中的《徐无鬼》《外物》《让王》《天下》等内容，是目前所能见到的《庄子》最早的本子。简文大多仅残存数字，较完整的简文如“有乎生莫见”“乐与正为正乐”“宋元君夜梦丈夫衣被发窥”“何得曰得龟往视”“□事七十兆而无遗筴故不能”“□有所不知而神有”等，多为《杂篇》的内容，过去学者多认为《庄子・杂篇》系庄子门徒伪托之作，阜阳简《庄子・杂篇》的出土地临近庄子出生地，其成书年代又距庄子生活的年代不远，或可补史缺，也有助于对《庄子》的深入研究。

六、《楚辞》

阜阳简《楚辞》仅残存两片。一片是《离骚》第四句“惟庚寅吾以降”中的“寅吾以降”四字，简纵裂，存右边字的三分之二；另一片是《九章・涉江》里“船容与而不进兮，淹回水而凝滞”两句中的“不进旖奄回水”六字，其中“不”字完整，“水”字仅存一笔，其他四字存右边的四分之三。

后世《楚辞》传本的作者问题多有争议，阜阳简《楚辞》虽仅残存九字，但它是目前所能见到的两千多年前《楚辞》的最早写本，可谓一字千金，十分珍贵。从阜阳简《楚辞》残文可知，战国至西汉初期，屈原《楚辞》不仅在楚国最后都城寿春一带流传，而且还有了书之简帛的习授作品问世。

七、《年表》《大事记》

阜阳简出土有若干写有王、公、侯、伯纪年的残片，约有两百片左右，整理者定名为《年表》。残简最长的不超过9.5厘米，大多数不超过5厘米，有的仅存一、二字。

（一）《年表》《大事记》的起讫年代

阜阳简《年表》N053“始皇帝”，“帝”字下面的简文已经残缺。秦王嬴政二十六年初并天下，自称“始皇帝”，而《史记·六国年表》从嬴政元年起即称之为“始皇帝”，所以N053究竟是指“二十六年前”还是“二十六年后”，无法判断。《年表》又中有“（赵）悼襄王”残文，他死于秦王政十一年，结合简文中还没有发现秦二世的材料，可大致推定《年表》下限为秦始皇时期。

《年表》的年代上限，从简文也可反映出来。N013“熊噩九”，熊噩在《楚世家》、《十二诸侯年表》中写作“熊咢”、“熊鄂”，周宣王二十九年至三十七年在位，简文中的“九”是指其在位年数共九年或第九年。可能比“熊噩九”更早的残简有N050“秦庄公”、N056“厘侯”、N043“畛公十三”、N059“厉公卅四”、N052“武王六”、N110“成王”等，据此推定《年表》纪年的上限，可能起始于西周共和行政前后。

阜阳简中还有一类纪年残简，仅存二十余片，体例、简文书写风格与《年表》完全不同，记载的内容均为秦末汉初之事，其年代可以和《年表》续接，整理者命名《大事记》。

（二）《年表》的编排体例

《年表》二百个简片中，包含了两种性质不同的简册，其编排体例各自不同。

甲种《年表》：年经国纬，横填事实，编排体例大约与《史记》之《十二诸侯年表》《六国年表》相似。简册最右边的一支简称“端”，即端首的意思。这支简自上而下书写编入《年表》各诸侯国名，而自右至左按时代早晚顺次纪年记事，本类《年表》原应有春秋、战国两张表，现已无法区分了。从对残简所记君主名号纪年的分析考证，甲种《年表》可能不是逐年排表，而是只记各国君王的始终之年及某些发生大事件的年份。

乙种《年表》：残简一栏之内排列两位君王，谥号、年号之间，无任何标志隔断，我们理解应是同一诸侯的两代君王，记其各自的在位年数。现已知的文献资料中，尚未见过哪一国的诸侯有这样先后继承的两代君王。而且，本类《年表》上下又各有墨色横线隔断成栏，原因待解。

在属于甲种《年表》的残片中，也有不少与现有文献的纪年完全不同的内容，这一现象反映了春秋战国时期纪年的混乱矛盾、记事真赝杂糅的情形，凡此均反映了阜阳简《年表》纪年的早期原始性特点。

（三）《年表》性质

第二代汝阴侯下葬的年代约在文帝十五年（前165），显然阜阳简《年表》比《史记》诸表要早六七十年，它的许多内容既不能与《史记》相合，又不能与其他文献资料相合，应系汉初诸侯王国史官利用国家历史档案等资料编撰的《年表》。

八、《儒家者言》

阜阳简《儒家者言》出土时只发现一块章题木牍，残长22.3～22.5厘米，残宽5.1～5.3厘米，没有发现简册正文。据统计，章题木牍正、背面文字各分上下三栏，由右至左书写，共写了四十七个章题，均是记载孔子及其弟子言行的文字。以下列出木牍文字（为方便比较，文后括号内注明了记载有与木牍文字内容雷同或类似的传世文献名称）。

正面上栏七行简文：

1. 子曰言病则忧。

2. 子思曰学所以尽材。(见于《说苑·建本》)

3. 子曰北方有兽。(见于《说苑·复恩》)

4. 孔子之匡。(见于《说苑·杂言》《孔子家语·困誓》)

5. 阳子曰事可之贫。(见于《说苑·权谋》)

6. 白公胜杀其君。(见于《新序·义勇》)

7. 中尼之楚至蔡。(见于《说苑·杂言》《孔子家语·困誓》)

正面中栏八行简文:

1. 齐景公问子赣子谁师?(见于《说苑·善说》)

2. 季康子谓子游。(见于《说苑·贵德》)

3. 子赣见文子言。(见于《说苑·善说》)

4. 赵襄子谓中尼。(见于《说苑·善说》)

5. 孔子临河而叹。(见于《说苑·权谋》《孔子家语·困誓》)

6. 孔子将西游至宋。(见于《说苑·政理》《孔子家语·贤君》)

7. 鲁哀公问孔子当今之时。(见于《说苑·尊贤》《孔子家语·贤君》)

8. 孔子曰丘死商益。(见于《说苑·杂言》《孔子家语·六本》)

正面下栏九行简文:

1. □□□□□。

2. 孔子见卫灵公□叹且。(见于《说苑·政理》《孔子家语·贤君》)

3. 子路之上趣也。

4. 子路行辞中尼敢问新交取亲。(《说苑·杂言》《孔子家语·子路初见》)

5. 孔子 = 行毋盖。(见于《说苑·杂言》《孔子家语·致思》)

6. 子曰里君子不可不学。(见于《说苑·建本》《孔子家语·致思》)

7. 子曰不观高岸。(见于《说苑·杂言》《孔子家语·困誓》)

8. 子赣问孔子曰赐为人下。(见于《说苑·臣术》《孔子家语·困誓》)

9. 子曰自季宣子赐我。(见于《说苑·杂言》《孔子家语·致思》)

背面上栏九行简文：

1. 子路问孔子＝曰治国何如。（见于《说苑·尊贤》《孔子家语·贤君》）

2. 子赣问中尼曰死□□知毋□。（见于《说苑·辨物》《孔子家语·致思》）

3. 子路持剑孔子＝问曰。（见于《说苑·贵德》《孔子家语·好生》）

4. 孔子之楚有献鱼者。（见于《说苑·贵德》《孔子家语·致思》）

5. 曾子问曰□子送之。

6. 曾子曰乡不辞圣。（见于《说苑·杂言》）

7. 公孟子高见颛孙子莫。（见于《说苑·修文》）

8. 子夏问中尼曰颜渊之为人。（见于《说苑·杂言》《孔子家语·六本》）

9. 子曰虡为有礼矣。

背面中栏九行简文：

1. □公问万邦子之病。

2. □□君子有三务。（见于《孔子家语·三恕》《荀子·法行》）

3. □□人有死德三。

4. □山问孔子。

5. 孔子问处气焉叹。（见于《说苑·尊贤》《孔子家语·贤君》）

6. 曾子有疾公孟问之。（见于《说苑·修文》《论语·泰伯》）

7. 楚伐陈，（陈）西门燔。（见于《说苑·立节》《韩诗·卷一》）

8. 孔（□）见季康子。（见于《说苑·政理》《孔子家语·子路初见》）

9. 仲尼曰史鳝有君子之通三。（见于《说苑·杂言》《孔子家语·六本》）

背面下栏六行简文：

1. 晏子聘于鲁。（见于《说苑·杂上》《韩诗·卷四》）

2. 子路行辞中尼＝赠女以车。（《说苑·杂言》《孔子家语·子路初见》）

3. 卫人洧皿子路。（见于《孔子家语·曲礼子夏问》《礼记·檀弓上》）

4. 孔子＝之周观大庙。（见于《说苑·敬慎》《孔子家语·观周》）

5. 孔子＝问曰□□上其配上□之。

从以上文后注释看，阜阳简《儒家者言》章题，大多能在先秦两汉的传世文献中找到相关记载，其中有三十九个章题内容见于《孔子家语》《说苑》《新序》中，其余的分别见于《荀子》《大戴礼记》《吕氏春秋》《淮南子》《韩诗外传》《孔丛子》《春秋繁露》《列子》《晏子春秋》等书中。该木牍章题的命名方式都是用当时流传的方法，即摘抄各篇首句为题。如首句文句太长，则用浓缩句的方式来代替。该书是专门记述孔子及其弟子言行内容的一部单独著作，因此也有论者认为木牍记载的可能是《孔子家语》的早期“原始”版本。

九、《春秋事语》

阜阳简《春秋事语》残破过甚，正面与背面文字各分上、中、下三排，由右至左书写，共写四十个章题，章题都是依古代拈篇首语为题的方法所拟定。内容多与春秋、战国故事相关，其中十四行存字太少，尚未找到出处。可查到出处的有二十五篇，分别保存在五十一篇传世文献中，其中《说苑》里有三十三篇，《新序》里有十四篇，《左传》里有两篇，《国语》里有两篇。以下罗列简牍文字（为方便比较，文后括号内注明了记载有与木牍文字内容雷同或类似的传世文献名称）。

1. □□□□□台。

2. □□□去疾不更。

3. 晋平公筑施祁之台。（《说苑·辨物》）

4. 晋平公使叔乡聘于吴。（《说苑·正谏》）

5. □□□□□□□有酒尚。

6. □□□台□。

7. □王召孔子。（《说苑·杂言》）

8. 吴人入郢。（《说苑·善说》）

9. 芋尹棘闱。（《国语・吴语》）

10. 晋文公逐鹿。（《新序・杂事》）

11. 晋文公之时翟人献衝狐。（《说苑・政理》）

12. 韩武子田兽已罠。（《说苑・君道》）

13. 简子春筑台。（《说苑・贵德》）

14. 晋文君伐卫。（《说苑・权谋》）

15. 简子有臣尹淖。（《说苑・臣术》）

16. 简子攻卫之附郭。

17. 夏征舒杀陈灵公。（《左传・宣公十年》）

18. 灵王会诸侯。（《新序・善谋》）

19. 景公为台台成。（《说苑・正谏》）

20. 阳虎为难于鲁。（《说苑・权谋》）

21. 晋韩宣子。（《说苑・辨物》）

22. 齐景公游于海。（《说苑・正谏》）

23. □□阳虎。

24. 卫灵公筑□□。

25. 魏文侯与大夫饮。（《说苑・善说》）

26. 鲁孟献子聘于晋。（《新序・刺奢》）

27. 赵襄子饮酒五日。（《新序・刺奢》）

28. 齐景公饮酒而乐。（《新序・刺奢》）

29. 晋□□□。

30. □田子方问。

31. □□□□亡。

32. 楚庄王□□。

33. 魏文侯与田子方语。（《说苑・复恩》）

34. 或谓赵简子。（《说苑・君道》）

35. 晋平公春筑台。（《说苑・贵德》）

36. 卫叔孙文子。（《说苑・反质》）

37. 庄王不野。

38. 楚王。

39. □台晋。

40. 介子。

阜阳汉简中，还可找到与上述章题有关的残简300馀片，有些内容与《说苑》《新序》《孔子家语》《韩诗外传》《国语》等文献记载相合。旧说以为《孔子家语》系三国时魏国王肃伪作，阜阳简表明早在西汉初年已有类似的书籍存在。

上述简牍文字查到出处的25篇，分别保存在传世文献的51篇中。在这51篇文献里，采自先秦著作或被先秦和汉代以后的著作加工采用的有《韩非子》7篇、《吕氏春秋》3篇、《晏子春秋》5篇、《淮南子》4篇、《史记》7篇、《太平御览》3篇、《群书治要》3篇、《金楼子》2篇，还有《列子》《文子》《孟子》《孔子家语》《韩诗外传》《汉书》《礼记》《北堂书钞》《盐铁论》各一篇。章题木牍是该书的目录，它的出土证明《春秋事语》这一写本在当时是作为一种独立的书籍存在于世。张政烺先生认为："这种讲史记言的书就是当时的教学课本，读书人对这些课本故事自然非常熟悉，在后来人的著作里他们把这些熟知的故事随手拈来，经过加工成为自己作品的素材，难怪这些作品里存在许多相同的故事。"这也就是我们在不同的传世文献中能看到相同或相近故事的根本原因。

十、《刑德》《日书》

《淮南子·天文训》："日为德，月为刑，月归万物死，日至万物生。"汉代人言行举止讲究避凶趋吉，《刑德》即为当时必备的工具书，内容讲的是天文星象与人间活动凶吉的关系。阜阳简《刑德》出土时严重残损，已整理出残简153片，其中（甲）类84片、（乙）类69片。内容涉及刑、皇德以及青龙、白虎、勾陈、玄武等星辰运行，与《淮南子》所记之"二十岁刑德"相合，所以定名《刑德》。以下按照甲、乙两类，列出部分简文。

《刑德（甲）》残简简文：

1. 壬午立　春玄武在辰白虎在巳句陈在。

2. 戊午立　春玄武在戍未白虎在申句陈在。

3. 丙子立　春玄武在卯白虎在辰。

4. 春玄武在丑白虎在寅句陈在辰青。

5. 陈在寅青龙在辰皇德在。

6. 庚午立　春。

7. 酉白虎在戍句陈在。

8. 白虎在申青龙在戍。

9. 龙在辰皇德在亥。

10. 在北宫东北胜。

《刑德（乙）》残简简文：

1. 几不出三年将死西北胜得地东胜。

2. 地北胜功一邑得地□归之不出三年将死。

3. 得地南胜得地右利西南胜右病。

4. □不出三年将死东南胜。

5. 有年敌人饥西北胜有病=此以在从□。

6. 南胜左病南胜得地。

7. 南胜右得将地西南胜右病。

8. 得地=廿五年。

9. 不出三年将死东。

10. □将死西南。

《日书》出土时严重残损，已整理出残简 89 片，内容与睡虎地简册《日书》乙本近似。以下罗列部分残简简文：

1. 大不吉因东南隅为室胃敝□其子产必有大惊。

2. 年复归在啬夫不迁所以不迁者亟矣徙者后。

3. 为啬夫者死行大将死为吏者亡不亡死徙者当室死三。

4. 客不胜主人莫之迎也往者得地=复归在为啬。

5. 夫废东不起在徙者家。

6. □破坏土事家必益。

7. 居家利取妇者产。

8. □之以良日而大。

9. 三年妇当出。

10. 下旬筑辰。

11. 为啬夫者废。

12. 不胜大将死。

13. 恙不死。

14. 为室吉。

15. 家迁徙。

从阜阳简《日书》残存内容来看，有讲日忌的、方位的、星象星色的等。书中涉及的事项与人物，有产子、啬夫升迁、大将、徙家、得地、娶妇、筑室、蜚螽、父母疾病、少子、中子、长子、讼等。汉代人言行举止讲究避凶趋吉，《刑德》《日书》即为当时必备的工具书，内容讲的是星象、天文与人间活动凶吉的关系。

十一、《作务员程》《算经》

阜阳简已整理出《作务员程》残简170馀片，内容主要是器物制造、建筑工程、农产品加工等方面的规格、标准，以及为作业工技者规定用人、用工、用料的定量和规格，并有若干度量衡进率材料等。部分残简简文例举如下：

1. 甄公程日为牝瓦卌八其为牡瓦九十八其□。

2. 甄牝瓦者上工日甄六十日□百廿中工日甄卌八日。

3. 九尺·屯夏日人攻七十八尺春秋五十八尺□□。

4. 夏日人攻七十尺春秋五十尺。

5. 春秋六十尺冬五十六尺。

6. 盃二月为冬工三月九日为春秋夏三月廿四分。

7. 尺广五袤一户高六尺三寸广三尺八寸小户高五。

8. 广八尺上广二丈高五。

9. 攻三丈辒除程道广四尺。

10. □出城五尺城高丈以上到丈。

11. 尺十五尺乾五十尺绩。

12. □重廿三朱五十分朱三。

13. 斤一钧耗十斤积锻钗一钧十五斤用□五石。

14. 量斗□。

15. 为矢六尺为弓以弓为□交□□。

阜阳简另整理出《算经》残简40余片，残字较多，难以通读。其中最长的一枚约存7厘米左右，有14字，一般的仅存寥寥数字。以下列举部分残简简文。

1. □万一千二百石行二旬各到输所。

2. 农一晦有七十一分晦卅四=农。

3. 乘之则员出方中为

4. □九十五倍以为法各以十之为。

5. 大半中卒次者。

6. 为法以二各。

7. 以母乘□。

8. □□□并以分之一为。

9. 各自为实实出法。

10. □为粟=数各几何□。

阜阳简《算经》残简中有若干片文字，可以与《九章算术》卷四《少广》、卷六《均输》等的问题相合。简册中有“均输”算题的残文，说明《九章》的均输问题与汉武帝的“均输制”无关，应是古已有之的方法。该书可能与西汉时张苍整理的算术书有关，具有珍贵的研究价值。

十二、《吕氏春秋》

简册出土时残毁严重，已整理出残简40馀片，多为《吕氏春秋》传本“十二纪”中的内容，涉及《孟夏》《劝学》《荡兵》等二十馀篇。另出土有章题为《知士》《童言》等内容的木牍，与传本《吕氏春秋》相合，二者或系同一简册散落的内容。

十三、《行气》

阜阳简《行气》是一部通过呼吸导引之法进行养生的著作，简册出土时残损严重，所存残简计有49片，内容主要是讲行气的功能与方法等。以下罗列部分残简简文：

1. 异哉子之齿年长矣。
2. 襄曰然则物之寿者何也。
3. □而□美肴而迁肉□血寡而无耆欲之祟是其所以寿也。
4. 守神而藏。
5. 其所以寿也。
6. 之有方乎曰有凡内气。
7. 随流随行此齐气之美。
8. □备阳气之化日入者内之气。
9. 奉其真以顺其天命曰
10. 有阴阳其切细柲尼者不可比而行凡始。
11. 于阳阳之中有阴阳。
12. 志深而气
13. 大塞之气以大通。
14. 变则条上则时运之气有所不节则瀹。
15. 塞之气以及大通之上下无比。

十四、《五星》

简册出土时严重残损，已整理出残简42片，原无书题，内容是一张排列五星顺序的表，“五星”是整理者根据内容所定。《五星》与天文历占有关系，可能是通过观测和运转式盘并查看《五星》图表来确定五星方位，并判断其吉凶利害的。该书可归属《汉书·艺文志·数术略》之天文类的佚书。

十五、《星占》

简册出土时残毁严重，已整理出残简28片，内容很零碎，其中出现较多的是“日”“星辰”，似乎是以日与星辰的位置来占卜吉凶使用的。该书原无书题，“星占”是整理者根据简文内容所定的。以下罗列部分残简简文。

1. □辰星皆大凶不可祭祀作土事起众益地□。
2. 凶星于东方长事死之以其会期之甲乙为□。
3. 皆恶申凶祸不三乃五若日辰星皆在。
4. □辰星小凶北方日辰星大。
5. □所造事于是□是胃重□。
6. 吉星少凶。
7. 辰星少凶。
8. 日辰星不吉。
9. 星为所藏·辰星。
10. 西辰且东以东西有。
11. 父死至十一月司马。
12. 辛者金于木所亡者。
13. ·凡见客有求索三□
14. 喜长久事不吉。
15. 不吉冬□。

阜阳简《星占》残简文中，有一些某月日于某地的内容，疑是星宿经由当地的记载，或者是星辰交会给所对应的分野影响的推算等，均应与秦汉之际的星占有关。

十六、《干支》

简册出土时残毁严重，已整理出残简195片，内容包括了几种排列干支的表，大致可分为两类：第一类是带有朱红色横线界栏的干支表，每栏约长两厘米；第二类是其他各种不带界栏的干支表，这类残片较少，其中有的是横写的，推想原来可能是一张围成正方形的图表。

十七、《天历》

简册出土时严重残断，仅存数十枚残片，原无书题，“天历”是整理者根据简文内容所加，其中一号简云“凡九百（四十）月，为七十六岁，周而复［始］”，按古历以九百四十月、七十六岁为一蔀，《淮南子·天文训》或称之为“纪”，此当为历谱的内容。又在该残简中还有传统的二十四节气中“立春”“立夏”“立秋”“立冬”的记载，简文写作“启冬”“启秋”“启夏”“启春”。在同墓出土的《刑德》甲篇中“启春”却写作“立春”，而在同墓出土的式盘地盘上这四个节气都写作“立春”“立夏”“立秋”“立冬”。如何理解这“四启”“四立”互见的情况呢？有论者认为这是汉人有意改“启”为“立”所致，为的是避汉景帝刘启的名讳。

十八、《汉初朔闰表》

仅存两百余枚残片，原无书题，“汉初朔闰表”为整理者根据简文内容所加。“朔闰表”简册原来的格式大抵是以年为经，以月为纬，一年一年地排下去，编为一篇。收录在本简册最后写有月份的残片，月份上下有较大的空白，同“朔闰表”两干支间的空白等距，有可能是“朔闰表”册书右方端首的一简的孑遗，原来应当自上而下写有“十月”至“后九月”十三个月份。另外，在残简中，有几个碎片上的干支上下排次不足一月，有的仅十天，有的仅数天，此类简片的情况还有待进一步研究。

十九、《相狗经》

简册出土时残毁严重，已整理出残简 45 枚，内容与秦汉时期流行的《相狗经（方）》相合，其中涉及狗“善走”的内容较多。以下列出部分简文。

1. 狗始生毋毛命曰大赤五年成骨建。

2. □狗能举其头而坠□尾。

3. □狗不嚎者虐。

4. □一手并引其后足欲其头正坨而尾坚入春手搏于

5. □其次旁四及三而大长者可也。

6. 居者善走。

7. 不摇者建□□。

8. 走疾之分□坚也善走。

9. 大有善走。

10. 毛寸及鼻上不生二寸者。

此类简册在银雀山汉简、敦煌简中亦有出土，“相狗”的相术，涉及狗的头、目、肩、脚、颈、膝、臀、毛等体位，以及狗的起卧姿势，是根据上述体位特征来判断狗的优劣的经验之谈。

第二节　文　学

在中国古代的文化语境里，至迟在春秋时期就有文学的概念。但直到汉代，与今天相近的文学的概念尚未形成。文学为孔门四科之一。《论语·先进篇》：“文学，子游、子夏。”《史记·仲尼弟子列传》：“孔子曰‘受业身通者七十有七人’，皆异能之士也。德行：颜渊、闵子骞、冉伯牛、仲弓；政事：冉有、季路；言语：宰我、子贡；文学：子游、子夏。”此十人乃孔门十哲，其中所说的文学与今天的文学不同。司马迁《太史公自序》说：“周道废，秦拨去古文，焚灭《诗》《书》，故明堂石室金匮玉版图籍散乱。于是汉兴，萧何次律令，韩信申军法，张仓为章程，叔孙通定礼仪，则文学彬彬稍进，《诗》《书》往往间出矣。”这里说的文学，是文献与学说。古代说的文学的具体形式是“文章”，《论语·泰伯篇》：“焕乎其有文章。”文章，指礼乐制度，经传典章。

《诗经》《尚书》皆为文学、文章，学习研究《诗》《书》有成者皆为文学之士。为此，我们介绍几位学习研究《尚书》的人物：西汉学《尚书》于晁错的汝阴人何比干；“治《尚书》，事欧阳生”的倪宽；东汉以《尚书》教授，数讲于御前的汝南细阳人张酺；“少传《欧阳尚书》，教授数千人”的汝阴令宋登。

郑振铎先生《中国俗文学史》说：“汉代的文学，并不怎样的发达，为汉代文学之中心的辞赋，上乘的杰作实在很少。”这里所说的文学即我们今天的文学。他说汉代是一个诗思最消歇的时代，但即在所得到的材料里面来讲，古典主义究竟压不死活泼的民间文学。民间作品依然能够顽强地生存着。春草自绿，春水自波，绝不会受人力的干涉而枯黄、干涸了的。本章介绍三首汉代民谣，并做文学、社会学解读。

署名东汉汝南宋人郭宪的《洞冥记》，亦名《汉武洞冥记》，被视为较早的志怪小说之一。《后汉故慎令刘君墓碑铭》《楚相孙叔敖碑》，既是今存内容完整的碑刻，也是汉代碑刻中的仅存的与阜阳有关的史料。

阜阳出土的汉代铜镜不仅十分丰富精美，且多有铭文图案，具有文学和社会学研究价值，但未被纳入文学领域受到学术界关注，特略加选录。

一、汝阴何比干

何比干，见于《后汉书》卷四十三《何敞传》：“何敞字文高，扶风平陵人也。其先家于汝阴。六世祖比干，学《尚书》于晁错，武帝时为廷尉正，与张汤同时。汤持法深而比干务仁恕，数与汤争，虽不能尽得，然所济活者以千数。后迁丹阳都尉，因徙居平陵。”

《后汉书》注引《何氏家传》云：何敞“（六世）祖父比干，字少卿，经明行修，兼通法律。为汝阴县狱吏决曹掾，平活数千人。后为丹阳都尉，狱无冤囚，淮汝号曰‘何公’。征和三年（前 90，武帝年号，又作“延和”）三月辛亥，天大阴雨，比干在家，日中梦贵客车骑满门，觉以语妻。语未已，而门有老妪可八十余，头白，求寄避雨，雨甚而衣履不沾渍。雨止，送至门，乃谓比干曰：‘公有阴德，今天锡君策，以广公之子孙。’因出怀中符策，状如简，长九寸，凡九百九十枚，以授比干，‘子孙佩印绶者当如此算。’比干年五十八，有六男，又生三子。本始元年（前 73，汉宣帝年号），自汝阴徙平陵，代为名族。”

嘉靖《颍州志》、乾隆《颍州府志》对比干均有介绍，其源于《后汉书》注。

《后汉书》说比干学《尚书》于晁错。晁错（？—前154），西汉政治家、散文家，《史记》卷一百一《晁错列传》："晁错者，颍川人也。学申商刑名于轵张恢先所，与雒阳宋孟及刘礼同师。以文学为太常掌故。……孝文帝时，天下无治《尚书》者，独闻济南伏生故秦博士，治《尚书》，年九十馀，老不可征，乃诏太常使人往受之。太常遣错受《尚书》伏生所。还，因上便宜事，以《书》称说。诏以为太子舍人、门大夫、家令。""景帝即位，以错为内史。……迁为御史大夫。"《汉书·艺文志》《隋书·经籍志》均载晁错著述。《文心雕龙·议对》谓"晁错对策，蔚为举首"。

二、倪宽传欧阳、大小夏侯氏《尚书》学

倪宽（？—前103），西汉名臣，文学家。一说其为千乘（千乘郡千乘县，今山东高青北）人；一说其为今太和县人；一说其曾在太和倪丘读书，倪丘有经锄楼，今尚存。《太和县志》云："倪宽故里，在县北。其微时读书处，明嘉靖间置有'经锄楼'，清梁巘为题额。时值秋月，楼下河流掩映清绝，为县八景之一，名曰'锄楼映月'。"倪宽传欧阳、大小夏侯氏《尚书》学，他又是天文学家，曾与司马迁等共定《太初历》。《汉书·艺文志》诸子类"儒家"有《倪宽》九篇；"辞赋类"有《倪宽赋》二篇，今并佚。

《汉书》卷五十八《倪宽传》云："倪宽，千乘人也。治《尚书》，事欧阳生。以郡国选诣博士，受业孔安国。贫无资用，尝为弟子都养。时行赁作，带经而锄，休息辄读诵，其精如此。以射策为掌故，功次补廷尉文学卒史。"孔安国（前74—前15），字子国，孔子十一世孙，约汉景帝元年至汉昭帝末年在世，受《诗》于申公，受《尚书》于伏生。武帝末，鲁共王坏孔子宅，于壁中得《古文尚书》《礼记》《论语》《孝经》等，安国奉诏作书传等。"为弟子都养"，即承担为同学的诸生烹饪做饭的差事。"以射策为掌故"，即通过答辩考试，做了掌握礼乐制度的官员（掌故，官名）。"功次补廷尉文学卒史"，功次，即按照业绩大小，官阶升迁先后，补为协助廷尉办理文字的官员。

钱穆先生《国史大纲》云："武帝时，倪宽为廷尉奏谳掾，以古法义决疑狱见重。"《汉书》本传云："宽为人温良，有廉知自将，善属文，然懦于武，口弗能发明也。时张汤为廷尉，廷尉府尽用文史法律之吏，而宽以儒生在其间，见谓不习事，不署曹，除为从史，之北地视畜数年。"张汤为廷尉，主管刑狱。张汤素有酷吏之称，使用的都是喜好严刑酷法的人。倪宽是儒生，不被重用，被派到北地管理畜牧数年。"还至府，上畜簿，会廷尉时有疑奏，已再见却矣，掾史莫知所为。"在倪宽回来上报畜簿时，正值廷尉有疑案未决，几次奏报，都被汉武帝驳回，负责奏报的掾史不知如何是好，非常害怕。"宽为言其意，掾史因使宽为奏。"倪宽讲解了应该如何奏报，并代为写了奏章。"奏成，读之皆服，以白廷尉汤。汤大惊，召宽与语，乃奇其材，以为掾。上宽所作奏，即时得可。"张汤知道后，大为惊奇。奏章报上之后，很快得到武帝的认可。"异日，汤见上。问曰：'前奏非俗吏所及，谁为之者？'汤言倪宽。上曰：'吾固闻之久矣。'汤由是向学，以宽为奏谳掾，以古法义决疑狱，甚重之。及汤为御史大夫，以宽为掾，举侍御史。见上，语经学。上说之，从问《尚书》一篇。擢为中大夫，迁左内史。"后来武帝问到奏章的事，张汤作了回答，武帝说我早就知道了这个人。于是，张汤提拔了倪宽，让他担任专门负责撰写奏谳的官员，并向倪宽学习以古法义决疑狱。汉武帝元狩三年（前120），张汤做了御史大夫，推荐倪宽为侍御史。汉武帝召见倪宽，让他讲解经学，并提问《尚书》的问题。武帝对倪宽的讲解非常满意，提拔他为中大夫，专管朝政议论之事。又让倪宽任左内史，负责京城所在的关中地区的民政事务。

"宽既治民，劝农业，缓刑罚，理狱讼，卑体下士，务在于得人心；择用仁厚士，推情与下，不求名声，吏民大信爱之。宽表奏开六辅渠，定水令以广溉田。收租税，时裁阔狭，与民相假贷，以故租多不入。后有军发，左内史以负租课殿，当免。民闻当免，皆恐失之，大家牛车，小家担负，输租缀属不绝，课更以最。上由此愈奇宽。"倪宽任左内史时，建议开六辅渠，定水令以广溉田，收到了良好的效益。汉武帝对倪宽的才能越发感到惊奇。

“及议欲放古巡狩封禅之事，诸儒对者五十馀人，未能有所定。先是，司马相如病死，有遗书，颂功德，言符瑞，足以封泰山。上奇其书，以问宽，宽对曰：‘陛下躬发圣德，统楫群元，宗祀天地，荐礼百神，精神所向，征兆必报，天地并应，符瑞昭明。其封泰山，禅梁父，昭姓考瑞，帝王之盛节也。然享荐之义，不著于经，以为封禅告成，合祛于天地神祇，祇戒精专以接神明。总百官之职，各称事宜而为之节文。唯圣主所由，制定其当，非君臣之所能列。今将举大事，优游数年，使群臣得人自尽，终莫能成。唯天子建中和之极，兼总条贯，金声而玉振之，以顺成天庆，垂万世之基。’上然之，乃自制仪，采儒术以文焉。”在巡狩封禅这件大事上，汉武帝也尊重了倪宽的意见。

“既成，将用事，拜宽为御史大夫，从东封泰山，还登明堂。宽上寿曰：‘臣闻三代改制，属象相因。间者圣统废绝，陛下发愤，合指天地，祖立明堂辟雍，宗祀泰一，六律五声，幽赞圣意，神乐四合，各有方象，以丞嘉祀，为万世则，天下幸甚。将建大元本瑞，登告岱宗，发祉闿门，以候景至。癸亥宗祀，日宣重光；上元甲子，肃邕永享。光辉充塞，天文粲然，见象日昭，报降符应。臣宽奉觞再拜，上千万岁寿。’制曰：‘敬举君之觞。’”在巡狩封禅大事定下之后，倪宽被拜为御史大夫，跟从武帝东封泰山，还登明堂。

“后太史令司马迁等言：‘历纪坏废，汉兴未改正朔，宜可正。’上乃诏宽与迁等共定汉《太初历》。语在《律历志》。”汉武帝接受了司马迁修改历法的建议，让倪宽也负责其事，终于顺利修成了著名的《太初历》。其内容在《史记》的《律书》《历书》中。

“宽为御史大夫，以称意任职，故久无有所匡谏于上，官属易之。居位九岁，以官卒。”倪宽任御史大夫九年，卒于任。

司马迁赞曰：“公孙弘、卜式、倪宽皆以鸿渐之翼困于燕爵，远迹羊豕之间，非遇其时，焉能致此位乎？是时，汉兴六十馀载，海内艾安，府库充实，而四夷未宾，制度多阙。上方欲用文武，求之如弗及，始以蒲轮迎枚生，见主父而叹息。群士慕向，异人并出。……汉之得人，于兹为盛，儒雅则公孙弘、董仲舒、倪宽，……是以兴造功业，制度遗文，后世莫及。”

《汉书》卷八十八《儒林传》叙述倪宽的师承和传授说：“伏生，济南人也，故为秦博士。……秦时禁《书》，伏生壁藏之，其后大兵起，流亡。汉定，伏生求其《书》，亡数十篇，独得二十九篇，即以教于齐、鲁之间。齐学者由此颇能言《尚书》，山东大师亡不涉《尚书》以教。伏生教济南张生及欧阳生。张生为博士，而伏生孙以治《尚书》征，弗能明定。是后鲁周霸、雒阳贾嘉颇能言《尚书》云。”

“欧阳生字和伯，千乘人也。事伏生，授倪宽。宽又受业孔安国，至御史大夫，自有传。宽有俊材，初见武帝，语经学。上曰：‘吾始以《尚书》为朴学，弗好，及闻宽说，可观。’乃从宽问一篇。欧阳、大小夏侯氏学皆出于宽。”“宽授欧阳生子，世世相传，至曾孙高子阳，为博士。高孙地馀长宾以太子中庶子授太子，后为博士，论《石渠》。元帝即位，地馀侍中，贵幸，至少府。……地馀少子政为王莽讲学大夫。由是《尚书》世有欧阳氏学。”这里说“欧阳、大小夏侯氏学皆出于宽”，欧阳氏世传《尚书》，形成汉代欧阳《尚书》一派。欧阳生之后有欧阳高，字子阳；欧阳地馀，字子宾；欧阳政；欧阳歙，字正思等。

“大小夏侯氏学”亦皆出于宽，大夏侯即夏侯胜，小夏侯即夏侯建。“夏侯胜，其先夏侯都尉，从济南张生受《尚书》，以传族子始昌。始昌传胜，胜又事同郡蔄卿。蔄卿者，倪宽门人。胜传从兄子建，建又事欧阳高。胜至长信少府，建太子太傅，自有传。由是《尚书》有大小夏侯之学。”

《隋书·经籍志》云：“伏生作《尚书传》四十一篇，以授同郡张生，张生授千乘欧阳生，欧阳生授同郡倪宽，宽授欧阳生之子，世世传之，至曾孙欧阳高，谓之欧阳之学。……讫汉东京，相传不绝，而欧阳最盛。”

由此看来，倪宽直接从欧阳生学习《尚书》，倪宽又传授欧阳生之子，是传授《欧阳尚书》承前启后的主要人物，从而形成汉代《尚书》的欧阳一派。大夏侯夏侯胜从倪宽门人蔄卿学，小夏侯即夏侯建，夏侯胜从子，建师事夏侯胜和欧阳高，左右采获，所以大小夏侯之《尚书》亦出于倪宽。

《史记》卷一百二十一《儒林列传》亦介绍了倪宽学习和传授《尚书》之事："伏生教济南张生及欧阳生，欧阳生教千乘倪宽。倪宽既通《尚书》，以文学应郡举，诣博士受业，受业孔安国。倪宽贫无资用，常为弟子都养，及时时间行佣赁，以给衣食。行常带经，止息则诵习之。以试第次，补廷尉史。是时张汤方向学，以为奏谳掾，以古法议决疑大狱，而爱幸宽。宽为人温良，有廉智，自持，而善著书、书奏，敏于文，口不能发明也。汤以为长者，数称誉之。及汤为御史大夫，以倪宽为掾，荐之天子。天子见问，说之。张汤死后六年，倪宽位至御史大夫。九年而以官卒。"倪宽的著作有《倪宽》九篇，《倪宽赋》二篇及《封禅颂》等，皆佚。倪宽在汉代影响很大，张衡《论衡》和其他汉代著作也记载过倪宽的故事。

三、两代帝师张酺

张酺字孟侯，汝南细阳（今太和县原墙镇）人，也是一位传授《尚书》的大家，《后汉书》卷四十五《张酺传》：

张酺字孟侯，汝南细阳人，赵王张敖之后也。敖子寿，封细阳之池阳乡，后废，因家焉。

酺少从祖父充受《尚书》，能传其业。又事太常桓荣。勤力不怠，聚徒以百数。永平九年，显宗为四姓小侯开学于南宫，置《五经》师。酺以《尚书》教授，数讲于御前。以论难当意，除为郎，赐车马衣裳，遂令入授皇太子。

酺为人质直，守经义，每侍讲闲隙，数有匡正之辞，以严见惮。及肃宗即位，擢酺为侍中、虎贲中郎将。数月，出为东郡太守。酺自以尝经亲近，未悟见出，意不自得，上疏辞曰："臣愚以经术给事左右，少不更职，不晓文法，猥当剖符典郡，班政千里，必有负恩辱位之咎。臣窃私自分，殊不虑出城阙，冀蒙留恩，托备冗官，群僚所不安，耳目所闻见，不敢避好丑。"诏报曰："经云：'身虽在外，乃心不离王室。'典城临民，益所以报效也。好丑必上，不在远近。今赐装钱三十万，其亟之官。"酺虽儒者，而性刚断。下车擢用义勇，搏击豪强。长吏有杀盗徒者，酺辄案之，以为令长受臧，犹不至死，盗徒皆饥寒佣保，何足穷其法乎！……

自酺出后，帝每见诸王师傅，常言："张酺前入侍讲，屡有谏正，訚訚恻恻，出于诚心，可谓有史鱼之风矣。"元和二年，东巡狩，幸东郡，引酺及门生并郡县掾史并会庭中。帝先备弟子之仪，使酺讲《尚书》一篇，然后修君臣之礼。赏赐殊特，莫不沾洽。

张酺字孟侯，汝南细阳人，他是赵王张敖的后人。张敖的父亲是张耳，自楚降汉，被汉高祖封为赵王。张敖继承赵王之位，后来因为有罪，被废为宣平侯。张敖的儿子名寿，封细阳县的池阳乡，后被废，于是就在这里安了家。张酺从小就跟祖父张充学习《尚书》，能够继承祖父的学说。（张充与汉光武帝刘秀是同学，刘秀即位，寻找张充，而充已去世。）其后，张酺又跟从经学家太常丞桓荣学习。太常为掌宗庙祭祀、礼乐文化教育的官员，为汉九卿之首，地位尊荣。桓荣字春卿，东汉经学家。西汉末师事博士朱普，习《欧阳尚书》，因以教授，弟子数百人。新朝以后，隐于山谷，讲论不止，后客居讲授于江淮间。建武年间拜为博士，后任太子少傅，建武三十年（54）拜太常。汉明帝时，尊以师礼，拜为五更。及卒，帝亲为临丧送葬。其弟子多以经学名家。张酺从桓荣学，应该在其任太常时。汉明帝也是桓荣的学生，从荣学《尚书》。张酺从桓荣学《尚书》，学业大进，亦能授徒开讲，弟子常上百人。永平九年（66），显宗为四姓小侯开学于南宫，置《五经》师。据《明帝纪》注引袁宏《汉纪》：永平中崇尚儒学，自皇太子、诸王侯及功臣弟子，莫不受经。又为外戚樊氏、郭氏、阴氏、马氏诸弟子立学，号四姓小侯，置《五经》师。以非列侯，故曰"小侯"。《礼记》曰："庶方小侯"，即其义也。

张酺以《尚书》教授，几次在御前宣讲，甚得上意，除为郎，赐车马衣裳，并且让他给皇太子讲授。张酺为人质朴正直，严守经义，每次侍讲，都不忘对时政提出匡正之词。

肃宗是显宗的第五子，也是张酺的学生。肃宗即位之后，又擢酺为侍中、虎贲中郎将；数月之后，任命张酺为东郡太守。酺以自己是儒生，不熟悉地方政务为理由，希望辞去外任官职，没有得到允许。张酺性情果决，敢于任事。到任后搏击豪强，平复冤屈，深得民心。

自从张酺离开京城以后，肃宗每次看到为诸王讲授的师傅，就想起张酺，特别夸赞他能对时政提出谏诤之言，有古史鱼之风。

钱穆《国史大纲》云："章帝师张酺。"章帝元和二年（85），帝东巡狩，来到东郡。皇帝让张酺和门生及郡县掾史齐聚庭中。皇帝先备弟子之仪，聆听张酺讲《尚书》一篇，然后才修君臣之礼。《后汉书》注引《东观记》曰："时使尚书令王鲔与酺相难，上甚欣悦。"由此可知，张酺所讲《尚书》之学，是何等精彩。

钱穆《国史大纲》在讲到东汉时期朝士与外戚、宦官的斗争时说："和帝时有郅寿、乐恢、袁安、任隗、韩棱、丁鸿、何敞、张酺。"《后汉书》张酺本传对此有记述。

四、汝阴令宋登

《后汉书》卷七十九上《儒林列传》：

宋登，字叔阳，京兆长安人也。父由，为太尉。

登少传《欧阳尚书》，教授数千人。为汝阴令，政为明能，号称"神父"。迁赵相，入为尚书仆射。顺帝以登明识礼乐，使持节临太学，奏定典律，转拜侍中。数上封事，抑退权臣，由是出为颍川太守。市无二价，道不拾遗。病免，卒于家，汝阴人配社祠之。

《后汉书》关于汝阴令宋登的介绍非常简短，"宋登，字叔阳，京兆长安人也"，《三辅决录注》："京，大也。天子曰兆民。"故称首都为京兆，即京师之意。治所在长安县（今陕西西安市西北）。父亲宋由，为太尉。太尉原为秦所设，秦统一之后太尉为最高军事长官，三公之一。汉承秦制，也设太尉，汉初时置时废，官名也时有变化，元狩四年（前119）改称大司马，权力在丞相之上。东汉光武帝建武二十七年（51）复改大司马为太尉，地位提高，综理军政，与司徒、司空合称三公。但自东汉中叶以后，三公职权渐为尚书侵夺，太尉若不领尚书事，则只在皇帝身边备参谋、顾问。宋登父亲宋由何时任太尉，不详。

《后汉书》把宋登列入儒林列传，首先介绍说宋登“少传《欧阳尚书》，教授数千人”。《尚书》又称《书》、《书经》。相传孔子求《书》，得黄帝玄孙帝魁之书，讫于秦穆公，共三千二百多篇，定可以为世法者百二十篇。以百二十篇为《尚书》，十八篇为《中侯》。汉代所传《尚书》为二十九篇，并无百二十篇，云其为东莱张霸所伪造。传二十九篇的为欧阳、大小夏侯，皆今文尚书。《欧阳尚书》传自欧阳生，生字伯和。千乘（今山东高青县）人。西汉经学家，师事伏生，习《尚书》。后授倪宽，倪宽又授欧阳生之子。此后，欧阳氏世代传《尚书》，形成汉代《尚书》欧阳一派。东汉时传《欧阳尚书》最有名的为欧阳生八世孙欧阳歙，其为东汉初年人，曾任河南尹、扬州牧、汝南太守，在郡教授常数百人。汉代学术讲究师承，宋登所习《欧阳尚书》，应该得自欧阳一门亲传。

《后汉书》有儒林列传，也有循吏列传，宋登是官员，也是位循吏，他为“汝阴令，政为明能，号称‘神父’。迁赵相，入为尚书仆射”。东汉汝阴属汝南郡，建置为县，县设县令，为一县最高行政长官。“迁赵相”，升迁为赵国相，为东汉赵王相。赵王即赵孝王刘良，字次伯，汉光武帝刘秀叔父。刘秀兄弟少孤，良抚循甚笃。光武起兵，亦从军。建武二年封为广良王，建武五年（29）封赵王，之国。建武十七年薨于京师。宋登“迁赵相”，但不知为第几代赵王相。疑为安帝元初五年（118）之前事，因此年赵王之后刘乾被废，直到本初元年（146）才复封刘乾之子为亭侯相。相，初名相国，为汉诸侯王国的行政长官，地位相当于郡太守。“入为尚书仆射”，即入朝为尚书仆射。尚书仆射，汉置，为尚书令之副，汉灵帝之前仅设一人，印绶与尚书令同。

“顺帝以登明识礼乐，使持节临太学，奏定典律，转拜侍中。”顺帝即东汉顺帝刘保（115—144），字守，东汉第七任皇帝。乃汉安帝与宫人李氏所生，延光四年（125）由宦官拥立为帝，为帝时年仅十岁，建康元年（144）病死，时年三十。宋登“持节临太学”，“转拜侍中”，均在顺帝时。侍中，东汉时为皇帝左右有品秩的近臣。宋登“数上封事，抑退权臣，由是出为颍川太守”。顺帝时朝政腐败，外戚与宦官专权，时人张纲有“豺狼当道，安问狐狸”之语，宋登此时被排斥，应非偶然。宋登所任太守的颍川郡，辖境相当于今河南登封、宝丰以东，尉氏、郾城以西，新密以南，叶县、舞阳以北地，治所在阳翟县（今河南禹州市）。《后汉书·百官志》太守注云：“凡郡国皆掌治民，进贤劝功，决讼检奸。常以春行所主县，劝民农桑，振救乏绝。秋冬遣无害吏案询诸囚，平其罪法，论课殿最。岁尽遣吏上计，并举孝廉。”汉时郡守属吏由太守自辟，故太守为治民之本。

五、汉代的三首民谣

上古之人善歌，习以歌咏表达心声，《尚书·舜典》云：“诗言志，歌永言。”孔子曰：“不学诗，无以言。”这里的诗与歌，包括很大一部分民间歌谣。

历史上的民间歌谣，是一种“非官方”言论，在中国传统政治哲学和政治实践中，被视为民心的自然流露。古人对民间歌谣或言论的重视与西周以来流行的儒家民本论述，民本思想关系密切。《尚书·泰誓》云：“天视自我民视，天听自我民听。”因此，古代史学家和文学家都把民谣郑重记录在各种历史与文学著作中。对于传世历史文献载录的民间歌谣，不能因为它“非官方”“非主流”，是市井俚俗之作而予以轻视和抛弃，而要结合具体内容和社会历史背景，在现代思想学术指导下进行具体观照和分析。

汉承先秦，民间谣谚的流布和传唱仍然是社会生活的重要内容，汉代民间即兴咏诵的歌谣，数量不少。《汉书·艺文志》云：“自孝武立乐府而采歌谣，于是有代赵之讴，秦楚之风，皆感于哀乐，缘事而发，亦可以观风俗，知厚薄云。”其实，乐府之立，并不自汉武帝始。《汉志》著录的各地歌诗（谣）有二十八家，三百一十四篇，其中吴楚汝南歌诗十五篇。下面介绍三首与颍州有关的民谣，均见于《乐府诗集》。

1.《鸡鸣歌》

《史记·项羽本纪》：“项王军壁垓下，兵少食尽，汉军及诸侯兵围之数重。夜闻汉军四面皆楚歌，项王乃大惊曰：‘汉皆已得楚乎？是何楚人之多也?’”

汉军所唱的“楚歌”是什么歌呢?应劭《集解》曰:“楚歌者,谓《鸡鸣歌》也。汉已略得其地,故楚歌者多鸡鸣时歌也。”张守节《正义》云:“楚人之歌也,犹言‘吴讴’、‘越吟’。若鸡鸣为歌之名,于理则可,不得云‘鸡鸣时’也。高祖戚夫人楚舞,自为楚歌,岂亦鸡鸣时乎?”应劭(153—196),东汉学者,字钟瑗,汝南郡南顿县人,著有《汉宫仪》《风俗通义》等。张守节,生卒年月不详,唐开元年间史学家。

《汉书·陈胜项籍传》:“诸侯皆会垓下,围项羽数重。夜闻汉军四面皆作楚歌,羽惊曰:‘汉皆已得楚乎?是何楚人歌之多也!’起饮帐中。”

荀悦《汉纪》卷三:“项王军壁垓下,兵少食尽,汉军及诸侯兵围之数重。夜闻汉军四面皆楚歌,项王乃大惊曰:‘汉皆已得楚乎?是何楚人之多也?’”

《史记》《汉书》《汉纪》皆曰项羽垓下四面闻楚歌。裴骃《史记集解》引东汉应劭说,项羽在垓下听到的楚歌是《鸡鸣歌》,各书未载歌词。

宋郭茂倩《乐府诗集》收录传陶唐氏至五代作品,共一百卷,分为十二类,《鸡鸣歌》在第十一类“杂歌谣辞”类,杂歌谣辞所收是徒歌、民谣、谶语、谚语等。卷八十三《杂歌谣辞一》,收录《鸡鸣歌》歌词:“东方欲明星烂烂,汝南晨鸡登坛唤。曲终漏尽严具陈,月没星稀天下旦。千门万户递鱼钥,宫中城上飞乌鹊。”

题解云:《乐府广题》曰:“汉有鸡鸣卫士,主鸡唱。宫外旧仪,宫中与台并不得畜鸡。昼漏尽,夜漏起,中黄门持五夜,甲夜毕传乙,乙夜毕传丙,丙夜毕传丁,丁夜毕传戊,戊夜,是为五更。未明三刻鸡鸣,卫士起唱。”《汉书》曰:“高祖围项羽垓下,羽是夜闻汉军四面皆楚歌。”应劭曰:“楚歌者,《鸡鸣歌》也。”晋《太康地纪》曰:“后汉固始、鲖阳、公安(应为安城,两汉无公安县)、细阳四县卫士习此曲,于阙下歌之,今《鸡鸣歌》是也。然则此歌盖汉歌也。”按《周礼·鸡人》“大祭祀,夜呼旦以叫百官……”,则所起亦远矣。

《乐府诗集》引《乐府广题》介绍《鸡鸣歌》,说汉代宫廷有鸡鸣卫士,唱《鸡鸣歌》以报时。《乐府广题》为沈建作,作者生平不详,书亦佚，《乐府诗集》多所引用。《太康地纪》又名《太康三年地纪》，成书于西晋太康年间（280—289），不署撰人姓名，其书久佚。

《太康地纪》说："后汉固始、鲖阳、公安、细阳四县卫士习此曲，于阙下歌之。"从歌词的内容看，《鸡鸣歌》也应该是汝南郡的卫士唱的，"东方欲明星烂烂，汝南晨鸡登坛唤"，这里的"汝南"即汉代汝南郡。汉固始，县治在今临泉古城子；鲖阳，县治在今临泉鲖城镇；细阳，县治在今太和原墙镇。固始、鲖阳、细阳都属汝南郡。"公安"，应该是安城之误。安城县在今河南正阳县东北，亦属汝南郡，当时与鲖阳接壤。"千门万户递鱼钥，宫中城上飞乌鹊"，显然是站在宫中卫士的角度表现的，故《太康地纪》又云"四县卫士习此曲，于阙下歌之"。

然而《太康地记》说后汉有《鸡鸣歌》，并推《鸡鸣歌》为汉歌，并不准确。

从《周礼》看，《鸡鸣歌》的起源应该很早。《周礼》有鸡人，《周礼·春官宗伯第三》："唯王建国，辨方正位，体国经野，设官分职，以为民极。乃立春官宗伯，使率其属而掌邦礼，以佐王和邦国。"在礼官之属下有："鸡人，下士一人；史一人，徒四人。""鸡人：掌共鸡牲，辨其物。大祭祀，夜呼旦以叫百官。凡国之大宾客、会同、军旅、丧纪，亦如之。凡国事为期，则告之时。凡祭祀、面禳、衅，共其鸡牲。"南朝梁陆倕《新刻漏铭》："坐朝宴罢，每旦晨兴，属传漏之音，听鸡人之响。"鸡人报时，或以歌唱形式，形成《鸡鸣歌》，歌声传远，久而久之，人人能唱。

用歌舞为攻心战术，克敌制胜，历史记载最早的人不是汉高祖，武王伐纣就用过这种战术。《毛诗正义》孔颖达引《泰誓》曰："师乃鼓噪，前歌后舞，格于上天下地。"汉军唱楚歌也不是偶然行为，而是军队所进行的一种常规训练，用以鼓舞士气，激发斗志。《汉书》卷七十六《韩延寿传》："延寿在东郡时，试骑士，治饰兵车，画龙虎朱爵。延寿衣黄纨方领，驾四马，傅总，建幢棨，植羽葆，鼓车歌车。功曹引车，皆驾四马，载棨戟。五骑为伍，分左右部，军假司马、千人持幢旁毂。歌者先居射室，望见延寿车，嗷咷楚歌。"嗷咷楚歌，"嗷"同叫，"咷"同号啕，扯开喉咙大声歌唱楚歌。《说文》：楚谓儿哭泣不止曰嗷咷。《易·同人》：

“先号咷而后笑。”《方言》曰：“平原谓啼极无声谓之嘅唲，楚谓之噭咷。”这种由号啕而至无声的歌哭，是会使走投无路的敌军意志受到极大打击的。

《艺文类聚》卷六十二引应劭《汉宫仪》曰：“高祖既登帝位，鲖阳、固始、细阳岁遣鸡鸣歌士，常讴于阙下。”说《鸡鸣歌》始于汉高祖时，也值得商榷。正确的说法应该是鸡人报晓历史久远，而《鸡鸣歌》至迟战国时代就有了，不然何以名曰“楚歌”?《鸡鸣歌》的词曲原来流行于汝南郡固始、鲖阳、细阳、安城一带，此地战国时期长期属于楚国，故云“楚歌”，此歌以后流传到京城，歌词稍加改动，在宫廷报时歌唱，得以在更大范围广泛流行。而以“楚歌”为名，则因其原是楚人传唱楚地流传下来的。由于流传广泛，人人会唱，才能在项羽兵败垓下时，由汉军四面同时传唱。

2.《颍川歌》与《鸿隙陂》

在颍州旧志书的《艺文志》部分，收录了两首汉代的民谣，一首是《颍川歌》，一首是《鸿隙陂》，分别是西汉和东汉时期的民谣。

《颍川歌》见于《史记》，后被收入《乐府诗集》卷八十七《杂歌谣辞》五，亦见《白帖》卷七、《太平御览》卷六十三、《太平环宇记》卷七、《诗纪》卷八：“颍水清，灌氏宁；颍水浊，灌氏族。”

灌氏，指灌夫家族。灌夫（？—前131），汉朝颍阴（今河南省许昌市）人，字仲孺。吴楚七国之乱之时，他和父亲从军，立下军功被封为中郎将。建元元年（前140），他担任太仆；第二年，改任燕国相，后来坐法免官。灌夫任侠，家产数千万，食客每日数十百人，横暴颍川郡。后在与丞相田蚡和窦婴的政治斗争中失败，于元光四年（前131）十月，以不敬罪被诛杀，并被灭族。

《史记》卷一百七《魏其武安侯列传》云：“灌将军夫者，颍阴人也。夫父张孟，尝为颍阴侯婴舍人，得幸，因进之至二千石，故蒙灌氏姓为灌孟。”“（灌）夫不喜文学，好任侠，已然诺。诸所与交通，无非豪杰大猾。家累数千万，食客日数十百人。陂池田园，宗族宾客为权利，横于颍川。颍川儿乃歌之曰：‘颍水清，灌氏宁；颍水浊，灌氏族。’”

记载在《史记》里的这首民谣，自然也与太史公的政治与史学思想有关。吕宗力先生在《略论民谣在汉代的政治作用及其迷失》一文中，结合史实对这首民谣进行了分析：

选择性采集民谣、营造不利于政敌的舆论假象或片面舆论，也是汉代舆论战的一种方式。灌夫性喜任侠，所交皆豪杰大猾。家累数千万，食客日数十百人，陂池田园遍布各地，宗族宾客横行颍川。田蚡与窦婴、灌夫交恶。田蚡采集这首儿歌为证据，检举灌夫："通奸猾，侵细民，家累巨万，横恣颍川，凌轹宗室，侵犯骨肉。"其实田蚡以外戚先后出任太尉、丞相，《史记》亦称其"治宅甲诸第，田园极膏腴，而市买郡县器物相属于道。前堂罗钟鼓，立曲旃；后房妇女以百数。诸侯奉金玉狗马玩好，不可胜数"。其骄横豪奢，鱼肉乡里，较灌夫有过之而无不及，想必也会有对他不利的舆论流传。但田蚡获武帝重用、王太后包庇，"权移主上"，囚禁灌夫，追捕诛杀灌氏族人，封锁言路，令有关田蚡劣迹的舆论无法上达，而使灌夫及其家属终被弃市。

民意可以被权势压制，也可能被有心者利用，但不可能被长期压抑，不可能被永久误导，公道毕竟存在于民心。从《史记·魏其武安侯列传》的叙述笔法来看，司马迁虽然批评灌夫"无术而不逊"，不受颍川民众欢迎，但对田蚡的批判更为严厉，在《魏其武安侯列传》末，也有一段精彩的评论可供参阅："负贵而好权，杯酒责望，陷彼两贤。呜呼哀哉！迁怒及人，命亦不延。"《史记》提及田蚡处，往往语带讥刺。司马迁虽然不曾批武帝、王太后逆鳞，后世读者每读至此，自然会心。

这段分析指出田蚡在与灌夫的政治斗争中，巧妙地利用民谣打了舆论战，利用主上的信任，最终置对手于死地。

另《资治通鉴》卷十八武帝元光三年（前 132）云："初，孝景时，魏其侯窦婴为大将军，武安侯田蚡乃为诸郎，侍酒跪起如子侄；已而蚡日益贵幸。魏其失势，宾客益衰，独故燕相颍阴灌夫不去。婴乃厚遇夫，相为引重，游为父子然。夫为人刚直，使酒，诸有势在己之右者必凌之；数因酒忤丞相。丞相乃奏案：'灌夫家族横颍川，民苦之。'收系夫及支属，皆得弃市罪。魏其上书论救灌夫，上令与武安东朝廷辩之。魏其、武安因互相诋讦。上问朝臣：'两人孰是？'唯汲黯是魏其，韩安国两以为是；郑当时是魏其，后不敢坚。上怒当时曰：'吾并斩若属矣！'即罢。起，入，上食太后，太后怒不食，曰：'今我在也，而人皆藉吾弟；令我百岁后，皆鱼肉之乎！'上不得已，遂族灌夫；使有司案魏其，得弃市罪。"胡三省在注释里也引用了民谣。《通鉴》这段记述亦可以帮助理解民谣产生的背景及事件经过。

童谣《鸿隙陂》首见于《汉书》，《后汉书》卷八十二上《许扬传》也有记载，但差异很大。

《汉书》卷八十四《翟方进传》："翟方进字子威，汝南上蔡人也。……初，汝南旧有鸿隙大陂，郡以为饶，成帝时，关东数水，陂溢为害。方进为相，与御史大夫孔光共遣掾行视，以为决去陂水，其地肥美，省堤防费而无水忧，遂奏罢之。及翟氏灭，乡里归恶，言方进请陂下良田不得而奏罢陂云。王莽时常枯旱，郡中追怨方进，童谣曰：'坏陂谁，翟子威，饭我豆食羹芋魁。反乎覆，陂当复，谁云者，两黄鹄。'"

西汉成帝刘骜，公元前 33 至前 7 年在位。陂，湖泊，池塘。翟子威，即翟方进，字子威，汝南上蔡人，官至宰相。芋魁豆饭，颜师古注："羹芋魁者，以芋根为羹也。"后遂以"芋魁豆饭"为典故，喻食物粗劣，亦作"芋魁饭豆"。

这首童谣指名道姓，言语激烈，用词尖锐，对特定政治人物或社会政治现象发出强烈诅咒。童谣中的陂即鸿隙陂，是当时汝南郡的一座大型水库，是汉武帝时期建设的一项大型人工水利工程，主要水面即今淮河到上蔡段的南汝河。鸿隙陂具有蓄水和排涝功能，工程建成后，汝南郡一带实现了水利灌溉，种植了水稻，成为富甲天下的鱼米之乡。童谣说：由于翟方进毁坏了鸿隙陂，汝南一带没有了水利灌溉设施，无法种植水稻，只能种植豆类和芋头之类作物，并以之作为主食。鸿隙陂必须重新修复，是谁这样讲的呢？是两只神鸟黄鹄讲的。

据历史记载，东汉建武十三年（37）南阳人邓晨为汝南太守，任命水利专家许扬为都水掾，主持复修重建鸿隙陂，约于建武十八年完工，使汝南农业生产又得到恢复和发展。

吕宗力先生结合《汉书》和相关记载对这首民谣进行了分析：翟方进决陂，是为了应付当年的涝灾，却导致亢旱之年缺水，也许少了一点远见，乡人追怨，可以理解。但指责方进为一己私怨而毁故乡生机，却是在方进少子翟义起兵讨莽事败族灭之后。此谣之作，很难说没有政治力的渗透。日本学者串田久治推测，童谣中的“黄鹄”应是暗示王莽，显示汝南乡民将修复鸿隙陂的希望寄托于王莽。而王莽在元始二年大旱时，也确曾实行一系列救济政策。但鸿隙陂的修复，其实要到东汉建武中，才由太守邓晨提上议事日程。主持修陂的都水掾许杨向邓晨说：“昔大禹决江疏河以利天下，明府今兴立废业，富国安民，童谣之言，将有征于此。”可知西汉末汝南地区流行的歌谣，至东汉初仍然深深存留在当地官民的集体记忆中。

串田久治说“黄鹄”指王莽，未必允当。《后汉书》卷八十二上云：“汝南旧有鸿郤陂，成帝时，丞相翟方进奏毁败之。建武中，太守邓晨欲修复其功，闻（许）杨晓水脉，召与议之。杨曰：‘昔成帝用方进之言，寻而自梦上天。’天帝怒曰：‘何故败我濯龙渊?’”是后民失其利，多致饥困。时有谣歌曰：“败我陂者翟子威，饴我大豆，亨我芋魁。反乎覆，陂当复”……晨大悦，因署杨为都水椽，使典其事。”此处引民谣无“黄鹄”事。水利建设事关农业生产、百姓生活，历来为古人重视。宋秦观《汝水涨溢说》云：“《汉书》称汝南有鸿隙陂，翟方进为相始奏罢，郡人怨甚切。意鸿隙陂者，非特为灌溉之利，菱芡蒲鱼之饶，实一郡潴水处也。”这是宋人之论，时间又过了上千年。

六、郭宪与《洞冥记》

《汉书·艺文志》云：“小说者，街谈巷语之说也。”论小说多溯源于汉，鲁迅先生《中国小说史略》，述至汉代始使用小说之名。他说：“现存之所谓汉人小说，盖无一真出于汉人。晋以来，文人方士，皆有伪作，至宋明尚不绝。文人好逞狡狯，或欲夸示异书，方士则意在自神其教，故往往托古籍以衒人；晋以后人之托汉，亦犹汉人之依托黄帝伊尹矣。此群书中，有称东方朔班固撰者各二，郭宪刘歆撰者各一，大抵言荒外之事则云东方朔郭宪，关涉汉事则云刘歆班固，而大旨不离乎言神仙。”

郭宪，字子横，东汉汝南郡宋公国（今安徽太和）人。《后汉书》有传，见卷八十二上，《方术列传》卷七十二上：

郭宪字子横，汝南宋人也。少师事东海王仲子。时王莽为大司马，召仲子，仲子欲往。宪谏曰：“礼有来学，无有往教之义。今君贱道畏贵，窃所不取。”仲子曰：“王公至重，不敢违之。”宪曰：“今正临讲业，且当讫事。”仲子从之，日晏乃往。莽问：“君来何迟?”仲子具以宪言对，莽阴奇之。及后篡位，拜宪郎中，赐以衣服。宪受衣焚之，逃于东海之滨。莽深忿恚，讨逐不知所在。

光武即位，求天下有道之人，乃征宪拜博士。再迁，建武七年，代张堪为光禄勋。从驾南郊。宪在位，忽回向东北，含酒三潠。执法奏为不敬。诏问其故。宪对曰：“齐国失火，故以此厌之。”后齐果上火灾，与郊同日。

八年，车驾西征隗嚣，宪谏曰：“天下初定，车驾未可以动。”宪乃当车拔佩刀以断车靷。帝不从，遂上陇。其后颍川兵起，乃回驾而还。帝叹曰：“恨不用子横之言。”

时匈奴数犯塞，帝患之，乃召百僚廷议。宪以为天下疲敝，不宜动众。谏争不合，乃伏地称眩瞀，不复言。帝令两郎扶下殿，宪亦不拜。帝曰：“常闻‘关东觥觥郭子横’，竟不虚也。”宪遂以病辞退，卒于家。

《后汉书》说郭宪是“汝南宋人”，《续汉志》云：汝南郡有宋公国，周名郪丘。西汉为新郪县，东汉章帝建初四年（79），改封殷商后裔于此，为宋公国，属汝南郡。其地即今安徽省太和县赵庙镇城孜村一带。郭宪早年拜东海王仲子为师，经仲子推荐，为王莽所知。王莽篡汉后，拜郭宪为郎中，差人送去官服，要他去朝廷做官。他把官服烧掉，逃到东海隐居。刘秀当了皇帝，拜他为博士。

刘秀西征隗嚣（当时中国西部少数民族首领），郭宪拦住他的车子说：“天下初定，车驾未可以动。”并拔出佩刀，割断刘秀车上的皮引带，刘秀不听他的劝告。后来颍川发生变乱，刘秀星夜赶回洛阳，叹惜说：“恨不听子横之言!”

北方的匈奴不断向南侵犯，刘秀召集群臣商议对策，郭宪以为天下疲敝，不宜动众。刘秀没有采纳他的意见，他非常恼火，装作头晕倒地，不再言语。刘秀让人扶他下殿，他拜也不拜，径自而去。刘秀望着他的背影，向群臣说：“尝闻关东觥觥郭子横，竟不虚也。”其后，郭宪遂以病辞官，卒于家。

郭宪为西汉名臣，官至光禄卿。鲁迅先生《中国小说史略》考证说：“郭宪字子横，汝南宋人，光武时征拜博士，刚直敢言，有‘关东觥觥郭子横’之目。徒以潠酒救火一事，遽为方士攀引，范晔作《后汉书》，遂亦不察而置之《方士列传》中。然《洞冥记》称宪作，实始于刘昫《唐书》，《隋志》但云郭氏，无名。六朝人虚造神仙家言，每好称郭氏，殆以影射郭璞，故有《郭氏玄中记》，有《郭氏洞冥记》。”且此书所载，皆荒诞不经之谈，既未必真出宪之手，亦未必一人所作，或采自街谈巷议而敷衍之。汉代之著述非同后世，常无法确切考订何人何时所作，及其成书沿革之详情。

题郭宪撰《洞冥记》，又作《汉武帝别国洞冥记》《汉武洞冥记》。《隋志》止一卷，《唐志》始作四卷，元马端临《文献通考》有《拾遗》一卷，宋晁公武《郡斋读书志》引郭宪自序。陈振孙《书录解题》云：其《别录》又于《太平御览》中抄出，则四卷亦非全书。因已附着于郭宪名下，故遵从历史，就其书一并讨论之。

今《洞冥记》四卷六十则故事，都是记载神仙道术和远方怪异的故事。是书词句缛艳，所言影娥池事，唐上官仪用以入诗，时称博洽。后代文人诗赋引用亦多。盖因字句妍丽华滋，意境奇特，别绕情趣，可供采择，足滋想象，故引用不辍。

是书序云：

宪家世述道书，推求先圣往贤之所撰集，不可穷尽，千室不能藏，万乘不能载，犹有漏逸。或言浮诞，非政教所同经文、史官记事，故略而不取。盖偏国殊方，并不在录。愚谓古曩馀事，不可得而弃。况汉武帝明俊特异之主，东方朔因滑稽浮诞以匡谏，洞心于道教，使冥迹之奥昭然显著。今籍旧史之所不载者，聊以闻见，撰《洞冥记》四卷，成一家之书，庶明博君子该而异焉。武帝以欲穷神仙之事，故绝域遐方贡其珍异奇物及道术之人，故于汉世盛于群主也。故编次之云尔。

书谓汉武明隽特异之主，东方朔因滑稽浮诞以匡谏，洞心于道教，使冥迹之奥昭然显著，故曰“洞冥”。后人认为，此书所载，皆怪诞不经之谈，未必真出宪手。如潠酒救火一事，遂抑之方术之中，其事之有无，已不可定。至于所言影娥池事，唐上官仪用以入诗，时称博洽，后代文人词赋，引用尤多。盖以字句妍华，足供采摭，至今不废，良以是耳。若其中伏生受《尚书》于李克一条，悠谬支离，全乖事实。又词句缛艳，亦迥异东京，或六朝人依托为之。朱彝尊乃采以入《经义考》，则嗜博贪奇，有失别择，非著书之体例矣。

一些现代学者还指出：《序》云“道教”“道书”，不当见于东汉初时；《洞冥记》中“汉承唐纪”“火德天统”及《五岳真形图》亦不当见于其时，认为《洞冥记》乃六朝人伪作。不过，也有学者持不同意见。

七、汉代的两块碑刻

铭，古代文体的一种，常刻铭于碑版或器物，或以称功德，或以申鉴戒，后成为一种文体。曹丕《典论·论文》：“盖奏议宜雅，书论尚理，铭诔宜实，诗赋欲丽。”

史学家刘知幾《史通·史官建置》说：“夫人寓形天地，其生也若蜉蝣之在世，如白驹之过隙，犹且耻当年而功不立，疾没世而名不闻。上起帝王，下穷匹庶，近则朝廷之士，远则山林之客，其於功也，名也，莫不汲汲焉，孜孜焉。夫如是者何哉？皆以图不朽之事也。”从历史资料来看，这种“历史心态”作为个体在东汉以前还不明显，但自东汉时起就变得日趋强烈了。

刘勰《文心雕龙·诔碑篇》说：“自后汉以来，碑碣云起。”欧阳修在《集古录跋尾》中谈及这种现象说：“自后汉以后，始有碑文，欲求前汉时碑碣，卒不可得。是则冢墓碑，自后汉以来始有也。”“自后汉以来，门生故吏，多相与立碑颂德。”

据专家研究统计，目前所知的后汉碑刻有七百种，可以见到文字的有五十多种，其中与阜阳有关的有《后汉慎令刘君墓碑铭》和后汉《楚相孙叔敖碑》。

（一）《后汉慎令刘君墓碑铭》

《后汉慎令刘君墓碑铭》已为颍州旧志编撰者所注意，康熙《颍州志》卷十八《艺文》，乾隆《颍州府志》卷之九《艺文志》均载录了碑铭，题云“慎令刘君墓碑铭”：

刘君，名□，《隶释》云：君讳修。字伯麟。少罹艰苦，身服田亩，举孝廉，除郎中，辟从事、司徒掾，迁慎令，卒年六十有二。其铭曰：

於惟君德，忠孝正直。至行通洞，高明柔克。鬼神福谦，受兹介福。知命不延，引舆旋归。忽然轻举，志激拔葵。人皆有亡，贵终誉兮。殁而不朽，垂名著兮。见欧阳文忠公《集古录》中。

志书注明碑铭引自欧阳修《集古录》，铭文作者佚名，所著时间为建宁四年（171）。建宁为东汉灵帝刘宏年号，此时已经是东汉后期。今《欧阳修全集》卷一百三十六《集古录跋尾》卷三，题《后汉慎令刘君墓碑》，欧阳修作跋语，并引碑铭：

右汉《慎令刘君墓碑》，在今南京下邑。其名已摩灭，其字伯麟。少罹艰苦，身服田亩，举孝廉，除郎中，辟从事、司徒掾，迁慎令。卒年六十有二。

其铭曰：“於惟君德，忠孝正直。至行通洞，高明柔克。鬼神福谦，受兹介福。知命不延，引舆旋归。忽然轻举，志激拔葵。人皆有亡，贵终誉兮。殁而不朽，垂名著兮。”

余家汉碑，常患其铭多缺灭，而斯铭偶完，故录之。

欧阳修跋语说的“南京”，指今河南商丘。北宋景德三年（1006），因宋太祖在后周曾为宋州（治宋城县，今商丘南）节度使，升宋州为应天府，大中祥符七年（1014）建为南京。下邑，指下邑县，秦置，属砀郡，治所在今安徽砀山县，宋属应天府，《慎令刘君墓碑》在此发现。

宋洪适《隶释》卷第二十三欧阳棐《欧阳修集古录目》云：“右隶书，不著书撰人名氏，刘君名氏缺，有其字曰：‘伯麟’，仕至慎令，弃官终于家，其卒葬之年月缺灭不明，而隐隐可见，疑为建宁四年也。碑在南京下邑县。”

宋代金石学昌盛，著名金石著录如欧阳修《集古录》、赵明诚《金石录》等，均收有不少汉碑。但它们皆仅存目录、作跋语，不便了解原石内容。宋洪适开集录石刻文字之先河，他将所见汉碑上的隶书改用楷书释定写出，对异体字则保留原状。录文之后附有考释，以及汉隶文字之释读等内容。包括对石刻中所涉及史实、人物之考证、石刻形制、发现碑刻的所在地、异体字等有关说明。《慎令碑》文载《隶释》卷八：

君讳脩，字伯麟，从事君（阙十六字）履和而至。少罹艰苦，身服田亩，动乎俭中，从虚（阙七字）弟克谐，其於乡党，逊逊如也。卑谦博爱，恕己接人，（阙六字）政事君则，安上竭节，不求声誉，故为五福所归，流神明所□□□时兄弟并典干城，子孙盈门，克昌堂构，非至德淳粹，其孰能与□斯。举孝廉，除郎中，以将事去官。辟从事司徒掾，典掌边事。迁慎令，行无为之政，崇澹泊以惠利。素苦风，到官期月，见臣吏，敕儿子，人命呼吸不欲烦扰吏民，欲生见旧土，归终於家。百姓追逐，扣马攀轮，遂不复还。年六十七，建宁四年五月甲戌卒。二弟龙纯，孪哀孔怀。孤生隽协，长号思慕。立此碑铭，以表景行。其辞曰：

於惟君德，忠孝正直。至行通洞，高明柔克。鬼神富谦，受兹介福。知命不延，引舆旋归。忽然轻举，志激拔葵。人皆有亡，贵终誉兮。殁而不朽，垂名著兮。

墓主刘君，名脩，字伯麟。“少罹艰苦，身服田亩，举孝廉，除郎中”，刘脩出身寒微，在田间从事耕作，少年时代经历苦难，通过举孝廉释褐为郎中，后来当了慎县县令。

举孝廉，是汉代选拔人才的重要科目之一。孝，孝悌；廉，廉吏。汉初规定地方郡国从所属吏民之中每年推举孝、廉各一名。至东汉，把举孝、廉合为一，规定地方郡国每年从二十万人中推举孝廉一人，边远郡县每十万人推举一人。孝廉至中央往往任郎官。

慎令，慎县县令。慎，春秋楚邑。《左传·哀公十六年》："吴人伐慎，白公败之。"西汉置慎县，属汝南郡，治所在颍上县西北江口镇。东汉有慎侯国，《后汉书·宗室四王三侯列传》："建武二年（26），封（刘赐）为慎侯。十三年，更增户邑，定封为安成侯，奉朝请。"刘赐字子琴，光武族兄。令，县令。《汉书·百官公卿表上》："县令，长，皆秦官，掌治其县。万户以上为令，秩千石至六百石。减万户为长，秩五百石至三百石。"由此可知，当时慎县是超过万户的大县。

碑文说："到官期月，见臣吏，敕儿子，人命呼吸不欲烦扰吏民，欲生见旧土，归终於家。百姓追逐，扣马攀轮，遂不复还。"期月，一整年。谓周一年之十二月。"欲生见旧土，归终于家"，旧土，即故土故乡，曾经居住过的地方。《晋书》卷三十三《王祥》："将死，烈欲还葬旧土，芬欲留葬京邑，祥流涕曰：'不忘故乡，仁也；不恋本土，达也。惟仁与达，吾二子有焉！'"

铭文说"知命不延，引舆旋归"，知命，即知天命之年。刘脩到了五十岁时，主动要求辞官，从慎县令任上坐车回到家乡。"忽然轻举，志激拔葵"，轻举，轻身升起。楚辞《远游》："悲时俗之迫扼兮，愿轻举而远游。"注云"高翔避世，求道真也。"拔葵，拔葵去织，谓不与民争利的典故。《汉书·董仲舒传》："故公子仪相鲁，之其家见织帛，怒而出其妻；食於舍而茹葵，愠而拔其葵，曰：'吾已食禄，又夺园夫红女利虖？'"

洪适跋语对此碑刻考证云：右汉故慎令刘君墓碑隶额在应天府下邑县，刘君名脩，以孝廉为郎，终於宰邑，灵帝建宁之四年（171）也。刘君不欲以后事烦扰吏民，且欲生见旧土，遂解印去官，可谓知命履道者矣。汉碑多门生故吏为之，此则其二弟三子所立，古之经籍，未有雕刻之本，学者各习其师，故其文不一。《左氏春秋》《小戴礼》、荀、孟诸子，班、马二史，所引诗书多与今本不同。汉末有私行金货，定兰台漆书经字，以合其私文者，故灵帝诏诸儒正定群经，刊於石碑，使天下取则焉。

所存遗刻，复与今之经传文异而句别。此碑云“乡党逊逊如也”，《祝睦碑》则云“乡党逡逡”，皆与《论语》异，而二者又自不一，盖其师说然也。此碑又有“动乎俭中，鬼神富谦”，亦与今之《易》不类。

（二）《楚相孙叔敖碑》

孙叔敖（前630—前593），春秋楚国期思（今河南淮滨县期思镇）人，楚庄王十三年（前601）出任令尹（楚相），辅佐楚庄王成就春秋霸业，为春秋楚国名相。《孟子·告子下》：“舜发于畎亩之中，傅说举于版筑之间，胶鬲举于鱼盐之中，管夷吾举于士，孙叔敖举于海……”

《左传·宣公十一年》载：（前598）“（楚）令尹芀艾猎城沂”，此芀艾猎即孙叔敖。杜预注云：孙叔敖出楚王族宗支芀氏，氏芀名敖，字艾猎，亦称孙叔。芀为楚邑（见《左传·哀公二十七年》），为孙叔敖祖上封地。司马迁《史记·循吏列传》将孙叔敖列为循吏第一人，其传云：

孙叔敖者，楚之处士也。虞丘相进之于楚庄王以自代也。三月为楚相，施教导民，上下和合，世俗盛美，政缓禁止，吏无奸邪，盗贼不起。秋冬则劝民山采，春夏以水，各得其所便，民皆乐其生。

庄王以为币轻，更以小为大，百姓不便，皆去其业。市令言之相曰：“市乱，民莫安其处，次行不定。”相曰：“如此几何顷乎?”市令曰：“三月顷。”相曰：“罢，吾今令之复矣。”后五日，朝，相言之王曰：“前日更币，以为轻。今市令来言曰‘市乱，民莫安其处，次行之不定’。臣请遂令复如故。”王许之，下令三日而市复如故。

楚民俗好庳车，王以为庳车不便马，欲下令使高之。相曰：“令数下，民不知所从，不可。王必欲高车，臣请教闾里使高其梱。乘车者皆君子，君子不能数下车。”王许之。居半岁，民悉自高其车。

此不教而民从其化，近者视而效之，远者四面望而法之。故三得相而不喜，知其材自得之也；三去相而不悔，知非己之罪也。

楚令尹孙叔敖子受封寝（亦作寑）丘，见《韩非子·喻老篇》、《吕氏春秋·孟冬纪》《淮南子·人间训》《史记·滑稽列传》《列子·说符》等。《吕氏春秋·孟冬妃·异宝》篇云：“孙叔敖疾，将死，戒其子曰：

‘王数封我矣，吾不受也。为我死，王则封汝，必不受利地。楚、越之间有寝之丘者，此其地不利，而名甚恶。荆人畏鬼，而越人信禨。可长有者，其唯此也。’孙叔敖死，王果以美地封其子，而子辞，请寝之丘，故至今不失。”又《史记·滑稽列传》载：“庄王谢优孟，乃召孙叔敖子，封之寝丘四百户以奉其祀，后十世不绝。”《淮南子·人间训》云“有寝丘者，其地确石而名丑”句下高诱注：“寝丘，今汝南固始也。”《左传·宣公十二年》杜注：“寑，县也，今汝阴固始县。”

《史记》成书于西汉，寝丘在今临泉境。郦道元《水经注·颍水注》：（汝水支津）“又东迳南顿县故城南，又东南迳鲖阳城北，又东迳邸乡城北，又东迳固始县故城北，《地理志》：县，故寑也，寑丘在南，故藉丘名县矣。王莽更名之曰闰治。孙叔敖以土浸薄，取而为封，故能绵嗣。城北犹有《叔敖碑》。建武二年，司空李通又慕叔敖受邑，故光武以嘉之，更名固始。”郦道元对寝丘地理位置的具体描述，可以确证寝丘、寝之丘在今安徽临泉县境。

郦道元所云《叔敖碑》，未云刻于何时，何人所作，亦未云具体内容。《水经注》云寝丘“城北犹有《叔敖碑》”，后世文献所云《孙叔敖碑》者，最早见于欧阳修《集古录》，其跋语云：“右汉《孙叔敖碑》，云‘名饶，字叔敖’，而《史记》不著其名，而见于他书者皆曰‘叔敖’而已。微斯碑，后世遂不知其名饶也。此碑世亦罕传，余以《集录》二十年间，求之博且勤，乃得之，然世之未见此碑者，犹不知为名饶也。谓余集古为无益，可乎？”欧阳修这段跋语也没有说他所见的《孙叔敖碑》得于何地何时，亦未载碑文，故不知其是否即郦道元在临泉城北所见之《叔敖碑》。唯云“延熹三年”，即延熹三年的碑刻，延熹为东汉桓帝年号，三年为公元 160 年。两宋之际，赵明诚、李清照《金石录》亦著录“汉孙叔敖碑”，其云碑阴：“文字断续，不可次第。按期思长光。碑阴不载姓氏，叔敖碑虽有之，然已残缺矣。”

南宋洪适编著《隶释》一书，将碑正面与背面（碑阴）刻铭一并收录，且对每一部分都有跋语与评介，对认识和了解《孙叔敖碑》碑文等很有参考价值，其所录《楚相孙叔敖碑》内容如下：

楚相孙君讳饶，字叔敖，本是县人也。六国时期思属楚，楚都南郢，南郢即南郡江陵县也。君受纯灵之精，怀绝世之才，有大贤次圣之质，少见技首蛇，对其母泣：“吾将死。”母问其故，曰：“吾闻见技首蛇者死，今日见之。”母曰：“若奈之何?”“吾杀。行数十步，念独吾死可，空复令他人见之死为，回埋掩其形。”母曰：“若无忧焉。”其阴德玄善，遂为父母九族所异。及其为相，布政以道，考文象之度，敬授民时。聚藏於山，殖物於薮。宣导川谷，波障源潦，溉灌泼泽，堤防湖浦，以为池沼。钟天地之美，收九泽之利，以殷润国家，家富人喜，优游乐业。拭序在朝，野无螟貣，丰年蕃庶，人有曾、闵贞孝之行；四民美好，从容中节，高梱改币，一朝而化。其忧国忘私，乘马三年，不别牝牡。继高阳、重黎、五举、子文之统，其忠信廉勇，礼乐文章，轨仪同制。其富国充民，明天时，尽地力，霆坚禹稷，不能逾也。专国权宠，而不荣华。一旦可得百金，至於没齿而无分铢之蓄。破玉玦，不以宝财遗子孙，终始若矢。去不善如绝弦，辟患害於无形。狷节高义，敦良奇分，自曹臧、孤竹、吴札、子罕之伦，不能骖也。生于季末，仕于灵王，立溷浊而澄清，处幽昏而照明，其遗武馀典，恨不与戏皇帝代同世。世为列姬，国在朝廷，其意常墨，墨若冠章甫而坐涂炭也。病甚临卒，将无棺郭，令其子曰：“优孟曾许千金贷吾。”孟，楚之乐长，与相君相善，虽言千金，实不负也。卒后数年，庄王置酒以为乐，优孟乃言孙君相楚之功，即慷慨商歌，曲曰：“贪吏而可为，而不可为，廉吏而可为，而不可为。贪吏而不可为者，当时有污名；而可为者，子孙以家成。廉吏而可为者，当时有清名；而不可为者，子孙困穷，披褐而卖薪。贪吏常苦富，廉吏常苦贫，独不见楚相孙叔敖，廉洁不受钱。”涕泣数行，若□首王。王心感动觉悟，问孟，孟具列对。即求其子而加封焉。子辞：“父有命，如楚不忘亡臣，社稷□而欲有赏，必於潘国下湿硗埆，人所不贪。”遂封潘乡。潘，即固始也。三九无嗣，国绝祀废。固始令段君梦见孙君，则存其后，就其故祠为架庙屋，立石铭碑，春秋烝尝，明神报祚。即岁迁长掖太守，及期思县宰。

段君讳光，字世贤，魏郡邺人。庶慕先贤，体德允恭，笃古尊旧，奉履宪章，钦翼天道，五典兴通，文藉祭祠，祇肃神明。临县一载，志在惠康；茔枯禀乏，爱育藜蒸；讨扫丑类，鳏寡是矜；杜伪养善，是忠表仁。感想孙君，迺发嘉训；兴祀立坛，勤勤爱敬；念意自然，刻石铭碑；千载表绩，万古摽记，福佑期思，县兴士炽，孙氏蒙恩。汉延熹三年五月廿八日立。

此碑文亦记载孙叔敖封地之事：“……王心感动觉悟，问孟，孟具列对，即求其子而加封焉。子辞：‘父有命，如楚不忘亡臣，……而欲有赏，必於潘国下湿硗埆，人所不贪。遂封潘乡。’潘，即固始也。”洪适所录此碑为东汉延熹三年期思令段光于期思县故城西北孙叔敖庙前所立，碑文中言及的“寝丘”“潘乡”“固始”实系一地，即今临泉。文献记载亦与碑文吻合，可见直到东汉延熹年间，对孙叔敖封地就在今临泉县境都是没有疑问的。此碑就是欧阳修《集古录》跋语中所说的延熹三年的碑刻，但是不是《水经注》中所说的寝丘“城北《叔敖碑》”，寝丘的《叔敖碑》与期思县故城孙叔敖庙前的《楚相孙叔敖碑》是什么关系等，仍然需要研究探讨。

在此碑文之后，洪适有一段长长的跋语，主要是对碑文书写的考证研究。洪适《隶释》还录入了碑阴文字：

延熹三年，岁在□□，中夏之节，政在封表。期思长光视事一纪，访问国中耆年旧齿，素闻孙君楚时良辅，本起此邦，垂名於后。博求遗苗，曾玄孙子，考龟吉辰，五月辛卯，宜以存废，可立碑祀。招请诸孙都会国右郭西道北，处所显好，兴上牢祭，倡优鼓舞，式序其胄，授之端首。光以不肖，贪追贤烈，以自荣宠。时丞左冯翊姓如讳武，尉京兆周陵详集共造，户曹掾袁腾，令史许松。

相君有三嗣，长子即封食邑固始，少子在江陵，中子居三□虚袭□业缭材二宗，则其苗胄也。相君卒后十有馀世，有渤海太守字武伯，武伯有二子，长子字伯尉，少子字仲尉，仕郡为掾史。伯尉有一子，字世伯，举江夏孝廉，城门侯。仲尉有二子，长子字孝伯，荆州从事；弟世信仕□□掾功曹，会平、哀之间，宗党为贼寇所杀，世伯、孝伯、世信□各遗一子，才八九岁，微弱不能仕学。世伯子字子仲，治产於缭虚，有六男一女，大子字长都，次子字兰卿，次弟字仲阳，次弟字叔通，次弟字卫公，次弟字刘卿，此缘宗六父也。孝伯子字文□，亦不仕学，治产於材虚，亦有六男一女，大子字惠明，次弟字次卿，次弟字圣公，次弟字稚卿，次弟字仕卿，次弟字少都，此材宗六父也。世信一子相承，季陵、文卿、孝公，此□虚一父别其高祖，与材高祖父亲兄弟孙氏宗族别□谱纪也。

碑阴对期思《楚相孙叔敖碑》的立碑时间及其缘起有具体说明，对孙叔敖的后世亦有考述，具有很高的史料价值。

八、汉镜铭文

郭沫若先生《彝器形象学试探》一文首次对青铜器的发展进行了分期，认为商后期到周前期是青铜器的鼎盛时期，其后逐渐走向衰落。其实这个论断有一定的片面性。秦汉以后，由于钢铁冶炼技术的进步和发展，青铜器从礼器、武器、生产工具等领域渐渐退了出去，但是却在日常生活领域得到长足发展，其成就一点也不逊色于先秦时期，其中铜镜的制作就是这一时期青铜制作技术水平的杰出代表。

从出土情况看，汉代铜镜比战国铜镜数量多得多，说明铜镜的使用至少在富贵人家已经较为普遍。新中国成立以来，阜阳境内出土汉代铜镜400多枚。这些汉镜的背面除有精美的纹饰图案外，还铸有规整的铭文，铸有铭文是汉镜的一大特征，选录如下：

1. 大乐贵富得所好，千秋万岁宜酒食。（临泉县博物馆 LB0167；阜阳市博物馆 FB0023、FB0024）

2. 大乐贵富得所好，千秋万岁，延年益寿。（临泉县博物馆 LB0170）

3. 洁清白而事君，怨阴欢之弇明。焕玄锡之流泽，恐疏远而日忘，美慎□□□□□□，外承驩（欢）之可说（悦），□相思毋绝。（阜阳市博物馆 FB0284、FB1692）

4. 内清质以昭明，光辉象夫日月，心忽扬而愿忠，然壅塞而不泄。（阜阳市博物馆 FB0910）

5. 炼冶铜华清而明，以之为镜宜文章。延年益寿去不祥，与天毋极日

月光。（阜阳市博物馆 FB0396、FB0197）

6. 汉有善铜出丹阳，以之为镜清而明。（阜阳市博物馆 FB0044）

7. 汉有善铜出丹阳，以之为镜清如明；八子九孙治中央，千秋万岁辟不祥。（阜阳市博物馆 FB004）

8. 汉有明镜出丹阳，杂以银锡清而明。左蛟龙。（阜阳市博物馆 FB0021）

9. 蔡氏作镜四夷服，多贺君家人民息。胡虏殄火大卜复，风雨时节五谷熟。大吉。（阜阳市博物馆 FB3045）

10. 蔡氏作镜自舒如，明而日月世少有；上有青龙与白虎，□□□道长子孙。（阜阳市博物馆 FB3046）

11. 蔡氏作镜真大好，上有仙人不知老。渴饮玉泉饥食枣，浮游天下遨四海。寿如金石为国保，赤诵（松）□□□□。（阜阳市博物馆 FB3048）

12. 陈氏作竟（镜）有精神，大山（仙）人持芝草。铭□□□□镜好，苍龙白虎主四方。（阜阳市博物馆 FB3043）

13. 新兴辟雍建明堂，然（单）于举土列侯王。将军令尹民户行，诸生万舍居北方，子孙复具治中央。（阜阳市博物馆 FB3049）

14. 刘氏去，王氏持，天下安宁。乐可喜，井田平，贫广其志。（阜阳市博物馆 FB0371）

15. 上大山，见神人。食玉英，饮醴泉。驾蛟龙，乘浮云。宜官秩，保子孙。（阜阳市博物馆 FB0216）

16. 漆（七）言之纪从镜始，炼冶铜华去其渣。□□□□□□□，□□□□□□□。（阜阳市博物馆 FB0217）

葛兆光先生从思想史角度论述说：铜镜之所以铸有如此的铭文，用镜作镜的人之所以相信这铭文有如同谶文的应验，是因为铜镜的铜被认为是“金精”，而镜子的明澈又有特别的神秘意味。据学者的研究，古代中国人对铜镜怀有神秘感，从先秦以来就有，但“把镜子当做这个世界的支配者，作为帝王权力的象征而神秘化、神灵化”，则从西汉末年谶纬大盛时就已经十分普遍，特别是铜镜是仿照天象而做的，因此它仿佛是天的象征，它的周边所常有的天干、地支名称以及四神、八卦、二十八宿，就仿佛天圆如笠，而“内清质以昭明，光辉象夫日月”“见日之光，天下大明”的铭文，又使人们有一种恍然大悟的感觉。原来它的“形”与“质”的铭文，又使人们有一种恍然大悟的感觉。原来它的“形”与“质”都是以“天”为依据的，因此它具有“天”的神圣意味，也有着“天”一样的不言而喻的神秘力量，正因为如此，人们才把心中的所有理想和信念都写在上面。(《中国思想史》)

汉代铜镜铭辞，从文学角度来说，最值得注意的是七言形式。这些铜镜铭文多七言成句，句句押韵，结构相对固定。例 16 的“漆（七）言之纪从镜始”，更明确说出了这种七言形式的出现，而且点明从镜铭开始，尤有研究价值。文学史一般认为五言诗兴于汉代，而这些汉代铜镜铭辞普遍使用的七言韵文在文学史上的地位则一直没有受到大的关注。铜镜铭辞的七言韵文应出自民间工匠之手，洵可谓七言诗之滥觞。在目前见到的中国文学史书里，似未见专门讨论此类内容，尚待文学史家深入研究。

铭文的内容既有赞美铜镜质地精良、铸工精巧别致的词句，也有大量去凶趋吉、健康长寿、多子多福之类的吉祥语，还有描写神仙生活、升仙不死之类的句子及当时流行的政治歌谣等，是当时社会生活的生动反映。从镜铭出现的“蔡氏作镜”、“陈氏作镜”看，说明汉代制镜业已不局限在官办作坊，私人制镜同样达到很高水平。例 10 出现“青龙”“白虎”字样，以及例 15“上大山，见神人，食玉英，饮醴泉，驾蛟龙，乘浮云，宜官秩，保子孙”的铭文，反映了西汉的道家思想。

例 13 与例 14 是王莽新朝时期的政治歌谣铜镜，铭文有强烈的政治倾向，其内容以歌颂王莽功德为主，可以与史实相印证，很可能是民间铸镜作坊应官方要求制作的，或者就是官方作坊制作的。

例 13 为博矩镜，其“新兴辟雍建明堂，然（单）于举土列侯王。将军令尹民户行，诸生万舍居北方，祖孙复具治中央”铭文甚为罕见。明堂，是古代帝王颁布政令，接受朝觐、祭祀天地诸神以及祖先的场所。辟雍，即明堂外面环绕的圆形水沟，环水为雍，意为圆满无缺；圆形像璧（皇帝专用玉器），象征王道教化圆满不绝。

西汉末年，汉室衰弱，王莽伺机篡汉，修明堂、辟雍，大造舆论，以收服人心。据《汉书》卷九十九《王莽传上》：汉平帝元始四年（4）“是岁，莽奏起明堂、辟雍、灵台，为学者筑舍万区，作市、常满仓，制度甚盛。立《乐经》，益博士员，经各五人。征天下通一艺教授十一人以上，及有逸《礼》、古《书》、《毛诗》、《周官》、《尔雅》、天文、图谶、钟律、月令、兵法、《史篇》文字，通知其意者，皆诣公车。网罗天下异能之士，至者前后千数，皆令记说廷中，将令正乖缪，壹异说云。……公以八月载生魄庚子奉使朝，用书临赋营筑，越若翊辛丑，诸生、庶民大和会，十万众并集，平作二旬，大功毕成。”这段历史记载正与铭文相合，表明王莽只用了二十天就建成了明堂、辟雍。

“然于”句，“然于”即“单于”，“然”与“单”均为寒韵阳平字，可以通假。单于，汉代北方匈奴人对其部落首领的专称。《史记·匈奴列传》：“匈奴单于曰头曼，头曼不胜秦，北徙。”裴骃《集解》引《汉书音义》曰：“单于者，广大之貌，言其象天单于然。”镜铭“然（单）于举土列侯王”事在汉平帝元始二年（2），车师后王姑句忤汉戊己校尉徐普，亡入匈奴。婼羌国王去胡来王唐兜为赤水羌所逼，西域都护但钦不以时救助；唐兜困急，率妻子、人民千馀人亡入匈奴。王莽派人使匈奴，索车师后王及婼羌国王，杀之，以示威西域诸国，并立四条与单于：凡汉人、乌孙人、西域诸国佩汉印绶者及乌桓人逃入匈奴者，匈奴皆不得受其降。又使使者暗示单于，改名为一字，以符合汉制。单于上书，改名囊知牙斯曰“知”。《汉书》王莽本传曰：“莽念中国已平，唯四夷未有异，乃遣使者赍黄金、币、帛，重赂匈奴单于，使上书言：‘闻中国讥二名，故名囊知牙斯今更名知，慕从圣制。’又遣王昭君女须卜居次入侍。所以诳耀媚事太后，下至旁侧长御，方故万端。”《资治通鉴》亦记录了这件事。

例14亦为博矩镜，其“刘氏去，王氏持，天下安宁。乐可喜，井田平，贫广其志”铭文，是目前发现的唯一一件反映王莽新朝及其井田制为改革内容的铜镜出土材料。元始五年（5）十二月，王莽置毒酒毒死汉平帝。次年，立刘婴为皇太子，年二岁，号曰“孺子”，改号居摄。居摄三年十二月，王莽称帝，定国号曰“新”，以十二月朔为始建国元年正月之朔。始建国元年（9）四月，王莽行井田制，《汉书·王莽传中》：“莽曰：‘古者，设庐井八家，一夫一妇田百亩，什一而税，则国给民富而颂声作。此唐虞之道，三代所遵行也。……予前在大麓，始令天下公田口井，时则有嘉禾之祥，遭反虏逆贼且止。今更名天下田曰‘王田’，奴婢曰‘私属’，皆不得卖买。其男口不盈八，而田过一井者，分馀田予九族邻里乡党。故无田，今当受田者，如制度。敢有非井田圣制，无法惑众者，投诸四裔，以御魑魅，如皇始祖考虞帝故事。’”王莽实行的井田制，即土地公有制。王莽看到土地高度集中所带来的社会矛盾，想用实行井田制的办法去解决，在一定程度上可能得到农民的拥护，但因为违背了经济规律，遭到官僚地主阶级的强烈反对，最后还是失败了。始建国四年（12），王莽接受中郎区博的建议，废除了实行不久的井田制。《汉书·王莽传中》云：“中郎区博谏莽曰：‘井田虽圣王法，其废久矣。周道既衰，而民不从。秦知顺民之心，可以获大利也，故灭庐井而置阡陌，遂王诸夏，迄今海内未厌其敝。今欲违民心，追复千载绝迹，虽尧、舜复起，而无百年之渐，弗能行也。天下初定，万民新附，诚未可施行。’莽知民怨，乃下书曰：‘诸名食王田，皆得卖之，勿拘以法。犯私买卖庶人者，且一切勿治。’”

历史上的民谣，未可认为皆出自民间，有些实出自统治者的意志，《汉书·王莽传上》云：元始五年，王恽等“风俗使者八人还，言天下风俗齐同，诈为郡国造歌谣，颂功德，凡三万言。……刘歆、陈崇等十二人皆以治明堂，宣教化，封为列侯”。汉荀悦《汉纪·平帝纪》云：“建辟雍，立明堂，班大法，流圣化，天下颙颙，引领而叹，颂声洋洋满耳。”正是当时政治狂热情景的写照。

第三节　宗　教

秦汉时期，阜阳宗教以民间信仰、祭祀崇拜和原始道教为主，而常常又是杂糅搅和在一起的，难以截然分开。道教是产生于中国的传统宗教，是古代的神仙思想、道家学说、鬼神祭祀，以及占卜、谶纬、符箓、禁咒、巫术等杂糅起来的产物。元马端临《文献通考·经籍考》说："道家之术，杂而多端。"

道教产生于东汉，最初以民间教团的形式出现。但是道教思想是产自于本土的，不是突然出现的。从时间上说其来源可以追溯到东汉以前，直至先秦时期。任继愈先生《中国道教史》在论述早期道教的主要来源时说：一是来源于古代宗教和民间巫术；二是来源于战国至秦汉的神仙传说与方士方术；三是来源于先秦老庄哲学和秦汉道家学说；四是来源于儒学与阴阳五行思想；五是来源于古代医学与体育卫生知识。作为一种宗教意义上的道教形成于东汉时期，最初是由一些民间教团创立的，主要有：（1）五斗米教，由汉顺帝时期的张陵创立，奉老子为教主。（2）太平教，汉灵帝时期张角创立。（3）东汉末魏伯阳撰《周易参同契》，对后世道教的丹道理论及其修炼影响很大。

先秦时期涡淮流域的老子和庄子，本属于学术流派的创始人，被拉进道教及其典籍里有着至高无上的地位。尽管有些牵强，但他们的思想确实启发和影响了道教的产生。老子，又称老聃，原名李耳，字伯阳，是我国古代伟大的哲学家和思想家，被道教神化，尊奉为道教教祖。庄子是战国时期哲学家，庄子学派创始人，也被拉入道教，被道教徒神化，称为南华真人。尽管学术界对老子、庄子故里问题还存在争议，但是对于老庄生活在涡（河）淮（河）流域的观点，质疑之声不多。学术界曾提出"涡淮道家文化圈"概念，认为"先秦时代道家的文化圈"在今亳州市南部的涡阳与蒙城一带。阜阳地区是涡（河）淮（河）流域的一个重要组成部分，受道教的影响较大。

老庄思想之所以在淮河流域产生，是与当时的自然和社会条件密不可分的。先秦时代，涡颍淮流域雨水充沛，气候适宜，经济发达，民众生活安逸，自给自足，有力地推动了文化的发展。考古发现也足以证明这一点。1955 年，在亳州钓鱼台遗址发掘出土西周时期的碳化麦粒，经专家鉴定认为是我国最古老、最完整的普通小麦，被称为"中国古小麦"，从而证明这里非常适合两千多年前的人们生活居住。老庄喜爱这里的自然环境、生活条件，喜爱这里小国寡民的生活方式。但频繁的战争又破坏了人们的安定生活，他们厌恶无休无止的争夺，产生了强烈的隐逸避世思想。他们的思想有符合人性的天然合理的一面。老庄均原为阜阳地区人，由于行政区划调整，现在已经不属于阜阳市，故未在先秦部分作专门论述。但作为文化区域，老庄与阜阳是不可分割的，老庄思想仍然是阜阳文化的底色之一。

我们说两汉时期对阜阳影响较大的仍然是道教和民间宗教，在文献和实物上均可以得到印证。目前阜阳所发现的宗教方面的文物与文献资料，基本上都与道教有关。阜阳出土西汉以来的铜镜物象与铭文，反映了道家思想在当时阜阳社会上的广泛流传与影响。西汉末汝阴（今阜阳）的周义山，被道教奉为紫阳真人，著名道教典籍《云笈七籤》等均对其作了介绍。周义山在道教史上地位很高，这与阜阳当时的道教状况也是会有一定联系的。1970年，阜阳三十里铺东汉墓葬出土汉代铅券镇墓文，反映的也是道教思想，具有较高的文物价值，不仅在阜阳，在皖北地区也是罕见的文物，特予以解读。

佛教在中国内地传播，一般认为在东汉明帝永平十年（67），由于阜阳处在当时关中文化区域中心偏远的地理位置，其后虽应有流传，其影响亦应相当有限。因为未见相关资料，无法具体考述，今略而不论。

一、紫阳真人周义山

道教的形成经历了漫长的经典化过程，葛兆光先生《中国思想史》指出：“道教根据古代中国的宇宙天地框架，对古代中国的象征系统重新进行了整合，逐渐建立了完整的神鬼谱系，并使这一神鬼谱系有了比较明确、清晰的宇宙依据和道德指向，成为道教清理人间秩序的象征系统。”在道教系统里，神仙和人间一样，也是分为等级的，一为神人，二为真人，三为仙人，四为道人，五为圣人，六为贤人。道教有两个神学系统，即天地阴阳系统与神仙系统，二者是平行关系。神人主天，真人主地。仙人主风雨，道人主教化、吉凶。真人，道教名词，称修真得道的仙人。真人在道教里地位很高，如庄子为南华真人，列子为冲虚真人。《太平经》谓：真人职在治地，其在大神之下，仙人之上。

道教史上有两位紫阳真人，一位是北宋道士张伯端。张伯端（984—1082）字平叔，天台（今属浙江）人。少好学，游学四方。传说其在蜀中遇异人，得授金丹药物火候秘诀，熙宁八年著《悟真篇》八十一章传世。元丰中卒，被尊为道教内丹派南宗开山第一祖。在汉代，有位重要的道教人物在阜阳出现，他就是另一位紫阳真人周义山。

周义山称真人，可见其在道教中的地位。周义山是西汉丞相周勃之后，据《紫阳真人内传》，其生年在西汉后期的汉昭帝元凤元年（前80）七月五日，是时其祖父周玄为青州刺史，父亲周秘为范阳令。

张伯端主要活动在北宋神宗时期，晚于周义山上千年，影响自然不能与周义山相比。唐代诗人王维《过太乙观贾生房》诗云："昔余栖遁日，之子烟霞邻。共携松叶酒，俱篸竹皮巾。攀林遍岩洞，采药无冬春。谬以道门子，征为骖御臣。常恐丹液就，先我紫阳宾。夭促万涂尽，哀伤百虑新。迹峻不容俗，才多反累真。泣对双泉水，还山无主人。"这首诗里的"紫阳宾"就是紫阳真人周义山。唐诗里写到紫阳真人周义山的不止一首。直到宋代，他还是常常出现在诗词里的人物。

（一）旧志与道书里记载的周义山

在现存地方旧志中，明嘉靖《颍州志》卷十九《传十一》记载了西汉颍州著名道士周义山的事迹，但比较简略：

（汉）周义山，字季道，汝阴人，丞相（周）勃之后也。父秘，陈留刺史。义山年十六，读书外常以平旦日出，东向漱咽服气百数。经年，父问之，对曰："义山中心好此日光长景之晖，是以服之。"是岁，陈留荒，多饥民，义山倾家财以济之。有黄泰者，元凤中寓陈留，著败衣，卖芒履，义山见之曰："闻《仙经》云'仙人目方面光'。"密奇之，使人买芒履，常以金帛著物中，阴以与之。泰后诣义山，延之静室。泰曰："闻君好道，阴德流行感于我，是以相诣。我，中岳仙人苏子玄也。"义山再拜，膝行而进。自陈少好长生，今灵启神降，得接圣颜，乃请乞奇要，仙人遂授以长生之道。后义山为紫阳真人，白日升天。

乾隆《颍州府志》卷之八续有记载，所述基本相同。《嘉靖志》和

《颍州府志》的记载，均出自重要的道教经典《云笈七籤》，该书为北宋初年道士张君房编撰。《四库全书总目提要》称其书“类例既明，指归略备，纲条科格，无不兼赅。《道藏》精华，亦大略具于是矣”。周义山的传记见于卷一百六。其后的道教重要典籍如元道士赵道一撰《历代真仙体道通鉴》等也相继记载了周义山的事迹。《云笈七籤》卷一百六《紫阳真人周君内传》云：

紫阳真人姓周，讳义山，字季通，汝阴人也。汉丞相（周）勃七世之孙，以冠族播流，世居贵宦。祖父玄，元凤元年（前80）为青州刺史。父秘为范阳令时，君始生焉。父后积秩累迁，官至陈留刺史，君时年十六，随从在郡，始读《孝经》《论语》《周易》。为人沈重，少言笑，喜怒不形于色。好独坐静处，不结名好。然精思微密，所存必感。

常以平旦之后，日出之前，正东向立，漱口咽液，服炁百数，向日再拜。旦旦如此，为之经年。父怪而问之：“所行何等？”君长跪对曰：“义山中心好日光长景之晖，是以拜之尔。”

至月朔旦之日，辄游市及闾阎陋巷之中，见穷乏饥饿之人，解衣与之。时时上登名山，喟然悲叹；或入石室中，欢然独笑。时陈留大儒名士，闻君盛德，体性沈美，咸修诣焉。君辄称疾，不见宾客。汉侍中蔡咸，陈留高士，亦颇知道。闻君德行，数往诣君，辄辞疾，不欲见之。父乃大怪，怒责之，督切使出见之。既不得已，遂出相见。（蔡）咸大发清谈，及论神仙之道，变化之事。君乃凝默内闭，敛神虚静，颌而和之，一不答也。

是岁大旱，斗米千钱，路多饥莩。君乃倾财竭家，以济其困。阴行之，人亦不知是君之慈施也。对万物如临赤子，斯积善德仁爱之施矣。

后遇陈留黄泰，告君曰：“闻君好道，阴德流行，用思微妙，诚感于我，是以相诣。吾是中岳仙人苏林，字子玄也。本卫人，灵公末年生，少好道德，受学于岑先生（一作琴高先生），见授炼身消灾之道术。后又遇仇公，公乃见教以服炁之法，还神守魂之事，吾行之甚验，大得其益。子少知还阳，精髓不泄。又知导引服炁，吞景咽浆，不复须阴丹内术补胎之益也。然犹三虫未坏，三尸未死，故导引服炁，不得其理。可先服制虫细丸，以杀谷虫。虫有三名：一名青古，二名白姑，三名血尸，谓之三虫。三虫在内，令人心烦懑，意志不开，所思不固，失食则饥，悲愁感动，精志不至，仍以饮食不节断也。虽复断谷，人体重滞，奄奄淡闷，所梦非真，颠倒翻错，邪俗不除，皆由此虫在内，摇动五脏故也。

杀虫之方如后：附子五两，麻子七升，地黄六两，术七两；茱萸根大者七寸，桂四两，云芝英五两。

凡七种，先取菖蒲根煮浓作酒，使清淳重美一斗半，以七种药㕮咀内器中渍之，亦可不用㕮咀。三宿乃出，曝之令燥。又取前酒汁渍之三宿，又出曝之，须酒尽乃止。曝令燥，内铁臼中捣之，下细簁，令成粉。取白蜜和之，令可丸。以平旦东向，初服二丸如小豆，渐益一丸，乃可至十余丸也。治腹内弦实上炁，心胸结塞，益肌肤，令体轻有光华。尽一剂则虫死，虫死则三尸枯，三尸枯则自然落矣。亦可数作，不限一剂也。然后合四镇丸，加曾青、黄精各一两以断谷毕。若导引服炁，不得其理，可先服食众草药，巨胜、茯苓、术、桂、天门冬、黄连、地黄、大黄、桃橖及皮任择焉。虽服此药以得其力，不得九转神丹金液之道，不能飞仙矣。为可延年益寿，亦辟其死也。”

君按次为之，服食术五年，身生光泽，彻视内见五脏，乃就仙人求飞仙要诀。仙人曰：“药有数种，仙有数品。有乘云驾龙，白日升天，与太极真人为友，拜为仙宫之主，其位可司真公、定元公、太生公，及中黄大夫、九气丈人、仙都公，此皆上仙也；或为仙卿、大夫，上仙之次也。游行五岳，或造太清，役使鬼神，中仙也；或受封一山，总领鬼神；或游翔小有，群集清虚之宫，中仙之次也。若食谷不死，日中无影，下仙也；或白日尸解，过死太阴，然后乃仙，下仙之次也。我受涓子秘要，是中仙耳。子名上金书，当为真人，我之道，非子真人所学也。今以《守三之一法》《灵妙小有之书》二百事传子，石菌朱柯若乾芝与子服之，吾道毕矣，子可远索师也。”君再拜受教，退而服神芝，五年，目视千里外，日行五百里。

遂巡行名山，寻索仙人。闻蒙山栾先生能读《龙跻经》，遂往寻之。

遇衍门子，于是授以《龙跻经》及《三皇内文》。退登王屋山，遇赵佗子，受《芝图》十六首及《五行秘符》。又遇黄先生，受《黄素神方》《五帝六甲》《左右灵飞》之书四十四诀。退登嶓冢山，遇上卫君，受《太素传》《左乙混洞东蒙之录》《右庚素文摄杀之律》。退登嵩高山，遇中央黄老君合会仙人在其上太室洞门之内，君顿头再拜，乞长生度世。黄老君曰："子存洞房之内，见白元君耶?"君对曰："实存洞房，尝见白元君。"黄老君曰："子道未足矣，未见无英君也。且复游行，受诸要诀，当以上真道经授子矣。见白元君，下仙之事，可寿三千年；见无英君，乃为真也，可寿一万年矣。"

君再拜，受教而退，游行天下名山大泽，西登白空山，遇沙野帛先生，受《太清上经》。退登峨嵋山，入空洞金府，遇宁先生，受《太丹阴书八禀十诀》。退登岷山，遇阴先生，受《九赤班符》。退登岐山，遇臧延甫，受《忧乐曲素诀辞》。乃登梁山，遇淮南子成，受《天关三图》。乃退登牛首山，遇张子房，受《太清真经》。乃退登九嶷山，遇李伯阳，受《李氏幽经》。乃游登钟山，遇高丘子，受《金丹方》二十七首。乃登鹤鸣山，遇阳安君，受《金液丹经》《九鼎神丹图》。乃登猛山，遇青精先生，受《黄素传》。乃登陆浑山，潜入伊水洞室，遇李子耳，受《隐地八术》。乃登戎山，遇赵伯玄，受《三元素语》。乃登阳洛山，遇幼阳君，受《青要紫书三五顺行》。乃登霍山，遇司命君，受《经命青图上皇民籍》。乃登鸟鼠山，遇墨翟子，受《紫度炎光内视图中经》。乃登曜名山，遇太帝候夜神童，受《金根之经》。乃登委羽山，遇司马季主，受《石精金光藏景化形》。乃登大庭山，遇刘子先，受《七变神法》。乃登都广建木，遇谷希子，受黄炁之法，太空之术，《阳精三道》之要。乃登桐柏山，遇王乔，受《素奏丹符》。乃登太华山，遇南岳赤松子，受《上元真书》。乃登太冥山，遇九老仙都君，受《黄水月华四真法》。乃登合黎山，遇皇人，受《八素真经太上隐书》。乃登景山，遇黄台万毕先生，受《九真中经》。乃登玄垄羽山，遇玉童十人、九炁丈人，得《白羽紫盖服黄水月华法》。乃到桑林，登扶广山，遇青真小童君，受《金书秘字》。乃退南行朱火，登丹陵山，遇龚仲阳，受《仙忌真记》。

乃西游，登空山，见无英君而退，洞房中无英君处其左，白元君处其右，黄老君处其中。无英君服金精朱碧玉绫之袍，光赤朝霞，流景耀天，要《太上灵炁之章》，佩《九帝祛邪之策》，戴翠上紫灵之冠，盖太玄丹灵上元赤子之祖父也。左连青宫之炁，炁灌万神，乃未有天地，先自虚空而生矣。白元君服丹玉之锦云罗重袍，白光内朱，流景参天，垂晖映神，玄黄彻虚，要《太上灵精之章》，佩《玄元摄魔之策》，戴招龙皂冠，盖玉房云庭上元赤子之父。右夹皓青之室，朝运生者也。中央黄老君是太极四真王之师老矣，上摄九天，中游昆仑，黄阙来其外，紫户在内，下与二君入洞房，圆三寸，威仪具焉。夫至思神见，得为真人。若见白元君，得为下真，寿三千岁；若见无英，得为中真，寿万岁；若见黄老，与天相倾，上为真人，列名金台。

君既诣之，乃再拜顿首，乞与上真要诀。黄老君曰："可还视子洞房中。"君乃瞑目内视，良久，果见洞房中有二神人：无英、白元君也，被服状如在空山中者。黄老君笑言曰："微乎深哉！子用意思之精也。此白日升天之道，子还登常山，授子上真之道。"

君乃还常山室中，斋戒念道，复积九十余年中，白元君、无英君、黄老君遂使受之《大洞真经》三十九篇，有玉童二十一人、玉女二十一人，皆侍直烧香，昼夜习之。积十一年，遂乘云驾龙，白日升天，上诣太微宫，受书为紫阳真人，佩黄旄之节，八威之策，带流金之铃，服自然之衣，食玉醴之饴，饮金液之浆，治葛衍山金庭铜城，所谓紫阳宫也。紫阳有八真人，君处其右，一日三登昆仑，一朝太微帝君，以嶓冢为紫阳别宫，所谓洞庭潜宫也。嶓冢山有洞穴，潜行通王屋清虚小有天，亦潜通阆风也。

以上所录《云笈七籤》中的《紫阳真人内传》是节本，未署撰人，《正统道藏》等载全本。元赵道一《历代真仙体道通鉴》卷十四、明官修《正统道藏》都载有《紫阳真人内传》，《道藏》卷五除有与《云笈七籤》相同内容之外，还有以下部分：

真人曰："天无谓之空，山无谓之洞，人无谓之房也。山腹中空虚是为洞庭，人头中空虚是为洞房。是以真人处天、处山、处人，入无间，以黍米容蓬莱山，包括六合，天地不能载焉。唯精思存真，守三宫，朝一神，勤苦念之，必见元英、白元、黄老在洞房焉。云车羽盖既来，便成真人。先守三一，乃可游遨名山，寻西眼洞房也。此要言矣。”真人周君曰：“诸应得仙道，皆先百过小试之。皆过，仙人所保举者，乃敕三官乞除罪名，下太山除死籍，度名仙府。仙府乃十二大试，太极真人下临之。上过为上仙，中过为地仙，下过白日尸解。都不过者，不失尸解也。尸解，土下主者耳，不得称仙也。苏子玄后亦被玄洲召为真命上卿，一旦于陈留乘云车，驂龙虎，侍者羽盖而升天也。同时多有见者，冉冉西北升，良久云气覆之，遂绝。教周君守三一法，灵妙之言，近二百事。”

涓子即子玄之师。涓子似齐人，少好饵术，接食其精，精思感天。后钓于河泽，见东海小童，语之曰：“钓得鲤者，剖之。”后果得而剖鱼腹，获金阙帝君守三元真一之法，于是遂隐于橐山，能致风雨。学道在世二千七百年，一旦告人云：“被大微召补仙公。”遂去，而不知所终矣。语子玄曰：“斗中三一，宜以节日祀之，为二十年，三一见矣，见则长生成仙。家有三一，长生不灭。能存三一，名上玉札。能存洞房，与天相望。能存三元，上为真仙。皇天上清金阙帝君所以乘云迅龙，周行九天者，寔洞房三元真一之事也。吾食术精三百年，服气五百年，精思六百年，守三一三百年，守洞房六百年，守玄丹五百年，周游名山，看望八海，回游五岳，休息洞室，乐林草之垂条，欣鸟兽之相嗷。川渎吐精，丘陵蓊郁，百物之秀，寒暑之节，弋钓长流，遨游玄濑，静心山岫，念真养气，呼召六丁，玉女见卫，展转六合，无所不逮，守形思仙二千七百余岁，实乐中仙，不营当世。今卒被召，请从此别。”云涓子是临去之时著书与子玄别。玄丹者，泥丸也，其义出《太上素灵经》。守三一得为地仙，守洞房得为真人，守玄丹升太微宫也。勤而行之，自得此书。此言信矣，非贤慎泄之。真人之言：“不得见太平，有志道而隐者，可示此书耳。子其慎之，宁勿宣。”

摹召法主本，本是晋隆安三年太岁己亥正月七日甲子书毕。

又注云：周君后汉元凤元年太岁辛丑七月五日己卯生，到元康元年太岁丙辰师苏君受三一贞白条例，云有三千四百八十八字，今数有三千四百八十九字，不知何字是长，不容辄试。

周君所受道真书目录：

《金阙帝君守三元真一法》，东海小童传涓子，涓子传苏子，苏子传周子。

寻栾先生《龙跻经》，于蒙山大洞黄庭之中。遇衍门子受《龙跻经》并《三皇内文》，在黄庭之中。赵佗子《芝图》十六首、《五行秘符》，在王屋洞门丹室中。王先生《黄素神方》《五帝六甲》《左右灵飞》之书及二十四诀，在王屋山中。上魏君《太素传》《左乙混洞东蒙之箓》《右□摄杀之律》，在嶓冢山中。太和玉女《大有妙经》《太上素灵经》，在丹城铜之内。沙野帛先生《泰清上经》，在白云山中。宁先生《大丹隐书》八禀十诀，在峨眉山金匮府中。阴先生《九赤斑符》，在岷山中。臧延甫《忧乐曲素诀辞》，在岐山中。淮南子成《天关三图》，在梁山中。张子房《泰清真经》，在牛首山中。李氏《幽神经》，在九岳山中。高丘子《金丹方》二十七首，在锺山中。阳安君《金液丹经》《九鼎神图》，在鹤鸣山中。青精先生《八表黄素传》，在猛山中。李子耳《隐地八术》，在陆浑山潜入伊川洞室中。赵伯玄《三九素语》，在峨眉山中。幼阳君《丹字紫书》《三五顺行》，在阳洛山中。司命君《经命青图》《上皇籍》，在大霍山中。墨翟子受《紫度炎光内视中方》，在乌鼠山中。太帝候夜神童《金根之经》，在曜冥山中。司马季主《石精金光藏景化形法》，在委羽山中。刘子先《七变神法》，在大庭山中。谷希子《黄气之法》《泰空之术》《阳精三道之要》，在都广建木山中。王子乔《素奏丹符》，在桐柏山中。南岳赤松子《上元真书》，在太华山中。九老仙都君《黄水月华四真法》，在太冥山中。皇人《八素真经》《太上隐书》，在合梨山中。万先生《九真中经》，在景山黄台中。玉童子十人、九气丈人得《白羽紫盖黄水月华》，在玄垄羽野。青真小童君《金书秘字》，在扶广山中。龚仲阳《仙忌真记》，在朱火丹陆之室。中央黄老君《大洞真经》三十九篇，在常山中受。右周君所受诸经书目。

二真人作诗曰：

策驾玄中漠，庇素扶琋林。妙微混沌遘，长翻朱烟岑。八景停玉轮，清轩览明真。左摄飞行游，右顾凌八天。洞豁辨协晨，仰感发皇人。至畅理自会，灵妙体岂珍。

西玄郁绝根，高耀拂辉明。眇眇流遐澄，育光拔皓清。房素重离里，安妙寄兰生。命驾飞八景，迅集回南倾。凌厉阳羽野，结啸八极城。万里谁云遐，我超不稽灵。诱会有素娱，端驾讲所精。至道方朗豁，知来温新龄。

晨应载景阳，攀晖德所锺。徘徊重玄巅，翻焉降飞龙。参腾八弦外，翱翔阊阖方。丛风生丹室，云合窈寥中。迭域谷希子，值素潜太空。长锦中有景，永烟被山容。空绝广寒宅，混洞道沌同。积静八朗豁，素阿蒙长通。我泛阳寥景，虚烟动清风。

嗷嘈太微观，崚嶒九玄所。中有执寂宾，洞啸静寒处。西有六领师，寻辉与晓语。来非皇人宾，去非飞仙旅。我超腾羽盖，徘徊清泠渚。豁虚八极上，清烟凌飘举。

命驾出三玄，流铃飞汉宾。皇皇太和庭，郁仪清虚观。结璘绝烟际，寻辉七灵焕。素遨凌紫天，洞游无名馆。龙旗回琼轮，四眼应景散。聊且期时通，温之至道旦。

周裴二真叙

江乘令晋陵华侨，世奉俗神，忽梦见群鬼神与之游行饮食。群鬼所与侨共饮酒，侨亦至醉，还家，辄吐所饮啖之物。数年，诸鬼遂课限侨举才，侨不得已，先后所举十馀人，皆至死亡。鬼以侨所举得才，有知人之识，限课转多。若小稽违，便弹治之。侨自惧必为诸鬼所困，于是背俗入道，诣祭酒丹阳许治，受奉道之法。群鬼各便消散，不复来往。奉道数年，忽梦见二人年可五十，容仪衣服非常。后遂二人见，或一月三十日，时时往来侨家靖室中，唯侨得见。一人姓周，一人姓裴。裴雅重才理，非侨所申。周似不如此。二人先后教授侨经书，书皆与《五千文》相参，多说道家诫行养性事，亦有谶纬。所受二人经书，皆隐秘不宣。周自作传，裴作未成。裴所作《乐序》及《周传》如别。

紫阳真人内传竟。

道教是把古代的神仙思想、鬼神祭祀、养生知识与理念，以及占卜、符箓、巫术等综合起来的产物，《紫阳真人内传》也体现了这个特点。内传，古代传记的一种，以传主遗闻逸事的记述为主，《周君内传》云：周义山，字季通，颍州汝阴人，是汉开国丞相周勃的七世孙。祖父周玄，元凤元年（前80）为青州刺史。父亲周秘，为范阳令，在父亲任范阳令时周义山出生。后来父亲官至陈留刺史，那一年周义山十六岁，随从在郡。周义山最初学习《孝经》《论语》《周易》等儒家经典。他为人沉重，少言笑，喜怒不形于色。好独坐静处，不结名好。然精思微密，所存必感。

周义山"常以平旦之后，日出之前，正东向立，漱口咽液，服气百数，向日再拜。旦旦如此，为之经年"。这样做了一年多，被父亲发现，问他在干什么，他长跪回答："义山中心好日光长景之晖，是以拜之尔。"此处叙述周义山所行的是服炁之术，又称行炁、食炁，是道家内炼道术的一种，原为中国古代练习呼吸的一种方法，被道教吸收发展，引入道教经典。炁是中国古代道教和哲学中常见的概念。炁乃先天之气，气乃后天之气。道家有"一炁化三清"之说。道家认为炁是一种能量，不是物质肉体所需要的能量，而是人的灵体所需要的能量，炁"乃先天之炁"，代表无极，比物质能量更为细腻。如果人的灵体炁不足，表现在肉体上就是多疾病，易衰老。《太清调气经》说："鼻长引炁，口满即咽，然后吐，少吐多吸。"道教认为练习行气之术可以吸收日月精华，延年益寿。

每月朔旦之日，周义山都要做善事，救助穷苦之人。他还喜欢上名山，登石室。陈留的大儒名士都想与他相识结交，他往往称病回避。汉侍中蔡咸是陈留高士，亦颇懂得道术，他也不见，勉强见面亦不交一言。

后来他遇到陈留的黄泰，黄泰告诉他说："我是中岳仙人苏林，字子玄也。本是卫国人，卫灵公末年生，自少好道术，从岑先生那里学习炼身消灾的道术。后来又遇见仇公，教我服气之法，还神守魂之事。你从小就知道导引服气，吞景咽浆，就不要再练习丹阳内术了。不过你由于导引服气不得方法，所以三虫未坏，三尸未死，仍然需要除去三虫，否则就不能成为仙人。"

道家三虫，又谓三彭、三尸。王充《论衡·商虫篇》《三国志·华佗传》《抱朴子内篇·微旨》尽管表述略有不同，均谓人体有三种虫。唐段成式《酉阳杂俎》谓上尸（即虫）名青姑，中尸名白姑，下尸名血姑。道教说欲求道者须先除去三虫，恬淡无欲，神气净明，才能得道。

《周传》说苏林向周义山传授了服制虫细丸以杀谷虫之术，并详细介绍了杀虫之方，还有合制四镇丸的方法，谓服之可以断谷，有助于导引行炁。又指出："虽服此药以得其力，不得九转神丹金液之道，不能飞仙矣。为可延年益寿，亦辟其死也。"

在谈到"飞仙要诀"时，苏林还说："仙人曰：'药有数种，仙有数品。有乘云驾龙，白日升天，与太极真人为友，拜为仙宫之主，其位可司，真公定元公、太生公，及中黄大夫、九气丈人、仙都公，此皆上仙也；或为仙卿大夫，上仙之次也。游行五岳，或造太清，役使鬼神，中仙也；或受封一山，总领鬼神；或游翔小有，群集清虚之宫，中仙之次也。若食谷不死，日中无影，下仙也；或白日尸解，过死太阴，然后乃仙，下仙之次也。'"这种强调九转神丹金液和所谓药有数种、仙有数品的思想，与葛洪《抱朴子》的有关论述极其相似。

按照苏林传授的方药按次制作，周义山服食五年，身生光泽，彻视内见五脏，乃就仙人求飞仙要诀。

中岳仙人苏林告诉他，我受涓子所传授的秘要，是中仙，你的名字已上金书，当为真人，我的道，不是你这样的人所应该学习的，你应该继续深造，达到更高的境界。今天把《守三一之法》《灵妙小有之书》二百事传给你，以石菌、硃柯、若乾芝与你服食，我的道也就传授完毕了，你自己继续修炼，到远方求师去吧。

（二）《紫阳真人内传》与道教

《紫阳真人内传》历来为道教研究者所重视，特别是其中提到很多道教典籍，传达了许多道教源流方面的信息。《云笈七籤》是北宋真宗时张君房根据流传的道教典籍奉命整理编纂的，其内容渊源有自。是书凡一百二十卷，是一部大型道教类书。道教称书箱为"云笈"，分道书为三洞（洞真、洞玄、洞神）四辅（太玄、太平、太清、正一）七部，又称"七籤”，故名。该书内容丰富，以上清派为正统，其中收录上清派道书特多，叙述《上清经》传授系统和上清派修真方法尤为详细。

《紫阳真人内传》中的记载，不过是道教的神话传说，且多是魏晋间人敷衍而成，不可据以为信史。但是对此进行分析研究，可以了解道教传播发展的历史，以及当时的社会意识形态。这里所说的道书，一部分与《洞玄灵宝三洞道科戒营始》卷五《上清大洞真经目》所列经书的名目基本相同。但其中也有一部分并不属于《洞真上清经》系统，如《三皇内文》，乃是《洞神》部经典；《太清上经》《太清真经》《金液丹经》《九鼎神丹》之类，应属于《太清净》部，乃是《洞神》之属，又与葛洪的金丹道派系统有关，这说明早期的上清派与金丹道派可能有一定联系，从这里也可以看出道派分化过程的一些蛛丝马迹。但是也可以看到，尽管《周传》罗列周义山接受的经符秘箓很多，在《周传》作者认为，这些经书仍然以《大洞真经》为最高，从而反映出作者明显的上清派的立场。

据道教研究者考证，《内传》形成于四世纪末，由茅山道派传出，其中说：《大洞真经》是黄老君传授给弟子周义山的最后一部经书。周义山得到《大洞真经》之后“白日飞升”了。约于公元500年撰成的《上清源统经目注序》（见《云笈七籤》卷四）也提到《大洞真经》。学者认为《道藏》洞真部的“洞真”两字就出自《大洞真经》。尊奉《上清经》的道士后来成了“茅山道”。江苏茅山是上清派的发源地，著名道教人物陶弘景就属于这一派。他撰写并注释的《真诰》说：《上清经》的主要经典是《大洞真经三十九章》。

南朝齐梁时道士陶弘景（456—536）在上清派形成的历史上发挥了重要作用，其著《真灵位业图》列道教人物位次，周义山在第二中位左第十六位，谓“紫阳左真人周君义山”。陶弘景《真诰》卷之一：“六月二十六日夕，众真来如左”，紫阳真人位列第三中位右四。卷之二：“六月二十六日夜降八真人”，紫阳真人位列第四，由此可见周义山在道教中的地位。

因此，阅读《周传》就需要了解道教的产生，了解“上清派”与“金丹道派”及“灵宝派”的有关知识及其相互关系。道教形成于东汉，最初的主要的民间社团有汉顺帝时张陵创立的五斗米道；汉灵帝时张角创立的太平道；还有就是东汉末魏伯阳撰《周易参同契》，为丹经之祖，流传民间，对后世道教的丹道理论及其修炼影响极大。

两晋南北朝时期，道教在理论上有重大发展。西晋时魏夫人传《上清黄庭经》，东晋时杨羲扶乩得魏夫人及众真人降授《上清经》，用隶书写出，传与许谧、许翙，南朝道士陶弘景自谓得杨羲、二许手迹，编撰《真诰》，此派奉《上清大洞真经》与《黄庭经》为主经，以元始天王、太上道君为尊神，是为“上清派”。

魏夫人，又称南岳魏夫人，即魏华存（252—334），晋代女道士，字贤安，任城（今山东济宁市）人，司徒魏舒之女。她自幼好道，博览百家，通儒学五经，尤耽好老庄，常静居行导引、吐纳之术，服食胡麻散、茯苓等药物，意欲独身修仙，为父母不允许。她二十四岁嫁太保掾南阳刘文，生二子。子稍长，便僻居别室，广搜道教神书秘籍，持斋修道。魏夫人曾为天师道（即汉顺帝时张陵所创立的五斗米道）祭酒。相传清虚真人王褒等降授“神真之道”，授其仙经《太上宝文》《大洞真经》《灵书紫文》《八素隐书》《高仙羽玄》等；景林真人曾授她《黄帝内廷经》。后刘文去世，为避难她携两子过江南下，其长子曾官至太守，次子官至从事中郎将。成帝咸和九年（334），她服诸真所授仙药二剂，七日后羽化仙去。道经述其屡降茅山，令长子刘璞传《上清真经》于会稽王公府舍人杨羲。魏夫人后被尊为道教上清派第一代宗师，称“紫虚元君上真司命南岳夫人”，宋元祐年间封为“高元宸照紫虚大道元君”。魏夫人为道教第一位女道姑，因其创立上清派，影响巨大，被道教尊为四大天师（张道陵、葛玄、许旌阳）之一，亦为玉皇大帝凌霄宝殿前的四位天神。

清虚真人王褒，字子登。《历世真仙体道通鉴》称其为范阳襄平人，生于汉元帝建昭三年（前36），世为贵族。其父王楷为朝中重臣，三朝元老，德性学行誉满京城。王褒淡泊名利、雅好仙道。

杨羲（330—386）东晋道士，吴人，少好学，遍涉经史。与许迈、许翙早结神明之交。简文帝为会稽王时，用为公府舍人。永和五年（349）受《中黄制虎豹符经》，六年从刘璞受《灵宝五符经》，兴庆二年（364），受《上清真经》，以隶书书写，并传许谧、许翙。

许谧（305—376），东晋道士，一名穆，字思玄。东晋时丹阳句容（今属江苏）人。入仕途，人称许长史，然心存道意，常思方外之事，后受《上清经》于杨羲。道教上清派尊其为第三代真师，陶弘景《真灵位业图》将其列入仙班。许翙，许谧之子，东晋道士，小字玉斧。与其父同受杨羲所传《上清经》，后被尊为上清派第四代宗师。

东晋时葛洪主张外儒内道，以《六经》治国安民，以道术养生修仙。著《抱朴子》内外篇，内篇讲炼金丹成仙之术，外篇讲儒家的修身治世之道，创立金丹道派。东晋末，葛洪的从孙葛巢甫“造构《灵宝》，风教大行”。其奉《洞玄灵宝经》为首经，以原始天尊为教主，太上老君为尊神，是为“灵宝派”。

《大洞真经》，又名《上清大洞真经》，全称《上清大洞真经》，共三十九章，简称《大洞真经》或《三十九章经》，为《上清经》之首经。据传晋哀帝兴宁二年（364）撰，由南岳魏夫人降笔，令长子刘璞传《上清真经》于会稽王公府舍人杨羲，由其用隶书写出。

《紫阳真人内传》的作者署华侨（亦作“峤”）。陶弘景《真诰》卷十四注云：“今有华侨撰《周君传》。”卷二十“华侨”条下注云：“今世中《周君传》，即是侨所造。”《旧唐书·艺文志》史录杂传类，《新唐书·艺文志》子录神仙类，《通志·艺文略》诸子类道家均著录，并题为华峤撰；《宋书·艺文志》神仙类则为“华侨《真人周君内传》一卷”，是新旧《唐志》与《通志略》之华峤，即《真诰》注与《宋志》之华侨。华侨所撰《周君传》末有“晋隆安三年（399）太岁己亥正月十七日甲子书毕”一语，此可能为传抄此书者自记其书写完毕时之年月，而为后人误植入正文。不论属于何种之情况，都表明《周君内传》成书的时间不会晚于东晋隆安三年。

华峤（？—293）晋代史学家、散文家。字叔骏，平原高唐（今属山东）人。才学博深，少即知名。司马昭辟为大将军掾属，补尚书郎，转车骑从事中郎；晋武帝泰始初（265）赐爵关内侯。太康中为散骑常侍，典中书著作，领国子博士，迁侍中。惠帝即位（291），转秘书监，加散骑常侍，撰辑著作。元康三年卒，年约七十。华峤为尚书郎、典中书著作、秘书监等，得观宫廷图书，所作丰富。

按《真诰》卷十九《真诰叙录》云：在“众真未降之前，已令华侨通传音义于长史。华既陋妄被黜，故复令杨令授，而华时文迹，都不出世”。卷二十又说：“渐渐真仙来游，……裴清灵、周紫阳至，皆使通传肯意于长史。而侨性轻躁，多漏说冥旨，被责，乃以杨君（杨羲）代之。”这里是说华侨开始传授《上清经》，比杨羲更早。

因此应知，虽然《周君内传》里叙述了许多经书及其传授，但在周义山生活的西汉时期并没有产生，基本上都是两晋时道家所作，附丽在更早的道家人物如周义山等人身上的。我们从这些传记中所看到的，实际上是魏晋时期道教的情况和道教经书产生的情况。

（三）署周季通（义山）集《玄洲上卿苏君传》

《周君内传》周义山遇到的中岳仙人苏林，《云笈七籤》卷一百四亦有传，名《玄洲上卿苏君传》，署周季通集。周季通即周义山，字季通。

署周季通集《玄洲上卿苏君传》，《隋书·经籍志二》有著录，亦云周季通著。《真诰》卷五在“杀谷虫自有别方，得者秘之”下有注云：“此即《苏传》中初神丸方也。”又卷十“此用周君口诀”下注云：“此是论合初神丸事，其方在《苏传》中，即周紫阳所撰，故受此诀，是告长史也。”《真诰》是南朝齐梁时道士陶弘景（456—536）编录，说明周季通所撰《苏君传》在那时已流传。

署周季通撰《苏君传》以周义山口气叙述，其云：

先师姓苏，讳林，字子玄，濮阳曲水人也。少禀异操，独逸无伦，访真之志，与日弥笃。常负担至赵，师琴高先生，时年二十一，受炼气益命之道。琴高初为周康王门下舍人，以内行补精术及丹法，能水游飞行。时已九百岁，唯不死而已，非飞仙也。后乘赤鲤入水，或出入人间，而林托景丹霄，志不终此。后改师华山仙人仇先生。仇先生者，汤王时木匠也，服胎食之法，还神守魂之事，大得其益。先生曰：“子真人也，当学真道，我迹不足蹑矣！”乃致林于涓子。

涓子者，真人也。既见之，遂授以真诀，告林曰：“欲作地上真人，必先服食药物，除去三尸，杀灭谷虫。三尸者：一名青古，伐人眼，是故目暗面皱，口臭齿落，由是青古之气穿凿泥丸也。二名白姑，伐人五脏，是故心耄气少，喜忘荒闷，由白姑贯穿六腑之液也。三名血尸，伐人胃管，是故肠轮烦满，骨枯肉燋，志意不开，所思不固，失食则饥，悲愁感叹，精诚昏怠，神爽杂错，由血尸流噬魂胎之关也。若不去三尸，而服药者，谷食虽断，虫犹不死也。徒绝五味，虽勤吐纳，亦无益者。盖其虫生，而求人不死，不可得也。是故服食不辟于死生，由青古、白姑、血尸三鬼不去所致尔！虽复断谷，人体重滞，奄奄淡闷。又所梦非真，颠倒翻错，邪淫不除，由虫在内摇动五神故也。凡欲求真，当先服制虫丸。制虫丸者，一名初神去本丸也。欲作真人，当先服制仙丸。制仙丸者，太上八琼飞精之丹也。夫求长生不死，仙真之初，罔不先服制虫丸，以除尸虫，建长生之根矣。若人腹中有虫，宁得仙乎？形中饶鬼，安得真乎？其虫凶恶，速人之死，故当除之。"

涓子后告林曰："我被帝召，上补中黄四司大夫，领北海公，去世无复日也。"后林诣涓子寝静之室，得书一幅，以遗林也。其文曰："《五斗三一》，太帝所秘。精思二十年，三一相见，授子书矣！但有三一，长生不灭，况复守之乎！能存三一，名刊玉札，况与三一相见乎！加存洞房为上清公，加知三元为五帝君。后圣金阙帝君所以乘景迅雷，周行十天，寔由洞房三元真一之道。吾饵术精三百年，服气五百年，精思六百年，守三一三百年，守洞房六百年，守玄丹五百年。中间复周游名山，看望八海，回翔五岳，休息洞室。乐林草之垂条，与鸟兽之相激，川渎吐精，丘陵蓊郁。万物之秀，寒暑之节。弋钓长流，遨游玄濑。静心山岫，念真养气。呼召六丁，玉女见卫。展转六合，无所羁束。守形思真二千八百余年，寔乐中仙，不求闻达。今卒被召，上补天位。徘徊世泽，惆怅绝气。吾其去矣，请从此别。子勤勖之，相望飚室也。"林省书流涕，彷徨拜空，涓师之迹，于是绝迹矣！

夫玄丹者，泥丸之神也，其法出《太上素灵诀》。守三一为地真，守洞房为真人，守玄丹为太微官也。林谨奉法术，施行道成。周观天下，游瞻名山。分形散影，寝息丹陵。卖履市巷，丑形试真。得意而栖，遁化不伦，时人莫能识也。以汉元帝神爵二年三月六日，告季通曰："我昨被玄洲召为真命上卿，领太极中候大夫，与汝别。"比明旦，有云车羽盖，骖龙驾虎，侍从数千人迎林，即日登天，冉冉西北而去。良久，云气覆之遂绝。

林未去之时，先是太极遣使者下拜为中岳真人，后又太上遣玉郎下拜为五岳地真人，宫在丹陵。

予见先师得道为仙，已三被拜授，而乃登升。盖洪德高妙，玄韵宿感。灵化虚源，神澄八方。龙升凤逐，飞步真门。隐显津梁，观试风尘。其道神矣！其法珍矣！非纸札粗意所能述宣。今聊撰本师之标略尔。将来有道之士，以游目也。

苏林，苏仙君，讳林，字子玄，濮阳曲水（今河南新乡、濮阳一带）人，少有异志，拜琴高为师。琴高为战国赵人，时已九百多岁，有长生之术，能水游飞行。又走访华山，拜仙人仇先生为师。仇先生是商汤时木匠。苏林向他学习服食丹药，还魂守神之术。又向真人涓子学习，除去三尸。最后得到涓子给他的一本道书。汉宣帝神爵二年（前60）三月六日，苏林告诉周义山，说自己昨天已经被玄洲召为真命上卿，领太极中侯大夫，特此告别。言毕，云车羽盖，骖龙驾虎，侍从数千，冉冉西去。苏林在未升仙之前，为中岳真人、五岳地真人。

苏林，史有其人，但与这里的记述不同。史谓苏林为汉魏间学者、文人，陈留外黄（今河南兰考西南）人。汉献帝建安十六年（211）或稍后，为曹丕五官中郎将文学。魏国立，历官散骑常侍、太中大夫，封安亭成侯，为当时儒宗。魏明帝景初中，已年老，令选拔郎、吏中能经者三十余人，从苏林受四经三礼。年八十余，卒，时在正始年间。苏林撰述颇多，今多佚失。苏林是东汉末年人，周义山是西汉末年人，自然不会发生交集，但在道教的道书里，此类记述并不鲜见。道教里的老子、庄子也与史书不同。不知《周君内传》里的苏林是否是由历史上的苏林附会而成。陶弘景《真仙位业图》列苏林为第三中位，右位第二十三位，名"玄洲上卿太极中侯大夫"，云"苏君名林，字子玄，涓子弟，弟子周君师"。

二、出土铜镜的铭文与物象组图中的宗教思想

新中国成立以来，阜阳出土汉代铜镜约占本地出土铜镜总量的42.9%，这个比例在其他地区是不多见的。阜阳学者杨玉彬经过较为系统的整理、研究，认为这些两汉铜镜的铭文与物象组图大量融入了传统道家文化的思想内容，这些铜镜是研究先秦以来阜阳地区道家文化兴衰嬗变的物质文化载体，应该引起我们关注。

（一）道家修道养生、延年益寿进而实现生命不死愿望的思想

阜阳出土的西汉早期蟠螭博局纹镜图式中有“千秋万岁，延年益寿”词句，西汉晚期禽兽博局纹镜图式中有“延年益寿去不祥”镜铭，此应与早期道家提倡的修道养生以使生命无限延长的学说影响有关。早期道家学说认为个体生命的无限是可能的，延长之术在于善行养生之道，老子《道德经》：“是谓根深固柢，长生久视之道。”“盖闻善摄生者，陆行不遇兕虎，入军不被甲兵。兕无所投其角，虎无所措其爪，兵无所容其刃，夫何故也？以其无死地。”《庄子·刻意》：“吹响呼吸，吐故纳新，熊经鸟申，为寿而已矣；此导引之士，养形之人，彭祖寿考者之好也。”行气导引、安神固形以归根复命，便可实现千秋万岁、延年益寿、生命不死的愿望。

（二）道家神仙信仰与升仙不死思想

两汉时期，先秦传统的道家修身养性以长生的思想学说虽流行，道家更迷信而热衷传播的是升仙不死之说。此时社会各阶层迷信神仙不死说的风气甚盛，多数人不再尝试先秦以来的通过肉体、精神的清苦修道养生的成仙之途，转而狂热迷信道家所宣传并付诸实践的视为捷径的炼丹术。通过服食而羽化飞升进入仙境，实现生命无限延长与再生的愿望，认为此修身养性成仙之途更容易实现。阜阳出土的新莽至东汉时期的大量“四神”禽兽博局纹镜、多乳禽兽纹镜中，便出现了许多与羽化升仙和神仙仙境生活相关的、带有浓厚道家文化色彩的物象，这些物象大致分为以下几类：

1. 羽人：多长头，长耳，体被羽毛或生双翼，细长尾，有的还有鸟喙形尖长嘴。羽人即传说中的仙人，《楚辞·远游》：“仍羽人于丹丘兮，留

不死之旧乡。”王逸注引《山海经·大荒南经》：“有羽民之国，其民皆生毛羽。”又云：“人得道身生毛羽也。”洪兴祖《楚辞补注》：“羽人，飞仙也”。丹丘，《尔雅》说齐州之南，戴日为丹穴。王逸注云这里“昼夜长明”，疑战国时已有炼丹之习，服之羽化升天。秦汉时人迷信羽化升仙说，“鸟状羽人“或“鸟兽合体”的仙人形象，被保留在铜镜图式中。

2. 羽人饲（戏）龙（虎、凤、雀……）：“羽人饲龙”配组物象中的羽人，多见屈体前倾、伸头引颈、后肢或蹲屈或跪地、手前伸持芝草、三株果、桃形仙果等物与青龙相对的形象，也有羽人起舞等其他图式。同类物象配组还常见“羽人饲虎”“羽人饲凤”“羽人饲雀”“羽人饲雏鸡”等图式，它们承载的文化内涵是一致的，都寄寓了汉代人渴望通过服食仙果仙丹长生不老，进入神仙世界的愿望。

3. 羽人骑鹿（羊、麒麟、凤、龟……）：羽人骑鹿形制较为稳定规范，鹿四肢腾空前奔，昂首引颈，嘴小而尖细，头顶竖两耳，腹部肥硕丰满且多饰圆斑点，尾短小而上翘。羽人长头长耳，颈部多有长羽后飘。鹿是神话中习见的升仙乘骑，汉严忌《哀时命》：“浮云雾而入冥兮，骑白鹿而容与。”汉乐府诗集《长歌行》：“仙人骑白鹿，发短耳何长。”《春秋命历序》：“神驾六飞鹿，化三百岁。”镜图中还常见“羽人骑羊”“羽人骑麒麟”“羽人骑凤”“羽人乘龟”等物象配组，所承载的都是仙人出行或得道之人乘骑升仙的思想。

4. 羽人“导引”：“导引”是指修炼者屈伸俯仰“引体令柔”的各种动作，是道家重要的升仙术，桓谭《仙赋》：“呼则出故，翕则纳新。夭矫经引，积气关元。精神周洽，鬲塞流通。……仙道即成，神灵攸迎。”马王堆汉墓《导引图》保留了汉代“导引”术图式，汉代画像石、漆器上也有此类仙人或方士“导引”修炼的图式。《楚辞·九歌·云中君》：“灵连蜷兮既留，烂昭昭兮未央。”王逸注：“连蜷，巫行神导引貌也……言巫执事肃敬，奉迎导引，颜貌矜庄，形体连蜷，神则欢喜，必留而止。”洪兴祖《楚辞补注》：“连蜷，长曲貌。”

5. 人面鸟：长头、长耳、长发后飘，颈细长而弯曲，躯体形同禽鸟，呈展翅直立状。有些人面鸟头部无长耳、长发。《山海经》中有人面鸟神话，汉代人迷信修炼成仙的标志是羽化飞升，因而汉代的神仙形象多为羽人图式。人面鸟同羽人一样，实际就是汉代人想象中的神仙形象，稍后《抱朴子·对俗》亦记："千秋之鸟，万岁之禽，皆人面而鸟身，寿亦如其名。"《论衡·无形篇》云："图仙人之形，体生毛，臂变为翼，行于云，则年增矣，千岁不死。此虚图也。"《雷虚篇》云："飞者皆有翼，物无翼而飞谓仙人，画仙人之形，为之作翼。……皆虚妄也。"

6. 灵芝、琅玕、三株树：灵芝、琅玕、三株树是道家升仙说中常见的仙禽神兽所食不死之物，《尔雅》："芝，瑞草，一岁三华，故《楚辞》谓三秀。"《说文》："芝，神草也。"《太平御览》卷八七三："芝草一岁三华，食之令人眉寿庆世，盖仙人之所食。"琅玕是传说中凤鸟所食仙果，《艺文类聚》卷九十引《庄子》："吾闻南方有鸟，其名为凤……以璆琳、琅玕为食。"《说文》："琅玕，似珠者。"《山海经·海外南经》载西王母所居昆仑山赤水上有三株树"其为树如柏，叶皆为珠"，也是长生不死之物。镜图中常见一种体呈三枝状、顶端饰圆珠果、被习称为"三株果"的泛指物象，如为凤鸟所食，应是文献中所称的琅玕；如为其他仙禽神兽所食，则可能是灵芝或三株树。镜图中另见有两托叶的"桃状物"，也应是汉代神仙说中的"仙桃"之类的长生果。

7. 玉液琼浆：镜图中常见一独角翼龙两前肢捧举敞口容器的图式，容器敞口，圆唇，腹由上而下渐内收，近似于现在的酒杯或大口盆。容器内所盛物应为神仙世界里仙人饮用的玉液琼浆。玉液琼浆又叫"玉醴""澧泉""玉泉"，是用甘露、玉屑及其他"仙药"拌在一起久酿而成，食之可延年益寿、化入仙境。《离骚》："折琼枝以为羞兮，精琼靡以为粻。"《抱朴子·对俗》："饮则玉醴金浆，食则翠芝朱英。"《仙药》"玉亦仙药，但难得耳"；"服玉者寿如玉"。汉武帝曾派方士用铜盆承接雨露，用以和玉屑服食，以为可与天同寿。汉镜常见"渴饮玉泉饥食枣"以及"上大山，见神人，食玉英，饮醴泉"铭辞，说明古人相信服食玉液琼浆能够成仙，过上仙人生活。镜图中配置独角有翼神兽高举琼浆作奉献状，应与神仙思想及升仙说有关。

更为明了、直白的，是阜阳出土镜中大量的与道家神仙说相关的铜镜铭文，例如：“尚方作镜真大好（佳且好），上有仙人不知老，渴饮玉泉饥食枣，浮游天下遨四海，徘徊名山采芝草”；“上大山，见神人，食玉英，饮醴泉”；“上大山，见神人，驾蛟龙，乘浮云”等。这些镜铭的出现与流行，是当时道家神仙说强势影响的结果。

（三）道家羽化升天场景的生动模拟与再现

阜阳出土神兽镜、画像镜图式中，极其形象生动地描绘了汉魏六朝道家神仙说中世俗之人从“现实生活世界”步入“天界仙境”的过程。即通过“惜别家人”“车马出行”“车马临天界”“拜谒仙人”“仙境乐舞宴饮”几幅前后情节连贯的组图再现修炼得道之人升天成仙的全过程。有些铜镜组图表现的是仙界主神“西王母”“东王父”的乐舞宴饮生活场景，组图中配置了羽人、蟾蜍、玉兔、九尾狐、三足乌、凤鸟、桂树等仙界特征标识物。有的神兽镜中，还排列出道教神仙说中的众神谱系。铜镜铭文中则多见对镜图神仙世界内容解读的词句。

（四）道家文化中的阴阳五行思想

阴阳五行观念本是古代人们在长期观察天文、地理现象累积经验的基础上产生的，道家吸收了传统阴阳五行思想内容并把它进一步系统化、理论化，认为阴阳两种因素相互依存、相互作用，此消彼长推动宇宙世界周而复始，维持着生命生生不息，构成了自然界天地之道、生命界万物之源。“阴阳四时，百物之本”，“从阴阳者生，逆之则死”，五行相生、相胜，产生了宇宙生命万物的发展变化。道家用阴阳、四时、五行之间的互动关系来解释万事万物的发展变化，阴阳调和、四时顺畅、五方咸宁，世界万物就和谐共存。

阜阳出土汉镜禽兽博局纹图式中，博局天宇构架下四方方位的“四神”、五方方位的“五灵”按规制组合配置，构成一个和谐稳定的世界。汉镜铭文中流行的“左龙右虎主四旁，朱雀玄武顺阴阳”也表达了此类道家思想文化内涵。

阜阳博物馆收藏的神兽镜、画像镜图式中，夹纽对称配置“东王公”对“西王母”、“青龙”对“白虎”、“朱雀”对“玄武”、“日轮”对“月轮”、“金乌”对“蟾蜍”、“九尾狐”对“三足乌”等对偶神或神禽异兽物象，体现的也是道家学说中阴阳平衡和顺的思想。

另一类流行于东汉、六朝时期的龙虎交媾镜，表现的是道家“阴阳平衡和谐”的思想，是典型的道家文化镜。

综上所述可以看出，西汉前期以黄老清静无为为基础的道家思想，只是继承了老庄思想的学说和社会主张。新莽至东汉时期，先秦流传下来的道家学说经历了现实社会的改造而渐趋宗教化、神秘化，其中大量吸纳了神仙说、阴阳四时五行观念的内容。阜阳出土西汉以来的铜镜物象与铭文中的“延年益寿千秋万岁”“服食升仙”“羽化升仙”“车马出行升天”“神仙生活”“阴阳对偶平衡”“四神（四灵）配置模式”“五灵配置模式”等文化内涵，自然可以界定为“道家文化元素”或“受道家思想影响的文化元素”，但这些文化元素、文化现象出现在西汉以来的镜图中，说明先秦以来的传统道家思想已被严重宗教化。

三、东汉元延铅券镇墓文

1970 年 12 月，阜阳县三十里铺前马庄南地发现一处东汉残砖室墓，墓葬中出土一件刻有镇墓文的长条形铅券，铭文内容如下：

（元）延至死时，（家室）甚痛，帐帷宿之，不敢失时。趁（趋）走卜问，良日□□，东西迎工，南北迎医，（钱）财尽朔（索），非有狐疑。元延女凉（谅）自（薄）命禄尽，夭年逢灾，宗疾（族）悲痛伤侧（恻），处生痴人为元延解补：镜箧（奁）踈（梳）比（篦），衣被禅覆，绔袍长襦，至有城郭棘室，（鸡）豚狗猪，所有皆具，壮（状）如生人之送。元延甚质，复来何来！前年枉死，延至今兹。家室悲伤，哭无解休。生人日夜蒿（号），死人日（夜）□。生人行地上，死人行地下。随倪离署，谁当坐者，墓伯、丘丞，案致比伍，自今以后，无得复来。女（汝）欲复来，持女（汝）券齿，须乌如白，大□□□，千秋万岁，无复相索。玉帝为之，自有部介（界），他如天帝符卷（券），律令！

镇墓文中的“元延”是人名，不是指西汉成帝的年号，该墓下葬的年代在东汉时期。元姓在春秋时代已见记载，如卫大夫元喧。“家室”指夫妻双方家庭成员，《左传·桓公十八年》：“女有家，男有室。”“卜问”指占卜以问凶吉。“凉”通“谅”，《汉书·五行志》：“尽凉阴之哀，天下应之。”师古注：“凉，信也。凉读曰谅。”

解补：过去发现的镇墓文多作解谪或解除，“谪”是罪过，“解谪”是通过对鬼神的祭祀而除去凶灾罪过，“解除”则是为死者解谪、为生人除殃，而“解补”一词确为少见。《周礼·秋官·小行人》：“补，助也，若国礼丧则赙补之。”以财物助人办丧事，即助生送死之礼曰赙，因此“解补”可能是“解谪赙补”一词的省称。

城郭棘室：古时小草丛生曰棘，室外种棘称棘园。《荀子·理论篇》：“圹垄其貌象室屋也。”此言为死者在城郭附近营建墓室，周围有枣丛环绕。甚质：甚，极也。《史记·大宛传》：“以为质于外国”，《集解》：“质，诚信也。”甚质意为人极诚信。生人日夜蒿，死人日夜□：“蒿”通作“号”，《说文》段注：“号呼者，如今云高叫也。”古代防守以高叫作为警戒。券文的意思是说生人与死人界限分明，而且地上与地下日夜都有防范与警戒，死者已入了冥界，不应再来到人间随意往来。

隋倪离署，谁当坐者：“隋”通“堕”，“隋倪”见于《管子·正世》：“财竭则不能毋侵夺，力罢则不能毋堕倪。”戴望《校正》：“倪，傲也，谓傲倪，倨傲旁视，目空一切。”堕倪，怠惰傲慢之义；离署，《墨子·号令》：“勇敢为前行，伍坐，令各知其左右前后。擅离署，戮。”署，指岗位。离署，就是擅离岗位职守；当坐，古代获罪谓之坐罪，《史记·商君列传》：“商君之法，舍人无验者坐之。”

案致比伍：“案”指官府文书和狱讼判词，“致”是传致、送到，“比伍”是古代地方的基层组织，《周礼·地官·大司徒》：“令五家为比，使之相保，五比为闾，使之相受。”两汉时的县属基层组织乡、里以下有什、伍组织。

券齿，《周礼·质人·注》：“其券之象，书两札，刻其侧，是为券齿。”须乌如白：须，《尔雅·释诂》：“待也。”此句与《戴子起铅券》之“待乌头白，马生角”意相类似。

自有部介：部，《广韵》："署也"，"介"是"界"的古字，本句是说生人、死人各有归属和活动界限，不准许随便逾越。

他如天帝符券，律令："天帝"是道教中地位最高的神祇，"如天帝符卷（券），律令"是告诉地下鬼神，这个具有律令属性的符券是天帝所发，具有至高无上的约束力，都要立即按照律令照办。此类术语后来成为道家咒语或习用的符箓文字用语。

元延铅券文字，是汉代阴阳家为生人除殃、为死人解谪的镇墓文。"镇墓"是一种历史悠久的丧葬传统，其目的一方面是要驱邪镇恶、安宁墓土，并以此安宁死者；另一方面也希望能护卫生者，为生者祈福，由此维持阴阳两界的平衡。汉代人认为灵魂不灭，死后归阴变鬼是必然归宿，《说文·鬼部》"人所归为鬼"的定义正是这一观念的体现。然而，尽管在汉代人的想象中冥界是人间社会的翻版，但是就根本而言，它还是一个令人感到陌生和担心的未知世界。而且，时人认为阴阳两界是可以沟通的，活人和死人之间虽然有分界，但这个分界有时很模糊，"死"鬼可以随时干扰生人，故这种交往是祸之根，因为神相对公正，鬼却似乎更为难缠。从各种史料所提供的线索来看，在战国乃至秦汉人眼里，鬼魂对生人的影响大都是负面的，轻者戏弄、干扰人们的正常生活，重者致人疾病、伤害牲畜，甚至引起灾害瘟疫、危害生者。因此，时人对鬼魂是充满恐惧的，即便是亲友的亡魂也以不见为妙。基于此，在为死者稳妥安排阴间衣食住行的同时，活着的人们也尽可能依据人间的生活经验和权力对冥世进行干预，以求得亡者生活的合法与平安，保持阴阳两界基本秩序的稳定。东汉镇墓文就是在上述情形下大量出现的，故许多镇墓文中常常有强调"生死异簿"的内容。

汉代民间信仰仪式对言辞、文书等有着特殊的重视，带有浓厚巫术宗教色彩的镇墓文就是其中的例证。基于自身的特殊功用，镇墓文在文体的选择和运用上也有着极强的目的性。它将已经具有稳定形态的指令性公文作为自身文体形态的基本框架，同时在官府文书威严的语言躯壳内附加了巫术咒语胁迫、恫吓等情感性言辞，巧妙吸纳两种文体共同的修辞特性和文体权威以增强自身的震慑力，从而形成一种特殊的、极具时代特色的墓葬文体形式。

元延铅券铭文结构完整，词句精练，堪称是一篇美文。从这篇镇墓文中可以看出死者是一位未成年就病逝的富家女孩，死后一年才得以安葬。死者家人因为害怕鬼魂作祟，祸害其家族，便带着恐惧心理，竭力向死者铺陈对其生前的关照及其死后的厚葬，可以说是声泪俱下，犹如一函表白心境、情意绵绵的家书，但又不乏恐吓鬼神的言辞。镇墓文生动地反映出东汉人思想意识中对鬼神的迷信以及“敬鬼神而远之”的矛盾心理。

第四节　科　技

秦汉时期阜阳的科技，主要通过汝阴侯汉墓出土文物、汉代铜镜制造和鲖阳渠修建三个方面进行介绍。1977 年，阜阳汝阴侯墓出土了一批漆木器，十分罕见，为国内外考古学界所关注和研究。近年来对这批漆木器中的栻盘研究形成热点，比较一致的观点认为它们是汉代的天文仪器，与古代的天象、天文、历数有很大的关系。阜阳汉镜数量多、品类全、铸制精美、地域特色鲜明，在安徽各地区乃至全国独树一帜，是阜阳博物馆馆藏的一大特色。本节从铜镜铸制与表层处理技术两个方面略作论述。

水利兴修历来是古代的大事，《后汉书 · 何敞传》云“修理鲖阳旧渠，百姓赖其利，垦田增三万馀顷”，何敞所修的鲖阳旧渠，主河道就是现在临泉境内的延河及其下游支流。本节介绍鲖阳渠的修建的背景以及与其他河道的关系。

一、天　文

1977 年阜阳“双古堆”西汉汝阴侯墓发掘时，出土了一大批漆木器，其中六壬栻盘、太一九宫占盘、二十八宿圆盘、圭表等与术数、天文、历法有关，表明秦汉时期的阜阳地区已经拥有发达的星占与天文观测技术，具有珍贵的研究价值。

（一）六壬栻盘

六壬栻盘分上、下两盘，上面的圆形盘叫天盘，下面的方形盘叫地盘。

天盘上的中部刻北斗星图案，周边刻有两圈篆文：内圈刻“正”“二”

“三”“四”“五”“六”“七”“八”“九”“十”“十一”“十二”，这是月将，如“正”是正月将，“二”是二月将等。十二月将又名十二神，它们是：征明（亥将，正月将）、天魁（戌将，二月将）、从魁（酉将，三月将）、传送（申将，四月将）、胜先（未将，五月将）、小吉（午将，六月将）、太一（巳将，七月将）、天罡（辰将，八月将）、太冲（卯将，九月将）、功曹（寅将，十月将）、大吉（丑将，十一月将）、神后（子将，十二月将）。十二神中，天罡指北斗一星，从魁指北斗二星，天魁指北斗三星。在天盘上，北斗一星总是指向天罡或八月将（即在栻盘的天盘上指向“八”）；外圈刻二十八宿名，每宿篆文上作一小圆点定位。天盘圆周一圈，表示周天三百六十五度又四分之一，每天太阳走一度。把周圈分属十二个月将，相传三统历的分法是：从轸十二度到氐四度属于天罡，于辰在辰；从氐五度到尾九度属太冲，于辰在卯；从尾十度到十一度属功曹，于辰在寅；从斗十二度到女七度属大吉，于辰在丑等等，由此知十二个月将不是月末到月初，是根据宿度来计算的。

地盘四周刻有三层篆文：内层是八干四维，中层是十二支，外层是二十八宿。其中“四维”刻作“天豦己，土斗戊，人日己，鬼月戊。”天、土、人、鬼是四门。地盘上天门在西北，地户在东南，人门在西南，鬼门在东北，与后世《六壬神定经》所记一致。

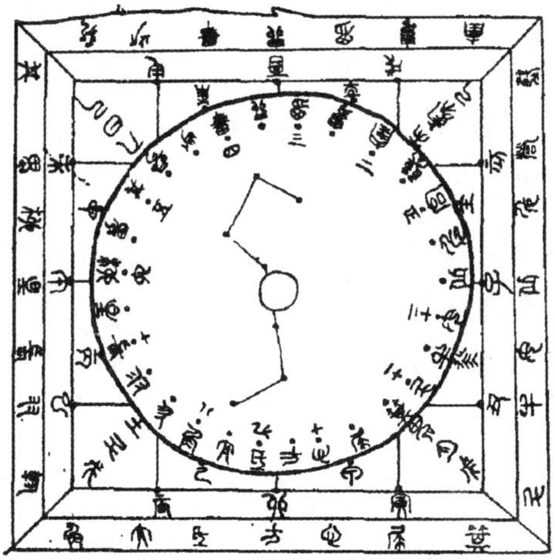

六壬栻盘摹本

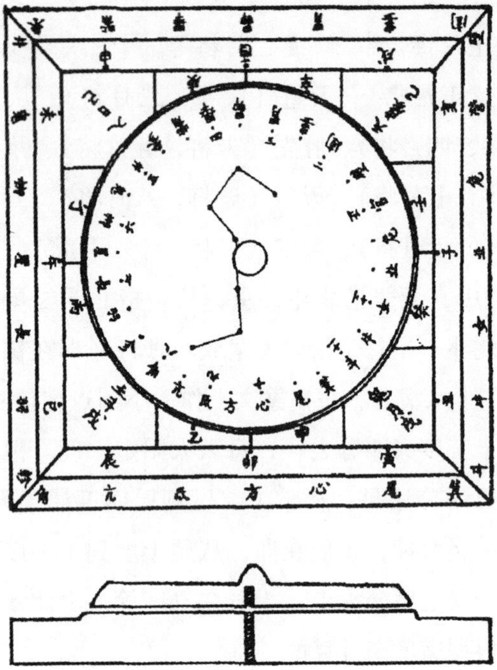

六壬栻盘示意图

六壬栻盘的用法，试举例说明：假定某年十一月二十八日冬至，太阳在斗二十一度。斗十二一度按三统历成法在斗十二度到女七度之间，十二神属大吉，即丑将。现求该年十一月初七日甲申辰时占。十一月初七日离十一月二十八日十一天，凡十一度，从二十一度退减十一度，即十一月初七日太阳在斗十度，则是在尾十度到斗十一度之间，十二神巳属功曹，即寅将。故以上实际就是求“甲申日、辰时、寅将”占。具体占法是：先将栻盘中的天地盘摆正，即天盘上的第十二月将（子将）对准地盘上的子，面向南。左手拿住地盘上的东北角（即鬼月戍处），右手转动天盘，把天盘上的寅将，对准地盘上的辰时。这样便可算得六壬栻中的四课和三传。这“甲申日，辰时，寅将”求得的四课是：第一课是子甲，第二课是戌子，第三课是午申，第四课是辰午。三传是：初传午，再传辰，三传寅。根据这四课和三传，便可判断占日的凶吉。又如宋代《六壬大占》中有一篇用于军事的“六壬兵机三十占”，其中有“大将居方取亥宜”，即指安营方位的决定。以月将加时看天盘上亥字落在何方，假如三月将未时，则天盘上的正月将亥落在地盘酉上，便是在正西方安营为妥，其他类推。

据研究，六壬栻盘至迟起源于周代，《吴越春秋》记载伍子胥谏吴王曰：“大吉为白虎而临辛，功曹为太常而临亥。”大吉临辛即丑将辛时占，功曹临亥即寅将亥时占，用的都是六壬栻。一般认为《堪舆金匮》是目前已知年代最早的六栻式专书，《吴越春秋》记述六壬占的上文有“金匮第八”字样，可能就是《汉书·艺文志》中《堪舆金匮》的第八卷。《史记·日者列传》：“分策定卦，旋式正棋。”《索隐》云：“式，即栻也。旋，转也。栻之形上圆象天，下方法地，用之则转天纲加地之辰，故云旋式。棋者，筮之状。”其中的“式”也是指六壬栻盘。1972 年甘肃武威磨咀子也曾发现一件西汉末至东汉初年的六壬栻盘，但年代要晚于汝阴侯墓栻盘约两百年。据文献记载，栻盘是按等级来分别大小的，分为天子式、王公侯伯式、卿大夫式、士庶人式四种，汝阴侯属于王公侯伯级，所以尺寸要比武威卿大夫级的栻盘尺寸大一些。

（二）太一九宫占盘

太一九宫占盘由天、地两盘组成，上方的圆盘叫天盘，下方的方盘叫地盘。

天盘刻有九宫图，中间有一个圆心，通过圆心画四条两两正交的直线，把盘面分为八等分，按照九宫数分别在直线末端刻“一君”“六”“七将”“二”“九百姓”“四”“三相”“八”，其中“一君”对“九百姓”，“七将”对“三相”，“二”对“八”，“四”对“六”。在“六”与“二将”间近中心位置刻一“槄（摇）”字，在“二”与“九百姓”间近中心位置刻一“柖（招）”字，在“一君”与“八”间近中心位置刻一“也”字，在“四”与“三相”间近中心位置刻一“吏”字。

地盘在中心圆外，有用红线绘成的正方形，把圆外部分隔成内外两部分。线外刻四时八节，两至两分居四方正中，“冬至”与“夏至”相对，“春分”与“秋分”相对，其中“冬至”左边刻“叶蛰（之宫）四十六日，废明日”，“夏至”左边刻“上天（之宫）四十六日，废明日”，“春分”左边刻“仓门（之宫）四十六日，废明日”，“秋分”左边刻“仓果（之宫）四十五日，明日”；四立居四隅，“立春”与“立秋”对角，“立夏”与“立冬”对角，其中“立春”左边刻“天留（之宫）四十六日，废明日”，“立秋”左边刻“玄委（之宫）四十六日，废明日”，“立夏”左边刻“阴洛（之宫）四十五日，明日”，“立秋”左边刻“新洛（之宫）四十五日，明日”。在格线内，四方正中，与“冬至”“夏至”“春分”“秋分”相当的位置，刻“当者有忧”“当者显”“当者有喜”“当者有盗争”，在四隅，与“立春”“立秋”“立冬”“立夏”相当的位置，刻有“当者病”“当者死”“当着有患”“当者有僇”。

地盘的背面是定四分历冬至时刻数，由中心点向四方画出四个线条，刻成一十字形。在各线条末端，分别刻“第一子夜半冬至右行”，“第二冬至平旦”，“第三七年辛酉日中冬至”，“第四冬至日入”。四隅刻“个”字形，分刻“第二夏至”“第三夏至”“第四夏至”“第四夏至”。

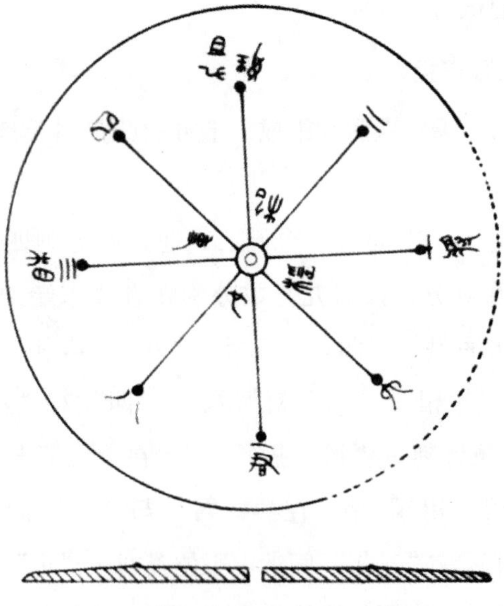

太一九宫占盘（天盘）

（注：本书中“太乙”均用“太一”表示）

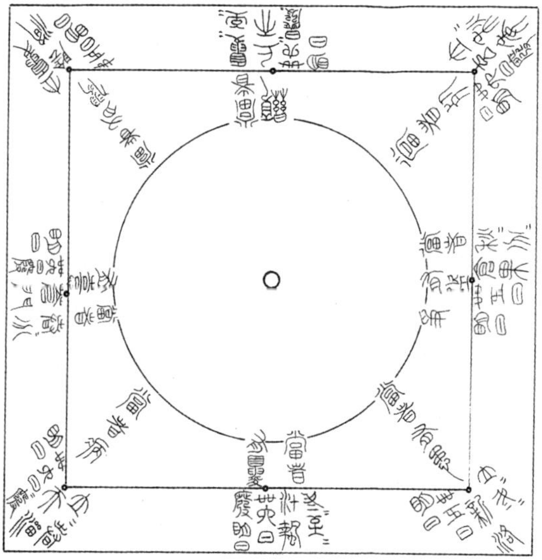

2

4

太一九宫占盘（地盘）

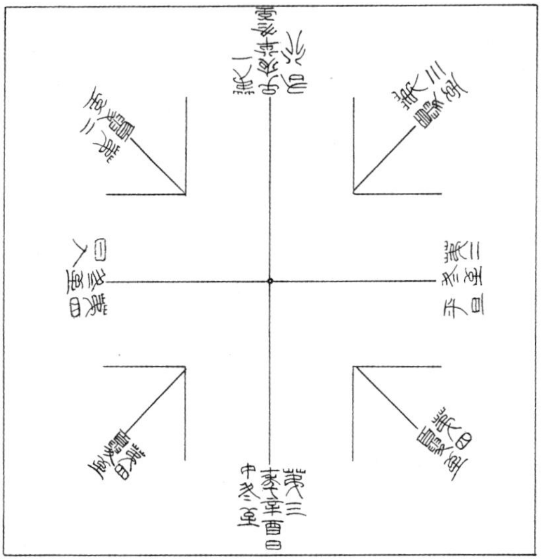

太一九宫占盘（背面）

太一九宫占盘的使用方法，可以通过《灵枢经·九宫八风》和《易纬乾凿度》郑玄注的相关文献记载推定。《灵枢经·合八风虚实邪正图》："冬至，坎，叶蛰；立春，艮，天留；春分，震，仓门；立夏，巽，阴洛；夏至，离，上天；立秋，坤，玄委；秋分，兑，仓果；立冬，乾，新洛；招摇中央。"《易纬乾凿度》："太一取其数以行九宫"，郑玄注："太一者，北辰神名也，……下行八卦之宫，每四乃还于中央，中央者北神之所居，故谓之九宫。""是以太一下九宫，从坎宫始。……自此而从于坤宫，……又自此而从震宫。……又自此而从巽宫，……所行者半矣。还息于中央之宫。既又自此而从乾宫，……自此而从兑宫。……又自此从于艮宫，……又自此从离宫。……行则周矣。"占盘使用时，先把天盘中的"一君"对准地盘上的"冬至"，这是第一日，第二日移动天盘把二宫转到冬至点，第三日把三宫转到冬至点，第四日把四宫转到冬至点，……第十日又周而复始。冬至46日，五个往复周期共45日，故45日后的一日"废"。明日则以"一君"对准地盘上的立春，用同样的方法"太一移日"，凡四十六日的都有废日，费日不占。上述占盘使用时，有一个"太一下行中宫"、天盘应旋至何处的难题，因为古人运行占盘时地盘是不动的，只旋转天盘使其与地盘上的方位及时辰相配，而"中宫"恰好位于天盘的正中央，即无论如何旋转天盘的中央位置——中宫"五"的位置都是相对不动的，故而只有找个"替身中宫"移出天盘中央位置而又不能偏之太远，才能使占盘"太一下行九宫"的运行成为可能。汝阴侯墓占盘的天盘中央附近刻有"吏，招摇也"作为"中宫"替身，就是为满足运行占盘之需而作出的安排。"招摇"是中央北斗的代称，《淮南子》高诱注："招摇，斗建"，《礼记》郑玄注："招摇星，在北斗杓端。"即"招摇"具体是指北斗的第七星"摇光"。从《灵枢经·九宫八风》之"八卦"图中，也可以看出真正的中宫就是"招摇"所在。"吏"位于九宫的"三""四"和"圆心"之间，也是作为"中宫"和配数"五"的替身出现的。至于"吏"何以具有象征中宫"五"的条件？有研究者认为实源于君、臣、百姓所代表的人间社会不同的宗教传统，占盘中"吏，招摇也"四字，即是对中宫"吏"出于神祇的说明，它可能由古代社神后土"犁"的近音演变而出。"吏"

替代中宫“招摇”的原因，有研究者认为作为太一象征的“招摇”本居天上，但当占盘中“君”“相”“将”“百姓”作为被占测的人间组织登场时，出于盘面协调，位居中央的神祇，就应该从“天神”改为“地神”，于是占盘的设计者就想到了与“吏”相通的后土“犁”。

汉代太一九宫占盘的古老占法早已失传，日本学者孙基然先生根据《灵枢·九宫八风》的记载尝试复原这一“太一九宫占”，简介如下：以“太一常以冬至之日居蛰之宫四十六日”为例，首先将圆盘上的“一”对准九宫方盘上的“冬至”，根据“太一在冬至之日有变，占在君”，此日气候若有突变，可断其君运为“当者有忧”。其次将圆盘上的“二”对准方盘上的“冬至”，此时圆盘上的“君”恰好与方盘上的“立秋”相合，此日气候若有突变，可断其君运为“当者死”。再将圆盘上的“三”对准方盘上的“冬至”，此时圆盘上的“君”恰好与方盘上的“春分”相合，此日气候若有突变，可断其君运为“当者有喜”，依次类推行占。从这个演示结果看，在按一至九之序旋转圆盘时，“君”的巡行路线恰好与九宫方盘“洛书”之序叠合。再以“太一明日居仓门四十六日”为例：首先将圆盘上的“一”对准九宫方盘上的“春分”，由于“太一在春分之日有变，占在相”，此日气候若有突变，必须找到“相”的位置，即“相”与方盘的“冬至”叠合。此日气候若有突变，可断其相运为“当者有忧”。其次将圆盘上的“二”对准方盘九宫上的“春分”时，“相”与方盘的“立秋”相合，此日气候若有突变，可断其“相”运为“当者死”。以下“太一在秋分之日有变，占在将”、“太一在夏至之日有变，占在百姓”，占法类同。

（三）圭表与圆仪——我国年代最早的天文观测仪器

1. 漆器圭表

汝阴侯墓出土的圭表为一件制作精美的木质彩绘漆器，刚出土时人们不了解它的名称与用途，在发掘报告中被称之为“不知名漆器”。后经中国科技大学科技考古系石云里教授研究，发现这件“不知名器”实际带有测定春秋分和冬夏至正午影长的功能，是迄今所见的我国历史上最早的一件圭表实物（此类器江苏仪征石碑村东汉墓中有出土，但年代较晚），它和同墓出土的漆器“圆仪”（二十八宿圆盘及其支架构成的赤道观测仪）一起，成为迄今所见年代最早、结构最完整并具有明确年代的两组天文观测仪器。

器物主体由完全对称并以木铰链连接、可折叠的两部分构成，展开总长68厘米，宽6.2厘米，厚2.2厘米，两部分折叠起来后的长度为34.5厘米。两部分的中部均被镂空，镂空部分分为两个层次：上层（折叠起来后为内侧）为长方形，内有一个可折叠的长方形立耳，立耳全长16.8厘米，长方形部分长14.9厘米、宽4.2厘米、厚0.4厘米，中部各有一个圆孔；下层造型奇特，一半正好容纳两个刀形木块的组合，另一半则正好填入一个兽首状木块。整件器物共有四件形状相同的刀形木块，两件兽首状木块。两件兽首状木块的背面分别刻有“一”“二”两个编号数字。另外还有一个特殊图案，均有四个“⊥”形符号围绕一个中央圆点构成，只是在两件兽首上所处位置不一样。

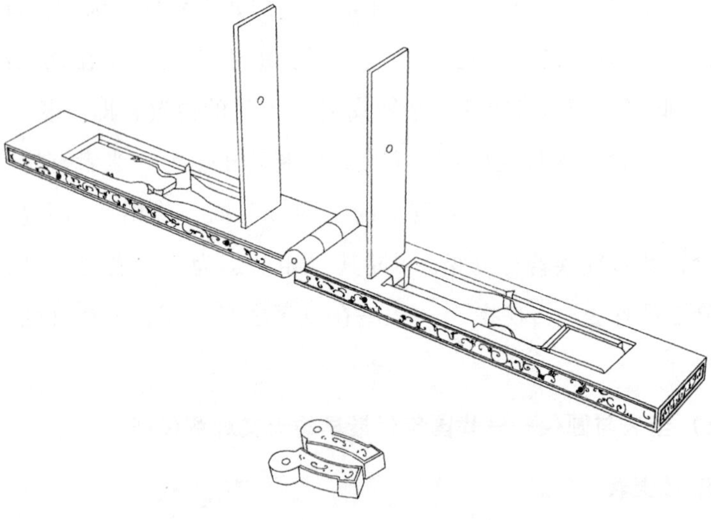

圭表

在甲骨文、金文中，“⊥”可释为“土”，《说文》云“圭”字“从重土”，所以上述“⊥”形符号及其构成图案，应与“圭”的含义有关。又

《周礼》记载“土圭”长度为一尺五寸，是一种用于测量土地和四季日影长短的工具，所以汝阴侯墓出土圭表的功能与测四季日影、确定节气有关。该器物折叠起来后较长的一侧长度为34.5厘米，正符合《周礼》所说的一尺五寸标准。

与仪征东汉墓出土的圭表及后世同类器物比较，上述圭表没有刻出用于测量日影长度的刻度，这表现出早期圭表的原始性。但经中国科技大学石云里教授等精确计算，在装上一号兽首和刀状木块后，利用该器物的外端、兽首上的“⊥”形纹饰中点和刀形木块组合成的直线型内肩（如图），就可以实现对冬至、春分、秋分和夏至正午影长的精准测量。

为通过实验检测汝阴侯墓出土圭表是否具有测日影定时节的功能，表3-1给出了西汉汝阴侯国（今阜阳）和长安二十四节气影长的理论值。

表3-1 西汉汝阴侯国和长安二十四节气影长理论值

节 气	太阳赤经	太阳赤纬	汝阴侯国影长（cm）	长安影长（cm）
冬至	270°	-23°.71	23.36	24.66
大雪，小雪	255°，285°	-22°.86	22.62	23.86
小雪，大寒	240°，300°	-20°.38	20.65	21.74
立冬，立春	225°，315°	-16°.52	17.98	18.9
霜降，雨水	210°，330°	-11°.60	15.64	16.43
寒露，惊蛰	195°，345°	-5°.97	12.83	13.49
秋分，春分	180°，0°	0°.00	10.30	10.86
白露，清明	165°，15°	5°.97	8.09	8.59
处暑，谷雨	150°，30°	11°.60	6.21	6.66
立秋，立夏	135°，45°	16°.52	4.68	5.11
大暑，小满	120°，60°	20°.38	3.54	3.95
小暑，芒种	105°，75°	22°.86	2.86	3.23
夏至	90°	23°.71	2.58	2.98

根据球面天文学原理，设太阳黄道经度为λ，赤道纬度为δ，太阳南中天的地平高度为α，黄赤交角为ε，表高为H，则地理纬度为φ处的正午平均表影长度L可由以下公式推求：$\sin\delta=\sin\varepsilon\times\sin\lambda$，$\alpha=90°-\varphi+\delta$，$L=H/\tan\alpha$。已知在汝阴侯夏侯灶下葬的公元前 165 年前后，黄赤交角$\varepsilon=23°.7$。当时汝阴侯使用圭表的地区，应该是在自己的封国（今阜阳城及颍泉区，地理纬度 32°90）和都城长安（今陕西西安，地理纬度 34°31）。现在根据 1∶1 比例复制的圭表测量，该器物的外端点、兽首上的“⊥”形纹饰中点、刀形木块组合成的直线型内肩点到立耳根部的距离分别是 24.2 厘米、10.3 厘米、3.4 厘米，与表 3－1 中的理论值基本相符，偏差程度小于仪征东汉墓圭表的测量误差，可见汝阴侯墓出土的这件结构特殊的圭表，具有测量四个重要节气的功能，在西汉时期算是一件十分精准的珍贵天文测量仪器。

由于具有折叠性特征，上述圭表的两个立耳很难自己保持与圭面相垂直。这时只要将两个立耳中腰的两个圆孔用圆棍穿起来，立耳便可同时固定到与圭面垂直的位置。由于刻有“二”的兽首上面的“⊥”形符号到表脚的距离为 12.36 厘米，可以判断它可能是用于观测春分前或者秋分后一个季节的，也就是惊蛰和寒露。

2. 圆仪——二十八宿圆盘的赤道观测功能

汝阴侯墓出土二十八宿圆盘分上、下两盘，盘心各有一个小洞，可以用圆棍穿进去将二者串起。上盘厚 1.7 厘米，直径 23 厘米。盘中央画有十字交叉线，且装有北斗七星，其中第五星与盘心小洞重合。盘周带有宽 4 厘米的斜面边缘，周边打有 365 个等距针孔，对应古代的周天度数。下盘厚 0.8 厘米，直径 25.6 厘米，周边带有宽 1.1 厘米的斜面边缘，上面标有二十八宿的宿名和各宿距度，它们的度数大多接近《开元占经》中所记录的二十八宿距度的“古度”。各宿分布并不均匀，明显是按照实际距度分布的。盘中心也画有十字线，一根两端分别指向斗和东井两宿，一根两端分别指向奎和轸两宿。

与上述圆盘同出的，还有一件残毁的长方形卷制漆盒，长 27.5 厘米，

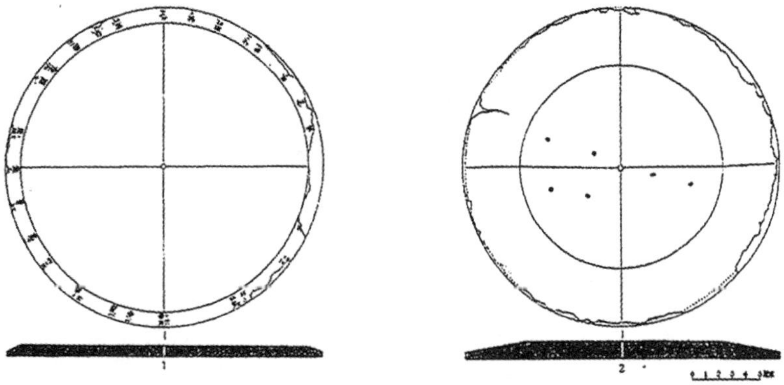

二十八宿圆盘摹本

二十八宿盘下盘上的星宿名与距度分布

宽 16.5 厘米，高 3.9 厘米。盒中间有一层横隔板，隔板木质腐烂，只存一层漆皮。这层漆皮上放着一个框架，框架木条宽厚各为 1.1 厘米，框架长 13.4 厘米，宽 11.7 厘米，中间一道横梁，框架呈“日”字形。架上有两片方形漆片覆盖，漆片两端有钩、环，两侧有铰链，盒的上两角有铜包角。盒底面正中有银支柱，支柱收起来弯正扣在盒边上，支起时使盒呈 30°的最大斜角。这个罕见的精致漆盒曾被发掘者命名为“栻盘架”。近年中国科技大学石云里教授通过实验、计算，发现它实际上是支撑二十八宿圆盘的木架，两者配合使用，构成了观测天体赤道经度坐标的一组天文观测仪器。这个支架支撑起来的二十八宿圆盘，正好位于阜阳当地的赤道平面内，进而构成一架赤道型天文观测仪器。二十八宿圆盘底盘上按照天象实际分布刻画的二十八宿，正好为这架仪器提供了一个赤道宿度参照系，使这架仪器可以用简单的天体位置推算。

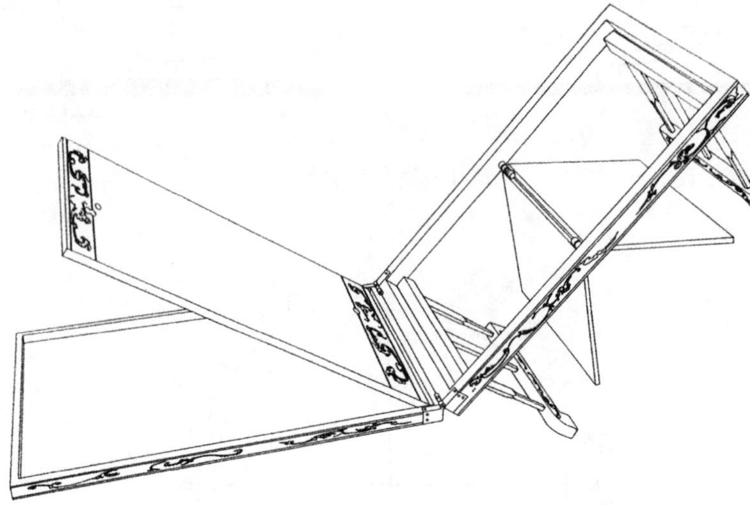

圆仪架的结构

上述发现表明，至迟在西汉早期，人们已经知道了赤道安装的方法。中国古代的天文观测仪器经历了一个“从圆到浑”的发展过程，除了张衡的“立圆为浑”和刘徽的“立圆为丸”的说法外，在“浑仪”“浑天”这些名词出现并通用之前甚至之后，人们称浑仪为“圆仪”。汝阴侯墓出土的这架“圆仪”，是中国浑仪的直接始祖，是中国乃至世界上目前所见最早、并有确切年代的天文观测仪。

二、汉镜铸制工艺与表面处理技术

新中国成立以来，阜阳地区通过考古发掘、拣选、收购、征集、调拨及涉案查收、追缴等途径收藏汉代铜镜 400 多枚，铜镜的年代涉及西汉、新莽、东汉三个时期。这些铜镜，既有汉代阜阳本土官、私作坊铸制的，也不排除有从当时的阜阳辖区以外流入本地的实用器。阜阳汉镜数量多、品类全、铸制精美、地域特色鲜明，在安徽地区乃至全国独树一帜，多年来为众多研究者所关注。以下从铜镜铸制与表层处理技术两个方面试作论述。

（一）铸制工艺

汉镜铸制工艺流程：

1. 制模

用泥制出待铸铜镜的光素面范与纹饰背范，两者合成固定形成范腔。制范要经过“配料”“练泥”“陈腐”“制范”几道工序方能成型。配料除严格使用符合条件的土质外，还要添加沤烂的短植物茎叶作重要辅料，以使陶范内保持有足够的植物硅酸体。这样制出的泥范不仅质地细腻，还可确保耐高温、高强度和具有良好的透气性等。

2. 选料

汉代铜镜的金属成分主要有铜、锡、铅构成，这些铸镜原料的选配要符合一定的比例，表3－2是孔祥星先生《中国古代铜镜》中列举部分汉镜合金成分的检测数据。

表3－2　部分汉镜合金成分的检测数据一览表

铜镜名称	铜（%）	锡（%）	铅（%）	锌（%）
蟠螭纹镜（龙纹镜）	70.28	26.91	0.54	0.41
连弧纹铭文镜（昭明镜）	70.00	23.36	6.60	—
神兽镜	66.74	23.06	8.71	0.34
博局蟠螭纹镜	69.03	25.33	3.79	—
草叶纹镜	67.13	23.49	5.69	—
重圈昭明镜（重圈清白镜）	68.22	23.38	4.92	—
昭明连弧纹镜（内行花纹明光镜）	67.22	24.88	4.75	—
昭明连弧纹镜（内行花纹清白镜）	68.88	23.55	4.97	—

（续表）

铜镜名称	铜（%）	锡（%）	铅（%）	锌（%）
四乳四虺镜	68.99	23.34	5.07	—
四神博局镜	66.70	24.22	5.18	—
博局禽鸟镜	68.60	24.70	4.64	—
云雷连弧纹镜	68.24	23.75	4.62	—
长宜子孙连弧纹镜	66.72	23.64	6.86	—
长宜子孙连弧纹镜	69.21	23.01	6.44	—
四乳禽兽镜	68.87	24.47	4.88	—
神兽镜（半圆方枚神兽镜）	67.31	23.52	6.16	—
神兽镜（环状乳画纹带神兽镜）	68.08	23.20	6.13	—

从表3－2所列的检测数据可知，汉镜的合金比例是比较稳定的。一般铜约占66%～70%，其中67%～69%最为普遍，锡约占23%～24%者最多，铅约4%～6%最普遍，此外还要加入少量的锌。这个合金比例，是古人在长期铜镜铸造的实验过程中反复摸索出来的科学数据。锡在较高温度下能够溶解在铜液中，浇铸后若冷却得很快，锡、铜就不能分次序凝固而会一起凝固下来，合金就比较硬。若锡的含量超过17%，合金就会特别硬。青铜镜中加入一定比例的铅，其目的就是因为铅具有比重高而冷却慢、铅溶液环流状态良好的特性，有助于热溶液平均流注，形成均整的镜面。同时铅还具有冷却后不收缩的属性，有助于提高铸出纹饰、铭文的成型准确性。在铜镜中加入少量的锌，是因为锌在溶液中可以减少气泡，防止在浇铸时产生大缩孔等弊病。

3. 熔铸

将上述比例的金属原料放入熔炉内，在高温下反复熔炼形成一种高温青铜合金溶液。

4. 铸造成坯

将合金溶液从浇注口灌入预制的范腔中，冷却后即为粗糙的镜坯。浇注金属溶液前，陶范要先预热，浇注时温度不宜过高。浇注口与冒气口，一般设置在顶部。

5. 热处理

高锡青铜既硬且脆，为改善铜镜的加工和使用性能，要对它进行一些淬火和回火处理。淬火后其塑性好，使材料强度、塑性都有了明显提高，硬度却下降了。回火温较低时，硬度又复回升，回火温度提高后，硬度又复下降。这主要是指强度而言的。古镜淬火、回火的技术效果大约有以下三个方面：

（1）强度和塑性提高了，从而改善了它的切削加工性能，回火温度稍高时亦同此理。

（2）因强度、塑性的提高，便减少了铜镜损坏的机会，延长了使用年限。

（3）回火后，颜色皆近于青灰，而“青近白”，故宜于制镜。今见一般战国、汉唐镜断口皆洁白如银，当与此有关。可见铜镜淬火后既保存了锡态，锡青铜原有的一些优点，又改善了加工性能，延长了使用年限，是一项相当合理、科学的工艺。

6. 机械加工刮磨

铜镜从铸型脱出时表面是比较粗糙的。若是操作不适当，还会产生表面气孔及镜体变形。机械加工的主要任务是校形，填补表面气孔和砂眼等，并用切削、刮削、研磨等方式使镜面致平、致光。

7. 开镜与磨镜

最早记载铜镜开镜技术的文献见于《淮南子·修务训》：“明镜之始下型，矇然未见形容；及其粉以玄锡，摩以白旃，鬓眉微毫可得而察。”此处所说的“型”即铸造，“粉”即涂抹，“旃”通“毡”，“玄锡”即是锡汞齐（剂），“粉以玄锡，摩以白旃”即是镜面附了锡汞剂后，再用白旃打光，镜面就光亮照人。这道操作的原理类同于鎏金工艺，后世叫作“开镜”。

汉镜表面镀层的锡极易氧化，使用者用手抚摸，水汽接触，一段时间以后镀层会因腐蚀而变黑，于是镜面的照人功能失去，这时便需要重新“磨镜”开光使其恢复照面功能。重新开光首先要清理镜面，然后再涂以锡汞剂，打磨后镜面即可光亮照人。

（二）汉镜表层的“黑漆古”

阜阳汉镜中，习见一类表层漆黑洁净、光亮可鉴、罕见锈蚀痕迹的精美标本，铜镜表层的这种漆黑色俗称作“黑漆古”。汉镜传世或深埋地下两千多年，历经侵蚀却仍能保持器表漆黑光亮如新，不能不说是古代科技史上的奇迹。由于“黑漆古”色泽沉稳、耐腐蚀能力强，多年来一直受到考古界、科技界的关注。古镜表层黑漆古现象，并非为阜阳汉镜所独有，其他地区的战国、汉代铜镜中也有此类标本，只不过在阜阳地区出土镜中更为凸显而已。

关于汉镜表层黑漆古的成因，自宋代以来就有学者进行研究，但直到近世仍无定论。目前主要有“埋藏条件”说、“铜齐、锡齐多寡”说、“铜质清杂”说等多种说法。近年何堂坤先生通过采样，对铜镜合金成分、金相组织、表面成分、表面耐蚀能力、表面和基体晶体结构等进行研究，认为汉镜表层“黑漆古”的形成，是镀锡表层自然腐蚀的结果，而不是有意制成的。镀锡（开光）工艺和自然腐蚀是影响“黑漆古”形成的两个基本原因。

为了对黑漆古铜镜的表面成分进行定量的科学检测，何堂坤先生分别选取长沙出土的战国龙纹镜（编号 C8）、长沙出土的西汉四乳龙纹镜（C3）、鄂城出土的西汉卷叶纹镜（E1）、鄂城出土的东汉变异兽首镜（E10）、鄂城出土的三国半圆方枚环状乳神兽镜（E59），鄂城出土的六朝四叶八凤镜（E57）共 6 枚样品进行电镜扫描，电子束分别从镜子表面和断口两个方向取样，轰击深度约 3 ~ 4 微米。样品成分分析获得的数据如表 3 - 3 所列。

表 3 - 3　电镜扫描铜镜样品表层成分数据一览表

样品号	电子束取样处	铜	锡	铅	铁	硅	铝	磷	银
C8	1. 正表面	9.554	64.285	20.532	1.299	4.336			
	2. 背表面	5.477	73.870	10.989	4.171	2.937	2.553		
	3. 断口，正面半腐蚀带	61.978	32.757	3.745		1.517			

（续表）

样品号	电子束取样处	铜	锡	铅	铁	硅	铝	磷	银
C3	1. 正表面	18.012	65.656	1.803	5.883	3.347	4.400	0.896	
	2. 背表面	10.186	59.604	3.653	7.117	4.247	4.591	0.598	
	3. 断口，正面半腐蚀带	59.948	23.388	1.528	0.114	0.321	4.698		
E1	1. 背表面	5.683	75.579	2.706	8.127	5.462	2.44		
	2. 断口，背腐蚀层外侧	40.627	54.329	1.585		3.458			
	3. 断口，背腐蚀层内侧	64.745	33.534	0.676		1.044			
E10	1. 正表面	41.385	49.760	4.919	0.973	2.961			
	2. 断口，面腐蚀层外侧	39.030	50.240	4.861	1.718	3.418		0.73	
	3. 断口，距面外沿 10 微米	45.963	44.927	4.350	1.168	2.853		0.536	
	4. 由 3 往里 10 微米	49.231	42.457	4.535	0.554	2.753		0.377	
	5. 由 4 往里 10 微米	52.420	40.696	4.183	0.360	2.376			
	6. 由 5 往里 10 微米	55.452	38.770	3.343	0.355	2.078			
	7. 由 6 往里 20 微米	62.401	34.474	1.564	0.338	1.238			
	8. 由 7 往里 20 微米	62.597	34.152	1.184		1.436			
	9. 由 8 往里 20 微米	64.514	33.160	1.076		1.248			
	10. 由 9 往里 50 微米	64.377	31.860	2.537	0.269	1.244			
	11. 背表面	7.374	70.362	7.653	4.238	4.906	3.592	1.861	
	12. 背表面	5.026	72.057	6.588	4.446	4.570	3.566	2.745	
E57	1. 正表面	8.355	63.347	12.046	0.416	11.397	1.838	1.174	1.452
E59	1. 正表面	18.152	61.380	13.935	0.759	5.464		0.307	
	2. 背表面	8.839	72.541	6.810	6.121	4.758	0.928		
六样品 9 个表层分析点平均成分		13.335	56.255	9.018	3.748	5.042	未计	未计	未计
六样品表层成分最大值		41.385	72.057	20.523	8.127	11.397	4.40	2.745	1.452
六样品表层成分最小值		5.477	49.760	1.803	0.416	7.937	0	0	0
样品 C3、E59 背表平均成分		9.513	71.073	5.232	6.619	4.503	2.760	未计	未计

从表 3-3 所列检测数据中可得出以下结论：

汉镜表层成分复杂，除去铜、锡、铅外，6 件样品表面都含有铁、硅，有的还含有铝、磷、银；电子束从表层轰击的 9 个分析点，发现镜表层含锡量平均为 66.255%，含铜量平均只有 13.335%。与汉镜镜体合金成分的比例比较，镜表面的含锡量显然是偏高的。此类黑漆古汉镜，还呈现出由外向里表层含铜量逐渐升高、含锡量逐渐降低的趋势；六件样品表面成分并非整齐划一，从元素种类到百分比的含量均有明显差别；整个腐蚀层内都含有硅，但数量不多，表面平均含硅量只有 5.042%，最高的也只有 11.397%。

上述样品表层偏高的含锡量，实际是开镜时镀上去的，而与镜体本身含锡量的多少关系不大。“黑漆古”的漆黑颜色，则是在汉镜长期自然腐蚀过程中形成的。

1. 汉镜表层镀锡问题

我国古代铜镜表面镀锡技术的形成，至迟始于西汉时期。前文所引《淮南子·修务训》言及的“玄锡”即是锡汞齐（剂），“粉以玄锡，摩以白旃”是指镜面涂粉了“锡汞齐（剂）”后，再用白毡打磨就可光亮照人。文献中所说的实际上是镜面镀锡工序，后世叫作“磨镜（开镜）”。具体镀锡的原理与方法，与鎏金技术基本雷同。

2. 汉镜表层自然腐蚀的问题

汉镜开光后，正面是光亮的，背面为镀锡的本色。在实际使用中因与大气、人体等接触，镜表镀层会受到不同程度的腐蚀，正、背面都可能变色。埋入地下的汉镜，也会因腐蚀而形成现在所见的各种颜色，这种腐蚀，主要是指对镀锡表层的腐蚀，因为它覆盖在镜体表面上。镜体本身因受到镀锡层的隔离保护，在镀锡层未被蚀透外一般是不会锈蚀的。汉镜的表面不论是“黑漆古”“绿漆古”“铅背”还是“水银青”，都应是镀锡表层自然腐蚀的结果，而不是有意制成的。镀锡工艺和自然腐蚀，是影响汉镜“黑漆古”形成的两个基本原因。

汉镜表面呈现出各种不同的颜色，主要取决于镀层腐蚀产物的结构形态及其数量比例。如果黑色化合物（如二氧化硅）起主导作用，表面就是黑色；绿色化合物（如碱式硅酸锡）起主导作用时，表面就是绿色等。这些化合物的存在形式与数量，都会影响到镜子表面的颜色。而加工与腐蚀条件的某些差异，则可以影响到镀层腐蚀产物的形成。所以，同一墓坑内出土的不同汉镜、同一汉镜的不同部位，都会出现色泽上的差异。

“黑漆古”镜表面上的锡主要来自镀料，铜主要来自镜体内，铅可能与镀料和镜体都有一定的关系，铁、硅、铝、磷等则与外镀操作和土壤污染有关。镀料中的汞大都挥发。此外“黑漆古”镜面上的光泽，除去物质结构形态的影响外，还应与打磨较好有关。

三、兴修鲖阳渠

西汉武帝时期国力鼎盛，对外抗击匈奴、征服百越，对内致力于兴修水利，发展农业。当时全国各地都在大兴水利工程，汝南郡的鸿隙陂就是在那个时候修筑的。

鸿隙陂在今河南、安徽境内，地跨信阳市的息县、驻马店市的正阳、新蔡、平舆、汝南，直到上蔡县的南部及安徽省临泉县境。在治理以前，它是淮河的一大支流，水域面积超过6000平方公里，经常会随着淮河的泛滥而产生很大的波动，给水域附近的百姓造成很大的危害。汉武帝时期全国掀起兴修水利的高潮，汝南郡大治鸿隙陂，修成以后，腾出了大量的肥沃良田。土地面积的增大，土壤、气候的适宜，再加上灌溉之利，使得粮食产量迅速飙升，汝南郡很快成为全国经济强郡，取得了惊人的成效。

鸿隙陂应该是一个综合性的浩大水利工程，它不仅包括了今南汝河、洪河，还包括了安徽临泉境内的延河和流鞍河。这从后来的何敞修鲖阳旧渠可以看出来。

西汉成帝时，鸿隙陂被丞相翟方进奏请毁坏，这一带的农业生产也随即陷入了大倒退，人民生活苦不堪言。建武年间，汝南郡太守邓晨决心修复鸿隙陂，选拔通晓水利的本地人许杨为都水掾，主持修复鸿隙陂。许杨根据地利，在旧鸿隙陂的基础上修复了一部分，筑堤防四百馀里，用时数年。修成之后，汝南郡连年丰收，老百姓都赞美邓晨和许杨。

但是，东汉时汝南郡鸿隙陂已毁坏多年，原址陂地大都被当地豪强侵占。许杨修复鸿隙陂触犯了当地豪强的既得利益，他们联合起来诬告许杨贪污受贿，最终太守邓晨顶不住压力，先把许杨拘禁起来，后又放了他。

许杨所修鸿隙陂，仅仅是汉武帝时期鸿隙陂的一部分；翟方进毁掉的鸿隙陂，也不是旧鸿隙陂的全部。鸿隙陂是一个浩大的系统工程，翟方进没有毁掉的部分，从西汉末年直到东汉还在发挥作用。许杨修复的鸿隙陂，还不包括这些地方。

汉和帝永元初年（89），何敞由济南王太傅改任汝南郡太守，他在汝南郡太守任上最大的功绩，是“修理鲖阳旧渠，百姓赖其利，垦田增三万馀顷”（《后汉书·何敞传》）。

鲖阳即今临泉县西部的鲖城镇，秦汉直到唐初建县，汉代属汝南郡。鲖阳旧渠即鲖阳境内原有的河渠，这条渠道是汉武帝时期所修。由于鲖阳旧渠在西汉鸿隙陂流域范围内，所以不难看出它本身就是属于鸿隙陂的一部分。鲖阳旧渠的上游地处古汝水、澺水（今洪河）的下游，受历代治水的影响，古今河道变迁极大。但是，从《水经注·汝水》中可以看出，何敞所修的鲖阳旧渠，主河道就是现在临泉境内的延河及其下游支流，《水经注》称之为“三严水”。根据《水经注》，它本是汝水下游支流澺水（洪河）的支流，从河南境内分流入临泉县境。现在的河道是从临泉县杨桥镇北入泉河，而据《水经注·淮水》，现在阜南县境内的谷河、大润河都是从这条河发源，至今这两条河的上游还与延河有着千丝万缕的联系。今天谷河的上游还在临泉县姜寨镇西上接延河。也就是说，鲖阳旧渠实际上是一个贯穿今临泉、阜南、颍上的重要河道。何敞修复鲖阳旧渠，使得本郡垦田增加了“三万馀顷”，这个鲖阳旧渠就是现在的延河及其下游的谷河、大润河。这一带历史上一直是水网交错，沼泽遍布，加之低洼多水，极不适于耕种。汉武帝时期修筑了鲖阳渠，控制了泛滥的河水，腾出了大片的土地，使这里变成了适宜耕作的地方。大概在何敞时代，鲖阳渠多年失修，逐渐废弃。鲖阳旧渠的修复，使得全流域增加垦田三万馀顷，其面积恰好与沿延河、谷河、大润河两岸的农田面积相当，也就是现在临泉大部、阜南全境和颍上县西南地区。现在这一地区生活的总人口至少有300多万。

鲖阳旧渠的修复，对于汝南郡具有重要的经济意义。到了南北朝时期，由于长期战乱，民众逃亡，年久失修，这里又重新变成了不堪耕种、人烟稀少的地方。

第五节 艺 术

本节共分两个部分，一是书法，二是绘画和雕塑，主要通过阜阳出土文物进行介绍。秦汉时期是我国古代书法艺术的剧变期，阜阳在这方面的发现也特别丰富，如秦“新蔡斗”铭量器诏版、阜阳汉简、瓦当文字、新郪虎符等，有的发现在全国也非常珍贵。绘画和雕塑内容比较庞杂，既有陶器，也有玉器、铜器、漆器、画像砖和其他材质的文物，工艺技术也多种多样。

一、书 法

秦汉时期是我国古代书法艺术发展的一个剧变期，秦代大篆经过省改创造了小篆，并成为官方颁布的统一书体。从出土材料看，秦代隶书已经出现，但有的字仍保留篆书的风格特征，书法史上一般称此类是篆隶递变中的过渡隶书，为“古隶体”。汉承秦制，初用篆书，后来篆书衰落，隶书蓬勃发展，至东汉逐渐取代篆书进入鼎盛时期。西汉初期隶书，多数笔画无波磔，仍属于篆隶兼备的古隶体。章草在汉代发展成为一种比较成熟字体，楷书和行书也开始萌芽。

小篆体为长方形，用笔圆转，结构匀称，笔势瘦劲俊逸，体态典雅宽舒，主要用于官方文书、刻石、刻符等。秦代诏版文字也属小篆体，但由于刀刻和受当时民间书风的影响，风格质朴，笔画多为方折，线条瘦硬，锋棱俊秀。秦古隶书多用方笔，结构方圆相辅，西汉末稍成斜方，至东汉更甚，同时用笔点划亦趋巧妙，执笔正直，起笔、止笔、波磔也能逆笔突起，或捩、或押、或浮，种种技巧变化至东汉步入巅峰。章草则是在汉代书体隶变过程中勃兴、成熟的，带有隶书的波磔，又省减笔画、改变笔顺、增加牵丝映带，基本可以看作是隶书的草体。秦汉文字的变化和书法成就，对以后的书法艺术产生了深远影响。

近几十年来，阜阳地区出土了一批带有秦汉文字的文物，为我们了解、研究阜阳秦汉书法艺术提供了珍贵的实物材料，择要介绍如下。

（一）秦“新蔡斗”铭量器诏版

诏版为青铜质，长方形薄片状，上有阴刻铭文：“廿六年，皇帝尽并兼天下诸侯，黔首大安，立号为皇帝，乃诏丞相状、绾，法度量则不壹歉疑者，皆明壹之，新蔡斗”。诏版右上角缺损，长11.3厘米、宽5.5厘米、厚0.5厘米，重200克。1993年7月26日，临泉县艾亭镇范庄村小稞庄出土，临泉县博物馆藏。

诏版是铭刻在量器和权器上的诏书，所以又称诏铭、诏量和诏权。秦二十六年新蔡斗诏版原应镶于铁质量器斗上，出土时铁斗破碎。诏版铭文凡五行，四十三字：“廿六年，皇帝尽并兼天下诸侯，黔首大安，立号为皇帝，乃诏宰相状、绾，法度量则不壹，歉疑者皆明壹之。新蔡斗。”记述秦始皇二十六年，皇帝兼并六国诸侯，统一了天下，庶民百姓都安居乐业，立名号为皇帝后，就下诏书于丞相隗状、王绾，依法纠正度量衡标准的不一致，使有疑惑的人都明确起来，统一起来。

见于著录的秦量诏版出土器不多，《中国书法鉴赏大辞典》介绍三件，均选自日本《书道全集（一）》。其中两件分别为四行四十字和六行四十字，为诏量；另一件为衡器，铭文刻在权上，为诏权。所有诏书内容文字均与临泉县艾亭镇出土的诏版全部相同，唯独前三件只有四十字的诏书全文，而无地名。“新蔡斗”三字，说明该量器斗是在新蔡县使用，新蔡在秦代属陈郡（今河南省淮阳县），艾亭镇今属安徽省阜阳市临泉县，与今河南省新蔡县相邻，就是说秦时艾亭镇属新蔡县，现在属临泉县，所以秦始皇二十六年制定的诏版，署地名“新蔡斗”。诏版署地名的，据现有资料记载，全国仅此一件，弥足珍贵。

诏铭的书法为秦统一后的小篆。刻写在权、量诏版上的文字不同于刻石上的标准小篆，而是将圆变方、曲笔变折笔。同时，这种文字刻写随意、不加雕琢，行文大小错落无法，结构疏密斜正不一。它不像刻石和青铜器铭文那样追求文字的装饰味道，充分体现着运笔走刀的自如，这就在每个单字和通篇章法上都显露出一种天真神态。诏版文字由于是直笔刻凿而成，因此显得刚劲有力、奇肆险峻、古朴自然。此类文字为我们研究秦代书法艺术，提供了实物例证。

（二）阜阳汉简书法

阜阳汉简是指1977年出土于西汉汝阴侯墓的一批简牍材料，由于传世的秦汉墨迹流传下来的极少，这批简牍不仅具有珍贵的文献研究价值，也是研究秦汉书法艺术的珍贵资料。从已经整理出来的简文看，阜阳汉简内容庞杂，多种典籍书体互不相同，或飞龙走蛇，或刚劲有力，或温文清秀，或粗犷奇崛，或飘逸俊美，或严谨端庄，显然并非出自一人之手，它大体反映了秦汉之际书法艺术的原始风貌。以下以阜阳简牍《儒家者言》的书体艺术特色为例试作分析。

1.《儒家者言》的书法特色

《儒家者言》书法属于古隶书体的一种，可视为汉初篆书隶变过程的代表之作，其书写仍然承袭篆书中锋的笔法，但却悄悄开始了对偏锋的使用。这种刚柔相济的笔法，当为前述秦量诏版变文篆体的延续。

《儒家者言》文字在结构上除少数如“楚”“鲁”“季”“学”“夏”“观”“子”“蔡”“杀”等字的取姿，或部首写法上仍保留有秦篆之遗意外，大部分字体均开始摆脱了大篆圆浑均匀的形态而趋向于正方、扁方的体势。同时中宫笔画紧结向后、左右舒展的结构也显露出篆书隶变的特征。

《儒家者言》文字书写笔法草率急就，体现了文字发展由繁到简的演变规律。文字除了结构上的简省外，笔画的移位及末笔的夸张亦令人耳目一新。文字中所有右向竖横弯钩之笔均省为竖横挑笔，并且波发上扬，如“之”“尼”“见”“取”“化”“观”等。而左向横折弯钩之笔则省为横折，收笔演变为弧圆曳长的撇势，如“学”“子”“于”“商”“有”“处”等。此外，在书写上稚拙的创意之笔又令人想见探索之艰难：如“字”“不”“子”“卫”“言”“焉”“于”“之”等字横划起首虽有逆入平出之意趣，然而收笔快疾，往往戛然而止。但“才”“至”“事”“潼”“益”“其”“丘”等字则具有明显的主笔长横、起笔方折寓“蚕尖燕尾”之形。行笔时波势俯仰呈长波上挑、曳尾收锋的分隶姿态，将篆书中左右对称变成了左边为逆而不顺的弯弧，右边呈随势而出的燕尾，与后世隶书要诀“蚕头燕尾”的法则基本一致。

从书体上而言，《儒家者言》于一篇之中篆隶草字相杂，反映出西汉早期我国书法艺术处于不够成熟、尚未稳定的发展阶段之书写状况。如“焉”“胜”“庙”“事”“康”“赣”“阳”等有些近乎正书的结构和用笔之字，下笔横起直落，力在中锋，略带挑法，墨点如楔，竖笔如柱。使篆书中均齐单一的线条，演变为带有波磔的隶笔，不仅表现出古隶向今隶转变的过渡程式，同时也为其后用笔芒露并举奠定了基础。此外，在对撇捺之笔的大胆运用上更是随处可见其左撇收尾代替竖钩之笔意及右撇上扬表现弯钩的特点：凡其下垂的竖钩笔画均予以大胆拖长，辅笔向左撇出，形成自然飘逸之感，如“子”“学”“季”“何”“才”“时”“事”等字；有的捺笔不取重压之势，反而作弯圈上扬的勾笔，用抒情的长划来拉长字体的取势，撑足了空间位置，形成参差多变、错落排列的局面，如“尼”“之”“是”“已”“叹”等字，此类布局书风与汉印的灵活布白互相发明，并被后世的行草笔法所借鉴。

从章法上看，《儒家者言》文字显得密任其密，疏任其疏，紧而不密，疏而不松，既节省了窄小的书写材料，又创造出隶书独特的形体结构，使人看了不嫌其小，反觉其大，形成一股以小见大的气势美。后来的东汉名碑无不睨盱于此，从中仿佛可见《礼器碑》《张迁碑》之书体风范。从布白上论：其在行与行的安排中，或伸延或屈就，或揖让或退守，或繁密坚实或疏空灵动，或左右走格或上下错落，于沉重坚实中透出野逸放纵，达到形式到气韵上的统一美感。

《儒家者言》书体风格奔放，书写流畅，轻捷灵动，于不经意处流露出自然天籁的情趣，是汉初中原地区江淮腹地书法面貌的真实反映，与强悍豪放、刚猛凝重的西北边陲居延汉简书体形成了鲜明对比。

2. 阜阳汉简在汉代简书中的特性

汉代汉字的书写，虽有比较统一的官方体为主导，但简牍墨迹由于实际运用却呈现出风格多样性的特点，其实质是继承了战国时期繁复规整的正统文字与质朴活泼的实用文字之两极分化并互相依存的特点而形成。汉代简帛书法风格大体可分作两类，两者的主要区别表现在文字结构的取势上：纵向取势者，字体伸长，布白疏阔，通篇极富散落妙趣，如《马王堆帛书老子甲本》《马王堆帛书春秋事语》《张家山汉简》等；横向取势者，波磔挑尾，笔画舒展，通篇充满强烈的布白对比之感，一般为随意轻松的日常书写字体，如《阜阳汉简》《马王堆帛书老子乙本》等。再往后的西汉末和东汉时期比较，汉初的波磔俯仰已发展为成熟的分书，并开始向东汉流派纷呈的分书演进，如《武威汉简》结字规矩，用笔严谨，风格典雅，章法规整，堪为后来汉碑之先河。至桓帝时《甘谷汉简》已经是典型的东汉时期的代表作了。而东汉早期的《武威医简》在其草率的运笔中不仅有隶意，同时还颇具章草的韵味。由此可见阜阳汉简在两汉简帛文字书体发展史中所代表的重要意义。

3. 阜阳汉简在两汉书坛上的地位

我国上古的书法遗迹主要依赖于金石刻辞进行流传，但到了西汉，刻石风气低落下去。而铜器铭文并不代表当时人们手书的水平。所见传世的汉碑则大多属于东汉中晚期作品，相比之下，西汉的书体手迹几乎空白。在文献记载中西汉的书法史上能书者亦屈指可数。《汉书》载汉元帝、成帝之后有许氏、严延年，均“善史书”，王尊、冯嫽“能史书”，但这不过是说明了当时具有政治地位者或著名书家的水平，并未能涵盖整个社会的书法状况。

西汉时期，日常使用的文字为隶、草两种书体。汉武帝以前的隶书仍沿用着秦代的古隶，至武帝时才出现波磔分明的汉隶，而篆书则完成了隶变的任务，作为一种古代文字，随着其使用范围的日渐缩小而退居于专供艺术欣赏和装饰之用了。正是这百馀年来陆续出土的大批简牍和少数帛书文字，代表了当时社会实际使用的字体。其面貌在书法艺术史上如实地反映了当时部分书吏及下层知识分子的手写水平，相对地填补了这一朝代书法资料的不足。如文帝十五年的阜阳简《儒家者言》，则代表了西汉早期篆字隶变的体貌，文中小字见大的气度又是汉字尚未成熟前书法艺术高度成就的体现，尤为难得。

总之，汉初至武帝朝隶书，较之宣帝朝大有逊色，说明武帝时汉隶虽已经形成，但群众书写水平尚未提高。继而自昭帝起，经宣帝直至王莽时期各朝简牍书迹虽有工整草率之异，但隶书水平已经普遍提高。延至东汉，隶书风格繁多，皆为西汉简书艺术的继续和发展。

4. 阜阳汉简在中国书法史上的意义

一种文字与书体的由来，皆有其自身孕育和发育的过程，并且每前进一步都存在一个过渡的阶段。中国书法从秦篆演变成秦隶，进而演化成汉隶，从阜阳汉简书体可清晰地看出其中的变迁轨迹。由于篆书的隶变是中国书法史上第一次书体风格的转折，因此，阜阳汉简的出土在中国书法史上具有相当重要的意义。

首先，在时间上，它十分明确为文帝十五年。早于清末至今发现的年代最早的《居延汉简甲编》和《流沙坠简》，而与长沙出土的《马王堆帛书老子乙本》时间相差不远。

其次，在风格上，它代表了汉代简牍横向取势的一派，结字体貌虽不如《居延汉简》规整，与同时的《马王堆简》亦无法相比，但却优于《嘉峪关简》，接近《敦煌汉简》。它直接反映了汉代初年隶书尚未成熟以前篆书隶变的雏形，填补了西汉早期书体不易睹见的空白。说明最早的隶书确是由大篆简化而来，它反映了人们要求文字方便简捷的历史趋势。

第三，从阜阳汉简的书写方式看，其书法已几乎接近或完成了汉字隶变的重要过程，并树立了一种承上启下、破旧立新的异样风格——过渡体貌。由此，它为汉隶趋向成熟规范，如成帝时《武威礼简》《定县汉简》那样脱尽篆意、工整精到的书体的出现，开启了向新时代迈进的书法脚步。

第四，阜阳汉简全为手书真迹，与同时代金石文字比较，未经临摹和刀治，是研究汉初文字笔法最可信的第一手资料，价值在碑石和铸器之上。

（三）瓦当书法

瓦当文字的形体，是随当面格局形式而变化的，它别具一格，在书法史上占有一定位置。西汉初年，阜阳境内出土的瓦当书体，结体宽博，茂密浑劲，是本地区早期不可多得的珍贵的汉篆遗迹。这些无名氏的书法艺术作品，是构成我国早期书法艺术宝库资料的重要组成部分。

1. 汝阴宫当

“汝阴宫当”是西汉汝阴侯国宫殿建筑中使用的有铭文瓦当，属于建筑题名类。“汝阴宫当”为圆形，面径 17 厘米，当心为一圆纽，纽外有两周弦纹，弦纹间有一小连珠纹。外区以四组双线划分为四格，布局匀称。双线靠边缘处各施一卷云纹。四格内书阳文“汝阴宫当”四字，字头向上，顺时针环读。书体为小篆，风格稚拙、简洁，笔画虽均细，但其变化自由而大方，刚柔相济，婉转曲卷，具有浓郁、质朴、典雅的艺术美。

2. 安乐富贵

“安乐富贵”瓦当，在阜阳出土的有许多种。《阜阳·亳州出土文物文字篇》载有三件，均为圆形，其中一件圆钮外有双周弦纹，内有饰植物图像四叶纹，结构整齐匀称、勾线点状，调和细密。外区有四组双线划分四格，格内“安乐富贵”四字顺时针读，每格内有两组三角，疏密得当，十分精巧美观，表现出稳定感和浓厚的装饰意趣。

3. 长乐未央

“长乐未央”瓦当，圆形，纽外有一周弦纹，外区以四组三线划分四格，格内书阳文“长乐未央”四字，逆时针读，“长”字和“未”字横书，“乐”字正书，“央”字倒书。西汉“长乐未央”瓦当，在全国出土有多种，也有写成“未央长乐”和“长生未央”的，像阜阳出土“长乐未央”瓦当文字之布局独特者是很少见的。这一吉祥语瓦当在西汉时曾普遍使用，书体大都处于篆隶之间，具有鲜明的时代性。

（四）新郪虎符

新郪虎符通长 8.8 厘米、前脚至耳尖高 3 厘米、后脚至背高 2.2 厘米，重 95 克。模铸，伏虎形，前后脚平蹲，头前伸，耳上竖，尾上卷。虎符体有错银铭文39字（其中合文一）。现为法国巴黎陈氏收藏。铭文为："甲兵之符，右才（在）王，左才（在）新郪。凡兴士被（披）甲，用兵五十人□（以）上，（必）会王符，乃敢行之。燔□（燧）事，虽母（毋）会符，行殹。"

韩自强先生考证此虎符乃西汉淮南王刘安的调兵符。据《史记·淮南衡山列传》记载：刘安谋反时，"令官奴入宫，作皇帝玺，丞相、御史、大将军、军吏、中二千石、都官、令、丞印，及旁近郡太守、都尉印，汉使节法冠。"著名的潋遒虎符正是这一时期制造的，淮南王刘安被灭时偶然漏网未被缴销的兵符，是遗留至今的淮南王刘安谋反的实证。韩先生将此虎符与新郪虎符对照，发现其形状、大小、字体、字数、行文格式以及错金纹饰都是一模一样，唯"潋遒"改为"新郪"，且与秦制虎符的风格、大小、形制均有很大差异。汉代官方文字篆隶并行，潋遒、新郪虎符文字更接近《说文解字》的小篆，王国维先生以个别文字证明新郪虎符属战国时代的秦国，考证有误。新郪，在今太和县北赵庙镇一带。

（五）文字砖

太和县出土的东汉文字砖，有"大乐未央宜王""大安乐""永寿二年卒，延熹二年葬""日利""宜金钱""张史""吉昌""宜官延""口万武""宜官"空心砖等多种。其字端庄朴拙，多彩多姿，有篆书、隶书，也有楷书、今草，系制砖工匠用手指或草棒随意而书，有自然天成之妙。拓片载《阜阳·亳州出土文物文字篇》。

（六）东汉石研（砚）铭

"石研"即"石砚"，临泉县出土。圆形有盖，研池底部刻隶书研铭："惟夫旧制，天文地理。人德所尊，与神通纪。□□□□，□□□□。示有表里，日月旋照。主次星斗，分为四时。冬寒夏暑，别有贵贱。君臣父子，须文乃传。故作此研和黑所陈。服者万年，不重云云。"

（七）针刻篆书漆器栻盘

1977年7月出土于阜阳西汉汝阴侯墓，共有三件，据考证，均系水胎髹黑漆器，上下两盘都有针刻篆书涂朱文字，而内容各异。三件器物名称分别为“太乙九宫栻盘”“六壬栻盘”“二十八宿圆盘”。太乙九宫盘的小圆盘过圆心划分四条等分线，刻有一对九、二对八、三对七、四对六，绕圆心刻吏、招、摇、也。方盘画有方框线，内外按四面八方刻字，有立春、立夏、立冬、立秋和当者病、当者喜、当者死等字。其背面刻有冬至、夏至等。

六壬栻盘的圆盘中间刻北斗七星星座。周边外层刻二十八宿，里层刻十二月次。方盘外层刻二十八宿，中层刻十二地支，内层刻十天干。

二十八宿圆盘下面底盘边缘刻有二十八宿和距度，上盘刻北斗星图像，下盘二十八宿的顺序和距度是：角十、亢十一、氐十（?）、房七、心十一、尾九、箕十、斗二十二、牵牛九、婺女十、虚十四、危六、营室二十、东壁十五、奎十四、娄十五、胃十一、昴十五、毕十五、觜六、参九、东井二十六、舆鬼五、柳十八、七星十二、张（?）、翼（?）、轸（?）。因为这个盘子的周边腐烂，有几个星宿的度数被烂掉，字迹不清。其针刻篆文线条刚柔相济，笔势婉约流利，具有很高的艺术性，现藏阜阳博物馆。

二、绘画与雕塑

（一）绘画

1. 画像砖

阜阳境内出土的画像砖，多是模印出图案的空心砖形制，此类空心砖主要用于砌筑墓室。画像砖主要分布于太和、临泉、阜阳三区境内，砖上模制的图案题材主要有乐舞百戏、宴饮、田猎、出游、劳动场面及龙、虎、朱雀、凤鸟、玄武、树纹、云纹、几何纹等，反映的多是汉代社会流行的祥瑞、长寿、神仙信仰、升仙活动等内容，画面布局粗犷疏朗，具有一定历史、艺术价值。

2. 漆器彩绘与锥画

漆画是秦汉时期工艺装饰画的一种主要形式。阜阳双古堆西汉汝阴侯墓出土的漆棺、漆盂、漆奁、漆耳环、酒樽、壶、卮、唾器、玉柄漆匕、圆布奁、脯奁、漆木笥等漆器上，大多饰有精美图案。这批漆器的装饰方法主要有彩绘、锥画或两者结合等方式。在色彩处理上，基本上是在黑漆底上用明暗不同色漆描绘几何纹图案，有卷云纹、波浪纹、草叶花卉纹等。其中一件鸠形仪杖，刻鸠鸟和羽状纹，填黑、红、黄色漆。其漆绘、油彩绘和针刻艺术成就极高。以下举几例叙述：

（1）彩绘漆器

① 银扣彩绘漆盘

银扣彩绘漆盘，西汉汝阴侯墓出土。髹黑漆，圆形，直径 31.8 厘米，高 1.4 厘米。盘心用红彩绘山形流云纹、山峦纹，外区绘蔓草流水纹，九只水鸟与水兽，或飞翔，或潜泳在水中，画面生动自然。盘的内外圈采用锥刻技法绘出几何纹图案。围绕彩绘主体花纹，加之银扣盘口，使漆盘华丽无比。

② 彩绘漆食盘

彩绘漆食盘，西汉汝阴侯墓出土。圆形，直径 29.2 厘米，高 6.4 厘米。髹土黄色漆，盘心和底壁用灰色颜料绘云气纹，再以红色线条勾画云气轮廓。云气用晕染法分出浓淡，尽显舒卷流畅、生动华美、神秘变幻的艺术美感。

③ 漆器木笥

漆器木笥，西汉汝阴侯墓出土。长方形盝顶，盖长 76 厘米，宽 49 厘米，盒长 73.5 厘米，宽 46 厘米。髹黑漆或赤黑色漆，笥内髹红漆。盖顶以红彩绘变形云纹，笥以朱漆点、捺，再在红漆线条内平涂土黄色，使流云分出层次，动感十足。盖的四边绘长条纹，盖侧与盒侧绘红彩变形凤纹。这件漆木笥造型庄重大气，彩绘高古典雅，富丽华贵，构图繁缛细腻，精妙严谨，实系难得的千古传世艺术珍品。

（2）锥画漆器

锥画漆器兴起于战国时期，繁盛于西汉之际，是一种漆工使用细锥或针的长锋、在漆器内外的表层刻画各种纹饰的特殊作画技法。漆工在漆皮上挥动锥锋，如后世在纸张上挥毫一样从容自如。漆器锥画多以复杂多变的几何纹作纹饰，围绕拱卫着中心主体图案。主题纹饰多以云气、流水纹饰为主，云中有飞鸟，水中有游鱼，山间有奔兽，极富生活气息。阜阳西汉汝阴侯墓出土的漆器锥画，线条灵动流畅，走针细若游丝，绝无顿笔、败笔，显示了极高的艺术功力。线条间点缀光鲜醒目的红漆或金粉、银粉，使漆器更加华丽。这种填金技法，为后世的描金漆器形成发展开启了先河，以下选择几例介绍：

① 银扣漆尊

银扣漆尊，圆筒形，高 10.5 厘米，口径 8.8 厘米，银扣三足，平底，一侧有双环扳手，外髹黑漆，内髹红漆。樽口部及底部刻折叠菱形纹和斜方格纹为边饰，器身锥画水波纹，浪涛汹涌，水涡翻滚。水中杂草随波逐浪，飘摆不定。水中游鱼，随浪沉浮。饮酒者端持漆尊，目睹画面触景生情，令人思绪进入亦真亦幻的仙境。

② 银扣盒盖

银扣盒盖，圆形，顶盖以几何纹为边饰，中心部位锥画鸟兽云纹，云下有展翅欲飞的长尾鸟和回首奔驰的梅花鹿，盖内和外壁均刻满流云纹与几何纹，线条勾画、转折有力，细若发丝，走针如行云流水，动物形象刻画生动逼真，既浪漫又写实，是一件华贵完美的艺术品。

西汉汝阴侯墓出土漆器达 130 多件，其中有彩绘、锥画漆器或两者技法结合的漆器近百件。这些漆器上，有一部分还刻有漆工、监造者和“汝阴府库”的名称，确证它们就是产自今阜阳境内的汝阴侯国。这批精美华贵、巧夺天工的珍稀工艺品，代表了汉代阜阳先进漆器制造装饰工艺的艺术水平。

（二）雕塑

1. *石雕*

东汉石雕天禄。1985 年 2 月 5 日，临泉县艾亭镇腰庄乡（现属于陶老乡）农民在修路时，挖出一件石雕，现珍藏于临泉县博物馆。据考证，此石雕系东汉天禄，被鉴定为国家一级文物。

石雕质地为青石，系整块雕琢而成，四足及尾五连在一长方形石质底板上，通高 117 厘米，长 182 厘米。其状若虎、头类狮，头顶独角，类龙犄状，若驰骏之鬃，力垂而下。石雕昂首眦目，张口利牙，长尾垂地，若嘶啸状。四足遒劲，前张后积，左足在前，足踩小兽，双翼上扬，似腾跃状。器物线条流畅，纹理清晰，极具神威。

石刻显示了作者丰富的艺术想象力和简洁明快的艺术手法。雕刻家着力刻画头部和矫健的身躯，加之撑地的圆形长尾，五个支点，使石雕与衬底的扁平石板浑然一体，显得更加庄重有力，形象虚构而细节逼真，给人以似曾相识的感觉；富有生命力，具有概括、洗练的特点。羽翼为浮雕加阴线雕刻，雕塑的整体感颇强。

天禄，传说中的神兽。据《后汉书·灵帝纪》中平三年："复修玉堂殿，铸……天禄、虾蟆。"天禄注："天禄，兽也。……邓州南阳县北有宗资碑，旁有两石兽，镌其髆，一曰天禄，一曰辟邪。"又，孟康注："一角者或为天禄，两角者或为辟邪。"《古玉图谱》却说："双角曰天禄，无角曰辟邪。"汉代把天禄看作瑞兽。天禄、辟邪被人们称为"神兽"而歌颂，"天禄"又符合中国古代人民意识中"天禄除邪""福禄天授"的思想，"辟邪"也正符合"驱走邪秽""祓除不祥"的心愿。《风俗通义》说："网象畏虎"，汉镜铭注："距虚辟邪除群凶。"它所能辟除的不单是网象了，故其造型比虎狮更为雄肆。

2. 陶塑

秦汉时期阜阳陶塑的主要成就表现在陶俑上，出土的陶俑大致可分为奴婢、伎乐俑和动物俑两种类型。

1957 年 2 月至 3 月，在阜阳城东玉皇庙和饲养场清理发掘两座东汉古墓中，有陶乐俑、陶鸽、陶鸡、陶案、陶耳环、陶井、陶屋、陶灯等。1974 年，从界首徐寨乡征集到东汉陶狗一件，3 条腿残断，脊梁处有裂缝。

1986 年 3 月，出土于颍上县六十里铺东北隅的陶俑，系西汉陪葬冥器。同墓共出土 10 件，2 件站俑，8 件跪式俑。两件站俑基本相同，梳短发，穿长衫，长领垂胸，袖手而立，细腰身，下部为喇叭形，正面前进式，高 41 厘米。八件跪俑分两式：一式四件，高 27 厘米，梳短发，着长衫，衣领较短，头顶有一圆洞，可能是插装饰品的；二式四件，高 25 厘米，头梳双髻，衣着与前式相同。俑出土于西汉土坑墓，墓长 3.4 米，宽

2.3 米，深 1.2 米，同墓还出土有陶鼎、陶钫等。此墓出土的所有陶器都画有红色线条的纹饰。陶俑的领口、袖口绘有红白相间的条纹。该陶俑现藏颍上县文物管理所。

3. 玉雕

近几十年来，阜阳地区汉墓中出土了一批玉器随葬品，其中不乏造型生动传神、纹饰流畅华美的精品佳作。这些玉器出土物中，以“游丝工”和“汉八刀”两类雕琢工艺最具有特色，代表了阜阳汉代玉器高超的工艺制作水平。

（1）“游丝工”雕琢工艺

汉玉“游丝工”，亦称作“游丝刻”“牛毛雕”“游丝毛雕”或“游丝白描”等，是指玉工以一类细若游丝的阴刻线表现玉器纹饰形构特征的治玉技法。

阜阳博物馆收藏的一件西汉玉人佩，通高 5.8 厘米，宽 3.3 厘米，中部厚 1.1 厘米，边厚 0.15 厘米。玉呈青白色，通体浅褐色沁，正中有一上下贯通穿孔，孔径 0.13 厘米。玉人脸扁圆形，悬瞻鼻，杏仁眼，八字胡，缄口静穆。头着三梁通天冠。汉代通天冠多前倾，玉人限于扁圆雕刻，无法制作前倾的通天冠，便采取冠梁倒于一边的处理方法示其高大。冠额前装有金博山，谓之金颜。冠下露发，颌下系冠缨，十分规整。身着广袖菱纹博袍，腰束宽带，双手袖于内衣筒，交领右衽。领、袖及裾衽皆加缘，缘上饰刺雷纹和勾云纹。背后曲裾向右斜掩，下着绣花裤，足有履。前身腰带正中系一长带，下垂玉璧。颌下左右出一饰物，有人认为是一横木，名枚。《周礼・秋官・衔枚氏》谓衔枚氏掌司嚣，释曰：以衔枚不得语，是止灌嚣之官。郑注：“枚状如箸，衔之，有繣结项中。”疏：“繣即两头系也。”孙诒让《正义》将此引申为：“衔枚于口，组系两头，分钮于项，有违戾结碍之意。”作为佩玉形状，似为戒己，明哲保身，洁身自好。玉人佩的雕琢、轮廓都用粗线条，其他如佩戴、袍上纹饰则用微细纹处理。胸前佩玉、头上发丝，不加细视，难以看清，然细审之后，这细如游丝的线条，弯曲有度，若断若续，却又十分清晰。西汉后期出现的这种使用密排短阴刻细线雕琢动物肘部、卷云纹云头、鹰的羽梢及人的服饰等部位的表现技法称作“游丝毛雕”。这种线条雕刻刚劲有力，弥补了平面雕所表现的图案立体感不足的弱点，凡汉代精细器物上大都刻有这种细若毫发的阴线纹。

迄今为止，尚未发现汉代文献中有关“游丝工”的记载，目前所知对汉代“游丝工”的描述，最早见于明代高濂《遵生八笺》卷十四《燕闲清赏笺·论古玉器》：“汉人琢磨，妙在双钩，碾法婉转流动，细入秋毫，更无疏密不均，交接断续，俨若游丝白描，毫无滞迹。”高氏观摩精细、所述入微、尽得其妙，应系把玩过实物后的经验之谈。近世藏家提及“游丝工”，多以高说为“母本”，比附实物作人云亦云观，而少见勘验汉玉实物标本对上说作全面检讨者。

汉代“游丝工”阴刻线组图精巧细腻、流畅华美、生动多变，它的出现与流行，丰富、细化了汉玉形构、图式的层次与内涵，弥补了玉作平面雕或圆雕图案呆板单调、细节模糊省隐、立体感不足的弱点，将传统的阴线刻技法推向了精工细作、出神入化的极致，成为汉玉最高工艺成就的代表之作。汉玉“游丝工”阴线常用于刻画、装饰器物形构、图式的以下部位：禽兽头部五官轮廓线、肢体屈曲部及须毛、羽翼等；人物的发式、服饰、佩件等；流云纹、卷云纹、变体兽面纹、变体几何纹等；束丝纹、花枝纹、网纹、短平行斜线纹等细微纹饰的刻画。

西汉早中期玉作中“游丝工”的形态及刻画风格，直接从战国中晚期沿袭而来，两者从器形、组图、雕琢技法看区别不大，这一时期流行的双身兽面纹玉璧、双首合体龙形璜及其玉作中的束丝纹、细密短平行斜线纹、细网纹等，皆可直接从战国中晚期玉器中找到出处，尤其是玉作中的束丝纹、网格纹、卷云纹等，可看出承袭战国楚玉的典型特征。西汉中期玉作图案中的“游丝工”，始有趋于简约疏朗之风。西汉晚期至东汉之际，汉玉“游丝工”阴线有了明显变化，线条较前期玉作更为浅细、流畅、华美、精致，凸显出更为浓郁的艺术装饰风格。有些玉作精品中的“游丝工”，阴线刻画得极为细浅，肉眼观之时隐时现、若有若无，几乎无以窥其全貌，从微痕处观察却又条分缕析、流畅自如、精整考究，绝少有深浅粗细不均、崩裂、断线、起毛之处的败笔，表明此期“游丝工”技法的发展日臻成熟完善。

（2）“汉八刀”工艺

与精细繁缛的“游丝工”技法不同，阜阳出土玉器中还流行另一类雕琢粗犷简约的“汉八刀”技法。

阜阳市博物馆收藏有一件玉蝉，1963 年在阜阳县南郊汉墓出土。玉蝉为青玉质，温润晶莹，局部有沁色，体宽平，头部双目外突，嘴角分明，弧线形蝉翼覆盖着蝉身，尾和双翅呈三角形，锋尖锐。长 6.29 厘米、宽 3 厘米。

这件玉蝉雕琢简约，但刀法矫健粗犷，坚挺有力，棱锋毕现，艺术风格一改战国时期玉蝉的纤巧繁细、雄浑豪放，体现出当时精湛的玉器雕琢工艺技术，藏家多将此类技法俗称为“汉八刀”。

“汉八刀”是斜碾工艺的一种。斜碾工艺在西周时期已非常流行，其流程应是将砣具偏倾角度，利用其侧刃带动潮湿的解玉砂碾制，使线痕呈现出一面深、一面浅的斜坡状。因此又称之为“一面坡”技法。由于“一面坡”阴线沟槽的底部、斜坡以及器表所在平面对光线的反射情况不同，使其各自呈现的光亮程度各异，从而凸显了较强的层次感与立体感，故被历代沿用。战国时期，“一面坡”阴线主要作为夔龙纹、凤鸟纹的加强线出现在大型分区玉璧之上，至汉代逐渐形成成熟的“汉八刀”技法，其雕琢痕迹多为深峻的弧形大坡面。因之在下砣之际重入而轻出，故每道线纹中间粗重，端部尖浅锋利，尽显力度。此外玉匠在初砣之后常加以精细打磨，所以线条截面砣痕尽化，光洁锃亮，细观之则呈略有平行划痕的细磨砂状态。

“汉八刀”技法主要用于玉蝉、玉翁仲和玉猪的制作上，其中以玉蝉琢磨加工最具有特色，此类玉蝉的蝉翼紧迫，双目外凸，腹部伸缩，刀起刀落干净利落，棱锋毕现，线条挺拔。阜阳地区出土的具有“汉八刀”风格的玉蝉，除上文介绍者外，阜阳城南三里岗汉墓、贾庄汉墓、颍西镇七渔河汉墓等墓葬中均有出土。

4. 青铜錾刻与金银错

（1）铜器錾刻

汉代錾刻纹饰构图工艺与春秋战国时期的同类艺术不尽相同，主要表现为纹饰图案庄严肃穆的抽象神秘感渐趋消逝，作品的内容题材寓想象与写实为一体，艺术风格向着世俗化、民间化的方向发展。阜阳地区保存一批汉代錾刻铜器出土物与传世器，选介如下：

① 化妆盒

化妆盒，直筒型，直径 3.5 厘米，通高 10.5 厘米；子母口，盖与器身一侧各有一个带孔的扁圆纽，原有链条已失。圆盖上面錾刻两走兽，前后奔跑相逐。器身上下对称錾刻重叠菱形纹和锯齿纹，中间錾刻两座山峦，每山有五座山峰，山体流云缭绕。山上有两神兽疾驰，山下两兽悠然闲步慢走。经对筒内残留成分检测，可知小筒是盛蜂蜜擦脸所用的化妆盒。阜阳博物馆藏。

② 铜扁壶

铜扁壶，直颈，口微外侈，子母盒盖，溜扁圆腹，长方形圈足，盖顶与壶肩双侧，均有半环形纽，原有相连的提链已失。通高 12 厘米，錾刻花纹布满全身，盖顶部錾刻翼龙与虎相追逐。壶的上口与长方形足錾刻锯齿纹，壶颈一周錾刻翼龙二条，一前一后，后足有菱形纹一块，龙前还有雄鹰一只，一鹰向前啄龙腿，一鹰回首视龙尾。壶的腹部錾刻重叠菱形纹与锯齿纹，为上下边框，框内錾刻半圆形花树 14 株，两面共 28 株。壶的侧面上下分作五区，中间錾刻网状纹，上下錾刻锯齿纹，铜扁壶内有残留物。阜阳博物馆藏。

③ 铜酒尊

铜酒尊，平口，直壁，平底。口径 18.5 厘米，高 13.2 厘米。尊壁左右侧各有一个辅首衔环，外壁中间有一环形箍，将尊体分为上、下两部分，并以斜方格纹和锯齿纹作边栏，将上下两层錾刻成禽兽纹带。禽兽纹带中可辨形体特征的有龙、凤、熊、鹿、人面兽等，这些神禽异兽或向背而走，或前后追逐。动物外轮廓线条粗犷，身体部位毛发纹理清晰，走兽之间的空隙部位，无不精雕细刻，花纹繁缛工整、纯熟，令人叹为观止。下部有三个羊形扁足作支撑。私人收藏。

（2）金银错

汉代金银错工艺直接从战国晚期同类工艺技法承袭演变而来，西汉汝阴侯墓中出土有此类器物，制作精美考究，如错金银铜距末和车马饰件等。距末是用来拴弓弦的弓弭，汝阴侯墓出土的此类器物共有三副，全用金银片和金银丝错成，图案都以“山”字形为主体，但附属的图案有变化，云头形纹饰中配以卷云涡纹，使两副距末装饰区别明显。另一副全部使用金银丝制作成“山”字形图案，别具一格，华丽无比，确是西汉金银错中的珍稀品。另一类车马饰，器表贴有金片，金片上琢有排列整齐规整的小圆孔，或者依照灯泡上的圆形，刻成鱼形，三个一组拼成太极图，十分精美。

5. 陶器

秦汉建筑的设计建造技术在我国古代建筑史上具有重要地位。汉代社会生产力的发展、经济文化的繁荣促进了建筑技术的进步，突出表现在木架构建筑趋于成熟、砖石建筑和拱券顶结构有了长足发展。从已经出土的画像砖、画像石、明器陶房陶楼资料看，叠梁式、穿斗式木构架结构的建筑已经形成。阜阳西汉汝阴侯国的城市建设、宫殿区建设的建筑群及其构筑物形态虽已不存，但从文献所记及目前发现的瓦当、板瓦、筒瓦、砖构建遗物看，可推知当时阜阳境内已经出现了十分发达的建造高大复杂建筑物及城市设施的技术。

阜阳地区迄今尚未发现保存完整的秦汉时期的地面建筑，但近几十年清理发掘的一批汉墓中，出土有陶厕、陶仓房、陶仓楼、陶酒肆等多件完整的建筑明器。由于汉代流行“视死如生”的丧葬观，人们按照现实生活中的生活场景设定、布置死者墓葬所在的地下阴间世界，所以这些墓葬中出土的建筑明器，基本上再现了汉代世俗世界的建筑风格特征，成为后世人们间接了解汉代建筑结构特征的第一手实物材料。以下列举阜阳汉墓中出土的几件陶质建筑器物，其中东汉彩陶戏楼、彩绘陶仓楼巍峨高大，造型复杂，设计美观，代表了同时代高度发达的建筑建造技术水平。

（1）陶质仓房

① 西汉灰陶仓房

西汉灰陶仓房，灰陶质，由四阿式仓顶和扁平长方体形的仓体套合而成。房顶有长条状凸脊，四面坡均以成组的平行阴刻线和短弧线刻画出瓦垄。每面坡的坡沿处，用圆形模具压印出一排规则的瓦当纹。仓体中空，四壁密封严实，表面有简约阴刻线勾勒的图案。墙壁正面的下方，用阴刻线刻画出双扇对开的大门形状，门顶横贯长条形宽大的方木门楣。门楣的上方，用阴刻线横向刻画三组连续菱形纹装饰，菱形纹组图的外侧，有阴刻线方框边阑。正面墙壁近缘处，也有阴线刻方框边阑装饰，其中左、右边为平行双阴线，上、下边单阴线勾勒。仓体背面的阴线刻图案，由上部的连续菱形纹区和下部的两组树纹区组成，中间以一道阴线刻隔开，整幅图案的缘部，仍刻画有方框边阑，其中左右侧为平行双阴线、上下缘为单阴线。仓体左、右两个侧面构图雷同，刻画纹饰较正，背面构图更为简约，省去了后者图案上方的连续菱形纹，均仅以一组树纹作主题图案，周围近缘处刻画双线方框边阑。仓体的下方，有四个八菱柱形的矮足，每足由顶部至末端渐收窄。

这件灰陶仓房，1975 年 4 月 1 日出土于涡阳县石弓嵇山崖墓 M1 中，通高 31.0 厘米、仓体截面长 24.0 厘米、宽 13.8 厘米。器物出土时略残损，已修复，现藏于阜阳市博物馆。涡阳稽山崖墓 M1 是在坚硬岩石山体中开凿的竖穴墓，据该墓出土器物的年代推断，墓主下葬的年代不晚于西汉中期，约略在武帝以前。因此这件灰陶仓房的年代，可大致推定在西汉中期以前。

西汉早中期墓葬中出现的此类陶仓房不多见，与西汉晚期或东汉时期的形制复杂、立体感强、多使用镂空技法挖出门、窗、通气孔结构的同类器物比较，这件灰陶仓房形制制作虽规整，但四壁密封，没有开出真正意义上的门窗结构，而仅以简约的阴刻线象征性地刻画出大门的轮廓。房顶四面坡上的瓦垄，也没有凸起的立体形状，而是以寥寥几组阴刻线勾勒出平面轮廓。仓顶、仓体四壁的纹饰组图，简约、单调、稚拙而呈几何版式化，缺少后世同类器图案流畅自然、形象生动的特征，如树的形状，仅以几条线勾出硕大的三角形树冠，树干及根部省隐不显等。凡此种种，均表现出汉代早期陶仓房的铸制，具有原始、简单、粗犷、拙朴的特征。

② 东汉红陶仓房

东汉红陶仓房，1971 年 1 月 15 日出土于阜阳颍南七里铺大古堆汉墓，通高 24. 2 厘米，顶盖长 30 厘米、宽 20 厘米、高 6 厘米，仓体长 24. 8 厘米、宽 13. 5 厘米、高 18 厘米。器物出土时顶部断裂两块，下部仓体有开裂痕，已修复。现收藏于阜阳市博物馆。

颍南七里铺大古堆经发掘证实是一座大型砖石墓，从墓葬形制、出土器物特征判断年代属东汉早中期。仓房红胎褐釉，由上部四阿顶仓盖和下部长方体状的仓身套合而成。仓盖顶面瓦垄清晰，坡度平缓。仓体中空，仓内由四面隔墙将内空间隔离成独立的五个小仓间。仓体正面墙的中部，并排开有五个大小相同的长方形仓门。仓门上下各外伸有棱状檐，相邻两个仓门之间的隔墙中部，饰有一外伸的兽首吻，吻中部有圆穿。仓门上檐与仓顶下檐之间的墙面上，用阴刻线刻画出连续交错的五组菱形纹图案装饰，两组菱形纹之间，均以一条竖直阴刻线隔离。仓门的下方墙面，用阴刻线刻画出规则的方格纹，右侧部分还留有未刻画成型的平行线痕。仓体的左右两侧面光素无纹，背面则用几组阴刻线刻画出方格纹，构图简约而潦草。仓体的下部有四矮足。

③ 东汉灰陶仓房

东汉灰陶仓房，1966 年 2 月 13 日出土于涡阳县西阳集一号汉墓，现收藏于阜阳市博物馆。陶仓顶盖长 66. 5 厘米、宽 24. 7 厘米、高 9. 3 厘米，仓房长 61. 0 厘米、宽 19 厘米、高 37. 0 厘米，仓房通高 46. 0 厘米。西阳集一号汉墓是一座有高大封土的大型砖石墓，据墓葬形制、出土器物特征推断，该墓下葬的年代在东汉中晚期。

仓房为灰陶质，由上部四阿式顶盖和下部的扁平长方体仓身组成。盖顶部凸起长条形屋脊，两端微上翘。四面坡四角起脊，每坡面瓦垄形制规整，其中正面坡的中部，平行对开两个大小、形构雷同的通气天窗，每个天窗设有三根支柱撑起上部的窗盖板。这样既保障了仓房内储空间的空气流通、有利于室内通风和散热，又确保了雨季时雨水不会从仓房顶部向下倒灌室内，结构设计巧妙而科学。仓体中空，内设置四道隔墙，将室内空间分成五个相互独立的小房间。每个小房间正面墙壁的上部，均开挖出一方形通气窗，并用一块可以随时拆卸的活动方形盖板封堵窗口。通气窗左、右两侧，设置一对平行外凸的圆穿座，用活动盖板封堵窗口后，再用一根插杆穿入通气窗左右侧的圆穿内，便将盖板稳稳地固定住。正面墙壁的近底部，则开有一个长方形或正方形的小门，可供人与仓储货物进出仓室。如此，仓体的正面墙壁上，便有了上、下两排基本平行的镂空门窗。仓体的背面墙及两个侧面墙，均封闭严实，不设置镂空门窗或其他通风道口。

此灰陶仓的结构设计精巧，由于每间仓房的顶部、中部、底部均设置可以随时封堵或开放的通风透光道口，便具有了灵活可控的保温、通风、透光、散热功能。人们可以根据不同季节的温度、湿度变化和仓储粮食、货物的实际需要，对位于不同位置的几处门窗通道口进行封闭或开放的调整，以适度调节仓房内空间的空气流通、温度、湿度等。此类合理科学的结构设计，与近代仓储建筑中常见的恒温恒湿仓房结构有许多共通之处，可见生活在阜阳地区的汉代人在日常生产、生活中，通过长期的实践摸索，已经掌握了较为成熟的仓储技术。

④ 东汉红陶厨房

东汉红陶厨房，整器通高 28.5 厘米、长 28 厘米、宽 18.5 厘米，顶盖长 33 厘米、宽 20 厘米，房内水井口径 8.5 厘米、深 5.8 厘米，灶长与厨房宽等同，灶宽 10.5 厘米、高 5.5 厘米，灶台面大火口口径 6 厘米、小火口口径 3.5 厘米，墙体正面门洞高 7 厘米、宽 3.5 厘米，左侧门洞高 6.8 厘米、宽 6 厘米。该墓出土的陶器特色鲜明、器类丰富，上述形制的红陶质厨房，在目前所见汉墓出土材料中不多见，而巧妙利用室内空间设置灶台，将井、灶台设置在一间厨房内的现象更为罕见。

该器为红陶质，整器由顶盖和房体两部分套合而成。顶盖四阿式，饰褐色釉，盖顶有长条状屋脊，四面坡瓦垄突起，转角处有突脊。房体的三面墙镂空并开有门、窗，背面则为实体墙。正面墙的上部分，为左侧大、右侧小的两个并列长方形镂空窗，窗内有交叠弧线构成的装饰图案。墙体的下部分，左侧开设一个长方形的小门可供出入，门的两侧各有一根方柱，右侧则直接在墙体上开设一个灶台口，灶台下部有一个半椭圆形的火膛口，灶台上部开有一个长方形窗。人在墙外既可以从火口向火膛内填塞可燃物，又可以观察到灶台面上的炊具、食物等，构思设计十分精巧。房体右侧的墙面，下部可见灶台台面，灶台以上部分的墙体则被剔除、开挖成一处宽大敞亮的窗口，人站在灶台前进行厨房内的各种操作，十分方便。这件厨房出土时，灶台台面的两个圆形火眼上，还摆放有一组甑釜、一件釜、一件碗共四件炊具，极为生动逼真地还原了当时厨房炊事活动的场景。房体右侧的墙面，上部开设有一镂空窗，下部为一门，门两侧各有一根立柱，由门进入室内，可见室内设置有一口水井。这件陶厨房及其器物组合，对研究汉代社会生活习俗，尤其是皖北地区民风民俗等，具有重要的参考价值。

红陶厨房 1971 年 1 月 15 日出土于阜阳颍南七里铺大谷堆东汉墓，现收藏于阜阳市博物馆。

⑤ 东汉彩绘陶仓楼

东汉彩绘陶仓楼，仓楼底部基座长 58 厘米、宽 44 厘米，楼体底部长 43 厘米、宽 32 厘米，通高 112 厘米。1966 年 2 月 13 日出土于涡阳县西阳集一号汉墓。

该器为灰陶质，局部有彩绘。整器由上部楼体与下部高大的基座组合而成。底部基座长方形，四壁高而陡直，顶部为一宽阔的平台，平台外侧砌筑一周围栏，每段围栏均镂雕有成组的长方形宽大镂孔，楼体坐落于平台围栏内的中央。基座前方正中部还设置有一个斜放的楼梯，由楼梯拾级而上，可以到达基座顶部的宽大平台。

楼体高大挺拔，采用分层制作后再叠垒组合的方式成型。建筑结构自上而下分为三层，每层墙体的四个转角处，各设置有一根硕大的圆柱支撑着顶部腰檐的四角。整座楼体的大小，由下而上渐收窄。楼顶部为“单檐四阿式”结构，四角及顶部起脊，脊首上各有树叶形装饰。

第一层上部为四阿式腰檐，檐上瓦垄清晰可辨，腰檐的四条垂脊上分别装饰着一片树叶。楼体三面有墙，正面不设墙，而是堆砌了一道长方形的镂空栏板。栏板的中间立有一根粗大的柱子，用来支撑上部的斗拱、承托顶部横枋和腰檐。栏板墙的左右两侧，各留一门作为通道，供人们进出楼室内使用。第一层屋顶的中间，开设有一个硕大的方孔天窗，窗下放置了一组“人”字形的斜梯，沿着这组斜梯拾阶而上，可以进入第二层楼阁。

第二层左、右两面墙体的中上部，分别设置一个方形的瞭望窗。前、后两面墙的中部，各设置一扇镂空成菱形孔的活页窗，每扇窗子下面，都有一个斗拱支撑的支架。窗子的上方，配置一瞭望警戒的武士，双手上举抓住腰檐下的横枋，一脚踩踏活页窗顶部，一脚向后蹬住墙面，作躯体前倾昂首向远方眺望警戒状，整个人体看似惊险地“悬吊”在空中，却又能借助腰檐、活页窗、墙体的支撑、贴靠而稳稳地固定在檐下的墙壁上，尽显武士灵活敏捷的飞檐走壁功力，人物形态生动传神。武士形体、镂空窗、斗拱均饰有红色彩绘。

第三层建筑结构与第二层基本雷同，两者区别在于，本层楼体左、右两侧不开设方形瞭望窗，前、后镂空活页窗的上方没有警戒武士。

这件带基座的三层彩绘陶楼，因其空间结构具备碉堡式的独特防御功能，墙壁外侧又有瞭望远处的警戒武士俑，过去曾被称为“碉楼”或“望楼”，并认为是东汉中晚期地主“庄园政治”“庄园经济”社会背景下的产物。然细审陶楼的建筑结构特征，可发现它与东汉中晚期流行的陶望楼特征明显不同：

一是东汉中晚期流行的陶望楼，除楼层多为三层以上外，最突出的建筑结构特征是具有便于向周围远望的警戒功能。警戒者无论位居望楼的哪一层，都可以获取一个可以充分地瞭望周围情景的视野空间，此类陶楼名曰“望楼”，殆因其故。目前考古发现的陶望楼，尽管形制结构复杂多变，不同地区的出土实物结构特征有所区别，但都有一个共同的显著特征，就是陶楼每层楼阁的外侧，都设置有一周向外突出的回廊式平台（瞭望台），以方便警戒放哨者、观赏者环绕楼体四周来回移动眺望。回廊外侧围护的栏杆，或作低矮墙体状，或透雕成长条状巨大镂孔式，此亦为便于警戒者随时随地向远处瞭望所置，与望楼承载的实用功能是一致的。而涡阳西阳集汉墓出土的这件彩绘陶楼，除底层基座有护栏外，每层楼体并不设置外出的回廊式围栏，四阿式腰檐的上部均为封闭式围墙，这种空间结构，显然不便于普通瞭望、警戒者向四周观望。

二是目前已发现的东汉陶望楼，每层楼阁设置的门、窗均形体高大，多为开放式结构，其位置多处于每层楼体的下部，此亦为方便瞭望者活动和警戒放哨所置。涡阳西阳集汉墓出土的上述彩绘陶楼，每层楼体上的窗口均开设在上部近腰檐处，此类距离室内地平面较高的窗口，只有借助梯子拾阶而上才能到达适合人们向外观望的位置，这种结构显然与望楼的“瞭望窗”功能是不相符的。另一类有斗拱支撑的密布网格镂空的活页窗，虽装饰功能较强，亦不具备“瞭望窗”的实际功能。

三是汉墓出土的陶望楼，楼体的大门旁、每层回廊平台上多配置有执弓弩或持举其他兵器的武士俑、瞭望俑等，这是对望楼实用功能的形象再现。西阳集汉墓出土的彩绘陶楼，既没有同时代望楼中常见的瞭望台形构，亦未见上述武士俑伴出，整座望楼作封闭式结构，楼阁的内部空间被四面墙体包裹，只有一楼设置的天窗楼梯可以上下通达。

四是汉墓所见的陶望楼，多制作结构复杂、精整考究。有的望楼不仅层数较多，而且屋脊、四阿顶、腰檐、墙壁、回廊、门窗等局部结构装饰繁缛细腻，尤其是檐下或柱上斗拱的结构精巧别致，体现了汉代建筑高超的工艺成就，这是因为东汉中晚期流行的望楼不仅具有防卫、警戒的实用功能，还是封建豪强地主登楼观望、游戏消遣的高档娱乐楼居场所，所以封建庄园地主总是不惜财力、极尽能工巧匠的所有技能，将它建构得巍峨壮观、尊贵豪华。西阳集汉墓出土的彩绘陶楼，结构布局严谨、厚重而铸制工艺简约、粗糙，显然不具备上述陶望楼的风格特征。

从以上分析可以判断，涡阳西阳集汉墓出土的这件彩绘陶楼不会是当时的望楼。从其每层楼体开窗位置偏高、缺少适宜战争期间使用的进攻和防守通道及射击孔、瞭望孔的结构看，这座彩绘陶楼也不会是东汉中晚期流行的碉楼。从彩绘楼封闭、安全又通风、透光的建筑结构特征推测，它应是当时封建地主庄园内用于保存粮食和其他财物的仓储楼。东汉中晚期，豪强地主占有土地的数量十分惊人，农业经济是当时地主庄园经济的主体成分，所以粮食的储存与保管自然是豪强地主要考虑的头等大事，

“行有车马，食有大仓”是封建官僚贵族、豪强地主阶级追求的时尚生活，当时出现此类高等级的高大仓储楼建筑，是豪强地主庄园社会生活场景的写照。东汉墓葬中出现大量的陶仓和陶仓房陪葬品，也是上述社会背景下的产物。

⑥ 东汉绿釉陶戏楼

东汉绿釉陶戏楼，1975 年 5 月出土于涡阳县大王店焦窑一号墓，根据墓葬形制与出土器物特征，陶楼的年代属于新莽至东汉时期。从陶楼空间结构特征及人物活动场景分析，应属东汉时期的戏楼。

该器为红陶质，外施绿釉，整器高大挺拔，铸造精细繁缛，自上而下分为四层，每层可以分开。顶层作单檐庑殿式屋顶，屋脊装饰一只凤鸟。二层房檐正面两角脊各饰一只小凤鸟。其余各层房檐角脊分别装饰一只小鸠鸟。

陶楼一层正面左右置有立柱，上承一斗二升拱，柱后墙上装饰坐熊各一，柱旁设卧棂栏杆，两侧栏杆间留有出口。屋内有横长方形菱格墙，墙后设楼梯。二层为舞台，台前设卧棂栏杆，栏杆外侧中心装饰一只坐熊。台前左右各设坐熊立柱一，上承一斗二升拱。台中有墙，将舞台隔离成前台、后台两部分。墙左右设上、下场门，左边上场门有一扇可以开关的门，门正面装饰铺首衔环，右边下场门只有一门洞通后台。后台靠右壁设楼梯通三层。前台有两排伎俑正在演出。前排一俑头梳双髻，双手着地举足倒立，正作杂技“拿大顶”表演，体态矫健，稳重有力。后排为乐队，有乐俑四个，自左至右，均作窄袖长衣。左两俑头梳圆髻，双手合拢放于嘴部，正在吹奏某种乐器。左第三俑头戴平顶帽，双手持箫吹奏。以上三俑均作跪状。左第四俑坐状，为抚瑟俑，瑟置于双膝上，两手作抚琴状，面朝上，似已陶醉。三层为密闭房间，四周五门，设方形透空菱格窗。四层为望楼，四壁敞开，无门窗，中设一座建鼓。

陶楼一、二、三层外侧面及二层舞台隔墙正面饰浅浮雕人字形拱和大连环图案，后楼壁素面无纹饰。

我国戏曲历史源远流长，《史记·孔子世家》云“优倡为戏而前”，《孔子家语·相鲁》云“俳优侏儒戏于前”，《国语·晋语》中亦有“朱儒扶卢”的记述。文献记载表明，至迟在春秋战国时期戏曲已经很盛行了。一般认为，唐代以前的中国戏曲有两大渊源：一是俳优演出，一是歌舞演出。在歌舞演出方面，因常和杂技相结合，并有乐器伴奏，被后人称为“乐舞百戏”。新中国成立以来，全国各地出土汉代画像砖、画像石、壁画、陶俑、铜镜图案等材料中，有大量的表现乐舞百戏活动场景的内容，这些考古资料证明了汉代乐舞百戏的发展盛况及其所达到的高度水平。有戏曲就要有演出场所，这种演出场所随着演出规模、戏曲种类而有发展变化。这就有一个从平地到起台、从室外到室内、从小到大、从简单到复杂的发展演变过程。从古文献记载看，最早的戏曲演出场所并不固定。俳优演出是在宫廷里进行，但从《左传・襄公二十年》的“圉人为优”记载分析，这种演出场所已经发展到宫廷之外了。汉代社会乐舞宴饮之风甚盛，上至帝王将相、豪门贵族，下至中小地主、布衣百姓，多对乐舞百戏演出助兴乐此不疲，如《史记・大宛列传》《汉书・西域传》均记载汉初皇帝曾举行盛大乐舞宴饮活动，招待“四夷之客”等。

古代戏曲舞台产生于何时？传统的观点认为产生于北宋时期，如文献中称为“勾栏”“看棚”“舞亭”“舞楼”的宋代表演场所等。实则根据汉代李尤《平乐观赋》记载，东汉洛阳城西的“平乐观”就是典型的剧场。舞台是剧场建筑的基本要素之一，可以推断“平乐观”内有舞台设施，据此可以推断中国古代专用舞台与戏台至迟到东汉就已经出现。阜阳出土的上述绿釉陶戏楼模型，更是以实物材料证明中国古代舞台和戏台在东汉时期即已存在的真实性。这座陶戏楼的二层，是一面开口的镜框式戏台，它既具有前后的设置，又有上下场门，更难得的是它有一个完整的演出场面。与近现代舞台相比，除台口宽、深、高比例上还不太合理外，其他基本相同。因此，我们完全可以说远在东汉早期就有了成熟、定型的舞台了。

建筑是在实用基础上发展起来的艺术，上述绿釉陶戏楼，应是当时封建地主庄园内建筑物的模型或象征。汉代人视死如生，封建豪强地主幻想死后也能够像活着一样，天天过着乐舞宴饮、衣食无忧的享乐生活，所以此类豪华奢侈的戏楼才会出现在墓葬中。这件陶戏楼对于研究东汉时期的社会政治、庄园经济、建筑构造、戏曲艺术、舞台形成发展史等有着重要的物证价值。

第六节　文物古迹

近几十年来的文物调查与发掘表明，阜阳境内秦汉文化遗迹、遗物十分丰富，古遗址、古墓葬密集分布于全区。已经清理发掘的墓葬有阜阳的双古堆汉墓、玉皇庙汉墓、小南庄汉墓、刘家坟汉墓、东七里铺汉墓、女郎台汉墓群，太和面粉厂汉墓、界首的高相汉墓等。1977 年 7 月，西汉第二代汝阴侯夏侯灶夫妇合葬墓正式发掘，出土了大批珍贵文物，阜阳汉简及成组天文仪器的发现与研究成果，在国内外产生了广泛影响。1990 年以来，随着“汝阴宫当”铭瓦当等建筑构件在阜阳老城区文昌阁一带的出土，汉初汝阴宫殿遗址的位置也大致得以确认。多年来，阜阳境内配合基建工程抢救性清理了一大批汉代墓葬，其中较为重要的还有颍泉区的女郎台汉墓群、颍州区的七渔河东汉墓、九里沟汉墓、颍东区安居苑工地汉墓、市建材总厂汉墓群、界首市的砖集高庄汉墓、临泉县供电局家属院汉墓、太和面粉厂基建工地汉墓等。

阜阳秦汉时期的遗址与墓葬，历史上虽多被盗扰破坏，通过发掘清理仍出土了大批珍贵文物，其中较为重要的文物有秦量诏版、西汉简牍文献、西汉成组天文仪器、西汉鎏金铜底座玉杯、西汉玉人佩、新莽“刘氏去，王氏持”铭博局纹镜、新莽“新兴辟雍”铭镜、“大泉五十”铜钱范、铜灶等成组青铜生活器具、青铜兵器、“建武十六年”五铢钱范、金“五铢”钱币、“一刀平五千”钱币、东汉彩绘陶戏楼、东汉彩绘陶仓楼、东汉铅质哀铭及官私铜印、红陶厨房、歌伎俑、“永寿二年”铭墓砖等。这些珍贵文物，反映了汉代阜阳经济、文化、科技发展的新成就，再现了当时的社会生活场景。

一、重要文物点

（一）古遗址

1. 汝阴宫殿遗址

汝阴宫殿遗址位于阜阳市颍州区人民西路北侧文昌阁一带，准确面积、四至范围不详。1991 年 5 月，阜阳城区建设文昌阁一、二号楼挖地槽时，在距地表 2.5 ~ 3.7 米处清理出大量的瓦当、筒瓦、板瓦残构建及“半两”钱、“五铢”钱、铺地方砖等，其中完整的瓦当有模铸“汝阴宫当”铭文。汉初，高祖刘邦封功臣夏侯婴为汝阴侯，食邑 6900 户，前后历四代凡 86 年。据出土遗迹遗物判断，今阜阳文昌阁至鼓楼一带应为西汉汝阴宫殿遗址所在地。

2. 栗头店遗址

栗头店遗址位于阜阳市颍州区九龙镇镇政府北的九龙村栗头店庄。遗址原为一处规模较大的长方形高台地，面积约 50 万平方米，现基本夷为平地，阜阳至临泉的公路从遗址上穿过。1959 年调查时，遗址上有大量的残砖、板瓦、筒瓦、瓦当等建筑构件，另见多个古井。出土器物有蚁鼻钱、五铢钱、货布、鼻钮印、鸠杖首、陶井圈、圜底绳纹陶罐、宽折沿泥质灰陶盆口沿、青瓷残片等。根据出土遗物的年代特征判断，此处应为一处以汉代文化遗存为主的遗址，另有少量的战国、宋、明时期的文化遗存。栗头店在宋代称为“栎头镇”、明代又称作“栗头仓”。

3. 四方井遗址

四方井遗址位于阜阳市颍州区鼓楼办事处治安街阜阳市医药公司仓库院内，因其上原有四个平面呈方形分布的古井而得名。遗址准确面积、四至范围不详。1992 年 4 月，市医药公司建仓库楼挖地槽时发现文化层堆积，遗址文化层在距地表 3.5 米以下，配合基建清理面积约 900 平方米，文化堆积自上而下依次为明、宋、汉、战国，出土器物有：“宣德”“万历”款等青花瓷残片；白瓷残片、“崇宁通宝”和“大观通宝”钱币；泥质灰陶盆、碗、豆、纺轮等残器，五铢钱；方格纹泥质灰陶残器、蚁鼻钱等。遗址内还发现一土坑竖穴墓，出土器物有铜簋、铜提梁尊、铜洗、铜盂、行灯等11件。从上述遗迹遗物的年代特征判断，四方井地下叠压的应是一处文化内涵以汉文化为主的遗址，并另有少量的战国、宋、明文化遗存。

4. 场屋遗址

场屋遗址位于临泉县土坡乡杨方村场屋庄，北距润河约1公里。遗址为长方形高台地，面积33.8万平方米。该遗址2007年全国第三次文物普查时发现，与润河北岸的台阳寺遗址隔河相望。文物调查采集的标本有豆柄、豆盘、筒瓦、“元延”铭陶器残片等，遗址局部文化层厚2米以上。从采集标本的年代特征判断，此处为一汉代遗址。

5. 柿树园遗址

柿树园遗址位于临泉县杨桥镇牛井村柿树园庄，东距328省道约2公里，西邻延河。遗址为长方形台地，2007年全国第三次文物普查时发现，面积7.1万平方米，采集的标本有筒瓦、罐口沿、汉砖等。过去群众在遗址内取土，曾出土过陶罐、五铢钱等器物。根据标本年代判断，此处应为一汉代遗址。

6. 杨营遗址

杨营遗址位于临泉县长官镇桥口村杨营庄西北100米，西距临泉至艾亭的公路约2公里。遗址为不规则形高台地，2007年第三次全国文物普查时发现，面积5.8万平方米，采集的标本有筒瓦、缸口沿、罐口沿、瓮口沿等。根据采集的标本判断，此处为一汉代遗址。

7. 小果铺遗址

小果铺遗址位于临泉县牛庄乡刘楼村小果铺庄西北200米、泉河南岸河滩上。遗址呈不规则形，1984年全国第二次文物普查时发现，面积3.5万平方米。采集的标本有盆口沿、陶豆柄、豆盘等，文化层厚约1.5米。从标本年代判断为一处汉代遗址。

8. 闫腰庄遗址

闫腰庄遗址位于临泉县牛庄乡滕庄村闫腰庄西南约1公里处，西邻牛庄至定庙的新建公路，东距涎河2公里，南距定庙约2公里。2007年第三次全国文物普查时发现，遗址略呈长方形，表层高低不平，面积约36.5万平方米，有一条人工河从中间东西穿过，将遗址切割成两部分。文物调查采集的标本有汉砖、筒瓦残件，遗址内曾出土过陶鸡、铜镜、砖、瓦等，局部文化层厚2米以上。据调查，遗址东部曾建过砖窑厂，取土时挖出过一批古代墓葬，出土器物流失。从所见标本年代判断，此处应为一汉代遗址。

9. 河北遗址

河北遗址位于临泉县韦寨镇李庄村河北庄，延河北岸。遗址为不规则形高台地，2007年第三次全国文物普查时发现，面积10.7万平方米。采集的标本有陶豆柄、盆口沿、筒瓦、兔毫盏残件、残青釉碗、碗底、“皇祐通宝”钱币等，局部文化层较厚达3米。从标本年代判断为一处汉代—宋代遗址。该遗址与涎河南岸的秦营遗址隔河相望，当地群众合称“李铁集”。

10. 秦营遗址

秦营遗址位于临泉县韦寨镇李靖村秦营庄、延河南岸，南临河北村，东临秦营村，西临河西村。遗址为不规则形高台地，2007年第三次全国文物普查时发现，面积5万平方米。采集的标本有罐口沿、缸口沿、碗底、黑釉瓷坛、瓷片等，遗址北部文化层厚约0.5米、南部厚2米以上。从标本年代判断为一处汉代、宋代遗址。

11. 老黄庄遗址

老黄庄遗址位于临泉县城关镇老黄庄北100米，西距临泉至新蔡的公路约100米，北102省道约300米。遗址为方形高台地，高出地面约0.5米，一条田间小路从遗址东西穿过，2007年第三次全国文物普查时发现，面积4.5万平方米。采集的标本有筒瓦、罐口沿、罐腹片、罐底等残陶片，文化层厚约1米。从采集的标本年代判断，此处为一汉代遗址。

12. 老邵庄遗址

老邵庄遗址位于临泉县张营乡武沟村老邵庄北、泉河南岸。遗址原为一高台地，面积约1万平方米，近年泉河治理新修的大坝从遗址上穿过。第三次全国文物普查时，在泉河治理取土留下的大坑剖壁上发现很多陶片等遗物，采集到的标本有残砖、筒瓦、罐口沿等。从标本年代判断此处应为一汉代遗址。

13. 任韩湾遗址

任韩湾遗址位于界首市东城办事处徐寨村韩湾——任湾庄村南 50 米处，南邻沙河。遗址原为长方形高台地，今夷平，残存面积 3.7 万平方米。出土器物有绳纹陶片、素面陶片，铸铁炼渣、蚁鼻钱、五铢钱、铜簇、铜带钩、“长宜子孙”铜镜。遗址局部文化层厚 2 ~ 4 米，从采集的标本年代看应是一处以汉代遗存为主体的遗址，下层有战国文化遗存堆积。

14. 姜湾遗址

姜湾遗址位于界首市田营镇姜湾村东 600 米处，北临颍河，南靠沙河大堤。遗址呈不规则形，2007 年全国第三次文物普查时发现，面积约 2.9 万平方米。遗址剖面可见包含大量陶片的文化层，采集陶片标本中可辨器型者有豆、盏、瓦、壶等，纹饰有绳纹、篮纹、弦纹等。根据标本年代判断应是一处汉代遗址。

15. 孙小台子遗址

孙小台子遗址位于颍上县江店孜镇蒋郢村孙小台子庄东南侧，面积 9100 平方米。遗址为一圆形台地，从剖面看可分上、下两层：下层高约 5 米，上层高约 9 米，台地上部古代曾建有寺庙，今不存。地表散见布纹陶片、素面灰陶片、板瓦、筒瓦残件，据采集标本的年代特征推断，此处应为一汉代遗址，宋代仍有人类在此聚居活动。

16. 王庄遗址

王庄遗址位于阜南县赵集镇王寨村小王庄东北 200 米处，遗址呈南北宽、东西窄的梯形状，四周环水，面积 2127 平方米。1988 年群众在遗址内取土时，发现大量的“大泉五十”钱币陶范和钱币，据此推断为一处新莽时期的铸币作坊遗址，2003 年阜南县人民政府公布为县级重点文物保护单位。

阜阳境内发现的秦汉时期主要遗址，见表 3 - 4 所列。

表3－4　阜阳境内主要秦、汉遗址一览表

序号	名称	位置	面积（m^2）	形状	遗物	年代
1	关庙遗址	临泉县关庙镇集北100米	17.4万	不规则形高台地	砖、瓦当、筒瓦残片、罐腹片等，文化层厚度1米以上	汉代
2	后胡寨遗址	临泉县谢集乡胡小村后胡寨庄南250米	7.55万	高台地	汉瓦当、汉砖等	汉代 唐代
3	宁庄遗址	临泉县谭棚镇张新行政村宁庄自然村，紧靠泉河	8.1万	不规则高台地	子母榫的汉砖、罐口沿、筒瓦残片等	汉代
4	徐岗遗址	临泉县陶老乡徐岗村徐岗东南	2.4万	方形高台地	汉砖、筒瓦堆积。四周有壕沟	汉代
5	马庄遗址	临泉县陈集乡朱洼行政村马庄自然村西	2.8万	方形高台地	瓦、砖	汉代
6	张腰庄遗址	临泉县牛庄乡宁大村张腰庄西50米	4.3万	不规则形状，稍高于地面	汉砖、罐	汉代
7	小杜庄遗址	临泉县牛庄乡宁大村小杜庄东100米	13.1万	稍高于地面	板瓦、筒瓦、盆口沿、罐残器等，文化层厚约2米	汉代
8	宁大遗址	临泉县牛庄乡宁大村宁大庄北50米	4万	长方形高台地	汉砖、陶片	汉代
9	后集遗址	临泉县黄岭镇后集村后集庄	6.8万	方形高台地	菱形、钱形纹砖、筒瓦、缸口、沿罐腹片	汉代
10	郭庄遗址	临泉县黄岭镇秦庄村郭庄南100米	4万	长方形高台地	陶罐、陶盒、陶羊、罐口沿、筒瓦，文化层厚约0.5米	汉代
11	徐庄遗址	临泉县白庙镇大徐村徐庄西200米	4万	不规则形状高台地	陶鸡、陶狗、陶猪圈、陶罐等。汉砖，盆口沿、碗底、青瓷碗口沿等	汉代 宋代
12	老刘庄遗址	临泉县城关镇董李村老刘庄村北	15万	不规则形	房基、砖、瓦、铜镜、铜剑	汉代
13	西曹庄遗址	临泉县城关镇西曹庄村西曹庄南约500米	14万	不规则形状高台地	文化层厚达1.5米，砖、瓦、陶片	汉代

（续表）

序号	名 称	位 置	面积（m^2）	形 状	遗 物	年 代
14	场屋遗址	临泉县土坡乡杨方村场屋庄	33.8万	长方形高台地	豆柄、豆盘、筒瓦、“元延”铭陶器残片等，文化层厚度2米以上	汉代
15	小果铺遗址	临泉县牛庄乡刘楼村小果铺庄西北200米	3.5万	不规则形	盆口沿、陶豆柄、豆盘等，文化层厚约1.5米	汉代
16	柿树园遗址	临泉县杨桥镇牛井村柿树园庄	7.1万	长方形台地	筒瓦、罐口沿、汉砖等	汉代
17	杨营庄遗址	临泉县长官镇桥口村杨营庄西北100米	5.8万	不规则形高台	筒瓦、缸口沿、罐口沿、瓮口沿等	汉代
18	闫腰庄遗址	临泉县牛庄乡滕庄村闫腰庄西南约1公里处	36.5万	长方形	陶鸡、铜镜、砖、瓦，文化层厚2米以上	汉代
19	河北遗址	临泉县韦寨镇李庄村河北庄，涎河北岸	10.7万	不规则形高台地	陶豆柄、盆口沿、筒瓦、兔毫盏残件、残青釉碗、碗底、“皇祐通宝”钱币等，文化层较厚达3米	汉代 宋代
20	秦营遗址	临泉县韦寨镇李靖村秦营庄，涎河南岸	5万	不规则形高台地	罐口沿、缸口沿、碗底、黑釉瓷坛、瓷片等，遗址北部文化层厚约0.5米、南部厚2米以上	汉代 宋代
21	老黄庄遗址	临泉县城关镇老黄庄北100米	4.5万	方形高台地	筒瓦、罐口沿、罐腹片、罐底等残陶片	汉代
22	老邵庄遗址	临泉县张营乡武沟村老邵庄北、泉河南岸	1万	不规则形高台地	残砖、筒瓦、罐口沿等	汉代
23	丁古堆遗址	界首市新马集镇王楼村丁庄东北	2.13万	原为两古堆，现夷平地	绿釉陶盘、陶磨、陶马等	汉代
24	张老家庄湖遗址	界首市砖集张老家村张老家西南、皂沟东	0.92万	高台地	酱釉陶罐、涡纹、回纹、菱形纹砖、“一刀平五千”钱币	汉代

（续表）

序号	名称	位置	面积（m^2）	形状	遗物	年代
25	任韩湾遗址	界首市东城办事处徐寨村韩湾、任湾村南50米	3.72万	长方形高台地	绳纹陶片、素面陶片，铸铁炼渣、蚁鼻钱、五铢钱、铜镞、铜带钩、“长宜子孙”铜镜。文化层厚2~4米	汉遗存为主，有少量战国遗存
26	姜湾遗址	界首市田营镇姜湾村东600米处，北临颍河	2.93万	不规则形	豆、盏、瓦、壶等，纹饰有绳纹、篮纹、弦纹等	汉代
27	郭楼老墩遗址	界首市砖集镇高项村郭楼西南侧	0.39万	不规则形台地	铜灯，菱形纹、圆圈纹、乳丁纹砖	汉代
28	腰庄遗址	界首市砖集镇腰庄村腰庄南侧	0.52万	因村民取土呈长条形凹坑状	建筑基址，泥质灰陶井、筒瓦残件，红陶、灰陶器残片	汉代
29	刘老庄窑厂遗址	界首市顾集镇刘老庄村刘老庄北侧	3.48万	因窑厂取土呈长条形凹坑状	筒瓦、空心砖、冶炼废铁渣、石磨、“货泉”钱币、陶片	汉代
30	卢家岗遗址	界首市顾集镇刘老庄村刘老庄西南侧	2.73万	原为高台地，现已夷平	菱形纹、回纹青砖、绳纹灰陶片、古井、白瓷片、白地黑花瓷器残片	汉代、宋
31	张洼遗址	阜南县中岗镇田和村张洼庄东200米处	3.5万	不规则高台地，高出地表约5米	泥质灰陶罐口沿、瓦片	汉代
32	东菜园遗址	阜南县田集镇东岳村菜园庄北50米	5.5万	正方形高台地，高出地表约0.5米	绳纹泥质灰陶片、泥质灰陶罐口沿、宽折沿盆残器	汉代
33	钐岗遗址	阜南县地城镇胡庄村钐岗	17.33万	不规则三角形状	铜洗、铜镜、五铢钱、古井、陶片	汉代
34	王化遗址	阜南县王化集东侧	3.07万	方形台地	绳纹灰陶片、罐残器	汉代
35	王庄遗址	阜南县赵集镇王寨村小王庄东北200米处	0.21万	长方形四周环水	新莽“大泉五十”钱范、钱币	新莽

（续表）

序号	名　称	位　置	面积（m^2）	形　状	遗　物	年　代
36	栗头店遗址	阜阳市颍州区九龙镇九龙村栗头店庄、九龙镇政府北100米处	30万	不规则形高台地	残砖、板瓦、筒瓦、瓦当等建筑遗构件及多个古井，蚁鼻钱、五铢钱、货布、圜底绳纹陶罐、宽折沿泥质灰陶盆口沿、青瓷残片等	战国、汉代、宋代、明代
37	孙小台子遗址	颍上县江店孜镇蒋郢村孙小台子庄东南侧	0.91万	圆形高台地，分上、下层	布纹陶片、素面灰陶片、板瓦、筒瓦残件	汉代、宋代
38	铺顶遗址	阜阳市颍州区三十里河西岸	50万	长方形高台地	石磨、铁犁铧、新莽钱币、陶片、瓷器残片	汉代、宋代、明代
39	四方井遗址	阜阳市颍州区鼓楼办事处治安街市医药公司仓库	不详，已清理900	深埋地下不详	“宣德”、“万历”款等青花瓷残片；白瓷残片、“崇宁通宝”、“大观通宝”钱币；泥质灰陶盆、碗、豆、纺轮等残器，五铢钱；方格纹泥质灰陶残器、蚁鼻钱等。遗址内还发现一土坑竖穴墓，出土器物有铜篦、铜提梁鐎、铜洗、铜盂等11件	汉代、战国、宋代、明代
40	汝阴宫殿遗址	阜阳市颍州区人民西路北侧文昌阁西北15米处	不详	深埋地下，不详	“汝阴宫当”铭瓦当、筒瓦、板瓦残构建，及半两钱、五铢钱、铺地方砖等	西汉
备注	1. “栗头店”、“四方井”遗址有战国遗存、但以汉文化遗存为主，故列于本表； 2. 汉文化遗存不占主体的“复合型”遗址未列入本表，如临泉县的李大寨遗址、李庄遗址、范庄遗址、古城遗址、史庄遗址、蔡庄遗址等，太和县的庄户遗址等； 3. 文物普查中认定为汉代文化遗址而缺乏准确标本证据材料者，未列入本表，如界首市的土楼窑址、盆张窑址、黄冈寺遗址、石头河遗址，太和县的万寿山古堆、东王寨北庄户遗址、黄门古堆、陈留遗址、巴楼遗址，颍上陡岗寺遗址等					

二、古城址

1. 侯国城城址

侯国城城址位于临泉县白庙镇鲁楼村岗上庄，城址为一方形高台地，面积73万平方米，一条现代河沟从城址间穿过。1959年文物普查时地表可见城垣、城壕痕迹，2007年全国第三次文物普查时未发现城垣高出地表痕迹，但城壕尚存。城内出土砖、瓦残构件丰富，2007年文物普查时城内发现陶拍一件。从调查所见遗迹遗物判断，此处应为一处汉代城址。

2. 杨广店古城址

杨广店古城址位于临泉县杨小街乡王新村杨广店庄东南50米，西距苇河约1公里，东距临泉至艾亭的公路约2公里。古城址呈不规则长方形，南北长、东西窄，面积23.6万平方米。历次文物普查时均发现城垣痕迹，但不明显，仅东、南、西部城壕依稀可见，现有一条新修水泥路从北至古城址中心拐弯向西穿过。采集的标本有夹砂灰陶缸口沿、素面灰陶板瓦、铁器残件、铁钩、石磨、瓷碗残片、宋代“至圣元宝”钱币等，从标本年代特征判断，此处应为一汉代城址，唐宋时期仍有人类在废弃城址内活动。2011年4月，安徽省文物考古所又在城址西北约200米处发掘出一条壕沟，清理出蚁鼻钱、宽折沿陶盆、铁器残件及大量的砖、板瓦、筒瓦残构件，壕沟与城址之间的关系，待考。

3. 新阳城遗址

新阳城遗址位于界首市光武镇刘寨村尹城子庄南侧，群众俗称遗址为“尹城子”。城址平面略呈长方形，南北长390米、东西宽330米，面积约12.87万平方米，第一次全国文物普查时，该城址城垣痕迹清晰可见。城址内出土文物计有蚁鼻钱、布币、汉“半两”钱、汉“五铢”钱、新莽“大泉五十”铜质钱范、炼铜废渣、鹿角化石、彩绘陶残器及青灰砖、瓦、石磨等。清宣统年间，城址内曾出土有“汉信阳冯异”铭石碑、“冯异”铭铜簇（东汉有冯异，字公孙，开国功臣之一）。根据上述遗迹遗物判断，此处应为一秦汉时期的城址。史载秦于今界首境内置新阳（信阳）县，或即指此城。

1982 年 9 月，界首县人民政府公布新阳城遗址为县级重点文物保护单位；1998 年 5 月，安徽省人民政府公布为省级重点文物保护单位。

4. 莘城遗址

莘城遗址位于界首市芦集乡蒋娘娘店村内，城址平面约呈长方形，南北长 490 米、东西宽 880 米，面积约 43.12 万平方米。因历次黄泛泥沙掩埋，现地表已看不出城垣、城壕痕迹。城址内出土文物有汉镜、铜剑、石磨、瓦当、空心砖、铁锤、石臼、汉代钱币、炼铁废渣等，另有多处古井遗迹。城址北部有围沟，沟底土质板结，似为古道路遗存。该城址或即文献所记的战国莘城遗址，2006 年 12 月，界首市公布莘城遗址为市级重点文物保护单位。

5. 新郪古城址

新郪古城址位于太和县赵庙张阁乡城子村与城坑村境内，周围群众俗称“宋王城”。城址面积与四至范围不详，1986 年文物普查时城垣城壕尚依稀可辨。城内出土文物计有新郪虎符、蚁鼻钱、铜镜、铜剑、铜戈、“大吉昌”铭文空心砖、瓦当、筒瓦、地下陶质排水管等。从出土器物的年代特征判断，此处应是一战国—汉代的古城遗址。据考证，此城汉代为新郪，东汉时改称宋县。东汉章帝建初四年（79），将殷后孔安即光武帝刘秀所封的宋公迁于宋县，以其地为宋公国，其城为宋新都。

6. 甘城城址

甘城城址位于颍上县建颍乡二龙村后屯庄东北侧颍水故道南岸，北距今颍河 2.3 公里。城址为一基本呈长方形的台地，1984 年第二次全国文物普查时发现，面积 1.6 万平方米。第一次全国文物普查时，城址地表可见城垣、城壕痕迹，现已大部分淤积掩埋于地下。城址内曾发现 3 个古井，出土文物有斧、镰、陶罐、陶盂等。根据出土器物的年代判断，此处应为一秦汉时期的城址。《颍上风物记》：“甘城在县西北，秦甘罗旧居此城，因而得名。梁代在故甘城设置下蔡郡，后为甘城驿。”民国《颍上县志·古迹》：“今考县西北颍水南岸有古城埂，一名高河沿，断瓦颓垣，触处皆是。相传此处为甘城。土人每制祀神表，书‘颍上县甘罗乡’等字，由来已久，今犹未改。且为颍水所经……应为甘城。”此或即该古城址遗址谓之“甘城古城”的由来。

7. 洪城城址

洪城城址位于颍上县刘集乡苏家屯村南侧，城址呈平面长方形，1985年全国第二次文物普查时发现，面积约5万平方米，出土文物有铜镜、陶罐、陶井圈、砖等。今城址淤积埋于地下。根据遗迹遗物判断，此处应为一汉代城址。

8. 荆亭遗址

荆亭遗址位于颍上县南照镇阎庄村八里庄北侧，东距105国道500米。遗址平面呈长方形高台地，南北长118米、东西宽75米，面积约8850平方米。1959年文物普查时，可见局部高出地表的城垣痕迹，今已夷平不存。文物调查采集的标本有：弦纹泥质红陶片、泥质灰陶豆盘残件、泥质指甲纹-篮纹黑衣陶片、夹砂绳纹灰陶片等，局部文化层堆积厚约0.5厘米。根据上述遗迹遗物的年代特征判断，此处应为一秦汉时期的遗址。

9. 富陂城址

富陂城址位于阜南县王化镇富陂村富陂庄北200米处，今吕家岗、七旗仓、花门楼自然村一带。城址为一长方形台地，面积18.5万平方米。1959年文物普查时可见残存城垣、城壕，今已破坏殆尽。城址内出土文物计有蚁鼻钱、汉镜、铜鐎斗、铜剑、陶井圈、陶器残件、残砖、瓦构件等。根据上述遗迹遗物的年代特征判断，此处应为一汉代城址。文献记载“富陂”为西汉置县，东汉为侯国，此城址应即是富陂古城。1999年阜南县人民政府公布为县级重点文物保护单位。

10. 永安城址

永安城址位于阜南县王堰镇小集村永店庄、洪河北岸。城址略呈长方形，长1500米、宽1000米，面积150万平方米。城垣、城壕今已不存，城址内残砖、瓦建筑构件丰富，出土器物有汉镜、铜币等。城址中部偏北侧，有一长500米、宽300米、高7米的台地，群众俗称“古城”。据出土遗物判断，此处应为一汉代城址。

11. 细阳故城

细阳故城位于太和县原墙镇西街原坟路西侧，东南距308省道2000米，西距茨河2000米。城址平面略呈长方形，东西长550米、南北长460米，面积约25.3万平方米。现地表城垣、城壕痕迹不存，城内可见大量的残砖、瓦构件，该城址或即文献所记的汉代细阳县治。

三、古墓葬

1. 西汉汝阴侯墓

西汉汝阴侯墓又称双古堆汉墓，位于阜阳市区西南1公里原阜阳飞机场西侧罗庄村内（今阜阳师范学院西湖校区院内）。封土堆原高20米，东西长100多米，南北宽70多米。1977年7月，阜阳市博物馆会同安徽省文物工作队和阜阳县文化局对墓葬进行发掘清理。两墓东西并列，为长方形积炭木郭墓，每个墓内均单郭单棺，木郭室内的棺木外，划分为享堂（头箱）和边箱几个部分，便于放置随葬物品和祭奠礼器。两墓出土器物有漆、铜、铁、陶及金、银器等390多件。根据墓中出土的漆器、铜器上“女阴侯”铭文和“十一年”纪年，对照《史记》《汉书》，知双古堆为西汉第二代汝阴侯夏侯灶及其妻子的墓。漆器中最具价值的是六壬栻盘、太乙九宫占盘和二十八宿圆仪，后两种为中国考古中首次发现。墓中还出土数千枚竹简（整理出3809块）和三块木牍，目前已整理出16938字，内容包括《仓颉篇》《诗经》《周易》《年表》等近20种古代文献。1984年对墓道进行清理，发现有陪葬坑，坑内出土陶罐、壶、鼎、钫、盒、匜、盆、甗等一批器物。

2. 单古堆

单古堆位于阜阳市颍州区颍西镇罗庄村，古堆原有高出地表的封土，因被附近群众不断取土下挖，现已成为洼坑。1977年阜阳市博物馆对单古堆进行过专题调查，在封土上采集有“大乐富贵”“安乐未央”铭瓦当等建筑残构件，通过钻探发现该墓为土坑竖穴积炭墓，据采集标本及钻探所获资料判断，此处系一西汉墓葬。

3. 玉皇庙古堆

玉皇庙古堆位于阜阳市颍东区河东办事处新西村小南庄南侧，古堆准确面积不详，因上面近代建有玉皇庙，群众又俗称之为“玉皇庙古堆”。1957 年 2—3 月，安徽省博物馆、阜阳县文化局联合对玉皇庙古堆进行抢救性发掘，确证该古堆是一处大型砖室墓，墓葬由墓道、两个墓门、一个前室、两个中室、两个后室、六个耳室组成，全长 14.35 米，宽 8 米，高 3.75 米，每个墓室均用花纹砖、楔形砖砌成弧形券顶。该墓早年多次被盗，墓室内共有四具散乱人骨架，出土器物有铜镜、陶案、陶耳杯、陶鼎、陶豆、陶狗、陶龙形饰、铁刀、铁剑、鎏金饰件等 15 件，陶器多见红胎绿釉彩绘。从发掘资料可知，玉皇庙古堆是一处结构复杂的东汉大型砖室墓。

4. 新华饲养场汉墓

新华饲养场汉墓位于阜阳市颍东区河东办事处新西村小南庄西侧，1957 年 3 月安徽省博物馆联合阜阳县文化馆对墓葬进行抢救性发掘。该墓为一小型砖室墓，由一个主室、两个耳室组成，无券顶，全长 3 米、宽 2.5 米、深约 1.5 米。墓葬未被盗扰，出土器物有陶乐俑、陶鸽、陶鸡、陶屋、陶井、陶灯、陶案、陶牛栏、铜印、铜带钩等 27 件。根据墓葬发掘资料判断，此处为一东汉小型砖室墓。

5. 莲花庄墓地

莲花庄墓地位于阜阳市颍东区莲花社区莲花村袁庄一带，1987 年 7 月原市建材总厂烧砖取土时发现。墓区准确面积及四至范围不详，已发现的范围东西约 150 米、南北约 180 米，面积约 2.7 万平方米。建材总厂多年烧砖取土已经破坏的墓葬有 20 余座，均为距地表 2.4 米以下的土坑竖穴墓。出土器物以陶器为主，另有一定数量的铜器，计有铜鼎、铜壶、铜戈、铜权、铜镜、剑，陶鼎、俑、灶、马、碗、盆、罐、响盒、豆等，从出土器物特征判断，该墓地为一处战国—西汉墓葬群。墓群的东南侧，有一村庄叫“古堆庄”，庄内原有封土高出地表的大古堆，现已夷平。

6. 女郎台（花古堆）汉墓群

女郎台汉墓群位于阜阳市颍泉区全颍办事处阜阳生态园东北约 400 米

处的工业物流园区内，周围群众称之为“女郎台”或“花古堆”。墓群原是一处高大的椭圆形土古堆，面积约1.1万平方米，后因人为损毁、黄泛泥沙淤积填塞抬高周围地平面等原因，墓地逐渐变为略高于地表的台地。2004年5月至2005年11月，阜阳市博物馆对墓地进行了抢救性发掘，共清理战国墓14座、汉代墓葬11座，出土铜器、陶器、玉器、铁器、骨角器等文物400多件：铜器主要有铜镜、剑、带钩、棺饰、钱币等；陶器有鼎、罐、壶、盒、钫、匜、杯、仓、熏炉、陶筒、冥币等，其中有素面灰陶和彩绘两种；玉器有璧、璜、珩、剑饰、印等；杂器有铁臿、铁砣、六博棋子、玻璃器等。墓葬均为中、小型土坑竖穴墓，有的墓葬内还见彩绘棺和陪葬漆器。根据墓葬形制、出土器物判断为一处战国、西汉墓群。俗称“女郎台”，疑误。

7. 贾庄、三里岗汉墓群

贾庄、三里岗汉墓群位于阜阳市颍州区清河办事处贾庄至三里岗一带，准确面积及四至范围不详，据实地调查推定，墓群范围约略东至东清河东岸，西至三里岗-西岗-后贾庄一线，南至后郭庄北侧，北抵一道河南岸。墓葬集中分布于三里岗、前贾庄、后贾庄、古堆庄四处，大致东西长2200米、南北长1300米，面积260万平方米，是目前所知阜阳郊区大型汉墓群之一。该墓群历史上多次被盗，调查所见多为小型砖室墓，据群众反映墓葬区出土器物有陶罐、豆、壶、盂、冥币，玉蝉、玉窍塞、铜车马饰件等。根据墓葬形制、出土器物判断为一汉墓群，其中以东汉墓为主。

8. 童古堆

童古堆位于阜阳市颍东区枣庄镇童庄村童庄，包括两个相距250米的大古堆。其中一个古堆顶部东西宽30米、南北长37米，上世纪60年代该封土又被群众挖毁，原阜阳县文化局对其进行过抢救性发掘，发现是一处大型砖室墓，墓室由一主室四侧室组成，主室方形，边长3.5米、高2.7米，有穹隆顶。主室与侧室之间有甬道相通，每个墓室东南、西南侧，均有一悬底圆柱尖顶状建筑结构，墓室壁上还留有小孔。因墓葬早年多次被盗，出土器物仅见陶器，计有陶灶、陶猪圈、陶狗、陶磨等。另一个古堆没有进行发掘。从已发掘的墓葬形制、出土器物看，该墓年代为东汉时期，民间世代相传该古堆为元末红巾军首领刘福通墓，故谓之“童（通）古堆”，不确。

9. 李竹园古堆

李竹园古堆位于阜阳市颍州区九龙镇李竹园村古堆庄北侧。古堆原平面近似长方形，东西长85米、南北宽40米，面积约3440平方米，封土距地表高约4.5米。1995年8月，盗墓贼将该墓东北侧砖结构墓室壁炸毁。从现场调查情况看，该墓系一处结构复杂的东汉大型砖室墓。

10. 七里铺大古堆

七里铺大古堆位于阜阳市颍州区清河办事处七里铺村古堆庄，原为一处封土高出地表约5米的大古堆。1971年元月，古堆封土被群众挖毁，暴露出的砖室墓结构也被破坏。阜阳博物馆对残存砖室墓进行了清理，出土器物有红陶厨房、红陶仓、陶厕、陶盉、杯、鼎、硬陶双耳缶、壶、双系罐、四乳兽纹带铜镜、五铢钱、车辖等。根据出土器物判断为一东汉砖室墓。

11. 刘家坟汉墓

刘家坟汉墓位于阜阳市颍州区清河办事处七里铺村刘家坟墓地（今红旗中学院内南侧），墓地准确面积、四至范围不详。1968年3月，附近群众在墓葬区取土将其中两座砖室墓破坏，阜阳博物馆对残墓进行清理，出土文物计有铜鼎2件、铜耳杯2件、铜辟邪插座1件、铜灶及其附属釜、甑等1组、铜井1套、取水罐2件、错金银卧兽形铜镇4件（出土后毁2件）、铜鸠杖首1件等。根据墓葬分布、墓室结构、出土器物特征判断，此处为一东汉砖室墓群。

12. 小稞庄秦墓

小稞庄秦墓位于临泉县艾亭镇范庄村小稞庄西，西距临泉至艾亭公路约4公里，东距谷河约2公里。墓葬地表形状为一圆形封土堆，面积约0.8万平方米，中心高出地面约2米。1974年冬季艾亭挖掘一条人工河，河沟从墓葬区北边穿过，现在紧靠人工河的南岸，又有一条东西向水泥路从墓葬顶部穿过。该墓出土器物有铜镜、秦量诏版、带纹饰的青砖等，墓砖多饰钱币图案。根据出土器物的年代特征，推定此处为一秦代墓地。

13. 四古堆汉墓

四古堆汉墓位于临泉县谭棚镇闫庄村闫庄东南。墓葬区为一高台地，面积约2.3万平方米，台地上有四个并列的封土堆，中心处均高出地面约2米，周围群众俗称为“四古堆”。1980年墓葬曾经被盗掘，出土器物有印章、铜镜、陶器等。据墓葬形制、出土器物特征判断，四古堆应为一处原有高大封土的东汉砖室墓群。

14. 王营汉墓群

王营墓群位于临泉县杨桥镇朱腰庄村王营北，东部、北部为泉河及其支流包围。墓地呈长方形高台地，面积约16.7万平方米。1996年治理泉河时，部分墓葬被破坏，出土器物有陶狗、陶鸡、陶猪等，2007年第三次全国文物普查采集的标本有豆柄、罐口沿、“君宜□官”铭残砖等。据器物年代特征判断，此处为一汉代墓群。

15. 腰庄汉墓

腰庄汉墓位于临泉县陶老乡腰庄村腰庄南。墓葬区为一圆形高台地，面积0.33万平方米，一条乡村土路从汉墓东南北穿过。1976年深耕土地时，墓群部分墓葬被破坏，出土器物有铜镜、陶罐等。1985年2月5日修乡村公路，在墓葬区东北角30米处挖出一件石雕“天禄”。据出土器物年代特征判断，此处为一汉代墓葬区。

16. 双冢汉墓

双冢汉墓位于临泉县艾亭镇马寨村双冢庄东南。墓葬由相距80米的两个圆形封土古堆组成，面积0.55万平方米，中心高出地面约2米。1976年挖解放沟时将墓葬挖毁，墓室内出土大量的青灰砖及陶器、青铜剑、铜镜等随葬器物。根据出土遗迹遗物的特征判断，双冢应系两座有封土的东汉大型砖室墓。

17. 李营冢子汉墓

李营冢子位于临泉县田桥乡李营村李营庄东北。墓葬原为一圆形封土堆，当地群众俗称为“冢子”，面积4000平方米，高约2米。1958年群众平整土地时将墓葬挖毁，墓室结构被破坏。该墓葬为带有耳室的砖室墓，出土器物有绿釉陶楼、陶马、陶罐等。从出土器物特征判断，墓葬年代应在东汉时期。

18. 老黄庄汉墓群

老黄庄墓群位于临泉县城关镇老黄庄村东北。墓群为不规则状高台地，面积约35.5万平方米。2009年10月4日，老黄庄村民取土用挖掘机挖出墓葬。历次文物普查采集的标本有青砖、绿釉陶楼残器及其他陶器残片等。2011年5月，安徽省文物考古所对墓地北部进行局部钻探，发现有各种遗迹141处，其中古墓葬83座。2011年6月至2012年12月，又对钻探区进行发掘，共清理墓葬67座，其中汉代墓55座，宋代和清代墓葬6座，灰坑2个，水沟、水井各一处，出土器物有陶井、陶仓、陶狗、陶鸡、陶灶、陶厕，瓷瓶、钱币、墓志铭等等，陶器多为饰釉泥质红陶。从采集标本的年代及出土遗迹遗物特征判断，此处为一大型汉代墓葬群，另有少量的晚期墓葬分布。

19. 西李湾双冢汉墓

西李湾双冢位于临泉县张营乡武沟村西李湾西南。双冢原有高大封土堆，现已逐渐夷为两处圆形高台地，面积4.8万平方米，其中南冢高出地面约2米，北冢高出地面约0.5米。1958年深翻土地时，北冢曾被掘开，发现封土下为一砖室墓，该墓由墓道、主室、耳室组成，出土有陶楼等器物。根据墓葬形制、出土器物特征判断为东汉墓。

20. 东李湾汉墓群

东李湾汉墓群位于临泉县张营乡武沟村东李湾东南。墓群为一略高于地面的台地，2007年全国第三次文物普查时发现，面积2.3万平方米。近几十年来附近农民多次取土对部分墓葬造成破坏，出土器物有铜镜、陶狗、陶灶等。从墓葬形制、出土器物特征判断为一汉墓群，其中以东汉砖室墓为主。

21. 李腰庄汉墓群

李腰庄墓群位于临泉县鲖城镇大顾庄村李腰庄东南。1968年农民深耕土地时，发现墓葬区内有东西向的砖室墓十几座。墓葬区面积约6600平方米，准确四至范围未作勘探。墓区内出土器物有铜镜、铜带钩、钱币、陶罐、陶鸡、陶狗、陶灶等。2007年第三次全国文物普查时，在部分居民的房舍墙上及院内发现有大量的二次使用的青灰墓砖，墓砖侧面纹饰繁多，其中部分标本上还有带“夏侯”字样的砖铭。从出土器物的年代特征分析，该墓地为一汉魏时期的墓群。

22. 于古堆汉墓

于古堆位于界首市光武镇段庄村于古堆庄东侧。古堆分东、西两个：西古堆原高7米、面积0.24万平方米，现已夷为平地，其上为居民住宅叠压；东谷堆原高7.5米、面积0.3万平方米，因附近居民取土下挖，现已经成洼坑，残存面积1024平方米。过去清挖古堆时，曾出土过一件泥质灰陶跪式俑，后被取土的村民打碎。经调查两古堆均为汉墓，1982年9月界首市人民政府公布为市级重点文物保护单位。

23. 王庄汉墓

王庄汉墓位于界首市田营乡西北角王庄。1983年4月农民取土时，暴露出一座砖室墓，长5米、宽1.5米、高2.3米，由墓道、甬道、主室、耳室构成，墓室均拱形券顶。出土器物有铜镜、五铢钱、陶狗、泥质灰陶坛、罐等。从墓葬形制与出土器物判断为一结构复杂的东汉大型砖室墓。

24. 李腰庄双古堆汉墓

李腰庄双古堆位于太和县大新镇李阁村李腰庄南。该墓原有两处高出地表约5.5米的大封土古堆，后被周围群众取土时将砖室墓结构破坏，安徽省博物馆派员对残存墓葬进行了清理，出土器物有铜剑、刀、钱币、石砚、陶楼、磨、灶、猪圈、井、鸡、狗、车马人物画像砖、菱形纹砖等。根据墓葬形制及出土遗物判断，双古堆应为两座规模较大的东汉砖室墓。

25. 君王营古堆汉墓

君王营古堆位于太和县草寺乡君王营村。墓葬原为一处高出地表的大封土古堆，东西长40米、南北宽59米、残高2米。1979年群众平整土地时，将古堆封土连同砖室墓破坏，出土器物计有铜剑、钱币、陶罐、陶楼等40多件，根据墓葬形制、出土器物特征判断，此处为一东汉砖室墓。

26. 阳子湖汉墓

阳子湖汉墓位于太和县肖口镇田庄村张大庄，墓葬区面积、四至范围不详，当地群众俗称“冢子湖”。1977年，附近居民在墓区取土时发现多座汉墓，出土器物有铜剑、铁灯、陶瓶、“南海长史”铜印、“宜子孙”、“大吉”铭空心砖等，另有13座墓葬出土器物不明。根据出土器物特征判断，此处应为一汉墓群，其中以东汉砖室墓为主。

四、馆藏文物

（一）陶器

1. 东汉绿釉陶楼

东汉绿釉陶楼为泥质红陶，外饰绿釉。整器自上而下分四层，每层均可分开。第一层正面置立柱，上承一斗二升拱，柱后墙上饰坐熊各一，柱旁设置卧棂栏杆，两侧栏杆间留有出口。屋内有横长方形棱格墙，墙后设楼梯。第二层为舞台，台前设卧棂栏杆，栏杆外侧中心饰一坐熊。台前左右设坐熊立柱各一，上承一斗二升拱。台中有墙，将舞台隔离成前台、后台两部分，墙左右设上、下场门，左边上场门有一扇可以开关的门，门正面饰铺首衔环，右边下场门只有一个洞通往后台。后台靠右壁设楼梯通三层。前台有两排表演俑，前排俑作倒立状，后排乐队俑呈吹奏、抚琴等表演状。第三层为密闭空间，四周无门，设方形透空棱格窗。第四层为望楼，四壁敞开，无门窗，中设建鼓一座。顶层为单檐庑殿式屋顶，屋脊饰大凤鸟；一、二、三层外侧面及二层舞台隔墙正面饰浅浮雕人字拱和大连环图案，后楼壁素面无纹。陶楼通高108厘米、宽39.5厘米。1975年5月涡阳县大王店焦窑东汉墓出土，现藏国家博物馆。

2. 东汉彩绘陶仓楼

东汉彩绘陶仓楼为泥质灰陶。整器由上部楼体与下部底座组合而成，底座方形，中空不施釉，座上部四周设一圈有长方形镂孔的围栏，正中部设置一台阶状斜梯可达顶部平台。楼体分三层：第一层上部四阿式瓦檐，四条垂脊上多饰一牛耳，墙体四角有檐柱支撑斗拱，正面不设墙，中间立一根中柱支撑斗拱，中柱两侧置长方形镂空栏板，栏板间多留一门可进入室内，室内顶部中央置方形孔向上通二楼，方形孔下置嵌合成“人”字形的两台阶状斜梯通达；第二层顶部四阿式瓦檐，四垂脊上多置一牛耳，左右侧墙体中部设有一望窗，正面后面墙体中部多向外伸一菱形镂孔窗，窗下部设斗拱支撑，上有一人形支架牵拉窗体，窗及上部人形牵柱，下部斗拱均施红色彩绘，人物躯体弓曲，向远方眺望，生动传神。墙体四转角设四檐柱，高112厘米、底座长58厘米、宽44厘米，楼体长43厘米、宽32厘米。1966年3月13日，陶仓楼于涡阳县西阳一号墓出土，阜阳市博物馆藏。

3. 东汉灰陶仓房

东汉灰陶仓房为泥质灰陶，由上部四阿式顶盖和下部的扁平长方体仓身组成。盖顶部凸起长条形屋脊，两端微上翘。四面坡四角起脊，每坡面瓦垄形制规整，其中正面坡的中部，平形对开两个大小、形构相同的通气天窗，每个天窗设有三根支柱撑起上部的窗盖板。这样既保障了仓房内储空间的空气流通、有利于室内通风和散热，又确保了雨季时雨水不会从仓房顶部向下倒灌室内，结构设计巧妙而科学。仓体中空，内设置四道隔墙，将室内空间分成五个相互独立的小房间。每个小房间正面墙壁的上部，均开挖一方形通气窗，并用一块可以随时拆卸的活动方形盖板封堵窗口。通气窗左、右两侧，设置一对平行外凸的圆穿座，用活动盖板封堵窗口后，再用一根插杆穿入通气窗左右侧的圆穿内，便将盖板稳稳地固定住。正面墙壁的近底部，则开有一个长方形或正方形的小门，可供人与仓储货物进出仓室。如此，仓体的正面墙壁上，便有了上、下两排基本平行的镂空门窗。仓体的背面墙及两个侧面墙，均封闭严实，不设置镂空门窗或其他通风道口。陶仓顶盖长66.5厘米、宽24.7厘米、高9.3厘米，仓房长61.0厘米、宽19厘米、高37厘米，仓房通高46.0厘米。1966年2月出土于涡阳县西阳集一号汉墓，阜阳市博物馆藏。

4. 东汉灰陶炉镀

东汉灰陶炉镀泥质灰陶，由釜与底座套合而成。釜方唇敛口，折腹，平底，腹部折棱下方残破一孔。底座上部敛口，弧腹，口沿置三内收支座，腹下部对称置两鋬手。下部喇叭状，中部设有半圆形进风口。上部釜的下腹部残破一孔。通高21.9厘米，釜口径11.5厘米、腹径18.5厘米、底径8.2厘米、高11.2厘米。底座口径21.8厘米、底径20厘米、高13

厘米。1966 年 2 月涡阳县西阳一号汉墓出土，阜阳市博物馆藏。

5. 陶质编钟

陶质编钟，冥器，泥质灰陶，器表饰黑陶衣。一套共 9 件，形制基本雷同，大小相次。体扁圆，扁环形纽，腹部两面饰有排列规则的乳丁，两铣略下垂，舞部无纹饰。1977 年 7 月西汉汝阴侯墓出土，阜阳市博物馆藏。

6. 红陶厨房

红陶厨房，冥器，泥质红陶，局部施褐色釉。厨房内左设水井一眼，井圈圆形，口径 8. 5 厘米，井口部高出房内地坪 5. 8 厘米，井底直通地下；右设灶一眼，灶长与厨房宽度一致，宽 10. 5 厘米、高 5. 5 厘米。灶面设圆形火眼两个，大火眼径 6 厘米，上坐一釜，釜上套坐一甑；小火眼径 3. 5 厘米，上坐一小釜。厨房正面与左侧面各留一门洞，分别为 7×5. 5 厘米和 6×6. 8 厘米。墙面设连环纹镂空窗。房背面无纹饰，其右侧留一方形气窗。通高 28. 5 厘米、长 28 厘米、宽 18. 5 厘米。顶盖长 33 厘米、宽 20 厘米。1971 年 1 月阜阳县城郊七里铺大古堆东汉墓出土，阜阳市博物馆藏。

7. 东汉绿釉陶厕

东汉绿釉陶厕，泥质灰褐陶，整器由上部陶厕和下部长方形猪圈两部分构成。陶厕为四阿式庑殿顶，由一主室、左右两侧室构成。主室高大，主、侧室之间有墙隔离，互不相通，每室前面置长方形门、后墙置通气孔。主室庑殿顶起脊，有瓦垄，室外前墙壁饰有成排的方框形图案，室内底部前面置横板、后面向下有洞与猪圈相通。两侧室顶部亦为庑殿式檐，前壁门的上部饰下垂的苇幢、两侧饰长方形框，底部有孔洞向下与猪圈相通。下部猪圈左右两侧置方形槽，中部设置有从地面上、下二楼陶厕的台阶式通道。猪圈左右两槽的后部互相连通，右槽圈内置一只陶猪。整器外壁施绿釉，内壁不饰釉。陶厕通高 35. 5 厘米、长 29. 5 厘米、宽 24 厘米，猪长 9 厘米、宽 3 厘米、高 6 厘米。1975 年 5 月涡阳县焦窑一号墓出土，阜阳市博物馆藏。

8. 东汉褐釉红陶仓房

东汉褐釉红陶仓房，泥质红陶，褐釉，上部四阿顶，有瓦垄。下部仓呈长方体状，仓内由四隔墙将内空间分成独立的五个仓间，仓正面墙中部并排设置有五个长方形仓门，仓门上下各外伸有棱状檐，相邻两仓门间的隔墙中部外伸有兽首吻，吻中部有圆穿。仓房顶部断裂两块，下部仓体有开裂痕。高24.2厘米、阿顶长30厘米、宽20厘米、高6厘米，仓体长24.8厘米、宽13.5厘米、高18厘米。1971年阜阳七里铺大古堆出土，阜阳市博物馆藏。

9. 东汉绿釉硬陶二系罂

东汉绿釉硬陶二系罂，泥质红褐陶，敛口，平沿，尖唇，溜肩，圆鼓腹，下腹弧状内收，平底内凹。肩及上腹置三周凸弦纹圈带，凸弦纹圈带间对置两兽面纹宽扁状系。口沿及上腹间绘两区云气纹图案。口及上腹施绿釉，下腹及底不施釉。口径11.7厘米、腹径35.5厘米、底径15.7厘米、通高59.3厘米。1964年3月凤台县气象站汉墓出土，阜阳市博物馆藏。

10. 东汉绿釉硬陶罂

东汉绿釉硬陶罂，泥质灰褐陶，平口，斜肩，斜腹微鼓，平底附三扁平足。肩部附对称铺首双耳，耳面翘起并高出器口。肩部与铺首外侧饰绿釉，饰三组弦纹和两组水波纹。高19.7厘米、口径10厘米、足径13.6厘米、腹围78厘米。1975年3月涡阳县嵇山崖墓出土，阜阳市博物馆藏。

11. 西汉“汝阴宫当”瓦当

西汉“汝阴宫当”瓦当，灰陶质，圆形，边廓宽，中心有圆柱，柱周饰一圈乳钉纹，圈外以复线作界格四分当面，每格一字，为阳文篆书“汝阴宫当”四字。口径16.5厘米、沿宽1.1厘米。1990年阜阳老城区文昌阁基建工地出土，阜阳市博物馆藏。

12. 东汉灰陶彩绘俑

东汉灰陶彩绘俑，泥质灰陶，体表饰彩绘。俑上体直立，着帽，头微前伸，双目微下视，左臂前伸伏与左膝上，头前伸，掌心向上，呈捧送物状。右臂曲弓上扬，手前伸，掌心向左，左腿蹲屈，右膝跪地。体断裂成七块，体表红色彩绘脱落。俑高12厘米。1966年3月涡阳县西阳一号汉墓出土，阜阳市博物馆藏。

13. 汉抚琴绿釉陶俑

汉抚琴绿釉陶俑，泥质灰陶，俑头戴圆毡帽，身微前倾，着袍服。右手抚琴，琴置于双腿之上。平底，施绿釉。陶俑厚3.6厘米、高8.2厘米、宽5.1厘米。1984年临泉县鲖城出土，临泉县博物馆藏。

14. 汉彩绘陶豆

汉彩绘陶豆，泥质灰陶，敞口，束颈，圆鼓腹，细长柄。口、颈部施三周彩绘纹。口径5.4厘米、高22.1厘米。1984年征集，临泉县博物馆藏。

15. 汉铺手衔环彩绘陶方壶

汉铺手衔环彩绘陶方壶，泥质灰陶，施彩绘不及底。方形口微外侈，体方形，颈与上腹间置对称兽衔环双耳，平底，方形圈足微外撇。口径13.0厘米、腹径21.8厘米、高33.0厘米、底径12.1厘米。1984年征集，临泉县博物馆藏。

16. 汉铺首衔环彩绘陶壶

汉铺首衔环彩绘陶壶，泥质灰陶，盘口，束颈，溜肩，双兽衔环，肩至腹部三组凹弦纹，通体施红色彩绘，圆底饰绳纹。口径16.7厘米、腹围94.5厘米、底径13.2厘米、高34.5厘米。1984年临泉县鲖城出土，临泉县博物馆藏。

17. 汉人面纹陶磨

汉人面纹陶磨，泥质灰陶。磨上合面圆形，有凹槽，中间隔梁分为两半，下有放射状磨齿，中间有圆形磨眼。下合呈筒状，上面有放射性磨齿。磨的底座呈方形，四角有人面纹，四足呈倒梯形。高12.2厘米、边长18.1厘米。1984征集，临泉县博物馆藏。

18. 东汉绿釉陶尊

东汉绿釉陶尊，泥质红陶，绿釉。圆口，直腹，平底，三兽足。腹部饰水波纹一周，口下饰三周弦纹。口沿及底部的绿釉部分脱落。口径18.5厘米、高13.8厘米。1983年2月临泉县鲖城出土，临泉县博物馆藏。

19. 东汉玄武纹空心砖

东汉玄武纹空心砖，长方体，正面模印两组形制相同的龟蛇合体玄武图像，以隔栏分割，主阁四周饰以菱形纹边栏，砖顶面开三洞，中洞金椭圆形。两边为圆洞，砖内中空。前壁上部残缺一角。长37厘米、宽24厘米、厚18厘米。1989年太和县宫集镇马庙汉墓出土，太和县文管所藏。

（二）青铜器

1. 秦量诏版

秦量诏版，量器残件，青铜质。长方形薄片状，上有阴刻铭文："□六年，皇帝尽并兼天下诸侯，黔首大安，立号为皇帝，乃诏丞相状、绾，法度量则不壹，歉疑者，皆明壹之，新蔡斗。"右上角缺损，长11.3厘米、宽5.5厘米、厚0.5厘米。1993年7月26日临泉县艾亭镇范庄村小稞庄西200米秦墓出土，临泉县博物馆藏。

2. 汉"后将军军司马"铜印

汉"后将军军司马"铜印，汉官印，方形座，瓦形纽，有穿。印面正方形，有"后将军军司马"印文，六字篆隶白文，因錾刻不深，有崩刀痕，致使印文有些模糊。一角边缘受冲压变形。印面长2.62厘米、宽2.61厘米、高2.4厘米。1976年11月太和县合作社拣选，阜阳市博物馆藏。

3. 汉"建平左尉"铜印

汉"建平左尉"铜印，汉官印，方形座，龟形纽。印面正方形，用缪篆刻"建平左尉"四字白文，笔画纤细挺秀，平方正直。惜有一边被圆凿錾破几处，纽似立龟欲行，昂首凝视前方，龟身錾刻圆环状纹，似龟壳。印面长2.5厘米、宽2.45厘米、高2.15厘米。1978年3月蚌埠土产站拣选，阜阳市博物馆藏。

4. 汉"军曲侯印"铜印

汉"军曲侯印"铜印，汉官印，方形座，瓦纽。印面方形，印文"军曲侯印"，篆隶，四字阴文，笔画线条圆润，流畅。印面长2.35厘米、宽2.4厘米、高1.9厘米。1976年11月太和县合作社拣选，阜阳市博物馆藏。

5. 汉"军司马印"铜印

汉"军司马印"铜印，汉官印，方形座，瓦纽。印面方形，有篆隶印文“军司马印”，四字白文，刀口深峻。印面边长 2.5 厘米、高 2.05 厘米。1966 年蚌埠土产站拣选，阜阳市博物馆藏。

6. 汉“中邮吏印”铜印

汉“中邮吏印”铜印，汉代官印。印面方形，阴刻篆书“中邮吏印”四字。边长 2.1 厘米、高 1.3 厘米。1973 年 8 月颍上县江口区汤圩古城出土，阜阳市博物馆藏。

7. 汉“左将军假司马”铜印

汉“左将军假司马”铜印，汉官印，方形座，桥纽。印面正方形，凿刻篆隶“左将军假司马”，六字白文，刀口伸峻，但部分笔画及边缘有崩刀。印面长 2.55 厘米、宽 2.45 厘米、高 2.3 厘米。1971 年 5 月蒙城县文化馆交，阜阳市博物馆藏。

8. 汉辟邪纽铜套印

汉辟邪纽铜套印，汉私印，方形座。三套印，大、中印均作辟邪纽，小印则作桥纽。大印刻“史司印信”四字，中印刻“史司”二字，皆阳文篆书。小印阴文篆书“世高”印文。边长 2.3 厘米、高 3.6 厘米、座厚 1.4 厘米。1966 年 3 月涡阳县西阳集一号砖室墓出土，阜阳市博物馆藏。

9. 汉提梁铜扁壶

汉提梁铜扁壶，酒器，青铜质。体扁平椭圆状，小蒜头口，壶肩部有两半圆环，连接“8”字形弦纹绞链和两龙首衔环提梁，腹中部有一漩涡纹。小平底，长方形矮圈足外撇。通高 27.5 厘米、宽 8 厘米、口径 5.6 厘米。1971 年 2 月临泉县鲖城大王庄出土，阜阳市博物馆藏。

10. 汉代铜钫

汉代铜钫，酒器，青铜质。直口，方唇，斜溜肩，方体宽腹，矮圈足，两肩有鼻纽衔环。顶盖覆斗状，中心有鼻纽衔环。高 22.5 厘米、口径长 8.2 厘米、宽 7 厘米，足径长 9.2 厘米、宽 9.1 厘米，腹围 52 厘米。1976 年阜阳县苏集公社腰庄大队谭庄生产队古城遗址出土，阜阳市博物馆藏。

11. 汉代凤首铜鐎盉

汉代凤首铜鐎盉，酒器，青铜质。扁圆体，有子母口盖。敛口，圆溜肩，肩与盖相连处设置活轴链。上腹有一凤首流，凤喙有盖，盖与口有活轴相连，可开合。腹有一长方体柄外伸，柄中空，銎口方形。腹中一周箍状弦纹，腹下三兽蹄足。盖缺失，柄、腹下有一破洞。高 14.7 厘米、腹围 51.3 厘米、柄长 10 厘米。1969 年 11 月阜阳县陈庄大队马庄出土，阜阳市博物馆藏。

12. 汉代铜甗

汉代铜甗，食器，青铜质。由釜、甑分体套合成一组：釜直口，圆溜肩，鼓腹，腹中部有一周扉棱，矮圈足；甑敞口，折沿，弧腹向下内收，平底，矮圈足，腹中部饰三圈弦纹圈带和两对称铺首，深圈足。底箅中心置四区十字形镂孔，是各向四周放射线状的箅漏。甑口径 28.5 厘米、腹围 92 厘米、底径 14 厘米、通高 33 厘米。1971 年 12 月临泉县周桥八里庄南冢子出土，临泉县博物馆藏。

13. 汉青铜錾刻兽纹筒

汉青铜錾刻兽纹筒，青铜质。体圆筒形，有盖，子母口，盖上阴刻兽纹，中间一环形纽。器身用双弦纹间隔成五区纹饰，上下两层各阴刻饰连续菱形和三角纹，中间一周阴刻龙、虎、鹿等兽行于山间。平底，筒底有残洞，盖纽有残缺，腹下部有砸痕。口径 3.5 厘米、底径 3.5 厘米、高 9.2 厘米。1978 年 8 月阜阳县城郊出土，阜阳市博物馆藏。

14. 汉青铜提梁尊

汉青铜提梁尊，酒器，青铜质。体圆筒形，有盖，子母口，盖顶微鼓，盖顶中部立一环形纽。器身直口，直壁，平底，三兽形足。器腹对称置兽首衔环与提梁相连接，提梁弧形，两端龙首状，与几节活环套接。器腹中部和近底部各饰有宽带纹一周。口径 14.5 厘米、底径 14.9 厘米、通高 29.8 厘米。1994 年 6 月阜阳医药公司仓库楼出土，阜阳市博物馆藏。

15. 汉青铜提梁钫

汉青铜提梁钫，酒器，青铜质。通体素面，方形口微外侈，体方形，溜肩，弧腹，腹部对称置铺首衔环，与双龙首衔环提梁首相连。平底，方形矮圈足。口沿内壁铸“日利”铭文，阳文隶书。高 29.8 厘米、口径 10 厘米、底长 11.8 厘米、宽 12.1 厘米，腹围 68.3 厘米。1970 年 4 月涡阳县合作社拣选，阜阳市博物馆藏。

16. 汉铜辟邪

汉铜辟邪，镇墓兽，青铜质。体似狮而生双翼，四肢前踞后蹲状，敛翼长啸似欲飞腾。整体完整，背部圆筒上部有裂纹。长 24.5 厘米，宽 14.3 厘米。同墓出土器还有铜虎镇、日光镜等。1967 年阜阳城郊刘家坟汉墓出土，阜阳市博物馆藏。

17. 汉铜灶具

汉铜灶具，灶具，青铜质。一组，由灶、鼎、井、罐、碗、勺、杯等组成：鼎 2 件，形制相同。有盖，子母口，盖上有三扁纽。附耳，圆腹，腹中起棱一周，三兽足外撇；井 1 件，由上部井身、下部井台座套合而成，井身方柱形，井台梯形；取水罐 2 件，小口，双耳，鼓腹，圜底；碗 1 件，敞口，折沿，深腹，圈足；勺 1 件，勺头半球形，柄微曲，柄首为禽首形；耳杯 2 件，形制相同，椭圆形，两侧弧形耳上翘，平底；船形灶 1 件，一端尖、一端平齐，中间略宽，尖头上设一烟囱，灶面设二火口，一置立耳釜 2 件，一置一小口圆腹铜甑 1 件。1968 年 3 月阜阳县刘家坟汉墓出土，阜阳市博物馆藏。

18. 西汉错金铜弩机

西汉错金铜弩机，兵器，青铜质。由望山、牙、钩心、悬刀、键、郭组成，两侧各装饰有错金纹饰，已锈蚀脱落不清，中间残存原弩的木柄一节。弩机金属部件基本完整，因锈蚀部件不能活动，上有残木一截。弩机长 16.5 厘米、宽 3.5 厘米、望山高 3 厘米、宽 1.5 厘米、厚 0.6 厘米、悬刀长 8.9 厘米。1977 年 6 月阜阳西郊汝阴侯墓出土，阜阳市博物馆藏。

19. 西汉鎏金铜熏炉

西汉鎏金铜熏炉，焚香器，青铜质。通体鎏金，有盖，盖饰透雕螭虎花纹，中央有环形纽，盖以子母口与器身套合。器身敛口，圆鼓腹，细圆柄，喇叭状圈足。腹部饰一道宽带凹弦纹，两侧有双环耳，柄的上部有一道凸棱。盖顶纽有残，底部下沿有较大残损。口径 8.5 厘米、底径 6.8 厘米、高 11.5 厘米、腹围 31 厘米。1975 年 3 月涡阳县嵇山崖墓出土，阜阳市博物馆藏。

20. 西汉鎏金狩猎纹铜牌饰

西汉鎏金狩猎纹铜牌饰，饰件，青铜质，鎏金。体扁薄长方形，微有弧度。中部偏左有一圆孔。牌面浅浮雕花纹，中部为山林树木，山上有向两方奔跑的八斗野猪，两边有下山的奔马，其下有两只骆驼相向而行，叶脉纹边阑。长 11.8 厘米、宽 6.2 厘米、厚 0.2 厘米。1976 年 7 月阜阳西汉汝阴侯墓出土，阜阳市博物馆藏。

21. 新莽“刘氏去，王氏持”铭禽兽博局纹镜

新莽“刘氏去，王氏持”铭禽兽博局纹镜，圆形，圆纽及纽座，座外排列一周乳钉，乳钉间铸有“长宜子孙”四字。乳钉圈带外为双线圆框，圆框外为规矩纹，其间铸有飞禽、瑞兽、神人纹饰。外区铸铭文带一周，铭曰：“刘氏去，王氏持，天下安宁乐可喜，井田平，贫广其志。”铭文带外缘饰栉齿、锯齿、流云纹各一周。直径 15 厘米、厚 0.5 厘米。1978 年阜阳市郊刘庄村出土，阜阳市博物馆藏。

22. 东汉“蔡氏”铭龙虎纹镜

东汉“蔡氏”铭龙虎纹镜，圆形，半球形纽，有穿，小圆纽座。主纹区置一组相对龙虎纹，龙虎躯体相互缠绕，部分叠压在球状纽下。主纹区外置一周铭文“蔡氏作镜佳且好，明而日月世少有，上有青龙白虎主除道，长□兮”。铭文区外依次置短斜浅纹、三角锯齿纹、双浅波折纹、三角锯齿纹圈带，宽厚素像。直径 12 厘米、边厚 0.75 厘米、高 1.6 厘米。1974 年 1 月颍上县西郊出土，阜阳市博物馆藏。

23. 东汉“陈氏”六乳禽兽镜

东汉“陈氏”六乳禽兽镜，圆形，半球形纽有穿，圆纽座。座外六乳将主纹区分作六区，依次配置青龙、凤鸟、朱雀、白虎、蟾蜍、玄武。主纹区外置一周铭文圈带，铭文：“陈氏作竟有精神，上大山，见仙人，持芝草，与吾道，□□竟，好可观，苍龙白虎主除道兮。”铭文末刻一禽鸟。铭文圈带依次置短斜线纹、三角形锯齿纹圈带。画纹带缘，画纹带中饰九尾狐，三足乌，对鸟，双鱼，日中金乌，月中蟾蜍，五铢钱文等图案。断为九块，有缺损。直径 13.1 厘米。1967 年阜阳西湖汉墓出土，阜阳市博物馆藏。

24. 东汉“汉有善铜”铭四乳博局纹镜

东汉“汉有善铜”铭四乳博局纹镜，圆形，圆纽及纽座，座外双线方框。主纹区四乳四分区置图，四乳间依次饰青龙，白虎，朱雀，瑞兽。主纹区外置铭文圈带，铭文“汉有善铜出丹阳，取之为镜清而明”。铭文圈带外置一周短斜浅纹，画纹带缘。直径 11.5 厘米、边厚 0.47 厘米。1987 年 12 月阜阳县展览馆交，阜阳市博物馆藏。

25. 东汉“蔡氏”铭神人车马画像镜

东汉“蔡氏”铭神人车马画像镜，圆形，半球状纽，圆纽座，座内置一周乳钉纹圈带。主纹区四乳四分区置图，四组纹饰依次为：车马出行图，仙人出迎图，仙人歌舞图，拜谒仙人图。主纹区外置一周铭文圈带，铭文：“蔡氏作镜真大好，上有仙人不知老，渴饮玉泉饥食枣，浮游天下遨四海，寿如金石。”主纹区外依次置短斜浅纹、三角形锯齿纹、变体云纹圈带。直径 17.9 厘米，整器断为三块。1973 年 12 月茨淮新河利辛工段出土，阜阳市博物馆藏。

26. 西汉长柄龙首衔环铜勺

西汉长柄龙首衔环铜勺，饪食器，青铜质。素面，整器由三节分体合铸，头部椭圆形，细长柄，末端龙首衔环形。柄中间一节上刻铸有铭文“汝阴侯斗，重一斤八两”。通长 45.5 厘米、勺头长 10.06 厘米、宽 7.5 厘米。1976 年 7 月阜阳西汉汝阴侯墓出土，阜阳市博物馆藏。

27. 西汉鎏金铜卮

西汉鎏金铜卮，酒器，青铜质，通体鎏金。有盖微鼓，与器身子母口套合，盖顶中央有环形纽，盖口沿残缺。器身圆筒形，中部和下缘各饰一弦纹宽带，中部有一环形鋬。三兽蹄足。口径 7.2 厘米、高 10.2 厘米。1975 年 3 月涡阳县嵇山崖墓出土，阜阳市博物馆藏。

28. 新莽“大泉五十”青铜钱范

新莽“大泉五十”青铜钱范，青铜质，体扁平八角盘形，斜壁平沿。范中心设圆柱形直浇道，范内铸钱模型四枚，二正二背，正上有阳文篆书“大泉五十”四字，方形穿。钱范钱文清晰，铸工精细。边长 7.1 厘米、径 2.5 厘米、边长 0.9 厘米。1974 年 1 月界首县光武镇尹城子汉代古城址出土，阜阳市博物馆藏。

29. 东汉“建武七年”铭五铢钱铜范

东汉“建武七年”铭五铢钱铜范，铜质，长方形，四角圆弧，长 13. 2 厘米、宽 8. 2 厘米。范正面四周有高 0. 6 厘米的廓沿，沿内排列钱模 8 枚：正面、背面各四枚，按一正一背的顺序排列。钱模直径 2. 5 厘米，方形穿的边长 1 厘米，正面穿左右有阳文篆书“五铢”二字。范正面中心有直径 1 厘米的短圆柱形直浇道，柱高于沿平，柱底开四条内浇道与四枚钱模相通，这四枚钱模遍廓又分别与其四枚钱遍廓相通，钱模四周设计五对榫卯。范背面一周凸沿，中间十字形扉棱把范背平均分成四格。左边上、下两格为阴文隶书铭文，上格：“建武七年三月丙中，□通丞或□史”，下格：“太仆监掾苍考工，鸠（?）工周仪造。”1972 年 8 月 28 日阜南县合作社拣选，阜阳市博物馆藏。

30. 新莽“次布九百”布币

新莽“次布九百”布币，新莽货币。铜质，铲形，首有穿孔，正面铸有“次布九百”四阳文垂针体篆字，笔画纤细清晰。通体高 5. 3 厘米、宽 2. 2 厘米。首高 1. 3 厘米、宽 1. 2 厘米，穿孔直径 0. 35 厘米。1982 年界首城郊河北乡刘腰庄出土，1984 年 9 月界首文物工作组征集，现藏界首县文物管理所。

31. 汉“李师作□”铭铜弩机

汉“李师作□”铭铜弩机，兵器，青铜质。弩机郭体上面前窄后宽，至望山处有一箭槽，双牙位于槽两侧，郭体侧前后各有销钉圆孔。郭下有一悬刀，悬刀体一侧内凹，内铸有阳文“李师作□”四字。残缺，两销钉、芯卡不存。长 12. 2 厘米、宽 13. 2 厘米、高 3. 3 厘米。1984 年临泉县城西南赵湾流鞍河工地出土，临泉县博物馆藏。

（三）玉石器

1. 汉代玉蝉

汉代玉蝉，青玉质，温润光亮，局部有沁色。体宽平，头部双目外突，嘴角分明，弧线形蝉翼覆盖着蝉身，尾和双翅呈三角形，锋尖锐。长

6.29、宽3厘米。1963年阜阳县南郊出土，阜阳市博物馆藏。

2. 汉谷纹玉璧

汉谷纹玉璧，青玉质，体扁平圆形，中部有圆孔。璧内外缘阴线刻弦纹一周，内满饰排列整齐的谷纹，两面纹饰相同，局部有黄褐色沁斑。外径8.7厘米、内径2.4厘米、厚0.35厘米。1986年5月阜阳潘寨张传民出售，阜阳市博物馆藏。

3. 汉玉眼罩

汉玉眼罩，青玉质，体表有沁斑，体扁薄，中部宽，渐向两端窄收，两末端各有一圆穿。一件残，截裂两块，长4.85厘米、宽2.4厘米。1975年阜阳县城郊汉墓出土，阜阳市博物馆藏。

4. 西汉浮雕玉璏

西汉浮雕玉璏，白玉质，有黄色沁斑。正面略呈长方形，一头向下弧形弯曲，一头斜平，上浮雕一虎，虎颈向后，长尾卷，四肢蜷伏。侧面为一长方形穿。整体完好，正面虎腿爪部有裂纹。1979年10月13日阜阳城郊斜庄张志强出售，阜阳市博物馆藏。

5. 西汉琉璃蝉

西汉琉璃蝉，琉璃质，色泽灰白，体扁平，中厚边薄，蝉首圆雕，双目外凸，尾翅呈三角形，以寥寥数条斜线（俗称“汉八刀”技法）勾出蝉胸、腹、背及双翼等纹饰特征。整体完整，布满腐蚀麻点，正面左翅中部上方有一谷粒大的凹坑。1976年3月阜阳城郊岳新储砦徐伯出售，阜阳市博物馆藏。

6. 西汉玉人佩

西汉玉人佩，青玉质，表面有褐色沁斑。器呈扁圆体，中间厚，两边薄，横截面近似梭形。圆雕。玉人作袖手站立状，头戴向右侧外伸下垂的冠帽，脑后阴线刻发丝压于冠下。圆脸，五官用浅浮雕琢出。身着右衽交领宽袖长袍，袍上满饰变形菱形花纹。腰间系挂一圆璧形玉佩饰。肩上雕刻一平直板状物，其前后立面琢刻排列密集的细纹线。脚蹬履。背面下端双足处有一直径0.8厘米、深0.9厘米的圆孔，可用于插嵌在其他物体上。冠帽顶端的中部有一0.4~0.45厘米钻孔，由此观察，这件玉人似为“组佩”之一。宽 3.2 厘米、高 5.7 厘米。1975 年 3 月涡阳县稽山崖墓出土，阜阳市博物馆藏。

7. 西汉玉舞人佩

西汉玉舞人佩，白玉质，局部有白色沁斑。两件，体扁平片状，一大一小，造型相同。舞女作翘袖表演舞蹈折腰状，舞者穿右衽交领长裙，腰束扁带，裙裾曳地。其身体向左倾，腰肢纤细，臀向右翘，头微向右侧，舒长袖而舞。右手举臂扬袖过顶，左手甩袖于腿前。五官和衣纹以单阴线勾饰，上下端各有一小孔。两面纹饰相同。大件底边角略残。一件下角有残，一件于裙处有一道裂纹约 1 厘米。一件高 4.4 厘米、头宽 1.9 厘米；一件高 3.8 厘米、头宽 1.8 厘米。1969 年 4 月 16 日临泉县西郊古城曾庄出土，阜阳市博物馆藏。

8. 西汉鎏金铜座玉杯

西汉鎏金铜座玉杯，玉质白色，局部黄褐色沁。杯由玉杯身和铜杯座组合而成，杯身直筒形，平口，直腹，平素无纹饰，下端卡入铜座。器壁打磨光滑，有裂痕。杯座上部盏形，饰一对鎏金凤鸟纹；中部细高柄，上下各饰凹弦纹；矮圈足底，饰变形凤鸟纹，外底内凹，饰卷云纹。玉杯上部杯体有明显的粘合后留下的痕迹，杯座上口沿铜质较薄，有残缺。口径 4.9 厘米、底径 4.2 厘米、高 8.1 厘米。1975 年 3 月涡阳县嵇山崖墓出土，阜阳市博物馆藏。

（四）漆木器

1. 六壬栻盘

六壬栻盘，西汉天文占盘，木质漆器，由上、下盘扣合而成。上盘圆形，直径 9.5 厘米、厚 0.15 厘米。盘心有小孔，有轴与下边方盘相通，面刻北斗星，边缘分三层刻画：外层按逆时针方向刻二十八宿，中层刻二十八个小圆点于各宿的顶上，里层刻十二月次。下盘方形，边长 13.5 厘米、厚 1.3 厘米，中间放小圆盘处稍凸。方盘边至圆盘间刻两道方框线，框内、外有三层文字：外层为二十八星宿，每边七宿；中间层为十二地支，每边三个；内层是天干，每边 2 个，并把戊巳刻在四角。在内层的四角分别刻

“天巳”“土斗戊”“人日巳”“鬼月戊”。天干、地支顶上都刻有一小圆点。背部素面。1977 年 7 月阜阳西汉汝阴侯墓葬时出土，阜阳市博物馆藏。

2. 太乙九宫占盘

太乙九宫占盘，西汉天文占盘，木质漆器，分上、下盘，上面的小圆盘放在下面的凹槽内。上盘直径 8.5 厘米、厚 0.3 厘米，下为方盘，边长 14.2 厘米。两盘中心有圆孔通连。小圆盘过圆心划 4 条等分线，在每条等分线两端刻“一君”对“九百姓”，“二”对“八”，“三”对“七将”，“四”对“六”。绕圆心刻“吏”“招”“摇”“也”四个字。方盘在圆盘槽外至边缘中间画一方框线，框内外按四面八方刻有文字。框外按顺时针的次序为“立春天溜廿廿六日废明日”“夏至上天廿廿六日废明日”“立秋玄委廿廿六日废明日”“秋兮仓果廿廿五日废明日”“立冬新洛廿廿五日废明日”“东至叶蛰廿廿六日废明日”。框内依次为“当者病”“当者有喜”“当者有戮”“当者显”“当者死”“当者有盗争”“当者有患”“当者有忧”。方盘的背面通过圆心画一个十字线，在四等分里面各划一个“”形，在直角平分线与十字线顺序刻划：“第一子夜半冬至右行”“第三夏至”“第二冬至平坦”“第四夏至”“第三七年辛酉日中冬至”“第四夏至”“第四冬至日入”“第二夏至”。1977 年 7 月阜阳县汝阴侯墓出土，阜阳市博物馆藏。

3. 二十八宿圆仪

二十八宿圆仪，西汉天文占盘，木质漆器，由上、下盘组成。上盘直径 23.6 厘米、厚 0.4 厘米，下盘径 25.6 厘米、厚 0.5 厘米。上、下盘均为圆形，两盘中心有圆孔相通。原来孔中应有小轴，上盘可以转动。上盘面刻六颗圆点，与盘心孔组成北斗星图像。过圆心划有十字线，边缘密布一周小圆孔，孔如谷米大，不透穿，计有 365 孔。下盘刻二十八宿星名及其距度、宿名，与上盘小圆孔正相接对。二十八宿的刻画日依逆时针方向不等距排列，其顺序为：角十二、亢十一、氐十二、房七、心十一、尾九、箕十、斗二十二、牵牛九、婺女十、虚十四、危六、营室二十、东壁十五、奎十四、娄十五、胃十一、卯十五、毕十五、觜六、参九、东井二

十六、舆鬼五、柳十八、七星十二、张二、翼二、轸二。1977 年 7 月阜阳县汝阴侯墓出土，阜阳市博物馆藏。

4. 阜阳汝阴侯墓汉简

西汉简牍，破损残碎严重。经整理有《仓颉篇》《诗经》《周易》《万物》《吕氏春秋》《万物》《作务员程》等二十余种典籍，均为秦末汉初之际的珍贵文献，如《仓颉篇》120 余片，存 540 余字，约有 40 个较完整的小节或句子，是此书亡佚千年后最重要的一次发现；《诗经》170 余片，有《周南》《召南》《邶》《鄘》《卫》《王》《郑》《齐》《魏》《唐》《秦》《陈》《曹》《豳》十四国风 65 首残文及《小雅》《鹿鸣之什》4 首残文。《周易》近 600 片，有今本《周易》六十四卦中的四十多卦，涉及卦辞、爻辞的约 200 片，与今本不同的卜事之辞约 400 片等。目前阜阳汉简已整理出 3809 片，计有 16938 字，除已发表的材料外，尚有部分残存两字、三字的简书未能整理发表。1977 年 7 月阜阳县汝阴侯墓出土，阜阳市博物馆藏。

（五）其他

1. 东汉铅质镇墓券

东汉镇墓券，铅质，体长方形薄片状，色泽灰暗，正面刻铸铭文："元延至死时，家室甚痛，帐帷宿之，不敢失时，趋走卜问，良日口口，东西迎工（巫），南北迎医，（钱）财尽朔（索），非有狐疑。元延女凉自薄命禄尽，夭年逢灾，宗疾（族）悲痛伤侧（恻），处生痴人为元延解补，镜籢（奁）踈（梳）比（篦），衣被禅覆，绔袍长繻，至有城郭棘室，鸡豚狗猪，所有皆具，状如生人之送。元延甚质，复来何来！前年枉死，延至今兹。家室悲伤，哭无解体。生人日夜蒿，死人日夜口，生人行地上，死人行地下。隋倪离署，谁当坐者，墓伯，丘丞，亲致比伍，自今以后，无得复丰。汝欲复丰，谁当坐者，持汝券齿，须鸟如白，大口口口，千秋万岁，无复相索，玉帝为之，自有部界，他如天帝符卷，律令。"残缺首部，其余断裂为六块。长 40 厘米、宽 5 厘米。1972 年 11 月 26 日阜阳县九里沟前马庄南地出土，阜阳市博物馆藏。

2. 石雕天禄

石雕天禄，镇墓兽，青石质。整器用一块石雕凿而成，足连长方形底板。体生独角，有双翼，呈昂首挺胸、三爪着地、前左爪前扬的姿态。齿尖牙锐，长尾曳地，神态威猛。高 120 厘米、长 182 厘米。1985 年 2 月临泉县艾亭集南 3 公里腰庄出土，临泉县博物馆藏。

第四章 三国魏晋南北朝时期

从魏文帝黄初元年（220）到晋武帝太康元年（280），是上承东汉，下启西晋的三国鼎立时期，形成了曹魏、蜀汉、孙吴三个独立政权。赤壁之战时，曹操被孙刘联军击败，奠定三国鼎立局面。公元220年，曹丕篡汉称帝，国号魏，是为三国历史正式开始。次年，刘备在成都延续汉朝，史称“蜀汉”；公元229年，孙权在东吴称帝，国号“吴”，史称孙吴。公元280年5月1日，孙吴亡于西晋，三国时期结束，历史进入晋朝时期。从宋武帝刘裕（420）代晋，至隋文帝开皇九年（589）为南北朝时期。

从公元220年东汉灭亡，到隋灭陈，完成统一，为三国魏晋南北朝时期，历时360多年，这是中国由统一走向分裂，又一次走向统一的时期。这也是中国从秦统一之后，分裂时间最长的历史时期。

冯天瑜先生等著《中华文化史》说：魏晋南北朝时期是中国历史上社会痛苦，政治混乱的时代，然而在文化史学家的眼中，魏晋南北朝“却是精神上极自由、极解放，最富于智慧、最浓于热情的一个时代”（宗白华《美学散步》）。《中华文化史》认为：所谓极自由、极解放，其标志有二：（一）定型于西汉中期的以经学为主干、以儒学独尊为内核的文化模式崩解，取而代之的是文化生动活泼的多元发展。（二）在文化的多元发展中，思维空前活跃，人们从不同角度去寻求和确定个体存在的意义和价值，从而将中华文化在“人不断解放自身”的文化生长轨道上向前推进了一大步。《中华文化史》的这个论述是正确的，其实这种变化在东汉中后期已经开始了。

东汉灭亡之后至三国鼎立时期（220—265），阜阳属于曹魏集团统治区。魏文帝黄初三年（222），分汝南郡东部建汝阴郡。曹魏政权结束了东汉以后我国北方地区混乱动荡的局面，阜阳的社会经济与文化得到了恢复发展。司马氏推翻曹魏，建立西晋政权（265—316），实现了国家的短暂统一。阜阳属于豫州，郡治汝阴县。不久又南北分裂，形成东晋南北朝时期战争频繁、社会动荡混乱的局面，阜阳地区是南北政权反复争夺的重要战场。残酷的战争严重破坏了社会生活秩序，导致本地区人口大量外迁。这一时期阜阳经济萧条、文化落后，社会建设缺少新成就。

魏晋南北朝时期，阜阳所在的淮河流域北部地区由于地处南北方政治军事势力对峙的分界线，因而战事不断。三国时期，阜阳属魏国，置汝阴、慎县等7县；西晋置汝阴郡，辖8县；西晋灭亡后，属后赵石勒政权，保留汝阴郡。东晋穆帝永和五年（370），前秦灭燕，汝阴属前秦。东晋孝武帝太元八年（383），在今淮南市八公山下的淮河之滨发生了著名的淝水之战，东晋大败前秦，收复黄河以南大片土地，于是汝阴归属东晋。南北朝时期，汝阴初属南朝宋。南朝宋文帝元嘉二十四年（447），文帝刘义隆“立皇子浑为汝阴王”；元嘉二十七年、北魏太武帝太平真君十二年（450），北魏军队南下攻打南朝宋，汝阴归北魏。北魏文成帝和平二年、南朝宋孝武帝大明五年（461），北魏文成帝拓跋濬封其弟拓跋天赐为汝阴王；大明八年（464），南朝宋收复汝阴地，置汝阴郡。南朝宋明帝泰始三年（467）二月，北魏西河公拓跋石率军围攻汝阴城，被南朝宋汝阴太守张超（字景远）击败；张超病死，军主杨文苌代为汝阴太守，坚守汝阴。宋泰始五年（469），北魏再次进攻，宋派骁骑将军吴喜支援杨文苌，打败了魏军。次年，北魏再攻汝阴，吴喜不来支援，城中粮尽，被魏兵攻陷。太和二十年（496），北魏孝文帝拓跋元宏封拓跋景为汝阴王。南朝梁武帝大通二年、北魏孝庄帝建义元年（528）始，北魏发生内乱，“降附相继”，汝阴入南朝梁；南朝梁武帝太清末年，汝阴属东魏。北齐文宣帝天宝六年、南朝梁敬帝太平元年（556），北齐占领汝阴。北周武帝建德七年（577），北周灭北齐，占领汝阴。三国两晋南北朝时期阜阳归属更替之频繁，足以说明包括阜阳在内的皖北地区战事之频繁以及社会、政局动荡之剧烈。

由于资料零散匮缺，阜阳三国魏晋南北朝时期的文化面貌及其特征，是多年阜阳历史研究中的一个薄弱环节。本章对近几十年来阜阳三国魏晋南北朝时期的文化研究成果进行了系统分类整理，全章分“文学”“宗教”“科技”“书法”“文物古迹”五节叙述，这些内容虽未能反映出此期阜阳文化的全貌，但亦可显示出阜阳文化发展演变的主要成就与显著特征。

第一节 文 学

三国魏晋南北朝历时三百六十多年，目前所知三国时期阜阳文学方面的人物和作品主要有：三国时期吴国的临泉人胡综和他的《黄龙大牙赋》《中分天下盟文》等；魏晋南北朝时期的北魏作家鲖阳董绍；还有西晋时期做过汝阴太守的嵇康之子嵇绍。有的留下少量作品，有的作品已经佚失。

三国是两汉的延续，其文化、文学尚未发生显著的变化，而到了魏晋南北朝时期，文学的状况与先秦两汉相比，已经发生了不小的变化，形成了自己不同的面貌。文风学风转变的主要表现是儒学衰抑，玄学昌盛，人们谈虚胜，辩玄理，尚清谈。同时，由于佛教传入中原，适应了当时社会的需要，又使此风大盛。《老子》《庄子》《易经》以及佛理，都是当时文士清谈辩难的重要内容。他们尚清谈而不重著述，这一点与两汉大为不同。西晋名士鲖阳毕卓，善《易》名家汝阴隗炤，则是这一方面的代表人物。他们也同样被写入正史、收入典籍，为今天的人们留下了他们的生活志趣与求索精神。

一、胡综：榱椽之佐　文章经国

三国时期阜阳的重要历史人物不多，但见之史传的都是孙吴政权的奠基人或开拓者。除了阜南的吕蒙、太和的吕范以外，还有临泉的胡综。在阜阳，吕蒙已经广为人知，而对胡综则知者甚少。相对于吕蒙来说，胡综可以说是一位文武全才，其为吴国榱椽之佐，文章经国，在《三国志》里是有定评的。胡综的事迹主要见于《三国志》卷六十二《吴书·胡综传》。

胡综（183—243），字伟则，豫州汝南郡固始（今安徽临泉县）人，是三国时期重要的辞赋家、散文家、文学家。胡综的文学成就，用曹丕《典论·论文》里的一段话评价比较合适，他说："盖文章，经国之大业，不朽之盛事。……是以古之作者，寄身于翰墨，见意于篇籍，不假良史之辞，不托飞驰之势，而声名自传于后。"《三国志》本传评曰："是仪、徐详、胡综，皆孙权之时干兴事业者也。仪清恪贞素，详数通使命，综文采才用，各见信任，辟之广厦，其榱椽之佐乎！"说胡综他们都是孙权时期支撑吴国栋梁的人物。《三国志》卷六十一《吴书·陆凯传》云："先帝外仗顾陆朱张，内近胡综、薛综，是以庶绩雍熙，邦内清肃。"钱基博先生《中国文学史》介绍胡综说："胡综，字伟则，汝南固始人。少孤，母将避难江东。综年十四，大帝（孙权）亦稚弱，以综侍读书。既而大帝统事，遂见信任；诸文诰策命，邻国书符，略皆综之所造也。"

胡综生于东汉灵帝光和六年（183），在他出生的第二年，黄巾起义爆发，一时青、徐、幽、冀、荆、扬、兖、豫八州狼烟四起，"苍天已死，黄天当立，岁在甲子（184），天下大吉"的谶语到处流传。胡综很小的时候父亲就去世了，因为当时的阜阳大地兵燹四起、烽火连绵，母亲只好带着他到江东避难。

汉献帝建安元年（196），孙策攻取会稽（今浙江绍兴），太守王朗降，孙策领会稽太守。胡综时年十四岁，比孙权小一岁，为门下循行，在吴郡（今江苏苏州）与孙权一起读书。论出身，可以说是孙吴大帝潜邸中的人物。

汉献帝建安五年（200）四月，孙策遇刺身亡，孙权任讨虏将军，任命胡综为金曹从事（州佐吏），并跟随其讨伐黄祖，拜鄂长（今湖北鄂州的行政长官）。

建安十四年，孙权任车骑将军，驻京口（今江苏镇江），征召胡综任书部，与是仪、徐详共掌簿书和军政机要事务。

胡综虽为文人，但并不是仅仅会在书斋里舞文弄墨、摇笔杆子的白面书生。刘备兵发白帝城，孙权因现有兵力很少，委派胡综到各县挑选6000人，于是设立两部解烦兵，胡综与徐详为左右部督。

东吴将领晋宗叛吴降魏，魏国任命晋宗为蕲春太守，多次侵扰长江边的城镇。孙权命胡综和贺齐率轻骑突袭晋宗，最后生擒晋宗，胡综加官建武中郎将。

孙权封吴王后，封胡综为亭侯，他曾与周鲂出兵讨伐作乱的将领彭绮。孙权称帝后，迁都建业（今江苏南京），任命胡综为侍中，进封都乡侯，与徐详兼左右领军。胡综后拜偏将军，兼任左执法，领辞颂。

胡综虽然不是只会摇笔杆子的文人，但御用文人仍然是他在东吴的主要角色。建安十四年（209），孙权任车骑将军驻京口时，即征召胡综任书部，与是仪、徐详共掌簿书和军政机要事务。孙权封吴王时，封胡综为亭侯。

黄武八年（229）四月，黄龙出现在夏口，群臣借此“祥瑞”建议孙权称帝，因瑞改元，改黄武八年为黄龙元年，“又作黄龙大牙，常在中军，诸军进退，视其所向，命综作赋。”大牙即大旗，军旗。胡综作《黄龙大牙赋》云：

> 乾坤肇立，三才是生。狼弧垂象，实惟兵精。圣人观法，是效是营，始作器械，爰求厥成。黄农创代，拓定皇基，上顺天心，下息民灾。

高辛诛共，舜征有苗，启有甘师，汤有鸣条。周之牧野，汉之垓下，靡不由兵，克定厥绪。明明大吴，实天生德，神武是经，惟皇之极。乃自在昔，黄虞是祖，越历五代，继世在下。应期受命，发迹南土，将恢大繇，革我区夏。乃律天时，制为神军。取象太一，五将三门；疾则如电，迟则如云，进止有度，约而不烦。四灵既布，黄龙处中，周制日月，实曰太常，桀然特立，六军所望。仙人在上，鉴观四方，神实使之，为国休祥。军欲转向，黄龙先移，金鼓不鸣，寂然变施，闇谟若神，可谓秘奇。在昔周室，赤乌衔书，今也大吴，黄龙吐符。合契河洛，动与道俱，天赞人和，佥曰惟休。

这篇赋首先回顾历史及传说中几次有名的以有道伐无道的征伐事迹，其用意无非是为东吴的征战找历史合理性的依据。从“明明大吴”到“革我区夏”，叙述吴国的远祖和崛起，是对吴国历史的颂扬。从“乃律天时”到赋文最后，是描写吴国军威之盛，与黄龙大牙随军而动，指挥裕如之状，最后以“天赞人和，佥曰惟休”之语作结，名为咏物，实为颂扬。

孙权称帝后，任命胡综为侍中，进封都乡侯，后拜偏将军，兼任左执法，领辞颂。《三国志》本传云：“凡自权统事，诸文告策命，邻国书符，略皆综之所造也。”东吴在孙权接手江东后，朝廷的许多重要法令、诰敕、策封以及与邻国的来往书函都出自胡综之手。“初以内外多事，特立科，长吏遭丧，皆不得去，而数有犯者。权患之，使朝臣下议。综议以为宜定科文，示以大辟，行之一人，其后必绝。遂用综言，由是奔丧乃断。”胡综曾建议孙权建章立制，明定律例，规定地方官擅离职守回家奔丧者处死。胡综于吴国典章制度之建立，颇多贡献。

《三国志·吴主传第二》说孙权即位改元之后的黄龙元年（229）六月，“蜀遣卫尉陈震庆权践位。权乃参分天下，豫、青、徐、幽属吴，兖、冀、并、凉属蜀。其司州之土，以函谷关为界。”孙权即皇帝位之后，蜀国派陈震为使节前来祝贺，孙权与来使划分了各自的势力范围，让胡综造为盟文，《三国志》曰：“综为盟文，文义甚美。”这篇赋名为《中分天下盟文》，赋云：

天降丧乱，皇纲失序；逆臣乘衅，劫夺国柄，始于董卓，终于曹操，穷凶极恶，以覆四海。至令九州幅裂，普天无统，民神痛怨，靡所戾止。及操子丕，桀逆遗丑，荐作奸回，偷取天位。而叡么麽，寻丕凶迹，阻兵盗土，未伏厥诛。昔共工乱象而高辛行师；三苗干度而虞舜征焉。今日灭叡，擒其徒党；非汉与吴，将复谁任？夫讨罪翦暴，必声其罪，宜先分裂，夺其土地，使士民之心，各知所归。是以春秋晋侯伐卫，先分其田以畀宋人；此其义也。

且古建大事，必先盟誓。故《周礼》有司盟之官，《尚书》有告誓之文。汉之与吴，虽信由中；然分土裂境，宜有盟约。诸葛丞相德威远著，翼戴本国，典戎在外，信感阴阳，诚动天地，重复结盟，广诚约誓，使东西士民咸共闻知。故立坛杀牲，昭告神明，再歃加书，副之天府。天高听下，灵威棐谌，司慎司盟，群神群祀，莫不临之。

自今日汉、吴既盟之后，戮力一心，同讨魏贼，救危恤患，分灾共庆；好恶齐之，无或携贰。若有害汉，则吴伐之；若有害吴，则汉伐之；各守分土，无相侵犯。传之后叶，克终若始。凡百之约，皆如载书；信言不艳，实居于好。有渝此盟，创祸先乱，违贰不协，慆慢天命；明神上帝，是讨是督；山川百神，是纠是殛；俾坠其师，无克祚国。于尔大神，其明鉴之！

盟誓之文是中国古代的一种文体，是先秦时代最为常用的应用文体之一，《文心雕龙》中有《祝盟》篇，对这种文体有介绍。盟誓制度从其萌芽到形成经历了相当长的历史时期。古代人们出于对神祇的共同敬畏，为了互相取信，对神灵做出信守诺言的保证，是盟誓出现的社会基础。

胡综所写的这篇盟文首先叙述了东汉末年天下大乱的情况，谴责了曹操和称帝的曹丕、曹叡，接着表达了吴汉携手讨伐曹魏的决心，引“古建大事，必先盟誓，故《周礼》有司盟之官，《尚书》有告誓之文”，说明盟誓的必要，“汉之与吴，虽信由中，然分土裂境，宜有盟约”，“使东西士民咸共闻知”，“若有害汉，则吴伐之。若有害吴，则汉伐之。各守分土，无相侵犯。传之后叶，克终若始。”最后是面对上天做出的承诺：“有渝此盟，创祸先乱，违贰不协，慆慢天命；明神上帝，是讨是督；山川百神，是纠是殛；俾坠其师，无克祚国。于尔大神，其明鉴之！”盟文虽只有短短五百字，条理清晰，文气连贯，有一气呵成之感。

钱基博先生《中国文学史》在引用这篇盟文后评论说：“辞气铿訇，点窜《左氏》，而颇雅练，得班、蔡之意；不如建安七子之蹈厉发扬也。”

《三国志》本传说：

权下都建业，详、综并为侍中，进封乡侯，兼左右领军。时魏降人或云魏都督河北振威将军吴质，颇见猜疑，综乃伪为质作降文三条：

其一曰：“天纲弛绝，四海分崩，群生憔悴，士人播越，兵寇所加，邑无居民，风尘烟火，往往而处，自三代以来，大乱之极，未有若今时者也。臣质志薄，处时无方，系於土壤，不能翻飞，遂为曹氏执事戎役，远处河朔，天衢隔绝，虽望风慕义，思托大命，愧无因缘，得展其志。每往来者，窃听风化，伏知陛下齐德乾坤，同明日月，神武之姿，受之自然，敷演皇极，流化万里，自江以南，户受覆焘。英雄俊杰，上达之士，莫不心歌腹咏，乐在归附者也。今年六月末，奉闻吉日，龙兴践阼，恢弘大繇，整理天纲，将使遗民，睹见定主。昔武王伐殷，殷民倒戈；高祖诛项，四面楚歌。方之今日，未足以喻。臣质不胜昊天至愿，谨遣所亲同郡黄定恭行奉表，乃托降叛，间关求达，其欲所陈，载列于左。”

其二曰：“昔伊尹去夏入商，陈平委楚归汉，书功竹帛，遗名后世，世主不谓之背诞者，以为知天命也。臣昔为曹氏所见交接，外托君臣，内如骨肉，恩义绸缪，有合无离，遂受偏方之任，总河北之军。当此之时，志望高大，永与曹氏同死俱生，惟恐功之不建，事之不成耳。及曹氏之亡，后嗣继立，幼冲统政，谗言弥兴。同侪者以势相害，异趣者得间其言，而臣受性简略，素不下人，视彼数子，意实迫之，此亦臣之过也。遂为邪议所见构会，招致猜疑，诬臣欲叛。虽识真者保明其心，世乱谗胜，馀嫌犹在，常惧一旦横受无辜，忧心孔疚，如履冰炭。昔乐毅为燕昭王立功於齐，惠王即位，疑夺其任，遂去燕之赵，休烈不亏。彼岂欲二三其德，盖畏功名不建，而惧祸之将及也。昔遣魏郡周光以贾贩为名，托叛南诣，宣达密计。时以仓卒，未敢便有章表，使光口传而已。以为天下大归可见，天意所在，非吴复谁？此方之民，思为臣妾，延颈举踵，惟恐兵来之迟耳。若使圣恩少加信纳，当以河北承望王师，款心赤实，天日是鉴。而光去经年，不闻咳唾，未审此意竟得达不？瞻望长叹，日月以几，鲁望高子，何足以喻！又臣今日见待稍薄，苍蝇之声，绵绵不绝，必受此祸，迟速事耳。臣私度陛下未垂明慰者，必以臣质贯穿仁义之道，不行若此之事，谓光所传，多虚少实，或谓此中有他消息，不知臣质构谗见疑，恐受大害也。且臣质若有罪之日，自当奔赴鼎镬，束身待罪，此盖人臣之宜也。今日无罪，横见谮毁，将有商鞅、白起之祸。寻惟事势，去亦宜也。死而弗义，不去何为！乐毅之出，吴起之走，君子伤其不遇，未有非之者也。愿陛下推古况今，不疑怪於臣质也。又念人臣获罪，当如伍员奉己自效，不当侥幸因事为利。然今与古，厥势不同，南北悠远，江湖隔绝，自不举事，何得济免！是以忘志士之节，而思立功之义也。且臣质又以曹氏之嗣，非天命所在，政弱刑乱，柄夺於臣，诸将专威於外，各自为政，莫或同心，士卒衰耗，帑藏空虚，纲纪毁废，上下并昏，想前后数得降叛，具闻此问。兼弱攻昧，宜应天时，此实陛下进取之秋，是以区区敢献其计。今若内兵淮、泗，据有下邳，荆、扬二州，闻声响应，臣从河北席卷而南，形势一连，根牙永固。关西之兵系於所卫，青、徐二州不敢御守，许、洛馀兵，众不满万，谁能来东与陛下争者？此诚千载一会之期，可不深思而熟计乎！及臣所在，既自多马，加以羌胡常以三四月中美草时，驱马来出，隐度今者，可得三千馀匹。陛下出军，当投此时，多将骑士来就马耳。此皆先定所一二知。凡两军不能相究虚实，今此间实羸，易可克定，陛下举动，应者必多。上定洪业，使普天一统，下令臣质建非常之功，此乃天也。若不见纳，此亦天也。愿陛下思之，不复多陈。"

其三曰："昔许子远舍袁就曹，规画计较，应见纳受，遂破袁军，以定曹业。向使曹氏不信子远，怀疑犹豫，不决于心，则今天下袁氏有也。愿陛下思之。间闻界上将阎浮、赵楫欲归大化，唱和不速，以取破亡。今臣款款，远授其命，若复怀疑，不时举动，令臣孤绝，受此厚祸，即恐天下雄夫烈士欲立功者，不敢复托命陛下矣。愿陛下思之。皇天后土，实闻其言。”

“此文既流行，而质已入为侍中矣。”吴质出身寒门，早年入曹操幕，以文才为曹植、曹丕所重。及明帝曹叡即位之后，吴质颇见猜疑。降文中“及曹氏之亡，后嗣继立，幼冲统政，谗言弥兴。同侪者以势相害，异趣者得间其言，而臣受性简略，素不下人”，揣摩描写颇为近实。胡综伪作的三条降文流传之后，吴质虽未降吴，但不久就被夺去兵权，召为侍中，第二年就去世了。

钱基博先生《中国文学史》说：“时魏降人，或云魏都督河北振威将军吴质颇见猜疑。综乃伪为质作降文，反复低昂，亦有辞观；其文既布，而质召入侍中矣。质，字季重，济阴人，以文才为魏文帝兄弟所赏；尤工笔札，曹植称其文采委曲；传有《答魏太子笺》、《答东阿王书》，优柔怿怀，而稍未遒。然文秀而质羸，亦王粲之亚也。”胡综还有《请立诸王表》《议奔丧》《太子宾友目》等。

胡综有识人之明。孙权称帝后的第二年（223），青州人隐蕃受曹魏派遣，诈降东吴。隐蕃给孙权上书云：“臣闻纣为无道，微子先出；高祖宽明，陈平先入。臣年二十三，委弃封域，归命有道，赖蒙天灵，得自全致，臣至止有日，而主者同之降人，未见精别，使臣微言妙旨，不得上达。於邑三叹，曷惟其已。谨诣阙拜章，乞蒙引见。”孙权见书，立即召见。蕃谢答问，言谈机敏，及陈时务，甚有辞观。

孙权见隐蕃对答如流，辞美言切，甚有好感，想重用他。左将军朱据，廷尉郝普也都认为隐蕃有王佐之才，应该重用。孙权向胡综征求意见，胡综对曰：“蕃上书，大语有似东方朔，巧捷诡辩有似祢衡，而才皆不及。”孙权又问：“可堪何官?”胡综对曰：“未可以治民，且试以都辇小职。”孙权因隐蕃盛论刑狱，用为廷尉监。廷尉郝普与蕃特别亲善，常与蕃怨叹其屈。后来隐蕃谋叛，被孙权诛之。事连郝普，普受谴自杀。由此，孙权知胡综有识人之智，遂任命其为偏将军兼左执法，领辞讼。

由于胡综从小就与孙权在一起，深受孙权信任。嘉禾元年（232），辽东公孙渊向东吴称降，孙权主张接纳，辅吴将军张昭大力反对，二人相持不下，孙权大怒。胡综从中斡旋，帮助他们二人和解。

胡综生性嗜酒，推杯换盏，欢呼纵情，酒后扑打身边人，“权爱其才，弗之责也。”（《三国志》）

胡综是东吴的重要人物，对后世亦有很大影响，除《三国志》的记载以外，亦有《胡综别传》流传。唐虞世南的《北堂书钞》卷一三五、唐欧阳询《艺文类聚》卷七十、唐段成式的《酉阳杂俎》卷十一、北宋李昉《太平广记》卷一九七，都从《别传》摘录了一段故事：

吴孙权时，有掘地得铜匣长二尺七寸，以琉璃为盖，雕镂其上。得一白玉如意，所执处皆刻龙虎及蝉形。时莫能识其所由者。权以综多悉往事，使人问之。综云：“昔秦始皇东游，以金陵有天子气，乃改县名。并掘凿江湖，平诸山阜，处处辄埋宝物，以当王土之气。事见于《秦记》，此盖是乎。”众人咸叹其洽闻而怅然自失。

东吴孙权时，有人掘地得到一个铜匣，长二尺七寸，上有琉璃盖，匣上雕刻着花纹。又得到一个白色玉石如意，手执的地方刻着龙、虎、蝉形图案。当时，谁也不知道这物件的来由，孙权知道胡综博学多闻，对过去的事情很熟悉，便派人去问。胡综说：“当年秦始皇东游，认为金陵一带有天子气，便改了县名，掘江挖河，推平山丘，并在各地埋下宝物，用这种办法破坏王土之气，此事在《秦记》上有记载，这些东西就是当年埋下的宝物。”众人都表示叹服，感到很惭愧。这一段文字，经常被引用为玉如意产生时期的史料。

赤乌六年（243），胡综去世，终年六十一岁。胡综子胡冲继承都乡侯爵位。胡冲性情平和有文才，天纪年间任中书令。三国吴天纪中（277—280），晋灭吴后，胡冲仕晋为尚书郎，吴郡太守。

二、汝阴太守嵇绍

嵇绍（252—304），字延祖，谯国铚（今安徽宿州西）人，嵇康子。嵇绍十岁时，父亲嵇康被司马昭（晋文帝）杀害。晋武帝（司马昭子司马炎）咸宁五年（279），山涛领吏部，乃言与武帝，授秘书丞。入洛阳，人见之，目为“昂昂然如野鹤之在鸡群”。裴頠亦器重之。累迁汝阴太守。丁母忧，服阕，起为徐州刺史。后以长子丧去职。

嵇绍传列《晋书》忠义传第一。永兴元年（304），八王之乱，河间王与成都王起兵，京城告急。东海王越挟惠帝东讨成都王颖，“绍以天子蒙尘，承诏驰诣行在所”。惠帝军败于荡阴，颖军进逼，“百官及侍卫莫不溃散，唯绍俨然端冕，以身捍卫，交兵御辇，飞箭雨集”，在百官与侍卫都溃散的危急关头，嵇绍用自己的身体抵挡箭矢，护卫武帝，“遂被害于帝侧，血溅御服，天子深哀叹之。及事定，左右欲浣衣，帝曰：‘此嵇侍中血，勿去。’”元帝即位（317），赐谥曰忠穆。不过，对于嵇绍之死，历代评论甚多，褒贬不一。但从维护国家统一、社会稳定角度看，还是应该予以肯定的。

嵇绍做汝阴太守一事见于《晋书》本传，但无具体时间。魏晋文史专家顾农先生依据相关资料考证说：《晋书》卷八十九本传略云：“嵇绍字延祖，魏中散大夫康之子也。十岁而孤……乃发诏征之，起家为秘书丞。绍始入洛，或谓王戎曰：‘昨于稠人中始见嵇绍，昂昂然如野鹤之在鸡群。’戎曰：‘君复未见其父耳。’累迁汝阴太守……转豫章内史，以母忧，不之官。服阕，拜徐州刺史。时石崇为都督，性虽骄暴，而绍将之以道，崇甚亲敬之。后以长子丧去职。”

按嵇绍之出仕是由于吏部主官山涛的提名推荐，《晋书》卷四十三《山涛传》载：“咸宁初，转太子少傅，加散骑常侍，除尚书仆射，加侍中，领吏部。”如果嵇绍起家为秘书丞在他二十五岁时，则为咸宁三年（277），与《晋书·山涛传》相应；如果嵇绍迁太守在此后十年，则当太康八年（287），任太守应有三数年。所以，如果说嵇绍于太康十年（289）前后任汝阴太守，或应无大错。

又石崇为青徐都督在元康六年（296），而嵇绍任汝阴太守应有若干年，中间又服母丧三年，至此时拜徐州刺史，与石崇一度共事，时间亦大体相当。

嵇绍是魏晋时文学家、诗人。性旷达而能自俭，山涛称其“平俭温敏，有文思，又晓音”。有集二卷，《隋书》《唐书》有著录，已佚。今存

《赠石季伦》诗一首，见《文选》卷二十三、《艺文类聚》卷二十三、《诗纪》卷三十，诗云：

人生禀五常，中和为至德。嗜欲虽不同，伐生所不识。
仁者安其身，不为外物惑。事故诚多端，未若酒之贼。
内以损性命，烦辞伤轨则。屡饮致疲怠，清和自否塞。
阳坚败楚军，长夜倾宗国。诗书著明戒，量体节饮食。
远希彭聃寿，虚心处冲默。茹芝味醴泉，何为昏酒色。

石季伦即石崇（249—300），字季伦，泰康元年（280）以伐吴有功，封安乡侯。惠帝即位（290），以忤杨骏，出为南中郎将，荆州刺史。在荆州，劫掠客商，乃益豪富。元康六年，出为征虏将军，监青徐诸军事。在徐州，与刺史嵇绍颇相礼敬。石崇性骄奢，昼夜饮宴，绍作诗劝谏之，即为此诗。

嵇绍文章今存五篇：《上惠帝疏》《上惠帝疏》《张华不宜复爵仪》《谏齐王书》，见《晋书》本传；《文选》《世说新语·言语》注、《全上古三代秦汉三国六朝文》；其《叙赵至》一文见《世说新语·言语篇》注，记及其父，是了解嵇康生平的重要资料。

三、善《易》隗炤

柳诒徵先生《中国文化史》论中古文化时说：魏晋人喜谈《易》，善谈《易》，“聚徒讲说者，乃盛见于史策。讲说之法，亦多标于史。”《世说新语·文学》：“宣武（桓温）集诸名胜讲《易》，日说一卦。简文（简文帝司马昱）欲听，闻此便还，曰：‘义当有难易，其以一卦为限邪！’”

《晋书》卷九十五，列传第六十五《艺术》云：“艺术之兴，由来尚矣。先王以是决犹豫，定吉凶，审存亡，省祸福。曰神与智，藏往知来；幽赞冥符，弼成人事；既兴利而除害，亦威众以立权，所谓神道设教，率由于此。然而诡托近于妖妄，迂诞难可根源，法术纷以多端，变态谅非一绪，真虽存矣，伪亦凭焉。圣人不语怪力乱神，良有以也。逮丘明首唱，叙妖梦以垂文，子长继作，援龟策以立传，自兹厥后，史不绝书。汉武雅好神仙，世祖尤耽谶术，遂使文成、五利逞诡诈而取宠荣，尹敏、桓谭由忤时而婴罪戾，斯固通人之所蔽，千虑之一失者乎！详观众术，抑惟小道，弃之如或可惜，存之又恐不经。载籍既务在博闻，笔削则理宜详备，晋谓之《乘》，义在于斯。今录其推步尤精、伎能可纪者，以为《艺术传》，式备前史云。”这里所说的“艺术”，实际即占卜谶纬一类。在《世说》中，归入“文学”一类。

《晋书》艺术列传介绍了汝阴隗炤，说他善《易》，即精通《易经》，这可以归入古代的文学之列，即隗炤是研究《易经》的专家。隗炤以善《易》入正史，是史书所记载的阜阳历史上最早的研究《易经》的名家，其传记云“隗炤，汝阴人也。善于《易》。临终，书版授其妻曰：‘吾亡后当大荒穷，虽尔，慎莫卖宅也。却后五年春，当有诏使来顿此亭，姓龚，此人负吾金，即以此版往责之，勿违言也。’炤亡后，其家大困乏，欲卖宅，忆夫言辄止。期日，有龚使者止亭中，妻遂赍版往责之。使者执版惘然，不知所以。妻曰：‘夫临亡，手书版见命如此，不敢妄也。’使者沈吟良久而悟，谓曰：‘贤夫何善？’妻曰：‘夫善于《易》，而未曾为人卜也。’使者曰：‘噫，可知矣！’乃命取蓍筮之，卦成，抚掌而叹曰：‘妙哉隗生！含明隐迹，可谓镜穷达而洞吉凶者也。’于是告炤妻曰：‘吾不相负金也，贤夫自有金耳，知亡后当暂穷，故藏金以待太平，所以不告兒妇者，恐金尽而困无已也。知吾善《易》，故书版以寄意耳。金有五百斤，盛以青甕，覆以铜柈，埋在堂屋东头，去壁一丈，入地九尺。’妻还掘之，皆如卜焉。”

在颍州旧志中，最早记载善《易》隗炤的是《嘉靖颍州志》，其材料来自于《晋书》，有节略。正德《颍州志》卷之一《山川》：“金沟，在此乡岳厢西，距州一百二十馀里……疑晋时隗炤所居相近也。”

四、西晋名士鲖阳毕卓

柳诒徵先生《中国文化史》说：“东汉之际，由朴学而趋游谈，士之善谈论者辄获盛名，或为美语，相为品题；或以核论，高下人物，此一时之风气也。汉、魏之际，乘时趋势者，不以道义为重。旷达之士，目击衰乱，不甘隐蔽，则托为放逸，而何晏、王弼，遂开清谈之风。”汝南、颍川、汝颍一带，风气尤炽。《晋书》卷六十二《祖纳》传：“纳字士言，最有操行，能清言，文义可观。……时梅陶及钟雅数说馀事，纳辄困之，因曰：‘君汝颍之士，利如锥；我幽冀之士，钝如槌。持我钝槌，捶君利槌，皆当摧矣。’陶、雅并称‘有神锥，不可得槌’。纳曰：‘假有神锥，必有神槌。’雅无以对。”《太平御览》卷三九八：“祖士言（祖纳）与钟雅语相调，钟语祖曰：‘我汝颍之士利如锥，卿燕代之士钝如锤。’祖曰：‘以我钝锤，打尔利锥。’钟曰：‘自有神锥，不可得打。’祖曰：‘既有神锥，必有神锤。’钟遂屈。”《太平广记》卷二五三等亦有记。

清谈者崇尚老、庄，不以著述为尚，以任天率真为贵。《晋书·儒林传》云：魏晋名士“指礼法为流俗，目纵诞以清高”，纵诞亦云任诞，为任性放纵之意。任诞行为离不开酒，酒是魏晋风度的核心。毕卓，就是魏晋时期一位纵酒的名士，《晋书》卷四十九有传：“毕卓，字茂世，新蔡鲖阳人也。父谌，中书郎。卓少希放达，为胡毋辅之所知。太兴末，为吏部郎，常饮酒废职。比舍郎酿熟，卓因醉，夜至其瓮间盗饮之，为掌酒者所缚，明旦视之，乃毕吏部也，遽释其缚。卓遂引主人宴于瓮侧，致醉而去。卓尝谓人曰：‘得酒满数百斛船，四时甘味置两头，右手持酒杯，左手持蟹螯，拍浮酒船中，便足了一生矣。’及过江，为温峤平南长史，卒官。”

新蔡鲖阳，即今临泉县鲖城镇，《资治通鉴》卷八十二注云：“帝分汝阴置新蔡郡。”《晋中兴书》曰：“毕卓字茂世，新蔡人，少傲达，为胡毋辅之所知。太兴末为吏部郎，尝饮酒废职。比舍郎酿酒熟，卓因醉，夜至其瓮间取饮之。主者谓是盗，执而缚之。知为吏部也，释之。卓遂引主人宴瓮侧，取醉而去。温峤素知爱卓，请为平南长吏，卒。”

毕卓与光逸、谢鲲、阮放、羊曼、桓彝、阮孚、胡毋辅之，被时人谓之“八达”。《晋书》卷四十九《光逸传》亦载毕卓事迹：“光逸，字孟祖，乐安人也。……后举孝廉，为州从事，弃官投（胡毋）辅之。辅之时为太傅越从事中郎，荐逸于越，越以门寒而不召。越后因闲宴，责辅之无所举荐。辅之曰："前举光逸，公以非世家不召，非不举也。"越即辟焉。书到郡县，皆以为误，审知是逸，乃备礼遣之。寻以世难，避乱渡江，复依辅之。初至，属辅之与谢鲲、阮放、毕卓、羊曼、桓彝、阮孚散发裸袒，闭室酣饮已累日。逸将排户入，守者不听，逸便于户外脱衣露头于狗窦中窥之而大叫。辅之惊曰：'他人决不能尔，必我孟祖也。'遽呼入，遂与饮，不舍昼夜。时人谓之八达。"

柳诒徵先生《中国文学史》又云：晋室之兴，世乱未已，名士达官，不治世务，翕然倾响，祖尚浮虚。《晋书·王衍传》："衍有盛才美貌，明悟若神，……兼声名藉甚，倾动当时。妙善玄言，唯谈老庄为事。"《资治通鉴》卷八十二《惠帝元康七年（297）》："是时，王衍为尚书令，南阳乐广为河南尹，皆善清谈，宅心事外，名重当世，朝野之人，争慕效之。……王澄及阮咸、咸从子脩、泰山胡毋辅之、陈国谢鲲、城阳王展、新蔡毕卓，皆以任放为达，至于醉狂裸体，不以为非。胡毋辅之尝酣饮，其子谦之窥而厉声呼其父字曰：'彦国！年老，不得为尔！'辅之欢笑，呼入共饮。毕卓尝为吏部郎，比舍郎酿熟，卓因醉，夜至瓮间盗饮之，为掌酒者所缚，明旦视之，乃毕吏部也。乐广闻而笑之曰：'名教内自有乐地，何必乃尔！'"

《晋书》卷四十九史臣曰："……吏部盗尊，岂以世疾名流，兹焉自垢？……轨躅之外；或有可观者焉。咸能符契情灵，各敦终始。"

五、北魏作家鲖阳董绍

董绍，北魏作家，字兴远，新蔡鲖阳（今安徽临泉鲖城镇）人，生卒年不详，其卒年约在西魏大统初年（536）。《魏书》卷七十九有传："董绍，字兴远，新蔡鲖阳人也。少好学，颇有文义。起家四门博士，历殿中侍御史、国子助教、积射将军、兼中书舍人。辩于对问，为世宗所赏。"北魏孝文帝（元宏，显祖）太和二十年（496），刘芳上表请立四门博士，又称四门小学博士。魏宣武帝（元恪，世宗）正始四年（507）下诏修小学四门，延昌二年（517）修成，有博士四十人，教授学生。《魏书·儒林传》载，北魏时创立四门小学，选用儒生充任博士，以传授儒家经典。初设于京师四门，故名。

《魏书·董绍传》："豫州城人白早生以城南叛，诏绍慰劳。至上蔡，为贼所袭，囚送江东，仍被锁禁。萧衍领军将军吕僧珍暂与绍言，便相器重。衍闻之，遣使劳绍云：'忠臣孝子，不可无人。今当听卿还国。'绍对曰：'老母在洛，无复方寸，既奉恩贷，实若更生。'衍又遣主书霍灵超谓绍曰：'今放卿还，令卿通两家之好，彼此息民，岂不善也？'对曰：'通好息民，乃两国之事，既蒙命及，辄当闻奏本朝。'衍赐绍衣物，引入见之，令其舍人周舍慰劳，并称：'战争多年，民物涂炭，是以不耻先言，与魏朝通好。比亦有书，都无报旨。卿宜备申此意，故遣传诏周灵秀送卿至国，迟有嘉问。'又令谓绍曰：'卿知所以得不死不？今者获卿，乃天意也。夫千人之聚，不散则乱，故须立君以治天下，不以天下养一人。凡在民上，胡不思此？若欲通好，今以宿豫还彼，彼当以汉中见归。'先是，诏有司以所获衍将齐苟兒等十人欲以换绍，事在《司马悦传》。及绍还，世宗慼之。永平中，除给事中，仍兼舍人。绍虽陈说和计，朝廷不许。久之，加轻车将军，正舍人，又除步兵校尉。"

白早生以城南叛，杀司马悦事见《北史·司马悦传》，司马悦，字庆宗，历任豫州刺史，以善于断案著称。北魏宣武帝永平元年（508），豫州人白早生谋反，杀了司马悦，将他的首级送到了梁。白早生叛魏降梁，北魏宣武帝元恪派遣董绍到豫州宣慰善后，至上蔡，被执，囚送建康。梁武帝释之还洛，且欲通好。

《魏书·董绍传》："肃宗初，绍上《御天马颂》，帝赏其辞，赐帛八十匹。又除龙骧将军、中散大夫，舍人如故。加冠军将军，出除右将军、洛州刺史。绍好行小惠，颇得民情。萧衍将军曹义宗、王玄真等寇荆州，据顺阳马圈，裴衍、王罴讨之。既复顺阳，进围马圈。城坚，裴、王粮少，绍上书言其必败。未几，裴衍等果失利，顺阳复为义宗所据。绍有气病，启求解州，诏不许。"北魏孝明帝（元诩，庙号肃宗）初，董绍上《御天马颂》，今佚。

“萧宝夤反于长安也，绍上书求击之，云：‘臣当出瞎巴三千，生啖蜀子！’肃宗谓黄门徐纥曰：‘此巴真瞎也?’纥曰：‘此是绍之壮辞。云巴人劲勇，见敌无所畏惧，非实瞎也。’帝大笑，敕绍速行，又加平西将军。以拒宝夤之功，赏新蔡县开国男，食邑二百户。”董绍主动要求平萧宝夤之乱，因有功，加平西将军，受封赏。

萧宝夤（485—530），字智亮，本为齐明帝第六子，在梁武帝杀害南齐宗室时，亡命逃奔北魏。萧宝夤不忘复仇复国，屡次请兵南伐，数次与梁朝作战，因军功官至车骑将军、尚书令，封齐王。北魏孝昌三年（527），他在长安谋反，杀死关中大使郦道元，自称齐帝，改年号为隆绪。次年，兵败，他投奔万俟丑奴。永安三年（530），尒朱天光（496—532）平定万俟丑奴，萧宝夤被俘送洛阳，赐死于驼牛署。

《魏书·董绍传》：“永安中，代还。于是除安西将军、梁州刺史、假抚军将军、兼尚书，为山南行台，颇有清称。前废帝以元孚代之。绍至长安，时尒朱天光为关右大行台，启绍为大行台从事、兼吏部尚书，又除征南将军、金紫光禄大夫。天光赴洛，留绍于后。天光败，贺跋岳复请绍为其开府谘议参军。永熙中，加车骑将军。岳后携绍于高平牧马，绍悲而赋诗曰：‘走马山之阿，马渴饮黄河。宁谓胡关下，复闻楚客歌。’后为宇文黑獭所杀。子敏，永安中，为太尉西閤祭酒。”

武泰元年（528）二月，魏孝明帝被胡太后鸩死。四月，孝庄帝（元子攸）为尒朱荣派人自洛阳迎至河阳（今河南孟县），旋被立为帝，改号永安。北魏军政大权尽入尒朱荣之手。《董绍传》说董绍“永安中，代还。”代还，谓朝臣出任外职者被重新召回朝廷任职。“于是除安西将军、梁州刺史、假抚军将军、兼尚书，为山南行台”，此均在孝庄帝时期，永安中回朝之后又外任。

魏孝庄帝不甘心受制于人，时刻图谋夺权，永安三年（530）十二月被杀。前废帝（元恭，又称节闵帝，建明二年，即公元531年为帝，次年五月为魏孝武帝元修鸩死）即位，董绍时外任为安西将军、梁州刺史。“前废帝以元孚代之”，即前废帝让元孚代理董绍外任的官职，召绍还至长安。前废帝本为尒朱天光所立，时尒朱天光为关右大行台，奏绍为大行台从事、兼吏部尚书，又除征南将军、金紫光禄大夫。尒朱天光赴洛征战不利，被杀。贺跋岳（？—534）执政，以绍为开府谘议参军。魏孝武帝（元修）永熙（532—534）中，加绍为车骑将军。永熙三年（534）七月，孝武帝勒兵十万征伐高欢兵败，投奔宇文泰，闰十二月被鸩死。北魏自太武帝拓跋焘称帝，经十五帝，历149年而亡。贺跋岳后携董绍于高平牧马，此已是北魏灭亡以后的事了。

《北史》卷四十六亦有董绍传，其牧马以前与《魏书》略同，述情节含糊其辞。《北史》补述董绍归北周后云：“（贺跋）岳死，周文帝亦重之。及孝武（元修）西迁，除御史中丞，非其好也。郁郁不得志，或行戏街衢，或与少年游聚，不自拘持，颇类失性。孝武崩，周文与百官推奉文帝，上表劝进，令吕思礼、薛憕作表，前后再奏，帝尚执谦冲不许。周文曰：‘为文能动至尊，唯董公耳！’乃命绍为第三表，操笔便成。表奏，周文曰：‘开进人意，不当如此也?’及登祚，方任用之，而绍议论朝廷，赐死。孙嗣。”此段叙述亦有隐讳。

永熙三年（534）二月，贺跋岳在平凉被侯莫陈悦用计所杀，其残部被夏州刺史宇文泰（507—556）所收。“周文帝亦重之”，指宇文泰，北周文帝，字黑獭，北周实际创建者。这里的“孝武西迁”，即永熙三年八月，宇文泰挟天子以令群臣，奉北魏孝武帝元修入长安。“孝武崩”即是年闰十二月事，宇文泰鸩杀孝武帝，“推奉文帝”，即拥立南阳王元宝矩为西魏文帝，时在公元535年正月，改元大统，史称西魏，宇文泰此时完全控制了西魏军政大权。董绍“议论朝廷，赐死”，应该就在西魏文帝即位不久。西魏文帝实是傀儡，董绍实为宇文泰所杀。

董绍身处权力更替频繁的动荡战乱年代，经历了北魏、北周多个政权，在身不由己中走完了悲剧的一生。其“走马”诗见《魏书》本传，逯钦立辑入《先秦汉魏晋南北朝诗》。绍悲而赋诗曰“走马山之阿，马渴饮黄河。宁谓胡关下，复闻楚客歌”云云，寄托了对家乡的无限思念。

第二节　宗　教

魏晋南北朝时期社会动荡，北方少数民族大量进入中原地区，民族矛盾、社会矛盾十分尖锐，儒家思想已不能维系人心，社会各界需要寻找新的精神寄托。佛教以“救世主”的形象出现，其所宣扬的“忍受现实的苦难，以求得来世的幸福”说教，对身处痛苦中的人们有很大的吸引力，统治者为了让人民安于现状，对佛教亦作刻意宣传。佛教在中国社会广泛流传，是魏晋时期宗教的主要特征。

佛教产生于公元前六世纪的古印度，公元前三世纪阿育王时向外传播，两汉之际由西域传入中原。东汉明帝时派人到西域求取佛经，在洛阳建白马寺。阜阳紧邻佛教初传之地，东汉时境内就有佛教活动，其时“洛阳以东，淮水以北，佛教已有流传”。当时佛教传播应十分零星、分散，所以阜阳地方志大多把佛教传入的时间定位在南北朝时期；“南北朝对峙时期，北魏占汝阴，胡太后笃信佛教，佛教传入颍河两岸”；“佛教于南北朝梁武帝天监十五年（516）传入”；“南北朝时，佛教在颍河两岸相继传播，进行佛事活动”。虽然史书中并没有留下此时阜阳建寺传教的记载，几种志书记述的具体时间也稍异，但佛教在南北朝时期的北魏已经传入阜阳则无疑。魏晋南北朝时期阜阳应有佛教寺庙兴建，可惜可以考实者不多。据传，位于阜南县城淮河公园东400米处的谷堆岗上有一座观音禅院——白莲寺，约在西晋初年建成，因观音乘坐白色莲花于正堂，故又称“白莲寺”。其他地方也有类似传说，因无可靠历史文献和考古发掘作为依据，因此不做专门论述。

本节宗教部分对颍州旧志记载的净土宗高僧道昞的情况，根据宗教史料略加解说。从道昞的情况看，当时的不少佛教著名高僧，是由儒、道转入佛教的，这是一个十分普遍的现象。另外，本节还就馆藏佛像，从文物角度管窥魏晋南北朝时期佛教在阜阳的状况。

据《元和郡县图志》记载，唐元和年间，颍州下蔡县有邓艾庙，这是目前史籍中可以看到的最早的颍州寺庙。此邓艾庙应建于邓艾冤案平反以后不太久的时间段内，由此可以看出当时民间信仰复杂多样的情况。另外，对阜阳博物馆收藏佛像亦予介绍。

一、名列十八贤的法师道昞

魏晋南北朝时期见于地方志书的颍州宗教人物有法师道昞（又作道昺、道秉，364—435）。乾隆《颍州府志》卷之八：“（晋）法师道昞，汝阴人，姓陈氏。幼出家，为远公弟子，通经典，兼明《老》《庄》，众咸宗仰。”

道光《阜阳县志》卷十三：“（晋）法师道昞，颍人，姓陈氏。幼出家，为远公弟子，通经典，兼明《老》《庄》。志节孤峻，言与行合。念佛三昧，究心无间。义熙十四年，豫章太守王虔入山敬谒，请为山中主，众以道源法嗣，咸知宗仰。元嘉十二年，集众念佛，就座而化。”道光《阜阳县志》的记述比乾隆《颍州府志》详细。

关于道昞现存的较详细记载最早见于《佛祖统纪》，颍州旧志对道昞的记载亦应该出自《佛祖统纪》，该书卷二十六下《十八贤传》云：“法师道昞。颍州人，陈氏。幼出家，为远公弟子。该通经律，兼明《庄》《老》。志节孤峻，言与行合。念佛三昧，究心无间。义熙十四年，豫章太守王虔入山谒敬，请为山中主，用绍远公之席。众以道源法嗣，咸知宗仰。元嘉十二年（435）集众念佛，就座而化。春秋七十一。”其后，云栖袾宏（莲池大师）的《往生集》，董其昌的《净土宗高僧故事》等，也记载了道昞，内容大致相同。

《佛祖统纪》五十四卷，宋释志磐撰。志磐号大石，天台宗僧，尝住四明（今浙江鄞县）福泉寺及东湖月波山。其著作除本书外，另有《法界圣凡水陆胜会修斋仪轨》六卷，今存。关于该书的命名，作者解释说：“佛祖者何？本教主而系诸祖也；统纪者何？通理佛祖授受之事也。”表明本书是释迦牟尼和以下各祖师教法传授的历史记载。关于近代诸师的立传，作者提出三个标准：一是“观行修明”，二是“讲训有旨”，三是“著书明宗”。作者自南宋宝祐六年（1258）着笔，到咸淳五年（1269）

八月完成，凡阅十年，五次改易其稿，夜以继昼，撰成本书。其用力的辛勤，可以想见。完成之后，他又请释必昇、慧舟、善良、宗净、法照五人校正，才作为定本。咸淳七年（1271）该书刊行于世，他已经是卧病的暮年了。由此可见，该书内容是可靠的。是书志的部分凡三十卷（卷二十五至五十四），首为《山家教典志》，为慧思、智顗等六十一人的著述目录，同于史书的《艺文志》，共一卷。二为《净土立教志》，首载莲社七祖、十八贤和入社百二十三人和不入社三人的传记，附有宋契嵩撰的《东林影堂六事》。十八贤传是据宋陈舜俞、释怀悟等所刊正详补的传又加增补而成，而道昞就在十八贤之列。

《佛祖统纪》说法师道昞是远公的弟子。远公是东晋高僧慧远的尊称，《高僧传》卷六、《出三藏记集》卷十五等有传。慧远（334—416），雁门楼烦（今山西宁武）人，他与其弟道持是著名高僧道安的弟子，是继道安之后的佛教首领。他二十四岁时开始讲经，为便于听者理解，“乃引《庄子》义为连类”，此法得到道安的认可。后来他辞别道安，于太元六年（381）入庐山，住东林寺传法，弟子甚众。《高僧传》卷六《释慧远传》载：慧远“少为诸生，博综六经，尤善《老》《庄》”，致使当时的宿儒贤达，莫不叹服他的渊博学识。旧志说法师道昞“兼明《老》《庄》，众咸宗仰”。道昞在这方面与其师远公亦颇为相似。

慧远在宣扬大乘佛教的同时，提倡小乘禅数之学。东晋元兴元年（402），他与刘遗民等人在阿弥陀佛像前立誓，共期往生西方净土；据传还在东林寺建立莲社（亦称“白莲社”），倡“弥陀净土法门”，宣称人死后可以往生西方“净土”，故被后人尊为净土宗初祖。他著述丰富，融合儒道，在中华佛教史上，被认为是佛教中国化进程中的理论奠基者之一。

在释志磐《佛祖通纪》中，关于道昞的介绍见《十八贤传》。汤用彤先生名著《汉魏两晋南北朝佛教史》第十一章《释慧远》章，对慧远立白莲社之事及《十八贤传》做过详细考证。他说：“今日世俗所传，谓远公与十八贤立白莲社，入社者百二十三人，外有不入社者三人。此类传说，各书所载互有不同，且亦不知始于何时，然要在中唐以后。通常所据之书相传为《十八高贤传》，陈舜俞《庐山记》载其文。”陈舜俞（？—1075）

字令举，湖州乌程（今浙江湖州）人，北宋庆历六年进士。

《佛祖通纪》载《十八贤传》并附注曰："《十八贤传》始不著作者名，疑自昔出于庐山耳。熙宁间嘉禾贤良陈令举舜俞粗加刊正。大观初沙门怀悟以事迹粗略，复为详补。今历考《庐山集》、《高僧传》及晋宋史，依悟本再为补治，一事不遗，自兹可为定本矣。"

对于慧远是否立白莲社与《十八高贤传》何人所作，佛教史研究者尚无定论，但对于在慧远的弟子中确有道昞其人则无异议。汤用彤先生对十八高贤一一作过考证，认为道昞就是谢灵运《佛影铭序》中的道秉。

东晋庐山高僧慧远因久闻西方有佛影，但从未见其像类。直到佛陀跋陀罗、法显等高僧到来后，才从他们口中得知佛影的形象。于是，他就根据他们所提供的描述，在庐山东林寺建造"般若云台"。雕琢佛影，为广大僧众信徒提供佛陀的具体形象。东晋义熙八年（412），"般若云台"筑就，此时已经七十八岁高龄的慧远亲自为佛像作《佛影铭》（见《广弘明集》卷十五）以志。他又特地派徒弟道昞，专程去荆州，请年方二十七岁，为抚军将军、豫州刺史刘毅任记室参军的谢灵运作《佛影铭》。谢灵运被称为五世纪上半叶对佛教最肯下功夫的士大夫，深受佛门高僧推崇。谢灵运作《佛影铭（并序）》，其序中说："道秉道人，远宣旨意，命余制铭，以充刊刻。"汤用彤先生认为：道昞"或即《佛影铭序》所言之道秉"。

史志还介绍了道昞的其他事迹："义熙十四年豫章太守王虔入山谒敬，请为山中主，用绍远公之席。"义熙为东晋年号，义熙十四年即公元419年。王虔，字恭祖，东海郯县（今山东郯城西北）人。西晋文明皇后王元姬的弟弟，晋武帝司马炎的舅舅。《晋书》卷九十三《外戚・王恂传》附王虔："王恂，字良夫，文明皇后之弟也。……恂弟虔、恺。虔字恭祖。以功干见称，累迁卫尉，封安寿亭侯，拜平东将军、假节、监青州诸军事。征为光禄勋，转尚书，卒。子士文嗣，历右卫将军、南中郎将，镇许昌，为刘聪所害。"史志说：道昞"元嘉十二年集众念佛就座而化。春秋七十一"。元嘉为南朝宋文帝年号，元嘉十二年即公元435年。春秋七十一，则道昞生年应为东晋哀帝司马丕兴宁二年（364）。

二、邓艾庙

唐李吉甫《元和郡县图志》卷之七《河南道三》介绍颍州时，记载了颍州的一处祠庙：下蔡县“西一百二十步有邓艾庙，营屯田，后人赖其利，因为立祠”。这里所说的邓艾庙，应该是史志类古籍中记载的，阜阳历史上最早的有古文献依据的祠祀。《旧唐书》卷三十八《地理志一》：颍州中，领县四，汝阴、颍上、下蔡、沈丘。“下蔡，隋旧。武德四年，于县置涡州，下蔡隶之。八年，州废，县属颍州也。”唐代河南道颍州下蔡县，在今凤台一带。

《元和郡县图志》是现存最早的古代总地志，撰者李吉甫（758—814），字弘宪，为唐宪宗时宰相，地理学家。因该书作于唐宪宗元和年间，故名。《四库全书总目提要》说：“舆地图经，隋唐志所著录者，率散佚无存；其传于今者，唯此书为最古。”

邓艾（197—264），字士载，义阳棘阳（今河南新野）人，《三国志》卷二十八有传。他是三国时期魏国杰出的军事家，著名将领。其人是文武全才，深谙兵法，对内政建树颇多。公元263年，他与钟会分别率军攻打蜀汉，他率先进入成都，致使蜀汉灭亡，夺得灭蜀大功。后因功遭到钟会的污蔑陷害，被司马昭猜忌而收押，最后与其子邓忠一起被卫瓘派遣的武将田续所杀害。

《图志》说邓艾“营屯田，后人赖其利，因为立祠”，邓艾的一生确实与屯田关系密切。建安十三年（208），曹操攻下荆州后，曾强行将当地人民北迁，邓艾及其母亲、族人便在这时被强迁到汝南（今豫东南、皖西北一带）作屯田民。邓艾家贫，年幼时为人家放牛。但他贫而有大志，十二岁时，随母至颍川，读到已故太丘长陈寔碑文中的两句：“文为世范，行为士则”，欣然向慕，于是为自己取名范，字士则。后来，知道宗族中有与他名字相同者，遂改今名。

在屯田民中，邓艾凭其才学被推荐为典农都尉（主管屯田的官员、秩比二千石）学士，但因为口吃，长期得不到提升。后为典农纲纪，在政绩考核中因表现优异，他得以见到太尉司马宣王（司马懿次子封晋王后，追封其父为宣王)，遂辟之为掾，迁尚书郎。

遇到司马懿，是邓艾一生的重大转折。正始（240—249）初，魏国准备在东南一带进行屯田，积储军粮，对付吴国，为此派邓艾前往视察。邓艾从陈县（今河南淮阳）、项县（今河南沈丘）一直巡视到寿春。经过考察，邓艾提出了两项重要建议：第一，开凿河渠，兴修水利，以便灌溉农田，提高单位面积产量和疏通漕运。第二，在淮北、淮南实行大规模的军屯。他认为："田良水少，不足以尽地利，宜开河渠，可以引水浇溉，大积军粮，又通运漕之道。"（《三国志·魏书·邓艾传》）于是，他便著《济河论》阐明了自己的观点。邓艾还认为："昔破黄巾，因为屯田，积谷于许都以制四方。今三隅已定，事在淮南，每大军征举，运兵过半，功费巨亿，以为大役。陈、蔡之间，土下田良，可省许昌左右诸稻田，并水东下。令淮北屯二万人，淮南三万人，十二分休，常有四万人，且田且守。水丰常收三倍于西，计除众费，岁完五百万斛以为军资。六七年间，可积三千万斛于淮上，此则十万之众五年食也。以此乘吴，无往而不克矣。"（《三国志》本传）

司马懿看后，非常满意，采纳并实施了。从正始二年（241）起，魏国在淮南、淮北广开河道，大举屯田。北以淮水为界，自钟离以南，横石以西，至沘水源头之间的四百多里范围的土地上，五里设置一个军屯营。每营六十人，一面屯田，一面戍卫。同时，淮阳、百尺两条河渠也拓宽了，从黄河引水注入淮水和颍水，颍南、颍北修成了许多陂田。淮水流域挖掘了三百多里长的水渠，灌溉农田二万顷，从而使淮南、淮北连成一体。几年之后，从京都到寿春，沿途兵屯相望，鸡犬之声相闻，出现了一派繁荣富庶的景象。从此，淮水流域的水利和军屯建设得到飞速的发展，魏国在东南的防御力量也大大增强。每当东南有战事，大军便可乘船而下，直达江淮。军资粮食有储备，又没有水害。这些，都是邓艾的功劳。

邓艾最大的功劳当然是灭蜀，景元四年（263）冬十月，他率兵偷渡阴平险道，直迫成都，"艾至成都，（刘）禅率太子诸王及群臣六十馀人面缚舆榇诣军门，艾执节解缚焚榇，受而宥之。检御将士，无所虏略，绥纳降附，使复旧业，蜀人称焉。辄依邓禹故事，承制拜禅行骠骑将军，太子奉车、诸王驸马都尉。蜀群司各随高下拜为王官，或领艾官属。……使於绵竹筑台以为京观，用彰战功。士卒死事者，皆与蜀兵同共埋藏”。（《三国志》本传）

邓艾亦因灭蜀之功遭钟会、胡烈、师纂等嫉妒，被诬谋反惨死。而钟会至成都，即行作乱。邓艾的死，实在冤枉。泰始元年（265），晋王朝取代了魏，才为他平反。遂下诏书说：“昔太尉王凌谋废齐王，而王竟不足以守位。征西将军邓艾，矜功失节，实应大辟。然被书之日，罢遣人众，束手受罪，比于求生遂为恶者，诚复不同。今大赦得还，若无子孙者听使立后，令祭祀不绝。”（《三国志》本传）

泰始三年（267 年），议郎段灼上书，替邓艾鸣冤，书曰：“艾心怀至忠而荷反逆之名，平定巴蜀而受夷灭之诛，臣窃悼之。惜哉，言艾之反也！……臣敢言艾不反之状。昔姜维有断陇右之志，艾修治备守，积谷强兵。值岁凶旱，艾为区种，身被乌衣，手执耒耜，以率将士。上下相感，莫不尽力。艾持节守边，所统万数，而不难仆虏之劳，士民之役，非执节忠勤，孰能若此？故落门、段谷之战，以少击多，摧破强贼。先帝知其可任，委艾庙胜，授以长策。艾受命忘身，束马悬车，自投死地，勇气凌云，士众乘势，使刘禅君臣面缚，叉手屈膝。艾功名以成，当书之竹帛，传祚万世。七十老公，反欲何求！艾诚恃养育之恩，心不自疑，矫命承制，权安社稷；虽违常科，有合古义，原心定罪，本在可论。钟会忌艾威名，构成其事。忠而受诛，信而见疑，头悬马市，诸子并斩，见之者垂泣，闻之者叹息。陛下龙兴，阐弘大度，释诸嫌忌，受诛之家，不拘叙用。昔秦民怜白起之无罪，吴人伤子胥之冤酷，皆为立祠。今天下民人为艾悼心痛恨，亦犹是也。臣以为艾身首分离，捐弃草土，宜收尸丧，还其田宅。以平蜀之功，绍封其孙，使阖棺定谥，死无馀恨。赦冤魂于黄泉，收信义于后世，葬一人而天下慕其行，埋一魂而天下归其义，所为者寡而悦者众矣。”九年，诏曰：“艾有功勋，受罪不逃刑，而子孙为民隶，朕常愍之。其以嫡孙朗为郎中。”（《三国志》本传）。议郎段灼的上书里，特意提到屯田与灭蜀的关系。屯田的目的自然是军事和政治的需要，但客观上也发展了生产，繁荣了经济，有利于百姓的生产、生活。特别是为屯田修筑的水利工程，更使百姓长期受益。

李吉甫《元和郡县图志》共记载祠庙102处，在真实历史人物的祠庙中，最引人注目的是邓艾庙竟有三处之多：一在河南道颍州下蔡县，二在剑南道成都府成都县，三在剑南道剑州梓潼县。邓艾庙凡三见，而且皆在其屯田及建立功勋的地方，可见邓艾祠庙在这些地方的建立是有群众基础的。另外，《水经注》记载了三处邓艾祠庙，《魏书·地形志》记载了一处原阜阳地区的邓艾庙。唐代儿歌有“或谑张飞胡，或笑邓艾吃”；道教经典《洞渊神咒经斩鬼品第七》里称：“中国有大鬼王邓艾，今世间传养，立祠不绝。”可见邓艾在历史上影响之大。

历代所立祠庙甚多，史书多有记载。秦汉三国时期的祠庙，到了唐代多已不存。邓艾是三国魏人，其祠庙在中唐尚在，说明祠庙不管是官立还是民立，如果没有群众基础，很难长久保存下去。而一遇朝代鼎革或政治变化，祠庙便会销声匿迹。而邓艾祠庙之多，并且能够在民间长久存在，既说明邓艾屯田确实使百姓受益，也说明邓艾被冤杀在百姓中受到广泛同情。

三、馆藏佛像

与两汉时期不同的是，在魏晋南北朝时期，阜阳出土的宗教文物中，佛像成为主要部分，不仅数量众多，而且制作精美。两汉时期出土的宗教题材文物还极少看到与佛教文化相关的东西，在阜阳馆藏的文物之中，也基本上没有看到两汉时期的佛教藏品，道教题材的文物数量却十分丰富。而到了时隔不久的魏晋南北朝时期，道教方面的文物明显减少，佛教方面的文物大量增加，由此可以看出本地区佛教的强势传入和道教的逐渐衰退。这一方面固然与统治阶级的有意提倡佛教有关，另一方面也与宗教本身所宣传的教义内容有关。道教宣扬的升天成仙无法兑现，而佛教宣扬的来世思想则在中土落地生根。

1966年，原阜阳县邵营乡大寺庙遗址，出土了一件北魏延和元年鎏金铜佛像，现收藏于阜阳市博物馆。该佛像由本尊、二胁侍、背光及底座组成，通高 19.5 厘米。本尊束球状高肉髻，身着圆领通肩长袖袈裟，衣纹呈突“U”形双线条，下内着长裙，跣足立于束腰莲座上。佛像为圆胖脸，大耳，曲眉连鼻梁，神态安详。右臂从肘部上屈，五指并拢，掌心向后，左臂施无畏与愿印。顶光由三重光环组成，背光尖拱形。背面所刻铭文为：“延和元年五月初四日，弟子邵景伯为亡父母、居家眷属敬造弥勒像一区，愿世安隐。”铭文真实地反映了当时的民众寻找安身立命之所、渴望求得精神庇护的诉求。

上世纪六七十年，阜阳市博物馆在阜阳境内以及周边地区收集了一批佛像，其中大部分为魏晋南北朝时期的青铜造像，如北齐天统二年（566）、天统四年（568）、北齐武平四年（573）等纪年造像等。这些造像一般为立式佛，四肢、面部五官轮廓模糊，头后多有背光，佛像下部流行配置方凳形坐床，题款多刻写在坐床的侧面，少量刻写在佛像背部。此外，阜阳还出土有大量的无纪年铭文青铜造像，这些造像多数制作不精、体量较小、残损严重，推测应是当时民间广为流行的供奉品，凡此均为研究本地区南北朝时期的佛教传播及兴衰沿革史提供了珍贵实物材料。

北魏太平真君五年（444），太武帝拓跋焘下灭佛诏，下令上自王公，下至庶人，一概禁止私养沙门，并限期交出私匿的沙门。若有隐瞒，诛灭全门。太平真君六年，卢水的胡人盖吴（418—446，北魏关中农民起义首领）在杏城（陕西黄陵）起义，有众十万人。太平真君七年，太武帝亲自率兵前去镇压，到达长安时，在一所寺院发现兵器，怀疑沙门与盖吴通谋，大为震怒，下令诛杀全寺僧众。崔浩趁机劝帝灭佛，于是太武帝进一步推行苛虐的废佛政策：诛戮长安的沙门，焚毁天下一切经像。一时之间，举国上下，风声鹤唳。这次灭佛被称为中国佛教史上的第一次“法难”，故后世流传的北魏太武帝时期的金铜佛像不多。前述 1966 年阜阳出土的北魏延和元年（432）鎏金铜佛像的铸造距太武帝灭佛事件仅十余年，推测应是民间信士邵景伯在灭佛之时偷偷埋下的。

阜阳博物馆馆藏魏晋南北朝时期的佛像，见表 4－1 所列。

表4－1　阜阳市博物馆馆藏魏晋南北朝时期佛像一览表

品　名	数量（件）	时　代	质　地	完残程度	高度（cm）
菩萨立像	1	北魏	青铜	完整无座	16.00
鎏金小佛像	1	北魏	青铜	完整	6.00
鎏金佛像	1	北魏	青铜	背光残	6.50
鎏金佛像	1	北魏	青铜	背光残、座足残	8.00
鎏金三连坐像	1	北魏	青铜	残	6.20
鎏金佛像	1	北魏	青铜	背光残	5.70
鎏金菩萨像	1	北魏	青铜	残	9.90
鎏金力士像	1	北魏	青铜	完整	5.00
鎏金屈膝弥勒坐像	1	北魏	青铜	完整	8.00
鎏金佛立像	1	南北朝	青铜	缺座足	7.30
带座佛立像	1	南北朝	青铜	背光残	8.00
带座佛立像	1	南北朝	青铜	背残、足残	7.50
带座立佛	1	南北朝	青铜	背光座足残	7.50
带座立佛	1	南北朝	青铜	座足残	8.50
带座立佛	1	南北朝	青铜	完整	7.50
带座立佛	1	南北朝	青铜	完整	5.30
带座立佛	1	南北朝	青铜	座足缺一	6.00
带座立佛	1	南北朝	青铜	座残	10.00
带座立佛	1	南北朝	青铜	座残	4.30
带座立佛	1	南北朝	青铜	完整	5.00
带座坐像	1	南北朝	青铜	完整	7.00
带座坐像	1	南北朝	青铜	座残一足	8.00
小坐像无座	1	南北朝	青铜	无座	4.30
小坐像无座	1	南北朝	青铜	无座	4.20
小坐像无座	1	南北朝	青铜	座残	6.00
菩萨立像	1	南北朝	青铜	座、手残	7.50
菩萨立像	1	南北朝	青铜	足残	7.50
带背光坐佛	1	南北朝	青铜	无座	8.10
带背光佛像	1	南北朝	青铜	无座	6.60

（续表）

品　名	数量（件）	时　代	质　地	完残程度	高度（cm）
带北光龙座佛像	1	南北朝	青铜	残	8.00
莲座菩萨像	1	南北朝	青铜	手残	7.50
背光佛像	1	南北朝	青铜	座残缺	7.20
菩萨残躯	1	南北朝	青铜	无头足	9.00
鎏金造像	1	南北朝	青铜	无头	8.00
鎏金佛像	1	南北朝	青铜	背光残	10.00

第三节　科　技

中国古代的科技发展，常常是与人们的生产与生活密切相关的，这一点与西方的科技发展明显不同。为此，我们以建筑与水利两方面，介绍这一时期的科技状况。皖北地区由于多年战乱与水患，中古时期的建筑早已荡然无存。但是出土文物中的建筑形式的艺术品，虽然未必能够反映当时建筑的实际面貌，但亦非完全凭空臆造。邓艾在今阜阳所开挖的八丈沟河渠（又名邓艾沟），工程浩大，影响深远。虽说主要出于政治与军事目的，但客观上有利于农业生产的发展，也得到了老百姓的拥护。

一、建　筑

阜阳地区魏晋南北朝时期较完整的地面建筑遗存，迄今尚未发现、确认一处。可贵的是，1984 年颍上县黄坝乡一座魏晋时期的“七贤”砖石墓中，出土一件高大精美的陶楼，虽然与建筑实物比较简化省略了如梁柱、门之类的诸多细部形态结构，却仍然再现了墓主生活时代的建筑模型与艺术风格，为我们研究这一时期阜阳地区乃至皖北地区的地面建筑的结构类型与时代特征，提供了极为难得的重要实物材料。以下对这件陶楼的结构类型与建筑艺术特征试作分析。

（一）建筑的结构

这件陶楼为灰陶质，分上下两层，中部架设勾栏，屋面为重檐反宇盝顶式。通高82厘米，底层高40厘米，二层高25.5厘米；暗层高9厘米，屋面高7.5厘米。底面阔35厘米，檐面宽32厘米，屋脊迎面宽13.5厘米，陶楼壁厚0.8厘米。

陶楼整器由三部分构件拼装套合而成，底层二层为一件，出宇暗层为一件，屋顶为一件。其墙壁前、左右设有门、窗、勾栏、斗拱（曲枅），背面光素。底层左右对称各设一个朝内开启的平推单叶门，门槛距外地面高6厘米，门高11厘米。上部中央有一扇突出墙壁的斜棂窗，往外窗桲略有收缩，窗框交结为绞首造，窗棂粗细均匀斜网其间，窗下按栾（曲枅）。两散斗外皮间距10.5厘米；左右墙壁亦安装有类似的窗子，但不设栾（曲枅）。第二层平座上架造单台勾栏，高9厘米，迎面长48厘米。其寻杖为扁状平板，下为卧棂造。卧棂造被望柱分割成三段，寻杖通常无望柱头，寻杖转角搭结处不出头，俯视面上挖一可插杆子的小洞眼。墙壁的前、左、右各安一凸出墙壁的斜棂窗框绞首造窗子，底下无栾。第二层上部四周平伸屋檐，深7厘米，屋面瓦垄为矩形凸起。第三层为矮小的暗层，迎面开两个较大的横窗洞和三个小竖条窗洞，左右墙壁仅各开两个小竖条窗洞，这种窗洞叫作“漏窗”，具有通风采光的功能。往上是盝顶式屋面，四面坡为斜坡，岔脊末端各安一个鱼尾，两屋面有瓦垄，但前檐口均无瓦当滴水，当是仅以板瓦铺面。

（二）建筑的艺术风格

通过颍上“七贤”墓出土的陶楼模型，也可以大致了解这一时期本地区地面建筑物、尤其是木结构楼阁建筑的结构特征与艺术风格。

1. 墙壁的收分率

这件陶楼墙壁内倾，经计算收分率为1.85%。各楼层之间高度往上明显递减，递减率约为36%。表明魏晋时期建筑物的墙壁或木桩是有收分的，这在力学上是科学合理的，木结点榫卯也更加紧凑。这种建筑手法历代沿用，直到清代仍见于《营造则例》及建筑实物，且多层建筑物层间递减率亦一定相当大，但是否确为36%尚不得而知。在现存的魏晋以后的建筑及营造规范中，均未发现与36%递减率大体相符者。宋《营造法式》中规定为递减一个柱径，约为10%，山西应县辽代木塔最大为12.5%。

2. 门槛与地坪的高度

按照魏晋时期人体可能尺度身高1.65米推算，如果底层门的实际高度必须达2米，则门槛面的比例实际要高出外地面约1.09米，门槛台高1.09米是相当高的，即使制陶工匠在制作过程中有一定的误差，也是有限的。这个门槛的高度说明，阜阳地区魏晋时期的工匠在营造建筑时，尚未能圆满解决房屋地基的防水问题，也没有使用南方栏杆式房基的做法，只有通过提高室内外地坪的高度差来解决潮湿问题，以避免雨水对人或房屋木构架的侵害。这可能是奴隶制时代的夯土高台构筑手法的遗留。与后者不同的是，前者的高台缩入房屋内部，成为房屋屋身的组成部分，这种做法一直沿用下来，即宋、清建筑之台基。台基特加雕饰，分显层理，便是华丽的须弥座台基。

3. 窗下加栾

底层正中窗下加栾，其建筑手法沿袭秦汉。窗下加栾大量见于汉代明器陶楼中，到了南北朝时期这种建筑手法已经少见，而至隋唐时期这种建筑手法基本消失。这种手法的改革是合理的、进步的，因为窗下加栾的建筑手法烦琐，其结构力学的作用微弱，又劳工伤材。隋唐时期减掉窗下之栾后，窗子缩入墙壁，其建筑手法趋向合理，不仅窗子找到了合理的力学支座（墙壁），而且窗子与墙壁之间线条流畅，平面整洁，窗子的采光通风功能得以明确体现。

4. 门窗的设置

该陶楼的采光系数相当大，仅底层就有两个门、三扇大窗、两个竖条小漏窗，其采光系数约达33%，天然照度系数为5。这个采光值说明，魏晋时期阜阳地区的工匠在建造房屋时，门窗的装修数量与尺寸是十分讲究的，要求做到室内阳光充足。在墙壁上开如此之多的窗子，在结构上是否安全呢？魏晋时期，中国古建筑“墙倒屋不塌”的木结构体系已经完全形成并大量使用，墙体则是非受力体，这就给匠人开窗提供了极大的自由，开窗本身并不影响整个建筑的安全度，加之古人重视室内采光和通风，因此造屋开窗相当多，甚至四壁除受力的柱子外，皆由门窗组成。

5. 勾栏

本陶楼二层栏杆为单台勾栏，寻杖交结非绞口造，寻杖之下的卧棂，被竖柱分割成三段，寻杖与卧棂之间无夹物，其建筑结构手法殆袭汉代，简洁明快。稍后，卧棂演化成盆唇、束腰，其间有大华版或万字版，竖柱发展成望柱、蜀柱，且上伸望柱头。这一变化，从结构学上讲，无甚讲究；从建筑外形讲，式样复杂化了，更富有装饰性。到了宋代，盆唇与寻杖之间又加两个装饰性构件：云拱、瘿项，明清之际则又变成荷叶净瓶等构件。

陶楼勾栏下安栾，栾由一拱挑出，升子连勾栏底板，墙壁、拱栾、勾栏底板形成三角形，是典型的力学稳定结构，它可有效地减小勾栏底板与墙壁连接处的固端弯矩和剪力，提高勾栏的承载能力，增大勾栏使用的安全系数。加之栾是曲拱，能有限地下弯而不折损，这就增强了整个结构的柔性，能有效地抵抗地震的反复荷载的破坏作用。这种结构手法是相当科学的，栾的力学性能得到了充分的应用和发挥，曲枅中间加斗子蜀柱发展成“一斗三升”，进一步演化成宋代《营造法式》中提到的单拱、重拱、枓口跳，并组成各种复杂的斗拱，成为中国独特的拱枓体系中不可缺少的组成部分。由陶楼只用栾看，魏晋时代阜阳地区的建筑物可能仍停留在“一斗二升”阶段，较少使用“一斗三升”，更不用说昂的出现了。勾栏下无遮板痕迹，说明阜阳地区栏杆下尚没有用燕翅板来保护檐下斗拱的做法。

6. 盝顶屋面与屋檐

陶楼顶冠屋面为盝顶形，其四条岔脊的末端前，安装有形状似鱼之物，表明至迟在魏晋时期，阜阳地区的匠人营建房屋时，盝顶屋面形式已经开始采用。这与整个华夏建筑中屋面形式的发展是同步的，同汉代的四阿顶或悬山顶等形式有了变化，呈现出更加多样化的发展演变趋势。本陶楼盝顶屋面的做法，已经相当成熟，与清代的盝顶做法无明显区别，只是大脊拐弯处少了合角吻。四条岔脊上的鱼尾实是鸱尾，源自汉代，只是形制尚未定型。稍后鸱尾主要安在大脊上，其鸱尾又进一步演化成鸱吻龙吻。

盝顶接下有一平伸屋檐，两者构成双层屋檐，这便是汉代文献上记载的“复笮”“重檐”屋面形制。“重檐”在汉代充分发育后形成“反宇”，“反宇”屋顶形式刺激了“昂”的发育，因为长椽在反宇部位伸出，但不平行，这就使昂之形脱胎而出。“反宇”的进一步发展，中加花椽，举折连续变化，就形成了中国建筑所特有的优美的大曲面屋顶。而颍上“七贤”墓出土的魏晋时代的陶楼仍旧用“重檐”，但下檐已有变化，就是两屋坡面不再平行，而有折角，下檐相对上反，就只差两坡面连接合一而成为“反宇”。这一现象说明：一是阜阳地区的部分建筑沿袭古制，“重檐”作为一种程式化的屋盖类型被保留下来；二是因为本地区较为封闭落后，政治、经济不甚发达，“重檐”形构没有得到充分发育，而是滞留在原有水平上，屋顶形式只是“阶梯式”或“两段式”，进而抑制了“昂”的发育成型。

陶楼盝顶坡度为2∶3，则二坡合一，顶高为跨度的三分之一，比《周礼·考工记·匠人》所规定比例的略大。这是因为，秦汉以后我国古建筑的屋面坡度都增大了，而且颍上所在的阜阳地区位置相对偏南，较西北地区气候温暖湿润、降雨充沛，加大屋面坡度，显然与适应本地区的地理位置条件与气候环境的因素有关，这是阜阳地区魏晋时期楼阁建筑物本土化特征的具体体现。

纵观这件陶楼的建筑结构特征，其手法较多地承袭汉代，如窗下加栾，斗拱为“一斗三升”，勾栏变异，重檐合一而有举折等，说明魏晋时期阜阳地区的木构架建筑，由于诸多原因而落后于整个华夏建筑的发展速度，而盝顶屋面形式的使用却是较早的，事物某个方向的发展速度，完全可以超越事物发展的整体水平。

由陶楼的做法观察其使用功能：陶楼屋顶为讲究的重檐盝顶，中间架造具有休憩观眺作用的平座与单台勾栏，且底层开左右主、宾门。这种延宾登高观赏之楼观的建筑缩影，应与当时人们崇尚道家清雅脱俗之风的精神追求是相通的。

二、邓艾与邓艾沟

三国时代，阜阳属曹魏。魏文帝曹丕代汉之初，就积极筹划消灭东吴和蜀汉政权，统一中国。由于阜阳地处大军伐吴的必经之地，距前线虽远，却有水陆之便，所以这里成了魏国灭吴的重要后勤基地。

魏国的军士和将领大都是北方人，不习水战。而吴国军人生长于水乡，擅长水战。因此，要想征服吴国，必须训练出一批善于水战的将士，才能保证战场上的胜利。另外，“兵马未动，粮草先行”，打仗要有充足的物资储备，军需物资的保障也是稳定军心、确保制胜的必要条件。曹丕随曹操征战多年，当然明白这个道理。所以他在伐吴之前，就做好了充分的准备。一方面，他派邓艾在这一带屯田驻军，生产粮食，以保障伐吴的粮草供给；另一方面，他训练水军，为在江南水乡打仗做好准备。魏文帝曹丕黄初六年（225）三月，他亲到召陵（今河南漯河市召陵区）巡行，主持开挖了“讨虏渠”，沟通了汝水和颍水，为伐吴做好军事后勤供给的准备。讨虏渠在今河南漯河市召陵区，在此以前这一段的汝水和颍水是不通的。曹丕主持开挖了讨虏渠，沟通了这里的汝水和颍水，意义非常重大。魏建都洛阳，军需物资屯聚在许都（今河南许昌），沟通了汝颍，驻扎在京都的将帅就可以率领军队从汝水顺流而下，到今漯河市转入颍水，从今颍上县入淮河，转入长江，直接威胁到吴国的安全，许昌的军需粮草也可以接踵而至。可见，开挖讨虏渠是为消灭东吴，统一中国做准备的。

但是，开通讨虏渠，沟通汝颍水道，距离魏吴的分界线还很遥远。最后，曹魏政权接受了邓艾的建议，在紧邻前线的后方大力屯田，增加粮食储备，以应对即将展开的伐吴之战。当时的阜阳，地处魏、吴前线的后方，前面有淮河和江淮之间北部的广大地区作为缓冲地带，不容易受到东吴的骚扰、偷袭；这里四季分明，土地肥沃，雨水充足，是适宜农作物生长的好地方。战争期间人口也不是太多，有充分的土地可供军队屯垦。曹魏政权为了充分利用这一带的土地，加强这里的军屯民垦，于黄初三年（222）分汝南郡东部建汝阴郡，并把这里作为重要的军事供应基地。大将军邓艾被派到这里开展屯田。

《三国志·魏书·邓艾传》记载："时欲广田畜谷，为灭贼（东吴）资，使艾行陈、项已东至寿春。"陈即今河南淮阳，项即今河南沈丘。邓艾由陈、项至寿春（安徽寿县），其间的地区正好全是今阜阳地区。邓艾考察这一地区后认为："土地肥沃，但是水源太少，不能充分发挥地利。应该多开挖河渠，这样就可以引水灌溉良田，大量积聚军粮，而且可以通往主河道，迅速运往前线。"他专门撰写了《济河论》阐发自己的观点。他又建议说："往日为了消灭黄巾军，所以在许都屯田、贮藏粮食，可以牵制四面八方。现在，东、西、北三面都已平定，主要的战事都在淮南（东吴）。每当大军出动，超过一半的兵力都要从大后方运往前线，粮草军需花费超过很多亿。仅仅运兵就要造成很大的劳动力浪费。我考察的这些地方，地势低洼，土壤肥沃，可以省去许昌附近的稻田，节省的水让它向东流。让淮北屯田两万人，淮南屯兵三万人。十个人中抽出两人轮流休假，这样就可以经常保持有四万人，一边耕田，一边守卫疆土。如果水量充足，可以长年获得超过西部三倍的收成。算下来，除了屯田者的花费开销，每年可以净得五百万斛作为军需物资。六七年间，可以积聚三千万斛粮食在淮河两岸，这就是十万大军五年的粮食。拿这么雄厚的资本进攻东吴，可以无往而不克了。"太尉、大将军司马懿全面接受了邓艾的意见，于是两淮地区大量军屯民垦，成了魏国伐吴的最有力的经济支柱。每当东南有战事的时候，军队的行动、粮草的运输，都较许昌屯驻快捷方便得多。可以说，后来晋国灭吴，完全依赖两淮地区的军需供给。

邓艾在汝阴郡创建的屯田基地，既为魏（晋）灭吴打下了坚实的基础，也为汝阴一带带来了经济的繁荣和人口的稳定。当汉末黄巾起义、天下大乱的时候，人心不稳，百姓四处逃亡，否则即被屠戮，许多地方都变成了空城，以至于曹魏政权不得不设立"典农校尉"专门负责一些地区的军垦、农垦，以招募流亡，安顿百姓。据《三国志·魏书·卢毓传》载，卢毓被曹丕先后委任为梁、谯二郡太守。在卢毓任谯郡太守的时候，曹丕因为谯郡是自己的老家，就迁徙了大量的移民充实本郡，让他们在那里屯田。但是谯郡的土地实在太贫瘠，老百姓到了那里日子过得非常穷困。卢毓心生怜悯，上表请求把老百姓迁徙到梁国（今河南商丘地区）以便到土地肥沃的地区去耕种。结果得罪了曹丕，虽然表面上接受了卢毓的建议，最后恼怒的魏文帝曹丕还是把卢毓贬为“睢阳典农校尉”，让他带领迁去的百姓在睢阳开垦荒地。而在此之前汝阴郡能够从汝南郡独立出来，单独设郡，说明这里的人口在稳定增长，经济实力在增强。而其中邓艾屯田功不可没。据阜阳民间传说，临泉县的艾亭镇之所以称为“艾”亭，就是邓艾在此垦田屯田留下的遗迹。

《宋史·苏轼传》记载：（元祐）六年（1091），……苏轼以龙图阁学士出知颍州。先是，开封诸县多水患，吏不究本末，决其陂泽，注之惠民河，河不能胜，致陈亦多水。又将凿邓艾沟与颍河并，且凿黄堆欲注之于淮。苏轼始至颍，遣吏以水平准之，淮之涨水高于新沟几一丈，若凿黄堆，淮水顾流颍地为患。轼言于朝，从之。

这里的“邓艾沟”就是苏轼在《奏论八丈沟不可开状》中的八丈沟。“右八丈沟利害大略，具上件三事，其余更有不便事节，未易悉数，兼已略见于本路转运判官朱勃申省状内。及考之前史，邓艾本为陈、颍间田良水少而开八丈沟，正与今日厌水患多之意不同，勃已论之详矣。”

南北朝时，由于长期战乱，民众逃亡，水利设施年久失修，这里又重新变成了不堪耕种、荒无人烟的地方，《水经注·汝水》云“津渠交络，枝布川隰矣”。

第四节　书　法

记述书画家，唯其籍贯所在，是不尽客观的。不少书画家的主要活动地区往往不在原籍，除原籍之外，还有寄籍、寓居的地方。一些书画家由于做官、寄寓、游历而涉足过许多地方，对这些地区的影响不可低估。如宋代都城开封，因皇帝倡导，书画名流大家云集，对当时及后世书法产生了深远影响。同样，颍州地区自晋代以后，亦有许多巨匠、名家，或为官，或游历，或寓居颍州，留下诸多诗篇、墨迹，这对颍州书风的形成，也长期起着潜移默化的作用。

魏晋南北朝时期，影响颍州书坛的重要人物有卫夫人、毕卓、王羲之、韦昶等人。

一、书圣之师——卫夫人

卫铄（272—349），字茂漪，河东安邑（今山西夏县）人，东晋著名书法家。生于西晋武帝泰始八年，卒于东晋穆帝永和五年，享年78岁。世称卫夫人，为汝阴太守李矩之妻，故亦称李夫人。卫夫人是中国书法史上的著名女书法大家，在十大女书法家中，卫夫人名列第二。其书法师承钟繇，尤善楷书。传王羲之少年时代曾从其学书，为书圣的启蒙老师。卫夫人是有史料记载的与阜阳有关的最早的著名书法家。

（一）卫夫人及其家族

卫夫人少好学，酷嗜书法艺术，她以三国魏大书法家钟繇为师，得其规矩，特善隶书（此处之“隶”指楷法，古亦称楷为隶）。唐李嗣真《书后品》称“崔（崔寔）卫（卫夫人）素负高名，……崔章草甚妙，卫正体尤绝”。唐张怀瓘《书议》列举名迹俱显者十九人，其中即有卫夫人，并称：“千百年间得其妙者，不越此十数人。各能声飞万里，荣耀百代。”张怀瓘《书断中》云卫夫人“隶书尤善，规矩钟公，云碎玉壶之冰，烂瑶台之月，婉然芳树，穆若清风。”宋陈思《书小史》引唐人书评云：“卫夫人书如插花舞女，低昂美容，又如美女登台，仙娥弄影，红莲映水，碧沼浮霞。”其正书，方笔凝重，体态端正，由“古隶”参以“汉隶”笔法脱胎而来，是楷书中的上品，被人称为北碑之宗，隋唐一些碑版之源。她的小楷特别精美，是卫派书法的“根底”，她的代表作是《古名姬帖》。

后世论卫夫人书学师承传授有二说：元郑杓《衍极》卷一刘有定注说：“初，蔡邕得书法于嵩山，以授崔寔及其女琰，……卫氏三世能书，……（卫）恒从妹卫夫人亲受于蔡琰。”明解缙《春雨杂述·书学传授》云：“书自蔡中郎邕字伯喈，于嵩山石室中得八角垂芒之秘，遂为书法授受之祖，后传崔瑗子玉，韦诞仲将，及其女琰文姬，姬传钟繇元常……繇传庾征西翼，卫夫人李氏，及其犹子会。卫夫人传晋右将军王羲之逸少。”

卫夫人也是书法理论家，书学理论著作《笔阵图》传为其所作，对当时及后世均有巨大的影响。她在文中首先提出书法之妙“莫先乎用笔”的观点，提出七条笔阵出入斩斫图，执笔的七种状况，六种用笔准则：“结构圆备如篆法，飘飏洒落如章草，凶险可畏如八分，窈窕出入如飞白，耿介特立如鹤头，郁拔纵横如古隶。”其立论之精辟，见解之独特，发前人之未发，使后学触类引申，堪称中国古代书论之经典著作，也奠定了她在中国书学史上的特殊地位，对后世影响巨大。

卫夫人的书法成就与家世有关。魏晋时期，书法世家多是儒学大族。卫氏是曹魏、西晋时期河东安邑（今山西夏县）著名的儒学望族，东汉明帝时大儒卫暠为其家族一世祖。卫夫人就出身在卫氏这样一个著名的儒学、书法世家。其从祖卫觊，字伯儒，三国时魏人，他“好古文，工书。鸟篆、隶、草，无所不善”（《三国志·魏觊传》），其时望绝不亚于以正书、行书见长的钟繇。康有为《广艺舟双楫》卷三云：“书家之盛，莫如季汉。……于时卫敬侯出，古文遂与邯郸（淳）齐名，笔迹精熟。”“汉末书家大盛，……至三国时卫觊出，雄伟冠时。”卫夫人从伯卫瓘，字伯玉，书法宗法张芝而又参以父觊之法，与索靖俱善草书，人称“一台二妙”，有“瓘得张芝筋，索（索靖）得张芝肉”之说。卫瓘有六男，亦多以书法见称，最著名者为次子卫恒。卫恒继承祖父卫觊书学传统，亦以书写古文见长。他也是书法理论家，其《四体书势》在书法理论和书法史上都有很大影响。恒祖觊，恒父瓘，恒弟宣、庭，恒子璪、玠，皆以书法著名，四世家风不坠。卫夫人属河东卫氏的卫列一支。卫夫人祖父卫列，父亲卫韶，兄卫展。《晋书·卫瓘传》称卫展是卫恒族弟。以卫觊、卫瓘、卫恒、卫铄为代表的卫门书派，影响了魏晋南北朝以至于隋唐时期的书法。

这一时期的其他书法世家与卫氏相比，或书名逊于卫氏，或隆盛于卫氏之后，或传承不如卫氏绵长，卫氏以播誉早，时望高，传承绵长而雄视诸家。

（二）卫夫人与汝阴

卫夫人是汝阴太守李矩之妻，李矩（？—325），字世回，一说字茂约，平阳（今山西临汾西）人。魏晋时期，李氏亦是江夏郡的著姓望族。《晋书》卷六十三有李矩传："……矩勇毅多权略，志在立功，东海王越以为汝阴太守。永嘉初，使矩与汝南太守袁孚率众修洛阳千金堨，以利漕运。"《水经注》卷十六谷水条云："河南县城东十五里有千金堨，……永嘉初，汝阴太守李矩、汝南太守袁孚修之，以利漕运，公私赖之。"

汝阴，今阜阳，西晋武帝司马炎泰始二年（266）复置汝阴郡，属豫州，郡治汝阴县，辖县八。东海王越即司马越（？—311），晋宗室，西晋权臣，元康元年（291）封东海王。其主政至永嘉五年（311），死于项（今河南沈丘）。卫夫人随夫李矩（汝阴太守）寓居汝阴的时间在西晋惠帝司马衷永兴元年至永兴三年间，即公元304年至306年间，此时卫夫人32至34岁，也是其书法艺术成熟的时期。

关于卫夫人与汝阴，历代记载甚多。唐张怀瓘《书断》云："卫夫人名铄，字茂漪，……汝阴太守李矩之妻也。"赵构《翰墨志》载："卫夫人名铄，字茂漪，晋汝阴太守李矩妻也。"在阜阳的地方旧志中也有不少记载，清乾隆《颍州府志》卷之五《秩官表》云："李矩：汝阴郡太守，平阳人，字世回。"清道光《阜阳县志》卷八《秩官志》："晋，太守汝阴郡：李矩，字世回，平阳人，永兴年任。"在卫夫人诸多传记和书论、书史中，提到卫夫人时，均谓其为"汝阴太守李矩之妻"。如《历代书法论文选》中《笔阵图》作者传略载："卫铄，字茂漪，汝阴太守李矩妻，世称卫夫人。"卫夫人寓居汝阴虽然仅有约两三年时间，但是她的影响是巨大的，卫夫人是颍州书法风格的播种者。

（三）卫夫人与王羲之

卫夫人在书法史上的地位之所以尊崇，还在于她的学生王羲之成为中国书法史上主流门派的代表。卫夫人书名的隆盛，不在西晋，而在王书大行于世的东晋以后。最先称扬卫夫人的是南朝宋书家羊欣，其《采古来能书人名》云："晋中书郎李充母卫夫人，善钟法。王逸少之师。"

王羲之（303—361），东晋大书法家，因其在书法上的巨大成就及对后世的影响被誉为书圣。王羲之的书法师承，以"少学卫夫人最为著名"。

根据是传为王羲之撰写的《题卫夫人〈笔阵图〉后》，文中有一段自叙学书经历的文字："予少学卫夫人，将谓大能。及渡江北游名山，见李斯、曹喜等书，……羲之遂改本师，仍于众碑学习焉。"虽然王羲之后来转益多师，形成了自己的书法风格，但其早年从卫夫人学习楷书，是其成功的基石。卫夫人的楷书，是书圣最早打下的书法基础。这一点历代均有记述。唐张怀瓘《书断》云："卫夫人名铄，……右军少常师之。"元郑杓《衍极》卷一刘有定注："羲之善小篆、隶、行、草、八分、飞白。七岁能书，年十二，于父旷枕中见卫夫人所传蔡邕笔法，窃而读之，书遂大进。卫夫人见之，流涕曰：'此子必蔽吾书名。'"

卫夫人是少年王羲之的书法启蒙老师，不是古人的臆测、妄言。卫夫人是王羲之的姨母。郑杓《衍极》和陶宗仪《书史会要》都讲到"卫与王氏世为中表"；郑杓《衍极》云："卫与王世为中表，故羲之父旷得之，旷以授羲之，羲之传其子献之，及王濛之子修，故诸王世传家法。"王国栋修《王氏宗谱》更在王羲之父亲王旷条下注明"配卫氏"。相关资料介绍王旷还说：善书，得蔡邕法于卫夫人，以授子羲之。

卫夫人对书法的传授和影响，也可以从其夫家看出。东晋以前江夏李氏未见有以书法名世者，东晋以后，李氏家族开始有人以书法知名。发展到唐代，江夏李氏出现了李邕那样的书法大家，亦与卫夫人嫁与李家有关。卫夫人之子李充，李充的从兄李式、李廞等都有书名。尤其是李式，其书法成就在东晋初期已可与当时的书法权威王廙（王羲之叔父，羲之曾从其学书）和庾翼媲美。唐张怀瓘《书断》说：李式"甚推其叔母（即卫夫人）"。在古代，书法真迹不易看到，且技法保密，一般为家传，不轻易示人。

从王羲之传世的《黄庭经》《乐毅论》碑刻看，可见他从卫夫人学书扎下的基础是牢固的，卫夫人的楷书代表了卫门楷法式样。王羲之随卫夫人学书，主要是学楷书。

（四）卫夫人与颍州书风

杜甫《丹青引——赠曹将军霸》一诗有"学书初学卫夫人，但恨无过王右军”之句，以之赞扬曹霸，说明了在唐代卫夫人的楷书影响仍然很大，同时也说明楷书是书法初学者的门径。颍州的书法风格、特点是融会南派、北派于一炉，而又独树一帜，这与卫夫人寓居汝阴的影响是分不开的。康有为《广艺舟双楫》卷三称：“然则卫氏之法，几如黄帝子孙，散布海宇于万千年矣。况右军本卫漪所传，后虽改学，师法犹在，故卫家为书学大宗，直谓之统合南北亦可也。”“卫氏之法”系指卫夫人家族的卫觊、卫瓘、卫恒、卫宣、卫庭、卫璪、卫玠等形成的书法门派。“右军本卫漪所传”，即王羲之的书法是卫夫人所传。“统合南北”即融合南北派。清阮元著《南北书派论》：“东晋、宋、齐、梁、陈为南派；赵、燕、魏、齐、周、隋为北派也。南派由钟繇、卫瓘及王羲之、献之、僧虔等，以至智永，虞世南；北派由钟繇、卫瓘、索靖及崔悦、卢谌、高遵、沈馥、姚元标、赵文深、丁道护等，以至欧阳询、褚遂良。”阮元认为：“钟繇、卫瓘是南北两派之共祖。”卫瓘既属南派，亦属北派，康有为云“统合南北”，而卫夫人寓居汝阴，对颍州地区融会南北的淮颍书风之形成，起到了播种的作用。

据传清末颍州本土著名书画家尹士芳、张静庵曾约集书画家在阜阳白衣楼内谈书论画，讲述卫夫人在黑龙潭涮笔的传说：相传颍州古城是一座风水宝地，藏龙卧虎，龙渊灵秀。鼓楼前是正龙过峡，西湖是大龙库水，旧东门大街系大龙转身之处，西门外由祖师庙而青牛观，是城西贴身护龙。楼有神龙楼，桥有白龙桥、汇龙桥、祠有龙公祠，沟有白龙沟。街有龙潭街、汇龙巷。黑龙潭原名青龙潭，与白虎潭相对照，取左青龙右白虎的意思。青龙是富贵之神，白虎是凶煞之神，所以白虎潭遂改名叫白龙潭。

传说青龙潭的水原本是清澈的，后来李矩当汝阴太守，他的府第就坐落在旧城北关内，青龙潭是府衙后边的龙池，李矩妻子卫夫人经常在青龙潭内涮笔，当时许多文人墨客也都向卫夫人学习书法，前往涮笔洗砚，时间长了，潭水变成墨色，故改名叫黑龙潭。卫夫人的故事在阜阳妇孺皆知，有口皆碑。

二、毕 卓

毕卓（277—337）字茂世，为吏部郎、中书郎毕谌子。《晋书》卷四十九有传："毕卓，字茂世，新蔡鲖阳人也。父谌，中书郎。卓少希放达，为胡毋辅之所知。太兴末，为吏部郎，常饮酒废职。……寻以世难，避乱渡江，复依辅之。初至，属辅之与谢鲲、阮放、毕卓、羊曼、桓彝、阮孚散发裸袒，闭室酣饮已累日。时人谓之八达。元帝以逸补军谘祭酒。……及过江，为温峤平南长史，卒官。"晋新蔡鲖阳，即今临泉县鲖城镇。毕卓是一位豁达豪放的文学家，能诗善书。为人清廉正直，常借酒消愁。曾因在适邻坊中饮酒，醉卧瓮旁，为掌酒者所缚，天明视之，乃毕吏部，设宴醉饮而去。有的酒馆至今爱悬对联："瓮边醉倒毕吏部，马上扶归李翰林。"今鲖城镇有其故居遗址，有洗墨池及其墓葬，据传毕卓亦是一位书法家。齐白石有《毕卓盗酒图》，并题赞："宰相归田，囊底无钱；宁肯为盗，不肯伤廉。"

三、《颍上兰亭》与《颍上黄庭》

王羲之（321—379），东晋书法家，字逸少，琅琊临沂（今属山东）人，官至右军将军、会稽内史，人称王右军。早年从卫夫人学书，后师法张芝、钟繇，并博采众长，精研体势，一变汉魏以来质朴的书风，形成妍美流丽的新体。其书法对后世影响极大，被誉为"书圣"。

王羲之所作《兰亭序》素有"天下第一行书"之称。东晋永和九年（353）三月三日，王羲之与谢安、孙绰等四十一人，在山阴（今浙江绍兴）兰亭修禊，饮酒赋诗，诗集之序文为王羲之撰并书，故名。兰亭序真迹存王羲之七世孙智永之手。唐太宗李世民酷爱王羲之法书，相传求得后，每日观摩，爱不释手，并让侍臣钩摹，以分赐近臣亲贵。所摹者或刻之于石，或传之于世。世传贞观二十三年（649）唐太宗去世时，竟以之殉葬昭陵，因此真迹无存。传世的只有后人的摹本、临本和石刻本。唐代名家摹本石刻，甚为后人珍视，艺术价值和学术研究价值很高。

（一）《兰亭》谱系

《兰亭序》的称谓很多，晋人谓之《临河序》；唐人称《兰亭诗序》或《兰亭记》，又名《兰亭宴集序》；宋代欧阳修称《修禊序》、蔡襄称《曲水序》、苏轼称《兰亭文》、黄庭坚称《禊饮序》、赵构称《禊帖》。其后多称《兰亭序》《兰亭集序》《兰亭修禊序》《兰亭修禊诗序》等。王羲之《兰亭序》帖传世版本之多、派系之繁、影响之大，在中国书法史上，没有哪个人哪件作品可以与之相比。

唐以后传世的《兰亭序》品种繁多，大体可以分为摹本和刻本两大类。摹本中最重要的至今仍然通行于世的是神龙本（帖首尾钤神龙半印），此本流传广泛，有褚遂良摹与冯承素摹两种不同说法。就刻本而言，最早的刻本，是隋开皇年间的刻石。隋刻本有二：一刻本尾署“开皇十三年十月”；一刻本尾署“开皇十八年二月二十二日”。这两个刻本经考订，均为后人伪托，故都不为世人看重。

体系庞大的刻本是定武兰亭，因北宋时期发现于定武（今河北石家庄市正定县）而得名。定武兰亭被学术界和书法界认定为欧阳询摹本。北宋熙宁年间薛绍彭翻刻一石，将原石凿损“湍、带、右、流、天”五字后，携带至长安，被人传拓流布。因此，定武兰亭又有五字未损本和五字损本两种。清初颍州人刘体仁《七颂堂识小录》记孙承泽收藏就属五字未损本，十分难得。

《颍上兰亭》系褚遂良摹本，它不仅是兰亭版本中的重要成员，也是兰亭谱系中支派繁盛的一大家族。清翁方纲说：“褚临兰亭，支派最繁……颍上本最后出，而今日鉴赏家颇有推许太过，至目为右军真迹者。”据翁方纲考证：渤海藏真本、郁岗斋第一本、知止阁帖、快雪堂帖洛阳宫本、海宁查氏、山左吴氏等六种兰亭，实从颍上本出。神龙本与颍上兰亭亦属于同一系列。

《颍上兰亭》虽然发现较晚，但其地位很高，一说与定武本《兰亭序》双星同辉。清王澍在《竹云题跋》中说：“兰亭两派，一为欧阳，一为褚氏。欧阳独有《定武》，褚氏首推《颍上》。”

（二）《颍上兰亭》的发现及源流

颍上《兰亭序》石刻，因在安徽省颍上县城南淘挖南关井所得，故名。帖石一面上刻有“兰亭序唐临绢本”七楷字，意在说明兰亭是据“唐临绢本”所刻。另一面刻《黄庭经》，有“思古斋石刻”五篆字，因名《思古斋黄庭》。《黄庭经》是道教重要经典，有《黄庭内景经》和《黄庭外景经》两种。“思古斋”是元人应本的斋号，《黄庭经》是由《元祐续法帖》所刻，有“墨妙笔精”和“永仲”刻印，永仲是米芾的朋友蒋永仲。因此，《颍上兰亭》应是元代镌石。

有人认为颍上兰亭发现年代应不晚于明正统九年（1444），一说颍上兰亭发现在万历末年（1620），清高泽生《颍上风物记》载：“颍上南关井，明万历末年，时有白光如虹。淘井得后，铁锢其外，启之，碧绿温润，面《黄庭》，背《兰亭》，旁有‘思古斋石刻’五篆字，“兰亭序唐临绢本”七楷字。”

董其昌《画禅室随笔》载：“颍上县有井，夜放白光，如虹亘天。县令异之，乃令人探井中，得一石、六铜罍。其石所刻《黄庭经》《兰亭记》皆宋拓也。余得此本，以较各帖所刻，皆在其下。”

《颍上兰亭》的来历主要有两种说法，一为本地说，认为该井位于元代所建的颍上学宫内，石刻应为学宫藏品；一为外来说，认为唐末五代兵乱，珍藏此石者避乱逃亡，携带困难，路过颍上丢入井中。因此，《颍上兰亭》又称颍学宫本或颍井本。如此石断定为元代刻石，则后一说自然不能成立。

《颍上兰亭》出井之后，摩拓无虚日。知县张俊英摩拓上万张之后，于崇祯二年，命人击碎，而将拓片带回家乡衡水。其所携带的万张拓片，在李自成破衡水时被付之一炬。因此，《颍上兰亭》与《颍上黄庭》全拓本均属于稀世珍品。北京故宫博物院收藏有《颍上兰亭》与《颍上黄庭》，合装一册，锦面，挖装裱，蝴蝶装。四开。墨纸半开纵 24.1 厘米，横 9.9 厘米。拓本钤“至宝”“雪峰印信”“东涌”“灵蛮”等印十方。

民国年间，南照集商人杨砚石在颍上县城南水边发现兰亭石刻残片。

1950年被颍上县政府收藏，现存安徽省博物馆。残石长39厘米，宽15厘米，厚4厘米，存字13行，共83字（全本28行324字）。今残石所拓本，片纸只字亦不易得（其拓片载《阜阳·亳州出土文物文字篇》）。

（三）《颍上兰亭》的艺术价值

颍上兰亭以褚遂良摹本刻石，褚遂良与虞世南、欧阳询都是初唐自立规模，自开境界的书法大家。褚遂良摹本，尤其为后人珍重。清冯武《书法正传》说："唐人所临，大抵佻险而飞逸者，必褚河南。严整而圆备者，惟欧阳兰台。定武所刻，纯是欧阳法，故后学可师。褚遂公则非老学惟易窥也。"清阮元《王右军兰亭诗序帖》中认为褚遂良临本，"皆以大业北法为骨，江左南法为皮，刚柔得宜、健妍合度，故为佳致。"何绍基在兰亭跋中称褚摹本有"茂逸超迈之神"。

褚遂良（596—658），字登善，钱塘（今浙江杭州）人，唐大臣，书法家。贞观二十三年（649）受太宗遗诏辅政。高宗时封河南郡公，人称褚河南。其书法继二王、欧（阳询）、虞（世南）之后别开生面，为初唐书坛四家之一。褚遂良临兰亭独立物表，不仅显现了个性光辉，也得益于二王的一脉真传。史载唐太宗曾对魏征说：自虞世南去世之后，就没有可以谈论书法的人了。魏征即举荐了褚遂良，称其"下笔遒劲，甚得王逸少体"，太宗即日召入宫廷侍书，并将所藏二王墨迹，令其鉴别真伪，一无舛误。明解缙《书法传授》云："右军传子传孙……智永传唐虞永兴世南伯施，伯施传欧阳率更询、褚河南遂良登善，登善传薛少保稷嗣通，是为贞观四家。"

同一人的作品，水平也不一致。刻入《快雪时晴帖》中的《洛阳宫本兰亭序》，是唐太宗于洛阳宫赐高士廉的褚遂良摹本，但其声誉远不及颍上本，可见颍上本实为众多褚摹本中的上乘精品。

石刻本是由摹写人与刻工分别完成的，这里也有精粗之分，对刻本的质量起到重要作用。戏鸿堂兰亭刻本即因摹勒失真，被后人认为古今刻帖一大恶札。颍上本兰亭刻工下手清劲圆熟，精致而不拘谨。另外，拓工技术、拓本材料、椎拓方法也对拓片产生影响。清王文治题签的颍上本，常任侠先生所藏的颍上本，都是浓墨本（明代拓本多如此），均为旧拓本中的精拓，立体感很强，颇能传达法书神采。

颍上兰亭的价值，还在于其据“唐临绢本”上石，其后一直沉没井中。没有受到损坏，仍然能够保持唐临原貌。故颍上兰亭一朝出井，便被惊呼为王羲之原迹。董其昌《题颍上禊帖》说：“各帖所刻，皆在其下。”清乾隆时，诏令天下收寻兰亭摹本和刻石，经与名家反复鉴定裁选后，选出八种刻制“兰亭八柱”（在今北京中山公园内），第一柱为虞世南摹本，第二柱便是颍上本，第三柱为冯承素摹本。而定武本历经翻刻调换，石已不存，拓本真伪难辨，况旧拓残蚀过甚，故未入选“兰亭八柱”。由此，亦可以看出颍上兰亭的地位和价值。总之，颍上本未出，定武之名独显；颍上本出，便双星同辉。

第五节　文物古迹

魏晋南北朝时期，南北兵火频仍，社会动荡分裂，生灵涂炭。阜阳位于南北兵争的前沿与咽喉要冲，在相当长的一段历史时期内是不同政治势力反复厮杀角逐的战场。残酷持续的战争和频发的自然灾害，导致本地区居民大量死亡或外迁他乡，土地荒芜经济凋敝，社会生产力遭到极大破坏，文化建设缺少新成就。在历次文物调查中，阜阳境内发现的这一时期文化遗迹遗物不多，规模体量较大的有临泉境内的鲖阳故城址，阜南县境内的原鹿故城址，阜阳市颍泉区境内的大寺遗址，颍上境内的小张庄墓群、姜墩墓群、后黄村“七贤”墓等，其中除颍上黄霸乡后黄村“七贤”墓经过抢救性清理外，其余古墓葬、古遗址均未做过正式发掘。1984 年 11 月，安徽省文物考古所对黄霸乡后黄村“七贤”墓进行了发掘，该墓由墓门、甬道、过道左右四个耳室、前室、后室、壁龛等组成，是皖北地区罕见的结构复杂、布局规整、规格等级较高的大型画像石墓。该墓虽早年多次被盗，但仍出土一批陶器、石器、画像石、铁器等，其中陶楼、盆、盘、勺、耳杯、香熏、灯、仓、羊尊、器座等，均具有珍贵的研究价值。

此外，此期阜阳境内还零星出土一批重要文物，如北魏延和元年鎏金铜佛像、北齐天宝二年铜佛造像、晋青瓷盘口壶、青瓷镂空香熏、北齐“常平五铢”铜钱、南北朝“城广卿”铜印及铜洗、釜、矛、熨斗等。大量佛教造像文物的出现，是这一时期社会动荡背景下佛教盛行的物证。

一、重要文物点

（一）黄家坝墓葬群

黄家坝墓葬群位于颍上县黄坝乡黄坝集西的高台地上，东邻凤台县，南靠淮河。墓葬原有高约 10 米的椭圆高大封土堆，面积约 2000 平方米，周围群众俗称“竹林七贤墓”。墓葬封土前有石碑、石人、石兽等石雕群。1958 年封土被夷为平地，石雕群被挪作桥墩构件使用。墓葬多次被盗，1983 年文物部门征集到画像石 3 件、陶器 2 件、铁器 1 件、五铢钱十多枚。1984 年安徽省考古研究所对墓葬进行发掘，墓葬顶部结构不存，但底部保存完好，由墓门、甬道、过道、左右四个耳室、前室、后室、壁龛等八部分组成。墓群通长 18.85 米、最宽处 10.75 米。耳室、甬道、墓室皆单砖平铺错缝砌筑。墓门向南，立有石柱，石门楣铸刻盘龙图案。墓前室与后主室相通，外侧三块立画像石上浮雕人物、树木、鹿等图案。出土器物有石羊 2 件、陶楼 8 件、陶盆 2 件、陶盘 1 件、陶勺 2 件、陶熏 1 件、陶灯 1 件、陶仓 1 件、陶羊尊 1 件、陶狗 1 件、陶耳杯 6 件、画像石 6 块、铁锅 1 件、铁匕首 6 件、石方几 1 件、五铢钱数枚等。

另据调查，二十世纪六七十年代群众在上述高台地上取土时，曾先后发现并挖毁数十座砖室墓，这些墓葬有单室墓、带耳室的单室墓及多室墓等多种形制。根据上述墓葬形制与出土器物特征判断是一处魏晋墓葬群。

（二）毕卓墓

位于临泉县鲖城镇大顾庄村东南，墓葬为一高出周围地表约 4 米的圆形封土堆，面积为 3652 平方米。该墓未作勘探发掘，文献、方志均记载为晋代毕卓墓。

二、馆藏文物

（一）青铜器

1. 南北朝“寿春波”铭铜镳斗

“寿春波”铭铜镳斗，食器，青铜质。器身扁圆形，圆口，口沿平直。有鸭首形长柄，柄左侧口沿下刻有铭文：“寿春波置，三足，容斗二升，重十斤”。下有三兽形足。镳斗通长36厘米、高12.6厘米、口径23厘米。1972年8月阜南县合作社拣选，阜阳市博物馆藏。

2. 南北朝铜壶

南北朝铜壶，酒器，青铜质。敞口，鼓腹，高圈足。腹上部两侧有二铺首，腹中饰三组带状弦纹。铜壶高36厘米、口径13.1厘米、底径17厘米、腹围87.5厘米。1965年涡阳县桑楼出土，阜阳市博物馆藏。

3. 南北朝铜釜

南北朝铜釜，食器，青铜质。直口，尖唇，直浅腹，圆底，口沿下两侧对称铸一组三角形吊系。铜釜口径28.3厘米、腹径98厘米、高13厘米。1964年蒙城县文化馆交，阜阳市博物馆藏。

4. 北魏“延和元年”铭鎏金铜佛像

北魏“延和元年”铭鎏金铜佛像，铜质，通体鎏金。躯体立于仰覆莲台座之上，高肉髻，饰圆形头光，着通肩大衣，手做无畏与愿印，背光饰火焰纹。胁侍菩萨双手合十立于佛两侧，高肉髻，饰火焰形头光。佛像背光与佛身分铸，有铆焊法接。背光后阴刻楷书铭文：“延和元年五月初四，弟子邵景伯为亡父母居家眷属，敬造弥勒像一区，愿世安隐。”较完整，底座有一小孔，鎏金大部分剥落。1966年阜阳县行流乡大寺庙遗址出土，阜阳市博物馆藏。

5. 北齐“天统二年”铭铜佛像

北齐“天统二年”铭铜佛像，青铜质。为片状錾刻佛像，此尊为上半身像，雕刻草草，身后有火焰纹舟形背光。背面阴线錾刻“天统二年四月二十二日，皇甫多造像。”佛像残高4.65厘米、宽2.1厘米。1966年阜阳供销社拣选，阜阳市博物馆藏。

6. 北魏鎏金铜菩萨像

北魏鎏金铜菩萨像，铜质，通体鎏金。发髻高耸，面相丰满。上身袒露，下身着长裙，薄透贴体，束腰。躯体微向左倾站立，略显清瘦。观音足下台座分三层，上层为束腰莲花座，中层是八角形叠涩台座，下层是四足台座，正面呈壹门状。菩萨像背光缺失，鎏金有脱落，残高 5.3 厘米、座足长 2.3 厘米、宽 1.7 厘米。1967 年阜阳供销社拣选，阜阳市博物馆藏。

7. 南北朝结跏趺坐铜佛像

南北朝结跏趺坐铜佛像，青铜质，佛结跏趺坐于莲花台座上，下接扁方座。施无畏印，面相丰圆，高肉髻，身后有舟形背光，顶向前曲。高 6.0 厘米、方座长 2.0 厘米、宽 1.6 厘米。1967 年阜阳供销社拣选，阜阳市博物馆藏。

8. 南北朝“城广卿”铜印

南北朝“城广卿”铜印，铜质，桥形纽，长方形印面阴文篆书“城广卿”三字。印面长 2.5 厘米、宽 1.4 厘米、高 1.9 厘米。1970 年 5 月 21 日阜南县合作社拣选，阜阳市博物馆藏。

9. 北齐“常平五铢”铜钱

北齐“常平五铢”铜钱，圆形，方穿，钱文篆书“常平五铢”四字，对读。字体粗壮，五字交笔缓曲，外郭深峻，无内郭。径 2.4 厘米、穿阔 1.15 厘米、郭厚 1.2 厘米。1976 年 3 月征集，阜阳市博物馆藏。

（二）陶瓷器

1. 晋青釉双系盘口瓷壶

晋青釉双系盘口瓷壶，小盘口，束颈，溜肩，肩附对称的桥形双系，系上装饰斜条纹。鼓腹，下腹内收，平底。青绿釉，施半釉，周身满饰弦纹。瓷壶高 25 厘米、口径 9.9 厘米、底径 8.2 厘米、腰围 5.7 厘米。1991 年 3 月征集，阜阳市博物馆藏。

2. 西晋青釉双系盘口瓷壶

西晋青釉双系盘口瓷壶，浅盘口，尖唇，盘壁斜敞内曲，短束颈，圆溜肩。肩部刻画两周凹弦纹和细棱形纹圈带，两侧置两扁曲系。圈鼓腹，下腹斜内收，平底，底中心略内凹。灰胎，青釉，口沿颈部施釉，外壁施釉不及底，下腹、底部露胎。口径 11.5 厘米、腹径 18 厘米、底径 8.6 厘米、通高 22.2 厘米。1987 年 3 月颍上县谢桥小张庄北济河墓葬出土，阜阳市博物馆藏。

3. 南北朝青釉镂空瓷熏炉

南北朝青釉镂空瓷熏炉，由盖与器身以子母口套合而成。盖微鼓，盖面镂空多孔，顶部中间有纽状捉手。器身直口，深腹下折，短柄，喇叭形圈足。通体施青釉，灰胎致密。高 12.4、腹径 11.9 厘米、底径 7 厘米、口径 10 厘米。1970 年亳县西台庙南北朝空心砖墓出土，阜阳市博物馆藏。

4. 西晋青釉瓷钵

西晋青釉瓷钵，敞口，圆唇，浅腹，唇外缘下刻有两道凹线弦纹。外腹印一周网纹。腹下内折接底，圆底内曲凹。钵内曲壁，内收接圆平底，圆底外周线刻有弦纹。钵通体饰青釉，底裸灰胎。高 4 厘米、口径 12.5 厘米、内底径 5.95 厘米。1984 年颍上县南照集采集，颍上县文管所藏。

参考文献

历史文献

[1] 李学勤. 十三经注疏[M]. 北京:北京大学出版社,1999.

[2] 杨伯峻. 春秋左传注[M]. 北京:中华书局,1990.

[3] 诸子集成[M]. 长沙:岳麓书社,1996.

[4] 朱右曾,王国维. 古本竹书纪年辑校·今本竹书纪年疏证[M]. 沈阳:辽宁教育出版社,1997.

[5] 〔汉〕刘向. 说苑校证[M]. 向宗鲁校证. 北京:中华书局,1987.

[6] 〔汉〕司马迁. 史记[M]. 北京:中华书局,1982.

[7] 〔汉〕班固. 汉书[M]. 北京:中华书局,1982.

[8] 〔宋〕范晔. 后汉书[M]. 北京:中华书局,1982.

[9] 〔晋〕陈寿. 三国志[M]. 北京:中华书局,1982.

[10] 〔唐〕房玄龄等. 晋书[M]. 北京:中华书局,1982.

[11] 〔梁〕沈约. 宋书[M]. 北京:中华书局,1982.

[12] 〔梁〕萧子显. 南齐书[M]. 北京:中华书局,1982.

[13] 〔唐〕姚思廉. 梁书[M]. 北京:中华书局,1982.

[14] 〔唐〕姚思廉. 陈书[M]. 北京:中华书局,1982.

[15] 〔北齐〕魏收. 魏书[M]. 北京:中华书局,1982.

[16] 〔唐〕李百药. 北齐书[M]. 北京:中华书局,1982.

[17] 〔唐〕令狐德棻. 周书[M]. 北京:中华书局,1982.

[18] 〔唐〕李延寿. 南史[M]. 北京:中华书局,1982.

[19]〔唐〕李延寿. 北史[M]. 北京:中华书局,1982.

[20] 山海经校注[M]. 袁珂校注. 上海:上海古籍出版社,1980.

[21]〔北魏〕郦道元. 水经注[M]. 长沙:岳麓书社,1995.

[22]〔唐〕李吉甫. 元和郡县图志[M]. 北京:中华书局,1983.

[23]〔宋〕司马光. 资治通鉴[M]. 北京:中华书局,2011.

[24]〔梁〕释僧祐. 弘明集[M]. 李小荣点校. 上海:上海古籍出版社,2013.

[25]〔梁〕释慧皎. 高僧传[M]. 汤用彤校注. 北京:中华书局,1992.

[26]〔唐〕释道宣. 续高僧传[M]. 上海:上海书店出版社,1989.

[27]〔宋〕释赞宁. 宋高僧传[M]. 北京:中华书局,1987.

[28]〔元〕释觉岸. 释氏稽古略[M]//四库全书文津阁本. 海口:南方出版社,2013.

[29]〔宋〕张君房. 云笈七籤[M]. 李永晟点校. 北京:中华书局,2003.

[30]〔宋〕释道元. 景德传灯录译注[M]. 顾宏义译注. 上海:上海书店出版社,2010.

[31]〔宋〕释普济. 五灯会元[M]. 北京:中华书局,1984.

[32]〔宋〕释志磐. 佛祖统纪校注[M]. 释道法校注. 上海:上海古籍出版社,2012.

现代著作

[1] 夏曾佑. 中国古代史[M]. 北京:中华书局,2015.

[2] 柳诒徵. 中国文化史[M]. 上海:东方出版中心,1988.

[3] 陈登原. 中国文化史[M]. 沈阳:辽宁教育出版社,1998.

[4] 钱穆. 国史大纲(修订本)[M]. 北京:商务印书馆,2008.

[5] 钱穆. 中华文化史导论(修订本)[M]. 北京:商务印书馆,1994.

[6] 白寿彝. 中国通史[M]. 上海:上海人民出版社,1994.

[7] 冯天瑜,何晓明,周积明. 中华文化史(第3版)[M]. 上海:上海人民出版社,2010.

[8] 许倬云. 西周史(增订版)[M]. 台北:联经出版事业股份有限公司,2005.

[9] 王玉哲. 中国断代史系列:中华远古史[M]. 上海:上海人民出版社,2003.

[10] 胡厚宣,胡振宇. 中国断代史系列:殷商史[M]. 上海:上海人民出版社,2003.

[11] 杨宽. 中国断代史系列:西周史[M]. 上海:上海人民出版社,2003.

[12] 顾德融,朱顺龙. 中国断代史系列:春秋史[M]. 上海:上海人民出版社,2003.

[13] 杨宽. 中国断代史系列:战国史[M]. 上海:上海人民出版社,2003.

[14] 林剑鸣. 中国断代史系列:秦汉史[M]. 上海:上海人民出版社,2003.

[15] 王仲荦. 中国断代史系列:魏晋南北朝史[M]. 上海:上海人民出版社,2003.

[16] 葛兆光. 中国思想史:七世纪前中国的知识、思想与信仰世界[M]. 上海:复旦大学出版社,2001.

[17] 钱基博. 中国文学史[M]. 上海:上海古籍出版社,2011.

[18] 郑振铎. 中国俗文学史[M]. 上海:东方出版社,1996.

[19] 李山. 先秦文化史讲义[M]. 北京:中华书局,2009.

[20] 扬之水. 先秦诗文史[M]. 北京:中华书局,2009.

[21] 蒋维乔. 中国佛教史[M]. 北京:中华书局,2015.

[22] 许结. 汉代文学思想史[M]. 北京:人民出版社,2010.

[23] 张峰屹. 两汉经学与文学思想[M]. 北京:生活·读书·新知三联书店,2014.

[24] 汤用彤. 汉魏两晋南北朝佛教史[M]. 上海:上海人民出版社,2015.

[25] 罗宗强. 魏晋南北朝文学思想史[M]. 北京:中华书局,2006.

[26] 任继愈．中国道教史[M]．上海:上海人民出版社,1990.

[27] 卿希泰．中国道教史修订本[M]．成都:四川人民出版社,1996.

[28] 丛文俊．中国书法史:先秦·秦代卷[M]．南京:江苏教育出版社,2009.

[29] 华人德．中国书法史:两汉卷[M]．南京:江苏教育出版社,2009.

[30] 刘涛．中国书法史:魏晋南北朝卷[M]．南京:江苏教育出版社,2009.

[31] 安徽文化史编委会．安徽文化史[M]．南京:南京大学出版社,2000.

[32] 陆勤毅．安徽通史[M]．合肥:安徽人民出版社,2011.

[33] 鲁西奇．中国历史的空间结构[M]．桂林:广西师范大学出版社,2014.

[34] 中国社会科学院考古研究所．蒙城尉迟寺——皖北新石器时代聚落遗存的发现与研究[M]．北京:科学出版社,2001.

[35] 中国社会科学院考古研究所,安徽蒙城县文化局．蒙城尉迟寺(第二部)[M]．北京:科学出版社,2007.

[36] 栾丰实．东夷考古[M]．济南:山东大学出版社,1996.

[37] 王迅．东夷文化与淮夷文化研究[M]．北京:北京大学出版社,1994.

[38] 逄振镐．东夷文化研究[M]．济南:齐鲁书社,2007.

[39] 徐少华．周代南土历史地理与文化[M]．武汉:武汉大学出版社,1994.

[40] 李修松．淮河流域历史文化研究[M]．合肥:黄山书社,2001.

[41] 任伟．西周封国考疑[M]．北京:社会科学出版社,2004.

[42] 张正明．楚文化史[M]．上海:上海人民出版社,1987.

[43] 马世之．中原楚文化研究[M]．武汉:湖北教育出版社,1995.

[44] 刘和惠．楚文化的东渐[M]．武汉:湖北教育出版社,1995.

[45] 刘和惠．探古集[M]．合肥:安徽人民出版社,2009.

[46] 陈伟．楚东国地理研究[M]．武汉:武汉大学出版社,1992.

［47］何浩．楚灭国研究［M］．武汉：武汉出版社，1989．

［48］朱凤瀚．中国青铜器［M］．天津：南开大学出版社，1995．

［49］何堂坤．中国古代铜镜的技术研究［M］．北京：紫禁城出版社，1999．

［50］徐旭生．中国古史的传说时代［M］．北京：文物出版社，1989．

［51］邹逸麟．黄淮海平原历史地理［M］．合肥：安徽教育出版社，1997．

［52］李泽厚．历史本体论·己卯五说（增订本）［M］．北京：生活·读书·新知三联书店，2006．

［53］李泽厚．由巫到史　释礼归仁［M］．北京：生活·读书·新知三联书店，2015．

［54］王晖．古文字与商周史新证［M］．北京：中华书局，2003．

［55］胡平生，韩自强．阜阳汉简《诗经》研究［M］．上海：上海古籍出版社，1988．

［56］韩自强．阜阳汉简《周易》研究［M］．上海：上海古籍出版社，2004．

［57］张家琦．安徽阜阳地区史略［M］．内部资料，2008．

［58］韩自强．阜阳·亳州出土文物文字编［M］．阜阳市博物馆，2004．

［59］刘奕云．可在轩集［M］．南京：南京大学出版社，2014．

［60］胡天生．阜阳考古录：兼及汝颍水系研究［M］．北京：中华书局，2011．

论　文

［1］中国社会科学院考古研究所安徽文物工作队．安徽淮北地区新石器时代遗址调查［J］．考古，1993，（11）．

［2］中国社会科学院考古研究所安徽文物工作队．皖北大汶口文化晚期聚落遗址的初步考察［J］．考古，1996，（9）．

［3］张敬国．近年安徽淮北地区新石器时代考古的主要收获［J］．文物研究，1994，（11）．

[4] 陈洪波. 鲁豫皖古文化的聚落分布与环境变迁[J]. 考古,2007,(2).

[5] 栾丰实. 太昊与少昊传说的考古学研究[J]. 中国史研究,2002,(2).

[6] 王蒙. 王油坊文化研究[D]. 长春:吉林大学,2013.

[7] 黄德宽. 淮夷文化研究的重要发现——驹父盨盖铭文及其史实[J]. 东南文化,1991,(1).

[8] 张少安. 略谈阜阳地区新石器时代文化[C]//阜阳地区文物考古文集. 阜阳行署文化局,1989.

[9] 李学勤. 从新出青铜器看长江下游文化的发展[J]. 文物,1980,(8).

[10] 邵望平,高广仁. 淮系古文化概说[C]//中国史前考古学研究——祝贺石兴邦先生考古半世纪暨八秩华诞文集. 西安:三秦出版社,2003.

[11] 张家琦. 试论西周胡国的族源[J]. 安徽史学,1992,(4),1993,(3).

[12] 杨玉彬. 阜阳古胡国研究[C]//皖北文化研究集刊,2014,(4).

[13] 黄盛璋. 淮夷新考[J]. 文物研究,1989,(9).

[14] 陈秉新. 殷墟征人方卜辞地名汇释[J]. 文物研究,1989,(9).

[15] 马家敏. 姜尚故里考[J]. 学术界,2001,(6).

[16] 张耀征. 春秋沈国故城位置考辨[J]. 中原文物,1992,(2).

[17] 王琳. 沈子也簋与沈国地望问题[J]. 华夏考古,2012,(3).

[18] 杨玉彬. 寝、寝丘、沈丘及沈国故城考校[J]. 文物研究,2001,(13).

[19] 太和县文化局. 楚都钜阳遗址考[C]//阜阳地区文物考古文集. 阜阳行署文化局,1989.

[20] 徐少华. 孙叔敖故里封地考述——兼论《楚相孙叔敖碑》的真伪与文本年代[J]. 江汉考古,2008,(2).

[21] 陈立柱,汪立星. 孙叔敖"籍贯"问题综合研究[C]//楚学论丛(第4辑). 武汉:湖北人民出版社,2015.

[22] 杨玉彬. 钜阳地望与钜阳楚都说探证[J]. 文物研究,2005,(14).

[23] 杨玉彬. 嬴姓养国族源、地望及兴衰史考察[J]. 皖北文化研究集刊,2009,(1).

[24] 巩曰国.《管子》成书及流传研究[D]. 济南:山东大学,2004.

[25] 吴欣.《六韬》研究[D]. 长春:东北师范大学,2004.

[26] 国家文物局古文献研究室,安徽阜阳地区博物馆阜阳汉简整理组. 阜阳汉简简介[J]. 文物,1983,(2).

[27] 国家文物局古文献研究室,安徽阜阳地区博物馆阜阳汉简整理组. 阜阳汉简《诗经》[J]. 文物,1984,(8).

[28] 胡平生,韩自强. 阜阳汉简《诗经》简论[J]. 文物,1984,(8).

[29] 饶宗颐. 读阜阳汉简《诗经》[J]. 明报月刊,1984,(12).

[30] 孙斌来. 阜阳汉简《诗经》的传本及抄写年代[J]. 古籍整理研究学刊,1985,(4).

[31] 李学勤. 出土文物与《周易》研究[J]. 齐鲁学刊,2005,(2).

[32] 国家文物局古文献研究室,安徽阜阳地区博物馆阜阳汉简整理组. 阜阳汉简《仓颉篇》[J]. 文物,1983,(2).

[33] 胡平生,韩自强.《仓颉篇》的初步研究[J]. 文物,1983,(2).

[34] 国家文物局古文献研究室,安徽阜阳地区博物馆阜阳汉简整理组. 阜阳汉简《万物》[J]. 文物,1988,(4).

[35] 胡平生,韩自强.《万物》略说[J]. 文物,1988,(3).

[36] 陈力,周一谋,龙月云. 对阜阳汉简《万物》所载药物与疾病的整理[J]. 湖南中医学院学报,1991,(2).

[37] 韩自强. 阜阳汉简《庄子》[J]. 文物研究,1990,(6).

[38] 阜阳汉简整理组. 阜阳汉简《楚辞》[J]. 中国韵文学刊,1987,(1).

[39] 胡平生. 阜阳汉简《年表》整理札记[J]. 文物研究,1991,(7).

[40] 胡平生. 阜阳双古堆汉简与《孔子家语》[C]//国学研究(第7卷). 北京:北京大学出版社,2000.

[41] 张飞莺. 论西汉《阜阳木牍》的书法特色和历史地位[J]. 安徽文博,2010,(6).

[42] 严敦杰. 关于西汉初期的式盘和占盘[J]. 考古,1978,(5).

[43] 殷涤非. 西汉汝阴侯墓出土的占盘和天文仪器[J]. 考古,1978,(5).

[44] 〔日本〕孙基然. 西汉汝阴侯墓所出太一九宫式盘相关问题的研究[J]. 考古,2009,(6).

[45] 〔日本〕孙基然. 西汉太一九宫式盘占法及相关问题[J]. 考古,

2014,(4).

[46] 石云里,方林,韩朝. 西汉夏侯灶墓出土天文仪器新探[J]. 自然科学史研究,2012,(31).

[47] 何堂坤. 几面表层漆黑的古铜镜之分析研究[J]. 考古学报,1987,(1).

[48] 韩自强,李灿. 亳州、阜阳出土汉代铅券笺释[J]. 文物研究,1988,(3).

[49] 杨玉彬. 汉玉"游丝工"新说[J]. 文博,2012,(5).

[50] 杨玉彬. 阜阳地区出土"道家文化铜镜"考察[C]. 老子文化高端论坛,2011.

[51] 杨玉彬. 阜阳出土西王母禽兽镜考释——兼论两汉西王母禽兽镜兴衰演变等问题[J]. 文物鉴定与鉴赏,2014,(2、3、4).

[52] 刘海超. 东汉绿釉陶戏楼——古代戏楼异议[C]//阜阳地区文物考古文集. 阜阳行署文化局,1989.

[53] 杨玉彬. 阜阳出土东汉"升仙图"画像镜考释——兼论东汉神人车马画像镜神话学内涵等问题[C]//中国汉画学会第十三届年会论文. 郑州:中州古籍出版社,2011.

[54] 许云和.《鸡鸣歌》与四面楚歌[C]//乐府学. 北京:学苑出版社,2012.

[55] 吕宗力. 略论民谣在汉代的政治作用及相关迷思[J]. 社会科学战线,2008,(9).

[56] 严耀中. 解析《元和郡县图志》所载祠庙[C]//唐史论丛(第18辑). 西安:陕西师范大学出版总社有限公司,2014.

[57] 严耀中.《魏书·地形志》和《水经注》中的北方所祀诸神[J]. 社会科学战线,2010,(9).

[58] 刘皖红. 颍上出土魏晋陶楼之建筑结构研究[J]. 文物研究,1989,(5).

后　记

经过几年来的艰苦努力，《阜阳文化史》第一卷《史前至魏晋南北朝卷》终于杀青了。

本卷文化史依照年代先后为序，从史前到三国魏晋南北朝，共分为四章。第一章“史前文化”部分由杨玉彬撰写，其中的第七节“原始宗教”由杨玉彬、梁家贵合撰。全书各章均有“文物古迹”一节，由杨玉彬、韩自强合撰。全书第二至第四章均有“文学”一节，由王秋生撰写。第二章“先秦时期”的第一节“方国文化与楚文化”、第三节“宗教”、第五节“科技”由杨玉彬撰写；第二节“思想与学说”由王秋生、李良玉撰写；第六节“古文字与书法”由韩自强、王兴华撰写。第三章“秦汉时期”的第一节“阜阳汉简”由韩自强、杨玉彬撰写；第三节“宗教”由王秋生、杨玉彬、韩自强撰写；第四节“科技”由杨玉彬、胡天生撰写；第五节“艺术”由韩自强、王兴华、刘敬堂撰写；第四章“三国魏晋南北朝”第二节“宗教”，由王秋生、杨玉彬撰写；第三节“科技”由杨玉彬、胡天生撰写；第四节“书法”由韩自强、王兴华撰写。

全书由王秋生任主编、杨玉彬、胡天生任副主编，负责集中统稿、修改、总纂。

《阜阳文化史》采取先按照内容、分类分人撰写，其后集中统稿的写作方式。其后，又根据具体情况作了较大幅度的改写、补写与调整。本书广泛学习借鉴了国内外的许多学术成就，吸收了阜阳地方文史学者和爱好者多年来的研究成果，在此一并表示衷心的感谢与敬意。

本书初始文稿出自多人之手，但与最终定稿有较大不同，体例也做了一些调整。本书没有采用页下注释、篇后注释的方式，所引用资料尽可能在行文中予以说明，并在全书最后列出参考文献。如果仍然有未尽之处，或有遗漏以及材料来源表述不当者，敬请说明，并盼指教，以便我们修改更正，并请予以谅解。

本书封面书名由著名文化史学家、颍上人常任侠先生题写，扉页书名由著名书法家杨霁成先生题写。编纂工作得到了著名学者黄德宽、蒋寅、杨之水、莫砺锋、诸伟奇、吴卫红等的关注与支持。中华书局青年才俊白爱虎、江西省社科院研究人员王涛等帮助校对了部分书稿，查阅、核对了资料；阜阳师范学院文学院2013级产娟娟同学帮助查阅、下载了网上资料；阜阳日报社资深摄影记者曹炯拍摄了遗迹、遗址照片。

原阜阳市委、市政府和现任阜阳市委、市政府的主要领导对这本书的编纂、出版均给予了大力支持。阜阳市人大、阜阳市政协的主要领导和分管领导，给予了具体关心与指导。阜阳市政协办公室、文史委作了大量服务、协调任务。合肥工业大学出版社的领导和编辑、工作人员把这本书的出版当做社里的一项重要任务。在此，一并表示深深的感谢和敬意。

由于编纂地市级多卷本地方文化史没有现成范例可以借鉴，实属于开创试验性质，在写作过程中，也经历了不少曲折和反复。虽然我们做了很多努力，付出了很大的劳动，但由于知识水平有限、学术水平不高、经验不足，加之时间仍比较紧迫，书中缺点错误之处一定不少，还望专家、学者和广大读者多多批评指正，以便今后在其他卷的写作中不断总结提高。

编　者

2016年11月16日